"十二五"普通高等教育本科国家级规划教材

全国优秀畅销书

东北财经大学会计学系列教材

U0648803

国家重点学科
国家级特色专业 / 国家级一流本科专业
国家级精品课程 / 国家级精品资源共享课

8th Edition

第8版

Fundamental Accounting

基础会计

陈国辉 迟旭升 主编

东北财经大学出版社
Dongbei University of Finance & Economics Press
大连

图书在版编目（CIP）数据

基础会计 / 陈国辉，迟旭升主编．—8版．—大连：东北财经大学出版社，2024.6（2025.7重印）
（东北财经大学会计学系列教材）
ISBN 978-7-5654-5231-4

Ⅰ．基⋯　Ⅱ．①陈⋯　②迟⋯　Ⅲ．会计学–高等学校–材料　Ⅳ．F230

中国国家版本馆CIP数据核字（2024）第071876号

东北财经大学出版社出版
（大连市黑石礁尖山街217号　邮政编码　116025）
网　　址：http://www.dufep.cn
读者信箱：dufep@dufe.edu.cn
大连金华光彩色印刷有限公司印刷　东北财经大学出版社发行
幅面尺寸：185mm×260mm　　字数：475千字　　印张：20　　插页：1
2024年6月第8版　　　　　　　　　　　2025年7月第3次印刷
责任编辑：李　彬　王芃南　　　　　　　责任校对：刘贤恩
封面设计：张智波　　　　　　　　　　　版式设计：原　皓
定价：43.90元

东北财经大学会计学系列教材编委会

卷首语

谁都不能否认，经济与会计的关系越来越密切，尤其是经济全球化的趋势让全世界的会计准则制定机构都走上了会计准则的国际趋同和等效之路；谁也不能否认，中国的会计改革紧跟了国家和世界经济发展的步伐，尤其是20世纪90年代初至今，会计改革经历了与国际接轨、趋同和等效的阶段；谁都必须承认，会计人才的培养要适应经济与社会的发展变化，尤其要适应社会主义市场经济建设的需要。另外，一整套优秀的系列教材对于培养会计人才的重要性是显而易见的，尤为重要的是教材必须紧跟时代进步的节奏，把握好经济与会计发展的脉搏。

纵观"东北财经大学会计学系列教材"的生命线会发现，她之所以能常青，正是上述认识指引的硕果。

20世纪90年代初，我们编写了东北财经大学第1套会计学系列教材，其奉行的理念是：积数十年教材编写之经验，融十几位教授之心血，编系列精品教材。我们一直坚持这样的原则，前后共出版过4套系列教材，每一套系列教材都修订过若干次，总销量近千万册，其"足迹"遍布祖国的大江南北。在30多年中，东北财经大学会计学系列教材伴随着一批又一批的大学生成长，并且以教材编写为契机，在高等学府中培养了一代又一代的教师精英。

从时间上来推算，本套会计学系列教材是30多年中的第5套。本套会计学系列教材的第1版诞生于2007年1月，正好踏着2006年财政部发布"企业会计准则"体系的节拍。在此期间，我们又理解和掌握了更新的会计准则与规范，积累和运用了更多的专业知识，尤其是对新商科建设和数智人才培养对会计教材提出的新要求有了更深刻的认识。鉴于此，我们才有了这一次的修订，并以新版的形式呈现在读者面前。

东北财经大学会计学系列教材坚持以习近平新时代中国特色社会主义思想为指导，深入贯彻党的二十大精神，全面贯彻党的教育方针，落实立德树人根本任务。本次修订的主要依据是财政部最近几年来修订或发布的企业会计、行政事业会计、税收、财务管理、管理会计等方面的法规：

• 就企业会计准则而言，2017年以来，财政部发布修订后的《企业会计准则第22号——金融工具确认和计量》《企业会计准则第23号——金融资产转移》《企业会计准则第14号——收入》《企业会计准则第7号——非货币性资产交换》等8项准则，印发了《企业会计准则解释第13号》《企业会计准则解释第14号》，这些准则及其解释公告对财务会计类教材影响比较大；同时，我们根据2019年度一般企业财务报表格式对相关内容进行了调整。

• 从管理会计来看，财政部发布了《管理会计基本指引》，分3批发布了34项《管理会计应用指引》，不仅有利于加强管理会计指引体系建设，还将对制定案例示范起统领作用。

• 从成本会计来看，继《企业产品成本核算制度（试行）》发布后，财政部又发布了《企业产品成本核算制度——石油石化行业》《企业产品成本核算制度——钢铁行业》《企业产品成本核算制度——电网经营行业》等，对大中型石油化工企业等的成本核算业务进行规范。

• 从审计来看，中国会计准则、审计准则与国际会计准则和审计准则持续趋同；内部控制审计指引出台；会计师事务所组织形式不断创新；会计师事务所做大做强战略实施和注册会计师执业领域不断拓展；风险导向审计模式进一步推广等；中国注册会计师协会借鉴国际审计准则研究的最新成果，修订并增加了审计报告相关准则。

• 财政部和国家档案局联合发布的新《会计档案管理办法》自2016年1月1日起施行。

• 财政部和国家税务总局发布《关于调整增值税税率的通知》，自2018年5月1日起执行。

这些对会计学系列教材建设都提出了新的挑战。同时，数智经济时代的到来，也对会计学教材建设提出了新要求。

在修订的过程中，我们更加注重提升教材配套平台建设的质量：

• 关于习题与案例。按照修订后的教材内容更新习题与案例。一是加大习题量，适当提高习题的难度。二是更换部分案例，使案例与实践更加贴近，学生通过案例的学习得到进一步启发。三是配置阶段性综合习题，根据内容模块设置习题，便于学生综合性地理解和掌握相关章节的知识，循序渐进，达到深入学习的效果。

• 关于电子课件。电子课件的制作摒弃了复制主教材各级标题的简单做法，由各主教材的作者亲自主持制作，这样能更好地把握授课内容，对各章节的内容进行更深入的讲解和逻辑勾勒，真正起到辅助和深化的作用。

• 关于教学大纲。本套教材配有电子版教学大纲，为教师提供课时分配、重难点提示、教学结构等参考信息，进一步方便教师教学。

• 关于慕课资源。《基础会计》《中级财务会计》《高级财务会计》《管理会计》等书的配套慕课在中国大学MOOC平台上播放。其中，《管理会计》配套慕课获评"首批国家级线上线下混合式一流本科课程"。

• 关于在线组卷。东北财经大学出版社网站的"会员中心"提供"在线组卷"功能，本套书所有教材都可以在线组卷，所有题目都来自教材的配套习题。

• 关于课程思政。为了适应新时代会计教学改革的需要，本版教材尝试融入课程思政教学等相关知识，这既是对教材知识体系的必要补充，也进一步体现了教材应担负的立德树人使命，更是为人工智能环境下会计教学形式的创新创造条件。

为保证质量，我们陆续推出新版东北财经大学会计学系列教材，分别有：《基础会计》《中级财务会计》《高级财务会计》《成本会计》《管理会计》《财务管理》《会计信息系统》《内部控制》《财务分析》《财务分析（数智版）》《会计学》《审计》《审计（精编版）》，共计13种。值得一提的是，截至目前：

• 入选"十二五"普通高等教育本科国家级规划教材的有7种，普通高等教育"十一五"国家级规划教材的有4种，"十二五"普通高等教育本科省级规划教材的有9种；

·入选普通高等教育精品教材的有1种；

·荣获全国优秀畅销书奖的有6种，省级优秀畅销书奖的有6种；

·所支撑的课程获得国家级精品课程称号的有5种，所支撑的课程获得省级精品课程称号的有6种；

·获得国家级精品资源共享课称号的有5种，获得省级精品资源共享课称号的有2种；

·荣获2020年首届辽宁省教材建设奖优秀教材奖的有4种；

·荣获2021年首届全国教材建设奖全国优秀教材奖的有1种。

由于我们的时间和精力有限，教材中难免存在缺点乃至谬误，我们恳请广大读者批评指正。

每次修订仅仅是一个新的起点，而不是终点，我们将随着经济的发展与会计环境的变化不断修订，使东北财经大学会计学系列教材紧随时代步伐，及时反映学科的最新进展。

东北财经大学会计学系列教材编委会

第8版前言

"东北财经大学会计学系列教材"之《基础会计》自2012年第3版出版以来，需求量持续增长，继入选"十二五"普通高等教育本科国家级规划教材，并获评全国优秀畅销书后，又于2020年荣获首届辽宁省教材建设奖优秀教材奖。为了不辜负读者、同行及专家对本书的厚爱，根据我国新发布的会计相关法律法规的新变化、新要求，以及读者反馈的意见和编者在课堂教学中发现的问题，我们在本书第7版（2021年版）的基础上进行了一次全面修订。

本次修订的目标仍然是：充分体现教材应担负的立德树人使命，及时吸收会计理论研究的最新成果，力求教材内容的更新与会计改革的实践同步，始终保持原教材宜教易学的体系和风格。具体而言，在本次修订中，着重在课程思政内容梳理、课程知识点更新和课程教学形式创新等方面进行了积极探索。

党的二十大报告指出，育人的根本在于立德。为了落实教材所担负的立德树人根本任务，让会计学科教学内容更具深度和广度，本次修订过程中进行了有益的改革，围绕"基础会计"课程中的典型思政元素展开专题讨论，并以"思政课堂""延伸阅读"等形式将课程思政内容融入教材、进入课堂。本次修订旨在以会计职业道德建设为主线，强化对学生依法治国、道路自信、社会责任、传承美德、职业素养、工匠精神等方面的教育，使专业学习与思政培养形成协同效应，将专业知识传授与价值观引导紧密结合，助力学生塑造正确的世界观、人生观、价值观。

在本次修订过程中，除了根据税收法律法规和《企业会计准则》的最新变化，对书中相应知识点进行更新外，还适量补充了引领初学者"入门"的实例及其解析，以及有助于学生巩固课堂学习效果的各章自测题。尤其是，为了顺应人工智能环境下会计教学形式变革的需求，同时也本着"增内容，不增篇幅""最大限度减轻学生成本负担"的一贯原则，本书新增内容一律采用二维码形式予以呈现，供读者扫码阅读。

陈国辉、迟旭升教授负责本次修订的组织工作，并总纂定稿。各章修订的具体分工是：第一、二、九章由博士生导师陈国辉教授执笔；第三、十一章由博士生导师陈艳利教授执笔；第四、八、十、十二章由迟旭升教授执笔；第五、十四章由陈文铭教授执笔；第六、七章由王觉教授执笔；第十三章由刘英明副教授执笔。东北财经大学出版社的编辑们负责本书部分思政素材的搜集和整理工作。

《基础会计》教材资源丰富多彩：主教材配有线上课程资料，包括电子教案、教学大纲、教学日历、考评方式与标准、知识点及问题、重点与难点、自测题等；主教材配有与其同步对应的《基础会计习题与案例》纸质版；出版社网站提供"基础会计"课程在线组卷功能。

在本书的每次修订包括每一次重印过程中，不论是体系的调整还是内容上的更新，我们都充分听取东北财经大学和兄弟院校相关任课教师的意见，这无疑也是本书影响力与日俱增的缘由之一。值本书第8版付梓之际，向多年来选用本教材并对其修订、完善不吝赐教的各位朋友致以最诚挚的谢意！

编　者

2024年4月

第1版前言

本书系教育部普通高等教育"十一五"国家级规划教材，同时也是国家级精品课程——东北财经大学基础会计课程的指定教材。本书不仅可作为高等院校会计学、财务管理，以及其他经济、管理类专业在校本科生学习会计的启蒙教科书，也可供从事会计、财务管理和其他经济管理工作的人员自学、培训之用。

为了满足高等院校会计学等有关专业开设基础会计课程的教学需要，我们于2003年编写了本书的前身——《基础会计》（东北财经大学出版社，2003）一书。该书自出版以来，受到社会各界及读者的高度认可，在短短的3年时间里，已陆续印刷了20余次。

会计工作是经济管理工作的重要组成部分。经济越发展，会计越重要。随着我国社会主义市场经济的迅猛发展，我国的会计理论研究和会计改革也在不断深化。为了规范会计核算工作，提高会计信息质量，我国于2006年颁布了39项企业会计准则。这标志着我国在会计国际趋同的进程中又迈出了一大步。随着会计工作规范化和国际化程度的提高，必然对会计人员的知识水平和业务素质提出更高的要求，也为高等院校会计教学明确了新的目标。为此，我们在原教材的基础上，吸收了会计理论研究的最新成果，借鉴了国内外同类教材的先进经验，以新颁布的会计准则及其应用指南为依据，重新编写了这本《基础会计》教材。

本书保留了原教材的基本风格：按照学生由浅入深、循序渐进的认识规律来安排总体结构和各章内容，尽量用通俗易懂的语言来阐述会计的基本原理、基本技术和基本方法，力求使初学者不至于因大量的专业术语而对学习会计产生畏惧心理。此外，我们又为本教材配套制作了"基础会计教学课件"和编写了《基础会计习题与案例》，以适应采用多媒体形式进行课堂教学的需要，并为学生学有所练、勤于操作创造条件。

本书由陈国辉、迟旭升教授任主编，负责全书写作大纲的拟定和编写的组织工作，并总纂定稿。初稿撰写分工如下：第一、二、九章由博士生导师陈国辉教授执笔；第三、十一、十四章由孙光国副教授执笔；第四、八、十章由迟旭升教授执笔；第五、十五章由陈文铭教授执笔；第六、七章由王觉副教授执笔；第十二、十三章由张捷教授执笔。

在编写本书的过程中，我们得到了有关院校的同行和实务界人士的大力支持与帮助，特别是东北财经大学会计学院讲授本门课程的老师，对本书的编写提出了许多宝贵建议，在此一并致谢。

由于时间仓促，加之我们水平有限，书中内容安排与语言表述可能还存在缺点或错误，恳请读者和同行批评指正，以便再版时修订。

编　者
2007年1月

课程思政与专业教育融合路线图

基础会计

依法治国 →
第一章——会计法律法规是会计专业的首要必修课
第十四章——会计更要廉洁自律
延伸阅读1-4、5-2、8-1、8-3、10-1、11-1、14-2

道路自信 →
第二章——坚定不移走中国特色会计发展之路
第五章——唯有平衡发展，方可行稳致远
第十二章——选择决定成败
延伸阅读1-1、1-3、7-1

社会责任 →
第三章——诚信是会计信息可靠的基础
第十一章——履行社会责任应从我做起
延伸阅读3-1、3-3

传承美德 →
第四章——铭记感恩之账
第七章——勤俭是咱们的传家宝
第十章——谨慎是会计人手中的"安全阀"
延伸阅读2-2、3-2、4-2

职业素养 →
第六章——换位思考是与人相处的大智慧
第九章——查错、改错，避免重复犯错
第十三章——数字经济时代会计人面临的挑战
延伸阅读6-1、9-1、10-3、10-4、13-1、13-2

工匠精神 →
第八章——新时代会计人亦应发扬"螺丝钉"精神
第十四章——工匠精神成就会计强国
延伸阅读8-2、14-1

目 录

延伸阅读目录

第一章 总 论

第一节 会计的产生与发展

一、会计是为适应生产活动发展的需要而产生的

生产活动是人类赖以生存和发展的基础，也是人类最基本的实践活动，它决定着人类的其他一切活动。在生产活动中，既能够创造物质财富，取得一定的劳动成果；同时，也必然会发生劳动耗费，其中包括人力、物力以及财力的耗费。如果劳动成果少于劳动耗费，则生产会萎缩，社会会倒退；如果劳动成果等于劳动耗费，则只能进行简单再生产，社会就会停滞不前；如果劳动成果多于劳动耗费，则可以进行扩大再生产，社会就能取得进步。而生产发展、社会进步是一切社会形态中人们所追求的共同目标，因此，无论在何种社会形态中，人们都必然会关心劳动成果和劳动耗费，并对它们进行比较，以便科学、合理地管理生产活动，提高经济效益。在对劳动成果和劳动耗费进行比较的过程中，产生了原始的计量、计算、记录行为。这种原始的计量、计算、记录行为中蕴含着会计思想、会计行为的萌芽。会计在其产生初期还只是"生产职能的附带部分"。也就是说，会计在它产生初期是生产职能的一个组成部分，是人们在生产活动以外，附带地把劳动成果和劳动耗费以及发生的日期进行计量和记录。当时，会计还不是一项独立的工作。随着社会生产的发展、生产规模的日益扩大和复杂，对劳动成果和劳动耗费的比较，仅仅靠人们在劳动过程中附带地进行计量、计算和记录，显然满足不了生产发展规模日益扩大、复杂的需要。为了满足生产发展需要，适应对劳动成果和劳动耗费进行管理的要求，会计逐渐从生产职能中分离出来，成为特殊的、专门委托有关当事人从事且具有独立职能的一项活动。可见，会计是适应生产活动发展的需要而产生的，对生产活动进行科学、合理的管理是它产生的根本动因。

二、会计是生产活动发展到一定阶段的产物

生产活动的发生是会计产生的前提条件。如果没有生产活动的发生，便不会有会计思想、会计行为的产生。但是，这并不意味着生产活动一发生，就产生了会计思想、会计行为。会计史学者的考古结果表明：只有当人类的生产活动发展到一定阶段，以至生产所得能够大体上保障人类生存和繁衍的需要时，人们才会关心劳动成果与劳动耗费的比较。特别是劳动成果有了剩余时，原始的计量、记录行为才具备了产生的条件，会计也因此而进入了萌芽阶段。这一时期经历了漫长的过程。据考证，从旧石器时代中、晚期到奴隶社会这一时期被称作会计的萌芽阶段，也称会计的原始计量与记录时代。由此可见，会计并不

是在生产活动发生伊始就产生的，它是生产发展到一定程度，劳动成果有了剩余以后，人们开始关心劳动成果和劳动耗费的比较，更关心对剩余劳动成果的管理和分配，需要对它们进行计量、计算和记录时，才产生了会计思想，有了会计萌芽。由此可见，会计是生产活动发展到一定阶段的产物。它伴随着生产活动的产生、发展而产生，也将随着生产活动的发展而发展和完善。

三、会计从产生到现在经历了一个漫长的发展历程

从严格意义上讲，自旧石器时代中、晚期开始到奴隶社会繁盛时期为止，在这一漫长历史时期中产生的最原始的计量、记录行为并不是纯粹的、真正意义上的会计行为和会计方法。那时，所谓的会计还不是一项独立的工作，而只是生产职能的附带部分，是在生产过程的同时，附带地把劳动成果、劳动耗费等事项记载下来。在会计的发展史上，这一时期被称为会计的萌芽阶段，或者被称为原始计量与记录时代。

严格的、独立意义上的会计特征是到奴隶社会的繁盛时期才表现出来的。那时，随着社会的发展，劳动生产力的不断提高，生产活动的结果除了能够补偿劳动耗费之外还有了剩余产品。剩余产品与私有制的结合，带来了私人财富的积累，进而导致受托责任会计的产生，会计逐渐从生产职能中分离出来，成为特殊的、专门委托有关当事人从事的一项独立的活动。这时的会计，不仅应保护奴隶主物质财产的安全，还应反映那些受托管理这些财产的人是否认真地履行了他们的职责。所有这些都要求采用较先进、科学的计量与记录方法，从而促使原始计量、记录行为向单式簿记体系演变。从奴隶社会的繁盛时期到15世纪末，单式簿记应运而生并且得到了发展。这一时期的会计一般被称为古代会计。

1494年，意大利数学家卢卡·帕乔利的著作《算术、几何、比及比例概要》问世，标志着近代会计的开端。在随后漫长的历史时期内，人们在古代单式簿记的基础上，创建了复式簿记。复式簿记在意大利迅速得到普及并不断发展和完善，随着美洲大陆的发现和东西方贸易的发展，加之各国建立了统一货币制度、阿拉伯数字取代了罗马数字、纸张的普遍使用等，复式簿记传遍整个欧洲，后又传遍世界各国。即使是现在，我们仍然采用复式簿记的方法，并最终完成了复式簿记的方法体系乃至理论体系的建设。与此同时，会计从特殊的、专门委托有关当事人的独立活动发展成为一种职业。在会计的发展史上，一般将帕乔利复式簿记著作的出版和会计职业的出现视为近代会计史上的两个里程碑。

客观地说，"古代会计""近代会计"的提法是不够严谨的，较为准确的提法应该是"古代簿记""近代簿记"。由簿记时代向会计时代的转变发生在19世纪30年代末期。那时，bookkeeping（簿记）开始向accounting（会计）演变，簿记工作开始向会计工作演变，簿记学开始向会计学演变。这些都标志着会计发展史上的簿记时代已经结束，人类已经进入了现代会计的发展时期。在这一时期，随着社会生产力的进一步提高和科学技术的迅猛发展，作为一门适应性学科的会计也发生了相应的变化，主要表现为：（1）会计学基础理论的创立；（2）会计理论和方法逐渐分化成两个领域，即财务会计和管理会计；（3）审计基本理论的创立；（4）会计电算化、信息化和数智化的产生与应用。我们有理由相信，随着社会发展和科学技术的进步，会计也必然会取得更加引人注目的发展。

会计在我国也有悠久的历史，我国从公元前22世纪末到公元前17世纪初在夏朝就开始设置会计。在西周时就设"司会"官职，主管王朝财政经济收支的核算。当时首次出现

"会计"二字构词连用，其基本含义是：既有日常的零星核算，又有岁终的总核算，通过日积、月累到岁末的核算达到正确考核王朝财政经济收支的目的。在春秋时期，孔子提出了"会计当而已矣"，意指会计的收、付、存，要保持平衡无误。唐宋时期创立了四柱结算法，"四柱"是指"旧管"（期初结存）、"新收"（本期收入）、"开除"（本期支出）、"实在"（期末结存），并通过"旧管+新收−开除=实在"的平衡公式来定期计算财产的增减变动及其结果。明末清初出现了龙门账，把全部账目分为"进"（收入）、"缴"（支出）、"存"（资产）、"该"（资本和负债）四类，采用"进−缴=存−该"的平衡公式计算盈亏，分别编制"进缴表"（利润表）和"存该表"（资产负债表）。龙门账的诞生标志着中式簿记由单式记账向复式记账转变。

会计产生和发展的历史表明：会计是适应生产活动发展的需要而产生的，并随着生产的发展而发展。经济越发展，会计越重要。正如马克思所说的那样："过程越是按照社会的规模进行……作为对过程进行控制和观念总结的簿记就越是必要。因此，簿记对资本主义生产比对手工业和农民的分散生产更为必要；对公有制生产比对资本主义生产更为必要。"[①]

延伸阅读 1-1

会计的思想精髓是照亮管理者前行的明灯

第二节　会计的含义

什么是会计？或者说，会计的内涵是什么？尽管会计从产生到现在已有几千年的历史，但是，对于这一基本问题，古今中外却一直没有一个明确、统一的说法。究其原因，关键在于人们对会计本质的认识存在着不同的看法，而不同的会计本质观对应着不同的会计含义。

针对会计本质问题所展开的理论研究，是20世纪以来会计理论研究中争论最集中且分歧最大的一个方面，至今仍众说不一，无法定论。下面我们将回顾中外会计学界针对会计本质问题形成的两种主流学派并阐明我们的观点，以便在此基础上给出会计的定义。

一、会计信息系统论

所谓会计信息系统论，就是把会计的本质理解为一个经济信息系统。具体地讲，会计信息系统是指在企业或其他组织范围内，旨在反映和控制企业或组织的各种经济活动，而由若干具有内在联系的程序、方法和技术所组成，由会计人员加以管理，用以处理经济数据、提供财务信息和其他有关经济信息的有机整体。

会计信息系统论的思想最早起源于美国会计学家 A.C.利特尔顿。他在1953年出版的《会计理论结构》一书中指出："会计是一种特殊门类的信息服务""会计的显著目的在于对一个企业的经济活动提供某种有意义的信息"。

20世纪60年代后期，随着信息论、系统论和控制论的发展，美国的会计学界和会计职业界开始倾向于将会计的本质定义为会计信息系统。如1966年美国会计学会在其发表的《会计基本理论说明书》中明确指出："实质地说，会计是一个信息系统。"从此，这个

---

① 马克思，恩格斯. 马克思恩格斯全集：第24卷 [M]. 中共中央马克思恩格斯列宁斯大林著作编译局，译. 北京：人民出版社，1972：152.

概念开始广为流传。

20世纪70年代以来，将会计定义为"一个经济信息系统"的观点，在许多会计著作中流行。如S. 戴维森在其主编的《现代会计手册》一书的序言中写道："会计是一个信息系统。它旨在向利害攸关的各个方面传输一家企业或其他个体的富有意义的经济信息。"此外，在斐莱和穆勒氏《会计原理——导论》、凯索和威基恩特合著的《中级会计学》等著作中也都有类似的论述。

我国较早接受会计是一个信息系统的会计学家是余绪缨教授。他于1980年在《要从发展的观点看会计学的科学属性》一文中首先提出了这一观点。

我国会计学界对"信息系统论"具有代表性的提法是由葛家澍教授、唐予华教授于1983年提出的。他们认为："会计是为提高企业和各单位的经济效益，加强经济管理而建立的一个以提供财务信息为主的经济信息系统。"

二、会计管理活动论

会计管理活动论认为会计的本质是一种经济管理活动。它继承了会计管理工具论的合理内核，吸收了最新的管理科学思想，从而成为在当前国际国内会计学界具有重要影响的观点。

将会计作为一种管理活动并使用"会计管理"这一概念在西方管理理论学派中早已存在。"古典管理理论"学派的代表人物法约尔把会计活动列为经营的六种职能活动之一；美国人卢瑟·古利克则把会计管理列为管理功能之一；20世纪60年代后出现的"管理经济会计学派"则认为进行经济分析和建立管理会计制度就是管理。

我国最早提出会计管理活动论的当数杨纪琬教授、阎达五教授。1980年，在中国会计学会成立大会上，他们做了题为《开展我国会计理论研究的几点意见——兼论会计学的科学属性》的报告。在报告中，他们指出：无论从理论上还是从实践上看，会计不仅仅是管理经济的工具，它本身就具有管理的职能，是人们从事管理的一种活动。

在此之后，杨纪琬教授、阎达五教授对会计的本质又进行了深入探讨，逐渐形成了较为系统的"会计管理活动论"。杨纪琬教授指出，"会计管理"的概念是建立在"会计是一种管理活动，是一项经济管理工作"这一认识基础上的，通常讲的"会计"就是"会计工作"。他还指出，"会计"和"会计管理"是同一概念，"会计管理"是"会计"这一概念的深化，反映了会计工作的本质属性。

阎达五教授认为，会计作为经济管理的组成部分，它的核算和监督内容以及应达到的目的受不同社会制度的制约，"会计管理这个概念绝不是少数人杜撰出来的，它有充分的理论和实践依据，是会计工作发展的必然产物"。

自从会计学界提出"会计信息系统论"和"会计管理活动论"之后，这两种学术观点就展开了尖锐的交锋。然而，我们经过反思，却发现这场论战本身就存在问题。前者将会计视为一种方法予以论证；而后者则将会计视为一种工作，从而视为一种管理活动来加以论证。两者的出发点不同，怎么可能得出一致的结论呢？

我们认为，讨论会计的本质，首先应明确"会计"指的是什么。它指的是"会计学"，还是"会计工作"，或是"会计方法"？如果不明确界定这一前提，则必将引起一场不必要的或者是无结果的辩论。在本书中，我们将"会计"界定为"会计工作"。基于这一前提，我们认为"会计管理活动论"的观点代表了我国会计改革的思路与方向，是对会计本质问题的科学论断，因此，我们倾向于选择"会计管理活动论"。在"会计管理活动论"前提下，我们完全有理由认为会计是经济管理的重要组成部分，是以提供经济信息、提高经济效益为目的的一种管理活动。它以货币为主要计量单位，采用一系列专门的程序和方法，反映和监督社会再生产过程中的资金运动。

综上所述，会计是以货币为主要计量单位，对企业、事业、机关等单位或组织的经济活动进行连续、系统、全面的反映和监督的一项经济管理工作。会计在对企业的经济活动进行反映和监督的同时，为会计信息使用者提供决策所需的会计信息。

延伸阅读1-2

会计"艺术论"、"工具论"和"控制论"

三、会计的属性

会计的属性是指会计的性质。从会计产生和发展的历史过程中可以看出，会计涉及的内容，既同生产力相联系，又与生产关系和上层建筑相联系，从而使会计既有技术性，又有社会性。会计的技术性，主要表现在会计的某些方法反映了生产力的技术与组织的要求。会计是在社会实践中适应管理生产过程的需要而产生的，生产过程是一种分工协作的集体化的大生产，它包括劳动者、劳动资料和劳动对象的结合，这种结合的基础是生产技术。因此，为了全面地、综合地反映和监督生产过程，促使生产活动达到人们的预期效果，会计的技术方法和理论知识必然要随着生产技术日益复杂、生产规模日益扩大而扩大，它经历了由简单到复杂、由低级到高级的发展过程。多少年来，人们总结了对经济活动记录、反映、分析、检查等一套会计专门的科学方法，这是人类劳动和智慧的结晶，是人类共存的一种财富。借助它，能系统、真实地反映客观实际情况，用于管理生产，可以促进生产的发展。

会计的社会性，是指会计作为一种经济管理活动，它是企业管理的一个重要组成部分，必然牵涉企业所有者、债权人、政府、企业管理层、潜在投资者等一系列外部和内部利益主体，各利益主体从各自利益驱动出发，自然要求会计工作符合自身利益需求，以期达到有利于自己的经济后果。因而，会计工作就要协调各方面的利益需求，最终在各利益主体之间作出最优的权衡决策，满足不同利益主体的要求。这种协调最明显的例子就是会计准则的制定。会计准则的制定过程不仅仅是技术方法的研究过程，同时还是政治协调的过程，与强势集团讨价还价，对最终制定的准则有着相当程度的影响。

会计的双重性，决定了会计的科学管理属性，使它成为一门经济管理科学。关于管理科学的性质，马克思曾经指出："资本主义的管理就其内容而言是二重的，因为它所管理的生产过程本身具有二重性：一方面是创造产品的社会劳动过程，另一方面是资本的价值增值过程。"①就是说，管理一方面具有同生产力相联系的自然属性，即技术性；另一方面又具有同生产关系相联系的社会属性，即社会性。资本主义管理的二重性同样适用于社会主义管理。邓小平同志曾经指出："有些东西并不能说是资本主义的，比如说，技术问题是科学，生产管理是科学，在任何社会、对任何国家都是有用的。我们学习先进的技术、先进的科学、先进的管理来为社会服务，而这些东西并没有阶级性。"

---

① 马克思，恩格斯. 马克思恩格斯全集：第24卷［M］.中共中央马克思恩格斯列宁斯大林著作编译局，译. 北京：人民出版社，1972：152.

正确认识会计的双重性质，对于我们利用人类创造的会计科学财富，充分发挥会计的管理作用具有重大的意义。从技术性方面看，凡是能促进生产力发展的会计理论和方法，是任何社会形态下共同需要的，可以共同采用，这为我们充分借鉴国际上先进的会计理论和方法，为我国社会主义经济建设服务奠定了理论基础。从社会性方面看，会计要维护一定的生产关系，体现不同的管理目的，应划清社会主义会计和资本主义会计的本质界限，发挥社会主义会计保护社会主义生产关系和上层建筑的作用。

四、会计学及其分支

会计学是人们对会计实践进行科学总结而形成的知识体系。

尽管会计实践出现得较早，但是，会计学出现得却相对较晚。我国第一部论及会计业务的会计著作是唐代史官李吉甫于公元807年撰写的《元和国计簿》一书，比会计实践的产生晚了3 000多年。西方会计论著的出现要更晚一些，1494年出版的意大利数学家卢卡·帕乔利的著作《算术、几何、比及比例概要》是西方的第一部会计著作。然而，这时的会计学还仅仅停留在"簿记学"阶段。直到20世纪初，英国出版了劳伦斯·狄克西的《高等会计学》（1903年）和乔治·利司尔的《会计学全书》（1903年），标志着真正意义上的会计学的产生。

会计实践是不断发展和不断丰富的，相应地，会计学理论也在不断地发展和完善。会计实践的发展和丰富推动了会计学的发展和完善。随着会计学研究的深入发展，会计学分化出许多分支，每个分支都形成了一个独立的学科。这些学科相互促进、相互补充，构成了一个完整的会计学科体系，其内容大致如图1-1所示。

```
                          ┌ 会计史
              理论会计学 ┤          ┌ 规范会计理论
                          └ 会计理论┤
                                     └ 实证会计理论
                          ┌ 企业会计
              财务会计 ┤ 非营利组织会计
                          └ 国际会计
                                      ┌ 成本会计
会计                       传统的管理会计┤
学科          管理会计┤              └ 责任会计
体系                                    ┌ 作业成本会计
              应用会计学                │ 现金流动会计
                                        │ 质量成本管理会计
                                        │ 生命周期成本管理会计
                                        │ 资本成本管理会计
                           现代的管理会计┤ 增值会计
                                        │ 战略管理会计
                                        │ 环境管理会计
                                        │ 人力资源管理会计
                                        │ 国际管理会计
                                        └ ……
                          ┌ 国家审计
              审计     ┤ 单位内部审计
                          └ 注册会计师审计
```

图1-1　会计学科体系示意图

会计学是管理科学的一个分支，属于应用管理学，会计学研究的对象是全部会计工作，既包括会计理论研究工作，又包括会计实践工作。随着会计学研究领域的不断扩展，会计学分化出许多分支，每一个分支也都形成了一个学科。如按会计学研究的内容划分，其分支有基础会计学、财务会计学、高级财务会计学、管理会计学、成本会计学、会计史学等；按会计主体来划分，其分支有宏观会计学和微观会计学。宏观会计学包括总预算会计、社会会计、国际会计等，微观会计学包括企业会计、非营利组织会计等。

研究会计学及其分支，对于了解会计研究的内容，把握会计研究的方向，掌握每个分支学科在整个会计学科中的地位都具有十分重要的现实意义，也可以为今后科学地学习和研究会计学奠定基础。

第三节　会计的职能与目标

一、会计的职能

会计的职能是指会计在经济管理中具有的功能，具体来讲，就是会计是用来做什么的。对于这个问题，马克思曾有过精辟的论述。他指出："过程越是按社会的规模进行……作为对过程进行控制和观念总结的簿记就越是必要……"可见，马克思把会计的基本职能归纳为反映（观念总结）和监督（控制）。

我们认为马克思的这一论述是十分准确的。现代会计的基本职能应当归纳为反映和监督，而且，为了达到反映与监督的目的，现代会计在发展中逐步构建了它的两大工作系统，即会计的信息系统和会计的控制系统。

（一）会计的反映职能与会计的信息系统

反映的内涵是反照、映衬，而会计的反映职能是指会计能够按照会计准则的要求，采用一定的程序和方法，全面、系统、及时、准确地将一个会计主体发生的会计事项表现出来，以达到揭示会计事项的本质、为经营管理提供经济信息的目的。会计的反映职能具有以下明显的特征：

第一，会计以货币为主要计量单位。会计反映主要是从价值量方面反映各单位的经济活动情况。会计在对各单位经济活动进行反映时，主要是从数量而不是从质的方面进行反映。例如，企业对固定资产进行反映时，只记录其数量、成本、折旧等数量变化，而并不反映其技术性能、运行状况等。会计在反映各单位经济活动时主要使用货币量度，实物量单位、其他指标及其文字说明等都处于附属地位。因为货币是衡量各种商品的价值尺度，而且企业最初的投资总是用货币度量的，所以，对这些投资使用的追踪记录也只能使用货币量度。

第二，会计是反映过去已经发生的经济活动。会计反映经济活动就是要反映其事实，探索并说明其真相，因此，只有在每项经济业务发生或完成以后，才能取得该项经济业务完成的书面凭证，这种凭证具有可验证性，据以记录账簿，才能保证会计提供的信息真实可靠。而这必须是在经济业务已经发生或完成之后，至少在传统会计上是这样的。虽然管理会计等具有预测职能，其核算的范围可能扩大到未来的经济活动，但从编制会计报表、对外提供会计信息来看仍然是面向过去的。

第三，会计反映具有连续性、系统性和全面性。会计反映的连续性，是指对经济业务的记录是连续的，逐笔、逐日、逐月、逐年进行，不能间断；会计反映的系统性，是指对会计对象要按科学的方法进行分类，进而系统地加工、整理和汇总，以便提供管理所需要的各类信息；会计反映的全面性，是指对每个会计主体发生的全部经济业务都应该进行记录和反映，不能有任何遗漏。

会计的反映职能在客观上体现为通过会计的信息系统对会计信息进行优化。这一过程又具体体现为记账、算账和报账三个阶段。记账就是把一个会计主体所发生的全部经济业务运用一定的程序和方法在账簿上予以记载；算账就是在记账的基础上，运用一定的程序和方法来计算该会计主体在生产经营过程中的资产、负债、所有者权益、收入、成本费用以及损益情况；报账就是在记账和算账的基础上，通过编制会计报表等方式将该会计主体的财务状况和经营成果向会计信息使用者报出。

反映职能是会计核算工作的基础。它通过会计信息系统提供的信息，既服务于国家的宏观管理部门，又服务于会计主体的外部投资者、债权人和内部管理者。这种服务作用是具有能动性的，从这一角度来看，会计的反映职能也在一定程度上体现了管理精神。

（二）会计的监督（控制）职能与会计的控制系统

监督的内涵是监察、督促，而会计的监督职能是指会计按照一定的目的和要求，利用会计信息系统所提供的信息，对会计主体的经济活动进行控制，使之达到预期的目标。会计的监督职能就是监督经济活动按照有关的法律法规以及经营战略和计划进行。会计的监督职能具有以下显著的特征：

第一，会计监督具有强制性和严肃性。会计监督是依据国家的财经法规和财经纪律进行的。会计法不仅赋予会计机构和会计人员实行监督的权利，而且规定了监督者的法律责任。放弃监督，听之任之，情节严重的，给予行政处分；给公共财产造成重大损失，构成犯罪的，依法追究刑事责任。因此，会计监督是以国家的财经法规和财经纪律为准绳，具有强制性和严肃性。

第二，会计监督具有连续性。社会再生产过程不间断，会计反映就要不断地进行下去，在整个持续过程中，始终离不了会计监督。各会计主体每发生一笔经济业务，都要通过会计进行反映，在反映的同时，就要审查它们是否符合法律、制度、规定和计划。会计反映具有连续性，会计监督也应具有连续性。

第三，会计监督具有完整性。会计监督不仅体现在已经发生或已经完成的业务方面，还体现在业务发生过程中及尚未发生之前，包括事前监督、事中监督和事后监督。事前监督是指会计部门或会计人员在参与制定各种决策以及相关的各项计划或费用预算时，依据有关政策、法规、准则等的规定对各项经济活动的可行性、合理性、合法性和有效性等进行审查，它是对未来经济活动的指导；事中监督是指在日常会计工作中，随时审查发生的经济业务，一旦发现问题，及时提出建议或改进意见，促使有关部门或人员采取措施予以改正；事后监督是指以事先制定的目标、标准和要求为依据，利用会计反映取得的资料对已经完成的经济活动进行考核、分析和评价。会计事后监督可以为制订下期计划、预算提供资料，也可以预测今后经济活动发展趋势。

延伸阅读1-3

准财务科长的
两难选择

监督职能在会计行为实施之前就发挥作用，同时又是会计工作的落脚点。它通过会计信息系统与会计控制系统的有机结合，充分发挥了会计在企业等经济组织经营管理中的能动性作用，体现了"会计管理活动论"的基本思想。

（三）会计两大基本职能的关系评价

就会计两大基本职能的关系而言，反映职能是监督职能的基础，没有反映职能提供的信息，就不可能进行会计监督，因为如果没有会计反映提供可靠、完整的会计资料，会计监督就没有客观依据，也就无法进行；而监督职能又是反映职能的保证，没有监督职能进行控制，提供有力的保证，就不可能提供真实可靠的会计信息，也就不能发挥会计管理的能动作用，会计反映也就失去了存在的意义。因此，会计的反映职能和监督职能是紧密结合、密不可分、相辅相成的，同时又是辩证统一的。

（四）会计基本职能的外延

随着社会的发展、技术的进步，经济关系的复杂化和经济管理水平的提升，会计的基本职能得到了不断的完善，会计的新职能不断出现。会计职能不但有反映和监督"两职能"说，还有"三职能"直至"九职能"说。目前，国内会计学界比较流行的是"六职能"说。这一学说认为会计具有"反映经济情况、监督经济活动、控制经济过程、分析经济效果、预测经济前景、参与经济决策"[1]等六项职能，并认为这六项职能是密切结合、相辅相成的。其中，两项基本职能是四项新职能的基础，而四项新职能又是两项基本职能的延伸和提高。在"六职能"说中，"会计管理活动论"得到了进一步的体现。

二、会计的目标

（一）会计目标的含义

会计产生和发展的历史告诉我们，人类在社会实践中运用会计的目的是要借助会计对经济活动进行反映和监督，为经营管理提供财务信息，并考核、评价经营责任，从而取得最大的经济效益。这是由商品个别劳动时间和社会必要劳动时间的不同，以及人力、物力资源的有限等之间的基本矛盾所决定的。不同经济主体为了追求经济利益，无不利用会计这项经济管理工作。那么，会计能提供些什么信息？这就要明确会计的目标是什么。会计目标概括来讲就是设置会计的目的与要求。具体而言，会计目标就是对会计自身提供经济信息的内容、种类、时间、方式及质量等方面的要求。也就是说，会计目标是要回答会计应干些什么的问题，即对所从事的工作，首先要明确其应符合的何时以何种方式提供合乎何种质量的何种信息。

会计目标指明了会计实践活动的目的和方向，同时也明确了会计在经济管理活动中的使命，成为会计发展的导向。制定科学的会计目标，对于把握会计发展的趋势，确定会计未来发展的步骤和措施，调动和借助会计工作者的积极性和创造性，促使会计工作规范化、标准化、系统化，更好地为社会主义市场经济服务等都具有重要的作用。

---

[1] 陈国辉. 会计理论研究 [M]. 大连：东北财经大学出版社，2001：46.

（二）关于会计目标的两种学术观点

1.决策有用观

持这种观点的学者认为，财务会计的目标就是提供对信息使用者作出决策有用的信息，主要包括两方面内容：一是关于企业现金流量的信息；二是关于经济业绩及资源变动的信息。决策有用观适用的经济环境是所有权与经营权分离，并且资源的分配是通过资本市场进行的，也就是说，委托方与受托方的关系不是直接建立起来的，而是通过资本市场建立的，这导致了委托方与受托方关系的模糊。

2.受托责任观

受托责任的含义可以从三个方面来理解：（1）资源的受托方接受委托，管理委托方所交付的资源，受托方承担有效地管理与应用受托资源，并使其保值增值的责任；（2）资源的受托方承担如实地向委托方报告受托责任履行过程及其结果的义务；（3）资源受托方的管理当局负有重要的社会责任，如保持企业所处社区的良好环境、培养人力资源等。由此可见，受托责任产生的原因在于所有权与经营权的分离，而且必须有明确的委托受托关系存在。委托方与受托方中任何一方的模糊或缺位，都将影响受托责任的履行，因此，要求委托方和受托方处在直接接触的位置上。

这两种观点适用的经济环境不同，受托责任观要求两权分离是直接进行的，所有者与经营者都十分明确，二者直接建立委托受托关系，没有模糊和缺位的现象；而决策有用观要求两权分离必须通过资本市场进行，二者不能直接交流，委托者在资本市场上以一个群体出现，从而二者的委托关系变得模糊。

基于我国目前乃至今后较长时期的经济环境，我国会计目标的定位应为受托责任观与决策有用观的融合，即会计一方面要反映企业的受托责任，另一方面又要满足财务报告信息使用者的决策需要。因此，我国《企业会计准则——基本准则》将会计目标确立为：向财务会计报告使用者提供与企业财务状况、经营成果和现金流量等有关的会计信息，反映企业管理层受托责任履行情况，有助于财务会计报告使用者作出经济决策。

（三）会计目标与会计目的、会计任务

会计目标与会计目的不同，会计目的是相对于会计实践活动而主观提出的，它不属于会计信息系统的组成部分，是在该系统以外回答人们利用会计信息来干些什么的；而会计目标属于会计信息系统的组成部分，它一经明确，作为其具体化的会计职能就确定了。因为会计目标提出后，不论是从质的方面，还是从量的方面，都规定了会计能提供什么种类和内容的信息，以及用什么方式提供信息，此时，会计目标不能超出这个范围，除非又提出新的目标。会计目标能深刻地反映会计目的，会计目的又反过来约束会计目标。因为没有高要求的会计目的，也就设计不出高的会计目标。即使设计了较高的会计目的，在会计自身功能不高的情况下，也无法为会计活动提出相应的高目标。因此，会计目的只能通过影响会计目标而促使我们去发展会计本身所具有的功能，并且借助其发展来促进会计目的的实现。

会计目标主要是表明会计信息使用者及其所要求的信息和信息范围，其实质是在总体上规范会计信息的需求量，旨在界定提供会计信息量的多与少。

会计目标与会计任务不同。会计目标尽管也是人们主观提出来的，但是，它构成会计

信息系统的组成部分，它是有客观依据的，它主要是就会计提供什么数量、质量的信息提出明确的目的与要求，不是对整个会计工作提出的目的与要求。会计任务是人们主观提出的，它是就会计工作而言的，是进行会计工作之前的一种设想，即进行会计工作应该达到什么目的与要求。因此，要理解会计目标的含义，应该注意会计目标、会计任务和会计目的之间的区别与联系。

第四节 会计的任务与作用

一、会计的任务

会计的任务是指通过会计的职能应该完成的工作，它是会计职能的具体化。

在我国，会计的根本任务是：按照国家的财经法规、会计准则和会计制度进行会计核算，提供以财务数据为主的经济信息，并利用取得的经济信息对会计主体的经济业务进行监督、控制，以提高经济效益，并服务于会计主体内、外部的有关各方。

具体来说，会计的任务包括以下内容：

第一，反映和监督各会计主体对财经法规、会计准则和会计制度的执行情况，维护财经纪律。贯彻执行国家的财经法规、会计准则和会计制度，是各会计主体进行经济活动的首要原则。因此，会计在反映经济活动、提供会计信息的同时，还应以有关的财经法规、会计准则和会计制度为依据，对经济活动的合法性、合规性实行必要的监督。对于违反财经法规、会计准则和会计制度的行为，应及时予以制止和揭露。

第二，反映和监督各会计主体的经济活动和财务收支，提供会计信息，加强经营管理。各会计主体为了管好自身的经济活动，加强经营管理，提高经济效益，必须了解和掌握各项经济活动的情况。会计的基本任务就是运用专门的程序和方法，对各项经济活动进行全面、系统、及时、准确的反映，从而为信息使用者提供与决策和管理有关的信息，并揭示经济管理中存在的问题及其产生的原因，进而促使管理当局改进经营管理，提高经济效益。

第三，充分利用会计信息及其他有关资料，预测经济前景，参与经营决策。前文已经提到，随着生产的发展、经济关系的复杂化和管理理论的提高，会计基本职能的内涵和外延都得到了发展，会计的新职能不断出现。与之相应，作为会计职能具体化的会计任务也必须进行改革，要变事后监督为全程监督。也就是说，会计不仅要对经济活动和财务收支进行事后的反映和监督，而且，要在掌握历史资料的基础上，根据经营管理的要求对经济前景作出预测；也要通过对备选方案的测算和比较，积极地参与经营决策。

会计任务是进行会计工作之前，人们主观提出的一种工作目的。具体就是在会计工作过程中应该达到什么目的，符合什么要求。只有明确会计工作的目的和要求，在具体实施会计工作的过程中，才能够按照这个目的和要求来安排每一个工作环节，也才能按照事先确定的目的或要求开展工作，最终保证目的实现。

二、会计的作用

会计的作用是指会计的各项职能在特定的历史时期、特定的社会经济制度下实现和利用之后所产生的效果。会计作用的发挥取决于两个重要因素：一是会计所处的外部环境因素，即会计工作所处的社会历史时期以及社会政治、经济和法律制度；二是与会计自身的内在本质有关的因素，即会计的职能被人们认识和利用的程度。

从我国目前的会计实践工作来看，会计的作用主要有以下几方面：（1）为国家进行宏观调控和管理、制定经济政策提供信息；（2）加强经济核算，为企业经营管理提供数据；（3）保证企业资产的安全和完整；（4）为投资者、债权人提供财务报告，以便其作出正确的投资、信贷决策。毋庸讳言，目前我国的会计工作较多地停留在记账、算账、报账阶段，会计的预测、决策、控制和分析职能还没有得到充分发挥，有些职能甚至还没有得到人们的普遍认可。因此，如何充分地发挥会计职能和作用，进而为会计信息使用者提供高质量的会计信息已成为我国会计工作中迫切需要解决的问题。

会计的作用与会计任务不同，会计任务是进行会计工作之前人为主观提出来的，而会计的作用则是会计工作实施之后在社会实践中产生了什么效果。它是会计职能发挥作用后所形成的一种结果，是会计行为效果的体现，也是指导会计实践的会计理论在实践中能否得到检验的一种标志。如果会计发挥了很好的作用，说明会计理论得到了会计实践的验证，也说明会计工作的效果得到了体现；否则，说明会计理论不能指导会计实践，会计工作没有产生效果，甚至说明会计工作产生了负效应。

延伸阅读1-4

"蓝田神话"的破灭

第五节　会计的方法

一、会计方法体系

会计的方法是用来反映和监督会计对象，完成会计任务的手段。研究和运用会计方法是为了实现会计目标，更好地完成会计任务。

会计的方法是从会计实践中总结出来的，并随着社会实践发展、科学技术的进步以及管理要求的提高而不断地发展和完善。会计方法是用来反映和监督会计对象的，由于会计对象多种多样，错综复杂，从而决定了预测、反映、监督、检查和分析会计对象的方法不是单一的方法，而是由一个方法体系构成。随着会计职能的扩展和管理要求的提高，这个方法体系也将不断地发展和完善。

会计对经济活动的管理是通过会计核算方法、会计分析方法以及会计检查方法等来进行的。

会计核算方法是对各单位已经发生的经济活动进行连续、系统、完整的反映和监督所应用的方法。

会计分析方法主要是利用会计核算的资料，考核并说明各单位经济活动的效果，在分析过去的基础上，提出指导未来经济活动的计划、预算和备选方案，并对它们的报告结果进行分析和评价。

会计检查方法主要是在会计核算的基础上，检查各单位的经济活动是否合理、合法，会计核算资料是否真实、正确，根据会计核算资料编制的未来时期的计划、预算是否可行、有效等。

上述各种会计方法紧密联系，相互依存，相辅相成，形成了一个完整的会计方法体系。其中，会计核算方法是基础，会计分析方法是会计核算方法的继续和发展，会计检查方法是会计核算方法和会计分析方法的保证。

作为广义的会计方法，它们既相互联系，又有相对的独立性。它们所应用的具体方法各不相同，并有各自的工作和研究对象，形成了较独立的学科。学习会计首先应从基础开始，即要从掌握会计核算方法入手，而且，通常所说的会计方法，一般是指狭义的会计方法，即会计核算的方法。本书主要阐述会计核算的方法，至于会计分析的方法、会计检查的方法以及其他会计方法将在后续有关课程中分别加以介绍。

二、会计核算方法

会计核算方法，是指会计对企事业单位已经发生的经济活动进行连续、系统和全面的反映和监督所采用的方法。会计核算方法是用来反映和监督会计对象的，会计对象的多样性和复杂性决定了用来对其进行反映和监督的会计核算方法不能采用单一的方法，而应该采用方法体系的模式，因此，会计核算方法由设置账户、复式记账、填制和审核凭证、登记账簿、成本计算、财产清查和编制财务报告等具体方法构成。这七种方法构成了一个完整的、科学的方法体系。

（一）设置账户

账户是对会计对象的具体内容分门别类地进行记录、反映的工具。设置账户就是根据国家统一规定的会计科目和经济管理的要求，科学地建立账户体系的过程。进行会计核算之前，首先应将多种多样、错综复杂的会计对象的具体内容进行科学的分类，通过分类反映和监督，才能提供管理所需要的各种指标。每个会计账户只能反映一定的经济内容，将会计对象的具体内容划分为若干项目，即为会计科目，据此设置若干个会计账户，就可以使所设置的账户既有分工又有联系地反映整个会计对象的内容，为会计信息使用者提供决策所需要的各种信息。

（二）复式记账

复式记账就是对每笔经济业务，都以相等的金额在相互关联的两个或两个以上有关账户中进行登记的一种专门方法。复式记账有着明显的特点，即它对每项经济业务都必须以相等的金额，在相互关联的两个或两个以上账户中进行登记，使每项经济业务所涉及的两个或两个以上的账户之间产生对应关系；同时，在对应账户中所记录的金额又平行相等；通过账户的对应关系，可以了解经济业务的内容；通过账户的平行关系，可以检查有关经济业务的记录是否正确。复式记账可以相互联系地反映经济业务的全貌，也便于检查账簿记录是否正确。例如，到银行提取500元现金。这笔经济业务，一方面要在"库存现金"账户中记增加500元；另一方面又要在"银行存款"账户中记减少500元。"库存现金"账户和"银行存款"账户相互联系地分别记入500元。这样既可以了解这笔经济业务的具体内容，又可以反映该项经济活动的来龙去脉，完整、系统地记录资金运动的过程和结果。

（三）填制和审核凭证

填制和审核凭证是指为了审查经济业务是否合理、合法，保证账簿记录正确、完整而采用的一种专门方法。会计凭证是记录经济业务、明确经济责任的书面证明，是登记账簿的重要依据。经济业务是否发生、执行和完成，关键看是否取得或填制了会计凭证。取得或填制了会计凭证，就证明该项经济业务已经发生或完成。对已经完成的经济业务还要经过会计部门、会计人员的严格审核，在保证符合有关法律、制度、规定而又正确无误的情况下，才能据以登记账簿。填制和审核凭证是会计信息的"入口"，对于保证账簿记录以及会计报表信息的真实、可靠至关重要。

（四）登记账簿

登记账簿亦称记账，就是把所有的经济业务按其发生的顺序，分门别类地记入有关账簿。账簿是用来全面、连续、系统地记录各项经济业务的簿籍，也是保存会计信息的重要工具。它具有一定的结构、格式，应该根据审核无误的会计凭证序时、分类地进行登记。在账簿中应该开设相应的账户，把所有的经济业务记入账簿中的账户里后，还应定期计算和累计各项核算指标，并定期结账和对账，使账证之间、账账之间、账实之间保持一致。账簿所提供的各种信息，是编制会计报表的主要依据。

（五）成本计算

成本计算是指归集一定计算对象上的全部费用，借以确定各该对象的总成本和单位成本的一种专门方法。它通常是指对制造业产品进行的成本计算。例如，按制造业企业供应、生产和销售三个过程分别归集经营所发生的费用，并分别与采购、生产和销售材料、产品的品种、数量联系起来，计算它们的总成本和单位成本。通过成本计算，可以考核和监督企业经营过程中所发生的各项费用是否节约，以便采取措施降低成本，提高经济效益。成本计算对确定生产补偿尺度，正确计算和分配国民收入，制定价格政策等都具有重要作用。

（六）财产清查

财产清查就是通过盘点实物、核对账目来查明各项财产物资、应收款项和货币资金的实有数，并查明实有数与账存数是否相符的一种专门方法。在日常会计核算过程中，为了保证会计信息真实、准确，必须定期或不定期地对各项财产物资、货币资金和应收款项进行清查、盘点和核对。在清查中，如果发现账实不符，应查明原因，调整账簿记录，使账存数额同实存数额保持一致，做到账实相符。通过财产清查，不仅能查明各项财产物资的保管和使用情况，还能及时发现内部控制中的薄弱环节，进而提出有针对性的整改方案。总之，财产清查对于保证会计核算资料的正确性和监督财产的安全与合理使用，以及加强内部控制等都具有重要的作用。

（七）编制财务报告

财务报告是指企业对外提供的反映企业某一特定日期财务状况和某一会计期间经营成果、现金流量的文件。编制财务报告是对日常会计核算资料的总结，就是将账簿记录的内容定期地加以分类、整理和汇总，形成会计信息使用者所需要的各种指标，再报送给会计信息使用者，以便其据此作出决策。财务报告所提供的一系列核算指标，是会计信息使用者评价企业管理层受托责任履行情况，以及作出准确判断和决策的重要依据。编制完成财务报告，就意味着这一期间会计核算工作的结束。

上述会计核算的各种方法是相互联系、密切配合的，在会计对经济业务进行记录和反映的过程中，不论是采用手工处理方式，还是使用计算机数据处理系统，对于日常所发生的经济业务，首先要取得合法的凭证，按照所设置的账户，进行复式记账，根据账簿的记录，进行成本计算，在财产清查、账实相符的基础上编制财务报告。会计核算的这七种方法相互联系，缺一不可，形成一个完整的方法体系。

□ **思政课堂**

会计法律法规是会计专业的首要必修课

依法治国是中国共产党领导人民治理国家的基本方略。全面依法治国要求国家的政治、经济运行，以及社会各方面的活动都必须依照法律法规进行，不受任何个人意志的干预、阻碍或破坏。法治社会是构筑法治国家的基础。党的二十大报告提出加快建设法治社会。因此，加快会计工作法治化建设，是我国新时代会计工作面临的重要而紧迫的战略任务。会计的相关法律法规是会计工作法治化建设的基础，也是会计人员最基本的行为准则，更是统驭会计课堂教学的灵魂。

我国现行会计法律法规体系包括会计法律、行政法规和部门规章等。

会计法律主要有《中华人民共和国会计法》（以下简称《会计法》）、《中华人民共和国注册会计师法》（以下简称《注册会计师法》）、《中华人民共和国审计法》等。其中《会计法》是会计工作的根本大法，也是本门课程着重解读的会计法律。我国《会计法》自1985年诞生以来，经历了多次修订，在规范会计行为、提高会计信息质量、维护市场经济秩序、推进法治社会建设中发挥了十分重要的作用。现行《会计法》强调了会计信息的真实、完整，严格禁止虚假信息；明确规定单位负责人对本单位的会计工作和会计资料的真实性、完整性负责；要求各单位强化会计监督，建立健全内部会计监督制度，并提出了应在国有及国有控股的大中型企业建立总会计师制度的要求。

会计行政法规主要有《企业财务会计报告条例》和《总会计师条例》。前者对财务会计报告的构成、编制、对外披露、法律责任等作出了规定，后者对总会计师的职位设置、职权范围、任免和奖惩等提出了具体要求。本课程对《企业财务会计报告条例》亦作了重点阐释。

会计部门规章主要是指中华人民共和国财政部制定的企业和非企业会计准则，以及《企业财务通则》《会计基础工作规范》《会计档案管理办法》等规范性文件。其中企业会计准则是规范企业会计确认、计量、记录和报告的会计规范。目前，我国适用于大中型企业和上市公司的会计准则体系由一项基本准则、42项具体准则和17份企业会计准则解释组成；而小型企业则执行《小企业会计准则》。《企业会计准则——基本准则》是具体准则的制定依据，在整个企业会计准则体系中扮演概念框架的角色，也是本课程重点解读的内容。

学法、懂法、守法是我们每个公民终身的必修课。会计的课堂不仅是传授会计知识的讲堂，更应成为学生学习会计法律法规的殿堂。因此，把会计法律法规相关精髓融入会计的课堂教学之中，是大学本科会计教育完成立德树人使命的重中之重！

□ 复习思考题

1. 什么是会计？为什么说经济越发展会计越重要？
2. 会计学科体系包括哪些内容？
3. 为什么说会计具有双重性？
4. 什么是会计的职能？会计的基本职能有哪些？
5. 会计两大基本职能之间的关系如何？
6. 什么是会计目标？现阶段我国会计目标的定位是怎样的？
7. 我国会计的具体任务有哪些？
8. 会计的方法体系包括哪些内容？
9. 会计核算包括哪些专门方法？各种专门方法之间的关系是怎样的？
10. 为什么说会计法律法规是会计专业大学生最重要的一门必修课？

自测题

第二章 会计要素与会计等式

第一节 会计对象

  会计对象就是会计所要反映和监督的内容，即会计所要反映和监督的客体。一般说来，会计的对象就是社会再生产过程中的资金运动。

  众所周知，任何一个企业要想从事经营活动，必须拥有一定的物质基础，如制造业企业若想生产制造产品，必须拥有厂房、机器设备、材料物资，将这些劳动资料、劳动对象和劳动者相结合后，才能生产出劳动产品。可见，这些物质基础是进行生产经营活动的前提。而在市场经济条件下，这些物资又都属于商品，有商品就要有衡量商品价值的尺度，即商品价值一般等价物——货币。当各项财产物资用货币来计量其价值时，我们就取得一个会计概念，即资金。资金是社会再生产过程中各项财产物资的货币表现以及货币本身。也就是说，进行生产经营活动的前提是必须拥有资金。

  企业单位所拥有的资金不是闲置不动的，而是随着物资流的变化而不断地运动、变化的。例如，制造业企业进行生产经营活动，首先要用货币资金去购买材料物资为生产过程做准备；生产产品时，再到仓库领取材料物资；生产出产品后，还要对外出售，售后还应收回已售产品的收入。这样，制造业企业的资金就陆续经过供应过程、生产过程和销售过程。资金的形态也在发生变化：用货币购买材料物资的时候，货币资金转化为储备资金（材料物资等所占用的资金）；车间生产产品领用材料物资时，储备资金又转化为生产资金（生产过程中各种在产品所占用的资金）；将车间加工完毕的产品验收入到产成品库后，此时，生产资金又转化为成品资金（待售产成品或自制半成品占用的资金）；将产成品出售又收回货币资金时，成品资金又转化为货币资金。我们把资金从货币形态开始，依次经过储备资金、生产资金、成品资金，最后又回到货币资金这一运动过程称作资金循环，周而复始的资金循环被称作资金周转。制造业企业的资金是不断地循环周转的，具体情况如图2-1所示。

  上述资金循环和周转过程，也可以划分为三个具体阶段，即供应过程、生产过程和销售过程。制造业企业的资金在供、产、销三个阶段不断地循环周转，这些资金在空间序列上同时并存，在时间序列上依次继起。上述只是资金在企业内部的循环周转，就整个资金运动而言，还应包括资金的投入和资金的退出。

  资金的投入包括所有者的资金投入和债权人的资金投入。前者构成了企业的所有者权益，后者形成了企业的债权人权益，即企业的负债。投入企业的资金一部分形成流动资产，另一部分形成企业的固定资产等非流动资产。

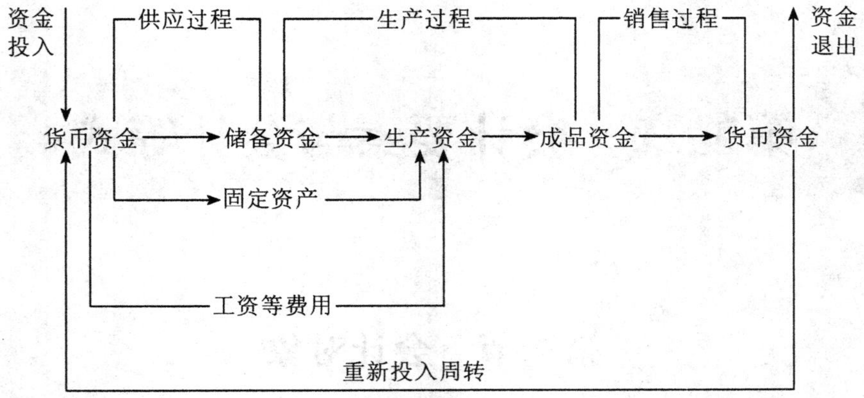

图2-1　制造业企业资金循环周转示意图

资金的退出包括按法定程序返回投资者的投资、偿还各项债务及向所有者分配利润等内容，这使一部分资金离开企业，游离于企业资金运动以外。

综上所述，制造业企业因资金的投入、循环周转和资金的退出等经济活动而引起的各项资金的增减变化，各项成本费用的形成和发生，各项收入的取得以及利润的实现和分配，共同构成了会计对象的内容。

商品流通企业的经营过程分为商品购进和商品销售两个过程。在前一个过程中，主要是采购商品，此时货币资金转换为商品资金；在后一个过程中，主要是销售商品，此时资金又由商品资金转换为货币资金。在商品流通企业经营过程中，也要消耗一定的人力、物力和财力，它们表现为商品流通费用。在销售过程中，也会获得销售收入和实现经营成果。因此，商品流通企业的资金虽然是沿着"货币资金—商品资金—货币资金"的方式在企业内部循环周转，但其整个资金运动过程也是由资金的投入、循环周转和资金退出环节构成。

行政、事业单位为完成国家赋予的任务，同样需要一定数量的资金，但其资金来源主要是国家财政拨款。行政、事业单位在正常业务活动过程中所消耗的人力、物力和财力的货币表现，即为行政费用和业务费用。一般来说，行政、事业单位没有或只有很少一部分业务收入，因为费用开支主要是靠国家财政预算拨款。因此，行政、事业单位的经济活动，一方面按预算从国家财政取得拨入资金；另一方面又按预算以货币资金支付各项费用，其资金运动的形式就是：资金拨入—资金付出。因此，行政、事业单位会计对象的内容就是预算资金及其收支。

综上所述，不论是制造业企业、商品流通企业，还是行政、事业单位，都是社会再生产过程中的基层单位，会计反映和监督的对象都是资金及其运动过程，正因为如此，我们可以把会计对象概括为社会再生产过程中的资金运动。

第二节　会计要素

一、会计要素的含义

在第一节中，我们曾经提到：会计的对象是社会再生产过程中的资金运动。但是，这一概念的涉及面过于广泛，而且又很抽象。在会计实践中，为了进行分类核算，从而提供各种分门别类的会计信息，就必须对会计对象的具体内容进行适当的分类，于是，会计要素这一概念应运而生。

会计要素是对会计对象的基本分类，是会计对象的具体化，是反映会计主体的财务状况和经营成果的基本单位。

我国的《企业会计准则——基本准则》严格定义了资产、负债、所有者权益、收入、费用和利润六大会计要素。这六大会计要素又可以划分为两大类，即反映财务状况的会计要素（又称资产负债表要素）和反映经营成果的会计要素（又称利润表要素）。其中，反映财务状况的会计要素包括资产、负债和所有者权益；反映经营成果的会计要素包括收入、费用和利润。下面，我们将详细阐述各会计要素的具体内容。

二、会计要素的内容

（一）资产

1.资产及其特征

资产是指由过去的交易或者事项形成的，由企业拥有或者控制的，预期会给企业带来经济利益的资源。该资源在未来一定会给企业带来某种直接或间接的现金和现金等价物的流入。资产的确认需满足以下几个条件，或者说，资产具有以下基本特征：

（1）资产是由以往事项导致的现时权利。也就是说，"过去发生"原则在资产的定义中占有举足轻重的地位。这也是传统会计的一个显著特点。尽管现有的一些现象，特别是衍生金融工具的出现，已对"过去发生"原则提出了挑战，但这一原则仍然在实务中得到了普遍接受。

（2）资产必须为某一特定主体所拥有或者控制。这是因为，会计并不计量所有的资源，而仅计量在某一会计主体控制之下的资源。因此，会计上计量的资产就应该或者说必须归属于某一特定的主体，即具有排他性。这里的"拥有"是指企业对某项资产拥有所有权，而"控制"则是指企业实质上已经掌握了某项资产的未来收益和风险，但是目前并不对其拥有所有权。前者泛指企业的各种财产、债权和其他权利，而后者则指企业只具有使用权而没有所有权的各项经济资源，如企业从银行取得的借款、长期租入的非低价值资产等。

（3）资产能为企业带来未来的经济利益，即资产单独或与企业的其他要素结合起来，能够在未来直接或间接地产生净现金流入。这是资产的本质所在。按照这一特征，判断一项资源是否构成资产，一定要看它是否潜存着未来的经济利益。只有那些潜存着未来经济利益的资源才能被确认为资产。

除此之外，资产作为一项经济资源，与其有关的经济利益必须是很可能流入企业，而且该资源的成本或者价值能够可靠地计量。

2.资产的构成

企业的资产按其流动性的不同可以划分为流动资产和非流动资产。

（1）流动资产是指可以在1年或者超过1年的一个营业周期内变现或者耗用的资产，主要包括库存现金、银行存款、应收及预付款项、存货等。

① 库存现金是指企业持有的现款，即传统称谓中的"现金"。库存现金主要用于支付日常发生的小额、零星的费用或支出。

② 银行存款是指企业存入银行或其他金融机构的款项。该银行或其他金融机构为该企业的"开户银行"。企业的银行存款主要来自投资者投入资本的款项、负债融入的款项、销售商品的货款等。

③ 应收及预付款项是指企业在日常生产经营过程中发生的各项债权，包括应收款项（应收票据、应收账款、其他应收款等）和预付账款等。

④ 存货是指企业在日常的生产经营过程中持有以备出售，或者仍然处在生产过程中将要消耗，或者在生产或提供劳务的过程中将要耗用的各种材料或物料，包括库存商品、半成品、在产品，以及各类材料和数据资源等。

（2）非流动资产是指不能在1年或者超过1年的一个营业周期内变现或者耗用的资产，主要包括长期股权投资、固定资产、无形资产等。

① 长期股权投资是指持有时间超过1年（不含1年）、不能变现或不准备随时变现的股权和其他投资。企业进行长期股权投资的目的，是获得较为稳定的投资收益或者对被投资企业实施控制或影响。

② 固定资产是指企业使用年限超过1年的房屋、建筑物、机器、机械、运输工具以及其他与生产、经营有关的设备、器具、工具等。

③ 无形资产是指企业拥有或者控制的没有实物形态的可辨认非货币性资产。无形资产主要包括专利权、非专利技术、商标权、著作权、土地使用权和数据资源等。

（二）负债

1. 负债及其特征

负债是指由过去的交易或事项形成的、预期会导致经济利益流出企业的现时义务。履行该义务将会导致经济利益流出企业。未来发生的交易或者事项形成的义务不属于现时义务，不应当确认为负债。负债具有以下基本特征：

（1）负债是由以往交易或事项导致的现时义务。也就是说，"过去发生"原则在负债的定义中占有举足轻重的地位。这也是传统会计的一个显著特点。

（2）负债在将来必须以债权人能接受的经济资源加以清偿。这是负债的实质所在。也就是说，负债的实质是将来应该以牺牲资产为代价的一种受法律保护的责任。也许企业可以通过承诺新的负债或通过将负债转为所有者权益等方式来清偿一项现有负债，但这并不与负债的实质特征相背离。在前一种方式下，仅仅是负债的偿付时间被延迟了，最终，企业仍然需要以债权人所能接受的经济资源来清偿债务。在后一种方式下，则相当于企业用增加所有者权益而获得的资产偿还了现有负债。

（3）负债的清偿会导致经济利益流出企业。企业无论以何种方式偿债，均会使经济利益流出企业，而且这种在未来流出的经济利益的金额能够可靠地计量。

2. 负债的构成

负债通常是按照流动性进行分类的。这样分类的目的在于了解企业流动资产和流动负债的相对比例，大致反映企业的短期偿债能力，从而向债权人揭示债权的相对安全程度。负债按照流动性不同，可以分为流动负债和非流动负债。

（1）流动负债是指将在1年（含1年）或者超过1年的一个营业周期内偿还的债务，主要包括短期借款、应付及预收款项等。

① 短期借款是指企业从银行或其他金融机构借入的期限在1年以下（含1年）的各种

借款，如企业从银行取得的、用来补充流动资金不足的临时性借款。

②应付及预收款项是指企业在日常生产经营过程中发生的各项债务，主要包括应付款项（应付票据、应付账款、应付职工薪酬、应交税费、应付利息、应付股利、其他应付款等）和预收账款等。

（2）非流动负债是指偿还期在1年或者超过1年的一个营业周期以上的债务，主要包括长期借款、应付债券、长期应付款等。

①长期借款是指企业从银行或其他金融机构借入的期限在1年以上的各项借款。企业借入长期借款，主要是为了满足长期工程项目的资金需要。

②应付债券是指企业为筹集长期资金而发行的长期债券。

③长期应付款是指除长期借款和应付债券以外的其他长期应付款项，包括应付补偿贸易引进设备款、分期付款购入非流动资产应付款等。

除了上述这种传统的分类以外，负债还可以按照偿付的形式分为货币性负债和非货币性负债。货币性负债是指那些需要在未来某一时点支付一定数额货币的现有义务，而非货币性负债则是指那些需要在未来某一时点提供一定数量和质量的商品或服务的现有义务。

将负债区分为货币性和非货币性，在通货膨胀和外币报表折算的情况下是非常有用的。在通货膨胀的情况下，持有货币性负债会取得购买力损益，而非货币性负债则不受物价变动的影响。在需要进行外币报表折算的情况下，对货币性的外币负债可按统一的期末汇率进行折算，而对非货币性的外币负债则应采用不同的折算汇率。

（三）所有者权益

1.所有者权益及其特征

所有者权益也称股东权益，是指资产扣除负债后由所有者享有的剩余权益。它在数值上等于企业全部资产减去全部负债后的余额。所有者权益具有以下基本特征：

（1）所有者权益是剩余权益，是所有者对企业的净资产享有的所有权，而净资产则是资产减去负债后的余额。

（2）所有者权益金额的确定有赖于资产和负债的计量。

（3）所有者权益是企业进行生产经营活动的"本钱"，其实质是企业从投资者手中吸收的投入资本及其增值。

2.所有者权益的构成

所有者权益的来源包括所有者投入的资本、直接计入所有者权益的利得和损失①、留存收益等，通常由实收资本（或股本）、资本公积、盈余公积和未分配利润构成②。

（1）实收资本。企业的实收资本是指投资者按照企业章程，或合同、协议的约定，实际投入企业的资本。它是企业注册成立的基本条件之一，也是企业承担民事责任的财力保证。

（2）资本公积。企业的资本公积也称准资本，是指归企业所有者共有的资本，主要来

---

①　利得是指由企业非日常活动所形成的、会导致所有者权益增加的、与所有者投入资本无关的经济利益的流入；损失是指由企业非日常活动所发生的、会导致所有者权益减少的、与向所有者分配利润无关的经济利益的流出。利得和损失包括直接计入所有者权益的利得和损失以及直接计入当期利润的利得和损失。

②　关于直接计入所有者权益的利得和损失，以及所有者权益中的其他权益工具和其他综合收益的会计处理留待后续课程介绍。

源于资本在投入过程中所产生的溢价和其他资本公积。资本公积除了用于转增资本，也可有条件地用于弥补亏损。

（3）盈余公积。盈余公积是指企业按照法律、法规的规定从净利润中提取的留存收益。它包括：①法定盈余公积，指企业按照《中华人民共和国公司法》（以下简称《公司法》）规定的比例从净利润中提取的盈余公积金；②任意盈余公积，指企业经股东会决议按照一定的比例从净利润中提取的盈余公积金。企业的盈余公积金可以用于弥补亏损、转增资本（或股本）。符合规定条件的企业，也可以用盈余公积金分派现金股利。

（4）未分配利润。未分配利润是指企业留待以后年度分配的利润。未分配利润与盈余公积属于企业的留存收益。

3.所有者权益与负债的区别

所有者权益和负债虽然同是企业的权益，都体现企业的资金来源，但两者之间却有着本质的不同，具体表现为：

（1）负债是企业对债权人承担的经济责任，企业负有偿还的义务；而所有者权益则是企业对投资人承担的经济责任，在一般情况下是不需要归还给投资者的。

（2）债权人只享有按期收回利息和债务本金的权利，而无权参与企业的利润分配和经营管理；投资者则既可以参与企业的利润分配，也可以参与企业的经营管理。

（3）在企业清算时，负债拥有优先求偿权；而所有者权益只能在清偿了所有的负债以后，才返还给投资者。

（四）收入

1.收入及其特征

收入是指企业在日常活动中形成的、会导致所有者权益增加的、与所有者投入资本无关的经济利益的总流入。收入的实质是企业经济活动的产出过程，即企业生产经营活动的结果。收入只有在经济利益很可能流入从而导致企业资产增加或者负债减少，而且经济利益的流入额能够可靠计量时才予以确认。而作为合同收入的一部分，企业则应当在履行合同中的履约义务时确认收入，即在客户取得相关商品控制权时确认收入。收入具有以下基本特征：

（1）收入从企业的日常活动中产生，而不是从偶发的交易或事项中产生。

（2）收入可能表现为企业资产的增加，也可能表现为企业负债的减少，或者二者兼而有之。

（3）收入最终能导致企业所有者权益的增加。

（4）收入只包括本企业经济利益的流入，不包括为第三方或客户代收的款项。

2.收入的构成

收入主要包括主营业务收入、其他业务收入和投资收益等。

（1）主营业务收入，也称基本业务收入，是指企业在其经常性的、主要业务活动中获得的收入，如工商企业的商品销售收入、服务业的劳务收入。

（2）其他业务收入，也称附营业务收入，是指企业在其非主要业务活动中所获得的收入，如制造业企业销售原材料、出租包装物等业务取得的收入。

（3）投资收益，是指企业对外投资所取得的收益减去发生的投资损失后的净额。

应该予以强调的是，上面所说的收入是指狭义的收入，它是营业性收入的同义语。广义的收入还包括直接计入当期利润的利得，即营业外收入。营业外收入是指企业发生的与其生产经营活动无直接关系的各项偶发性收入，如罚款收入、报废非流动资产利得和捐赠利得等。

（五）费用

1.费用及其特征

费用是指企业在日常活动中发生的、会导致所有者权益减少的、与向所有者分配利润无关的经济利益的总流出。费用具有以下基本特征：

（1）费用产生于过去的交易或事项。

（2）费用可能表现为资产的减少，也可能表现为负债的增加，或者二者兼而有之。

（3）费用能导致企业所有者权益的减少，但与向所有者分配利润无关。

2.费用的构成

这里所说的费用其实包括两方面内容，即成本和费用。

（1）成本是指企业为生产产品、提供劳务而发生的各种耗费，包括为生产产品、提供劳务而发生的直接材料费用、直接人工费用和各种间接费用。企业应当在确认收入时，将已销售产品或已提供劳务的成本等从当期收入中扣除。企业计入当期损益的成本主要有主营业务成本和其他业务成本。

① 主营业务成本是指企业主要经营活动发生的支出。该支出通常与主营业务收入具有直接的因果关系，是企业为获得主营业务收入而付出的代价。

② 其他业务成本是指企业除主营业务活动以外的其他业务活动所发生的支出。该支出通常与其他业务收入具有直接的因果关系，是企业为获得其他业务收入而付出的代价。

（2）费用一般是指企业在经营活动中发生的税金及附加、期间费用，以及资产和信用减值损失等。

①税金及附加是指企业经营活动应当负担的各种税费，如消费税、城市维护建设税、教育费附加、资源税、环境保护税、车船税、房产税、城镇土地使用税和印花税等。

②期间费用包括销售费用、管理费用和财务费用。

销售费用是指企业在销售商品的过程中发生的各项费用，包括企业在销售商品的过程中发生的运输费、装卸费、包装费、保险费、展览费和广告费，以及为销售本企业的商品而专设的销售机构（含销售网点、售后服务网点等）的职工薪酬等费用。

管理费用是指企业为组织和管理生产经营活动而发生的各项费用，包括企业的董事会和行政管理部门的职工薪酬、固定资产折旧费和修理费、办公费和差旅费等公司经费，以及聘请中介机构费、咨询费（含顾问费）、业务招待费等费用。管理费用的受益对象是整个企业，而不是企业的某个部门。

财务费用是指企业为筹集生产经营所需资金而发生的各项费用，包括应当作为期间费用的利息支出（减利息收入）、汇兑损失（减汇兑收益）以及相关的手续费等。

③资产减值损失是指企业计提存货跌价准备和固定资产减值准备等所形成的费用。

④信用减值损失是指企业对应收账款等债权资产，以及其他金融工具计提减值准备所形成的费用。

费用与成本既有联系又有区别。费用是和期间相联系的，而成本是和产品相联系的；

成本要有实物承担者，而费用一般没有实物承担者。二者都反映资金的耗费，都意味着企业经济利益的减少，也都是由过去已经发生的经济活动引起或形成的。

上面所定义的费用亦是狭义上的概念。广义的费用还包括直接计入当期利润的损失和所得税费用。

直接计入当期利润的损失，即营业外支出，是指企业发生的与其生产经营活动无直接关系的各项偶发性支出，如罚款支出、非流动资产报废损失、捐赠支出和非常损失等。

所得税费用是指企业按照企业所得税法的规定向国家缴纳的所得税。

值得注意的是：费用只有在经济利益很可能流出企业，而且流出额能够可靠计量时才能被确认为费用。

（六）利润

1.利润及其特征

利润是指企业在一定会计期间的经营成果，包括收入减去费用后的净额、直接计入当期利润的利得和损失等。利润具有以下基本特征：

（1）利润的实现，会相应地表现为资产的增加或负债的减少，其结果是所有者权益的增值。

（2）利润金额的确定，取决于收入、费用，以及直接计入当期利润的利得和损失的计量。

（3）利润既是国家财政收入的重要来源，也是投资者获得投资回报以及企业成长的经济基础。

2.利润的构成

利润具体指营业利润、利润总额和净利润。

（1）营业利润是指主营业务收入加上其他业务收入，减去主营业务成本、其他业务成本、税金及附加、销售费用、管理费用、财务费用、资产及信用减值损失，再加上投资收益等后的金额[①]。它是狭义收入与狭义费用配比后的结果。

（2）利润总额是指营业利润加上营业外收入，减去营业外支出后的金额。

（3）净利润亦称税后利润、收益，是指利润总额减去所得税费用后的金额。它是广义收入与广义费用配比后的结果。

三、划分会计要素的意义

会计要素的划分在会计核算中具有十分重要的作用，具体表现在：

第一，会计要素是对会计对象的科学分类。会计对象的内容是多种多样、错综复杂的，为了科学、系统地对其进行反映和监督，必须对它们进行分类，然后按类设置账户并记录账簿。划分会计要素正是对会计对象进行分类。没有这种分类，就无法登记会计账簿，也就不能实现会计的反映职能了。

第二，会计要素是设置会计科目和会计账户的基本依据。对会计对象进行分类，必须

---

① 营业利润的其他构成项目，如公允价值变动收益、净敞口套期收益、资产处置收益和其他收益等的会计处理留待后续课程介绍。

确定分类的标志，而这些标志本身就是账户的名称即会计科目。不将会计对象划分为会计要素，就无法设置会计账户，也就无法进行会计核算。

第三，会计要素是构成会计报表的基本框架。会计报表是提供会计信息的基本手段，会计报表应该提供一系列指标，这些指标主要是由会计要素构成的，会计要素是会计报表框架的基本构成内容。从这个意义上讲，会计要素为设计会计报表奠定了基础。

第三节 会计等式

一、会计等式的含义

会计等式也称为会计平衡公式、会计方程式，是指表明各会计要素之间基本关系的恒等式。会计对象可概括为资金运动，具体表现为会计要素，每发生一笔经济业务，都是资金运动的一个具体过程，每个资金运动过程都必然涉及相应的会计要素，从而使全部资金运动所涉及的会计要素之间存在一定的相互联系，会计要素之间的这种内在关系可以通过数学表达式予以描述，这种表达会计要素之间基本关系的数学表达式就叫会计等式。

（一）基本会计等式

众所周知，企业要从事生产经营活动，一方面，必须拥有一定数量的资产。这些资产以各种不同的形态分布于企业生产经营活动的各个阶段，成为企业生产经营活动的基础。另一方面，这些资产要么来源于债权人，从而形成企业的负债；要么来源于投资者，从而形成企业的所有者权益。由此可见，资产与负债和所有者权益，实际上是同一价值运动的两个方面。一个是"来龙"，一个是"去脉"。因此，这两方面之间必然存在着恒等关系。也就是说，一定数额的资产必然对应着相同数额的负债与所有者权益，而一定数额的负债与所有者权益也必然对应着相同数额的资产。这一恒等关系用公式表示出来就是：

资产=负债+所有者权益

这一会计等式是最基本的会计等式，也称为静态会计等式、存量会计等式，既表明了某一会计主体在某一特定时点拥有的各种资产，同时也表明了这些资产的归属关系。它是设置账户、复式记账以及编制资产负债表的理论依据，在会计核算体系中有着举足轻重的地位。

（二）经济业务的发生对基本会计等式的影响

1.经济业务的类型

企业在生产经营过程中，不断地发生各种经济业务。这些经济业务的发生会对有关的会计要素产生影响，但是，却不会破坏上述等式的恒等关系。为什么这样说呢？因为一个企业的经济业务虽然数量多、花样繁，但归纳起来不外乎以下九种类型：

（1）经济业务的发生，导致资产项目此增彼减，但增减金额相等，故等式保持平衡。

（2）经济业务的发生，导致负债项目此增彼减，但增减金额相等，故等式保持平衡。

（3）经济业务的发生，导致所有者权益项目此增彼减，但增减金额相等，故等式保持平衡。

（4）经济业务的发生，导致负债项目增加，而所有者权益项目减少，但增减金额相等，故等式保持平衡。

（5）经济业务的发生，导致所有者权益项目增加，而负债项目减少，但增减金额相等，故等式保持平衡。

（6）经济业务的发生，导致资产项目增加，而同时负债项目亦增加相同金额，故等式保持平衡。

（7）经济业务的发生，导致资产项目增加，而同时所有者权益项目亦增加相同金额，故等式保持平衡。

（8）经济业务的发生，导致资产项目减少，而同时负债项目亦减少相同金额，故等式保持平衡。

（9）经济业务的发生，导致资产项目减少，而同时所有者权益项目亦减少相同金额，故等式保持平衡。

2.各类经济业务对基本会计等式的影响

通过以上分析，我们可以得出如下结论：

（1）一项经济业务的发生，可能仅涉及资产与负债和所有者权益中的一方，也可能涉及双方，但无论如何，结果一定是基本会计等式的恒等关系保持不变。

（2）一项经济业务的发生，如果仅涉及资产与负债和所有者权益中的一方，则既不会影响到双方的恒等关系，也不会使双方的总额发生变动。

（3）一项经济业务的发生，如果涉及资产与负债和所有者权益中的双方，则虽然不会影响到双方的恒等关系，但会使双方的总额发生同增或同减变动。

（三）动态会计等式

企业的目标是从生产经营活动中获取收入，实现盈利。企业在取得收入的同时，必然要发生相应的费用。将一定期间的收入与费用相比较，收入大于费用的差额为利润；反之，收入小于费用的差额则为亏损。因此，收入、费用和利润三个要素之间的关系可用公式表示为：

收入－费用=利润

这一等式也称为第二会计等式、增量会计等式，反映了企业某一时期收入、费用和利润的恒等关系，表明了企业在某一会计期间所取得的经营成果，是编制利润表的理论依据。

（四）扩展的会计等式

1.会计等式的演变

企业的生产经营成果必然影响所有者权益，即企业获得利润将使所有者权益增加，资产也会随之增加；企业发生亏损将使所有者权益减少，资产也会随之减少。因此，企业生产经营活动产生收入、费用、利润后，则基本会计等式就会演变为：

资产=负债+所有者权益+利润

=负债+所有者权益+（收入－费用）

或者：资产+费用=负债+所有者权益+收入

我们将资产+费用=负债+所有者权益+收入这一等式称为扩展的会计等式。这一会计等式是在上述基本会计等式基础上代入动态会计等式后的综合会计等式，由于利润隐含在收入和费用中，所以该等式表明了收入和费用发生后各会计要素之间的恒等关系。

2.经济业务的发生对扩展的会计等式的影响

下面，我们来考察企业经济业务的发生对扩展的会计等式的影响：

（1）企业收入的取得，或者表现为资产要素和收入要素同时、同等金额的增加，或者表现为收入要素的增加和负债要素同等金额的减少，其影响结果是：该等式仍然保持平衡。

（2）企业费用的发生，或者表现为负债要素和费用要素同时、同等金额的增加，或者表现为费用要素的增加和资产要素同等金额的减少，其影响结果是：该等式仍然保持平衡。

（3）在会计期末，将收入与费用相减得出企业的利润。利润在按规定程序进行分配以后，留存企业的部分（包括盈余公积和未分配利润）转化为所有者权益的增加（或减少），此时，要么是资产要素相应增加（或减少），要么是负债要素相应减少（或增加），其影响结果是：扩展的会计等式转化为基本会计等式，且仍然保持平衡。

由于收入、费用和利润这三个要素的变化实质上都可以表现为所有者权益的变化，因此，上述三种情况都可以归纳到前面我们总结的九种业务类型中去。也正因为如此，上述扩展的会计等式才会始终保持平衡。

延伸阅读2-1

经济业务与
会计等式

以上分析表明，资产、负债、所有者权益、收入、费用和利润这六大会计要素之间存在着恒等关系。会计等式反映了这种恒等关系，且任何经济业务的发生都不会破坏会计等式的这种恒等关系，因而，会计等式的平衡原理通常可作为检验会计业务处理正确与否的"试金石"。

二、会计对象具体内容之间的相互关系

会计对象的具体内容是由资产、负债、所有者权益、收入、费用和利润六大要素组成的。它们是资金运动的具体体现。资金运动同其他一切运动一样，总是具有两种形式，即相对静止状态和显著变化过程。

资金运动的相对静止状态，是指资金运动在某一瞬间相对静止的状态，即资金运动在某一时点上停留的状态。它是企业单位经营活动处于某一时点上的资金分布存在和来源渠道表现，因而反映了企业单位的财务状况。这种状况反映出资金的双重存在，一方面表现为特定的物质存在，即价值自然属性的体现；另一方面，它又表现为相应的要求权，即为谁所有，是价值社会属性的体现。资产是用来描述价值的物质存在形式的，它是资金的实物存在形态；负债和所有者权益是描述资金所有权关系的，即企业单位的资产一部分归债权人所有，其余归投资人所有。也就是说，负债和所有者权益是反映资产价值的来源渠道。

资金运动的显著变化过程表现为资金的投入、退出以及资金在循环周转过程中引起的资金耗费与收回，收回的资金与耗费的资金相比后，表现为企业经营活动的成果。收入、费用和利润是企业一定时期经营活动结果的体现，它们反映企业资金运动显著变化的情况即动态——资金运动在某一时期显著变化的过程，表现出资金在运动过程中变化的情况。

资金运动的静态是表明资金运动增减变动的结果，而资金运动的动态则是表明资金运动增减变动的原因。会计既从资金运动的静态——资金运动的横断面进行反映，又从资金运动的动态——资金运动的纵剖面来反映，这样就可以反映整个资金运动过程，也就可以

把资金运动的来龙去脉淋漓尽致地反映出来。会计对象具体内容之间的相互关系，如图2-2所示。

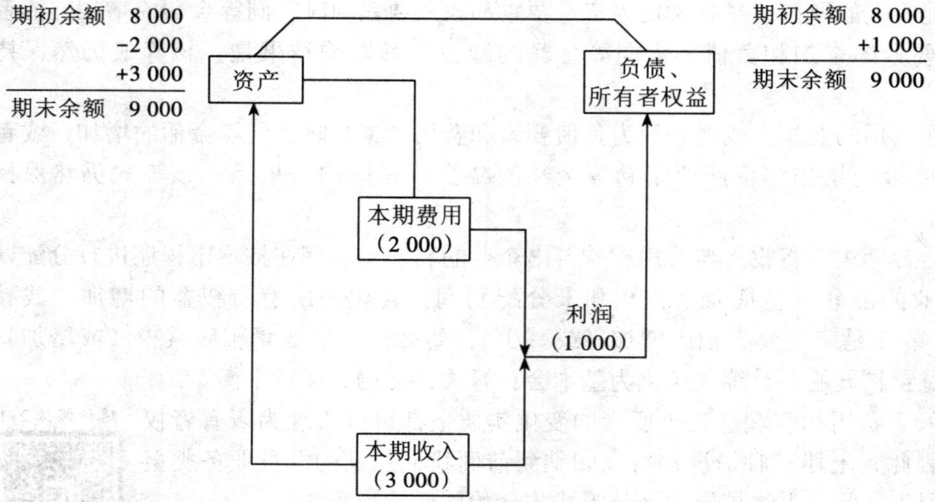

图2-2　会计对象具体内容关系示意图

延伸阅读2-2
大学生的"会计等式"

思政课堂

坚定不移走中国特色会计发展之路

在我国会计发展的历程中，全面使用"会计要素"这一名词，始于1992年诞生的我国《企业会计准则》（该准则于2006年进行了修订，更名为《企业会计准则——基本准则》，以下简称基本会计准则）。我国的基本会计准则是对会计要素等会计基本概念进行规范的准则，是具体会计准则的制定依据，它相当于西方国家的"财务会计概念框架"，在整个会计准则体系中起着统驭作用。基本会计准则的出台，标志着我国会计在与国际会计惯例接轨中实现了历史性突破，是我国会计理论研究和会计制度建设取得的重大成果，更是我国会计改革坚持走中国特色发展之路的里程碑。

会计准则是反映经济活动、确认产权关系、规范收益分配的技术标准，是生成和提供会计信息的重要依据，也是政府管理和调控经济活动、规范经济秩序和开展国际经济交往等的重要方法。以准则的形式来规范会计行为，是国际上最基本的会计惯例，也是我国会计改革面临的首要任务。为了完成这一任务，我们既借鉴国际会计准则和美国一般公认会计原则，又继承我国会计制度建设所取得的成功经验；既引进西方发达国家的先进会计理念，又摒弃照抄照搬的"拿来主义"。例如，从会计准则的制定机构来看，无论是美国的一般公认会计原则还是国际会计准则，其制定机构均为民间性质的会计职业团体，而我国会计准则的制定机构为财政部；从会计基本概念的规范形式来看，无论是美国财务会计准则委员会（FASB），还是国际会计准则理事会（IASB，其前身为国际会计准则委员会（IASC）），都将其独立于会计准则，并以概念框架的形式予以发布，而我国则是将其作为会计准则体系的构成部分，并以基本会计准则的形式予以发布。再如，就会计要素的划分而言，美国将其划分为资产、负债、权益、业主投资、派给业主款、总收益、营业收入、费用、利得、损失，即10个要素；国际会计准则理事会将其划分为资产、负债、产权、收益、费用，即5个要素；我国将其划分为资产、负债、所有者权益、收入、费用、利润，即6个要素。此外，在会计本质的定位、会计目标的选择、会计信息质量的要求、会计计量属性的运用、会计记账方法的取舍，以及会计准则国际趋同的参照标准等方面，无一不表明我国在会计改革中始终坚持将继承与借鉴相结合，将国际会计惯例与中国社会经济环境的实际相结合，从而使我国的会计发展取得了举世瞩目的成就。

党的二十大报告指出，中国特色社会主义是实现中华民族伟大复兴的必由之路。毋庸置疑，坚持走具有中国特色的会计发展道路，是30年来我国会计改革获得成功最根本的原因，也是未来我国由会计大国迈向会计强国的必由之路。

复习思考题

1. 什么是资金？制造业企业的资金是如何循环周转的？

2. 什么是会计要素？我国企业会计准则中对会计要素是如何划分的？

3. 什么是资产？资产的确认需要满足哪些条件？

4. 资产按流动性不同可以划分为哪些种类？各包括哪些内容？

5. 什么是负债？负债有哪些特征？

6. 负债按流动性不同可以划分为哪些种类？各包括哪些内容？

7. 所有者权益主要有哪些内容？它与负债有何不同？

8. 收入、费用各有哪些特征？我国企业会计准则中规定的收入与费用是广义的还是狭义的？

9. 什么是利润？它由哪些内容构成？如何计算？

10. 什么是会计等式？其一般表达式有哪些？

11. 为什么说表达式"资产–所有者权益=负债"是错误的？

12. 为什么说任何经济业务的发生都不会破坏会计等式的恒等关系？

13. 收入和费用的发生对资产、负债及所有者权益会产生哪些影响？

14. 会计对象具体内容之间的关系如何？

15. 为什么要坚定不移地走中国特色的会计发展道路？

自测题

第三章 会计核算基础

第一节 会计假设

会计核算的对象是资金运动，而在市场经济条件下，经济活动的复杂性决定了资金运动也是一个复杂过程，因此，面对变化不定的经济环境，摆在会计人员面前的一系列问题必须首先得到解决。例如，会计核算的范围有多大，会计为谁核算，给谁记账；会计核算的资金运动能否持续不断地进行下去；会计应该在什么时候记账、算账、报账；以及在会计核算过程中应该采用什么计量手段等。这些都是进行会计核算工作的前提条件。

会计假设即会计核算的基本前提，是指为了保证会计工作的正常进行和会计信息的质量，对会计核算的范围、内容、基本程序和方法所作的合理设定。会计假设是人们在长期的会计实践中逐步认识和总结形成的。结合我国实际情况，企业在组织会计核算时，应遵循的会计假设包括会计主体假设、持续经营假设、会计分期假设、货币计量假设。

一、会计主体假设

《企业会计准则——基本准则》第五条规定："企业应当对其本身发生的交易或者事项进行会计确认、计量和报告。"这是对会计主体假设的描述。

会计主体是会计工作为其服务的特定单位或组织。会计主体假设是指会计核算应当以企业发生的各项经济业务为对象，记录和反映企业本身的各项经济活动。也就是说，会计核算是反映一个特定企业的经济业务，只记本主体的账。尽管企业本身的经济活动总是与其他企业、单位或个人的经济活动相联系，但对于会计来说，其核算的范围既不包括企业所有者本人，也不包括其他企业的经济活动。会计主体假设明确了会计工作的空间范围。

会计主体与法律主体不是同一概念。一般来说，法律主体必然是会计主体，但会计主体不一定就是法律主体。会计主体可以是一个有法人资格的企业，也可以是由若干家企业通过控股关系组织起来的集团公司，还可以是企业下属的二级核算单位。独资、合伙形式的企业都可以作为会计主体，但都不是法人。

会计主体假设是持续经营、会计分期假设和其他会计核算基础的基础，因为，如果不划定会计的空间范围，会计核算工作就无法进行，指导会计核算工作的有关要求也就失去了存在的意义。

二、持续经营假设

《企业会计准则——基本准则》第六条规定："企业会计确认、计量和报告应当以持续经营为前提。"这是对持续经营假设的描述。

持续经营是指会计主体的生产经营活动将无限期地延续下去，在可以预见的未来不会因破产、清算、解散等原因而不复存在。持续经营假设是指会计核算应当以企业持续、正常的生产经营活动为前提，而不考虑企业是否破产清算等，在此前提下选择会计程序及会计处理方法，进行会计核算。尽管客观上企业会由于市场竞争而面临被淘汰的危险，但只有假定作为会计主体的企业是持续、正常经营的，会计的有关要求和会计程序及方法才有可能建立在非清算的基础之上，不采用破产清算的一套处理方法，这样才能保持会计信息处理的一致性和稳定性。持续经营假设明确了会计工作的时间范围。

会计核算所使用的一系列方法和遵循的有关要求都是建立在会计主体持续经营的基础之上的。例如，只有在持续经营的前提下，企业才有可能发生融资、投资以及赊购、赊销等业务；企业才有必要确立会计分期假设，进而产生配比、划分收益性支出和资本性支出、历史成本等会计确认与计量要求，以及权责发生制会计处理基础。

三、会计分期假设

《企业会计准则——基本准则》第七条规定："企业应当划分会计期间，分期结算账目和编制财务会计报告。会计期间分为年度和中期。中期是指短于一个完整的会计年度的报告期间。"这是对会计分期假设的描述。

会计分期是指把企业持续不断的生产经营过程划分为较短的相对等距的会计期间。会计分期假设的目的在于通过会计期间的划分，分期结算账目，按期编制财务报告，从而及时地向有关方面提供反映财务状况和经营成果的会计信息，满足有关方面的需要。从理论上来说，在企业持续经营的情况下，要反映企业的财务状况和经营成果只有等到企业所有的生产经营活动结束后，才能通过收入和费用的归集与比较，进行准确的计算，但那时提供的会计信息已经失去了应有的作用，因此，必须人为地将生产经营过程划分为较短的会计期间。

会计分期假设是对会计工作时间范围的具体划分，主要是确定会计年度。各国采用的会计年度一般都与本国的财政年度相同。我国以日历年度作为会计年度，即从公历的1月1日至12月31日为一个会计年度。会计年度确定后，一般按日历确定会计半年度、会计季度和会计月度。其中，凡是短于一个完整的会计年度的报告期间均称为中期。

会计分期假设有重要的意义。有了会计分期，才产生了本期与非本期的区别，才产生了收付实现制和权责发生制，以及划分收益性支出和资本性支出、配比等会计确认与计量要求。只有正确地划分会计期间，才能准确地提供财务状况和经营成果的资料，才能进行会计信息的对比。

四、货币计量假设

《企业会计准则——基本准则》第八条规定："企业会计应当以货币计量。"这是对货币计量假设的描述。

货币计量是指会计主体在会计核算过程中应采用货币作为计量单位记录、反映会计主体的经营情况。企业使用的计量单位较多，为了全面、综合地反映企业的生产经营活动，会计核算客观上需要一种统一的计量单位作为计量尺度。货币作为商品的一般等价物，能用以计量一切资产、负债和所有者权益，以及收入、费用和利润，也便于进行汇总和比较。因此，会计必须以货币计量为前提。需要说明的是，其他计量单位，如实物量、劳动工时等，在会计核算中也要使用，但不占主要地位。

在我国，要求企业对所有经济业务采用同一种货币作为统一尺度来进行计量。若企业的经济业务用两种以上的货币计量，应该选用一种作为基准，称为记账本位币。记账本位币以外的货币则称为外币。我国有关会计法规规定，企业会计核算以人民币为记账本位币。业务收支以人民币以外的其他货币为主的企业，也可以选定该种货币作为记账本位币，但编制的会计报表应当折算为人民币反映。

货币本身也有价值，它是通过货币的购买力或物价水平表现出来的，但在市场经济条件下，货币的价值也在发生变动，币值很不稳定，甚至有些国家出现恶性的通货膨胀，对货币计量提出了挑战。因此，一方面，我们在确定货币计量假设时，必须同时确立币值稳定假设，假设币值是稳定的，不会有大的波动，或前后波动能够抵销。另一方面，如果发生恶性通货膨胀，就需要采用特殊的会计原则来处理有关的经济业务，如物价变动会计原则。

综上所述，会计假设虽然是人为确定的，但完全是出于客观需要，有充分的客观必然性。否则，会计核算工作就无法进行。这四项假设缺一不可，既有联系，也有区别，共同为会计核算工作的开展奠定了基础。

第二节　会计信息质量特征

会计作为一项管理活动，其主要目的之一是向企业的利益相关者提供反映经营者受托责任和供投资者做决策所需的会计信息。要达到这个目的，就必须要求会计信息具有一定的质量特征。会计信息质量特征也称会计信息质量要求、会计信息质量标准。根据我国《企业会计准则——基本准则》的规定，会计信息质量特征包括以下八项：可靠性、相关性、可理解性、可比性、实质重于形式、重要性、谨慎性、及时性。会计人员在处理会计业务、提供会计信息时，应遵循这些关于会计信息的质量要求，以便更好地为企业的利益相关者服务。

一、可靠性

《企业会计准则——基本准则》第十二条规定："企业应当以实际发生的交易或者事项为依据进行会计确认、计量和报告，如实反映符合确认和计量要求的各项会计要素及其他相关信息，保证会计信息真实可靠，内容完整。"

可靠性，也称客观性、真实性，是对会计信息质量的一项基本要求。因为会计所提供的会计信息是投资者、债权人、政府及有关部门和社会公众的决策依据，如果会计信息不能客观、真实地反映企业经济活动的实际情况，势必无法满足各有关方面了解企业财务状况和经营成果以进行决策的需要，甚至可能导致错误的决策。可靠性要求会计核算的各个阶段，包括会计确认、计量、记录和报告，必须力求真实客观，必须以实际发生的经济活动及表明经济业务发生的合法凭证为依据。

在会计实务中，有些数据只能根据会计人员的经验或对未来的预计予以估测。例如，固定资产的折旧年限、制造费用分配方法的选择等，都会在一定程度上受到个人主观意志的影响。不同会计人员对同一经济业务的处理出现不同的计量结果是在所难免的。但是，会计人员应在统一标准的条件下将可能发生的误差降到最低程度，以保证会计核算提供的会计信息真实可靠。

二、相关性

《企业会计准则——基本准则》第十三条规定："企业提供的会计信息应当与财务会计报告使用者的经济决策需要相关，有助于财务会计报告使用者对企业过去、现在或者未来的情况作出评价或者预测。"

相关性，也称有用性，它也是会计信息质量的一项基本要求。信息要成为有用的，就必须与财务会计报告使用者的决策需要相关。当信息通过帮助其使用者评估过去、现在或未来的事项或者通过确证或纠正其使用者过去的评价，影响信息使用者的经济决策时，信息就具有相关性。这就要求信息具有预测价值和确证价值（亦称反馈价值）。

信息的预测价值和确证价值是可以统一的。比如，关于企业拥有资产的数量和结构的信息，对信息使用者来说，既可以用来预测企业利用现有机遇和应对不利形势的能力，也可以证明过去对企业资产数量和结构以及计划经营活动的预测与结果的一致性。同时，预测未来的财务状况和经营业绩、股利和工资的支付、证券价格的变动等使用者关心的其他事宜，常常以关于财务状况和过去经营业绩的信息为基础。

三、可理解性

《企业会计准则——基本准则》第十四条规定："企业提供的会计信息应当清晰明了，便于财务会计报告使用者理解和使用。"

可理解性，也称明晰性，是对会计信息质量的一项重要要求。提供会计信息的目的在于使用，要使用就必须了解会计信息的内涵，明确会计信息的内容，如果无法做到这一点，就谈不上对决策有用。信息是否被使用者所理解，取决于信息本身是否易懂，也取决于使用者理解信息的能力。可理解性是决策者与决策有用性的连接点。如信息不能被决策者所理解，那么这种信息毫无用处。因此，可理解性不仅是信息的一种质量标准，也是一个与信息使用者有关的质量标准。会计人员应尽可能传递、表达易被人理解的会计信息，而信息使用者也应设法提高自身的综合素养，以增强理解会计信息的能力。

四、可比性

《企业会计准则——基本准则》第十五条规定："企业提供的会计信息应当具有可比性。"

为了明确企业财务状况和经营成果的变化趋势，信息使用者必须能够比较企业不同时期的财务报表。为了评估不同企业的财务状况、经营成果和现金流量，信息使用者还必须能够比较不同企业的财务报表。因此，对整个企业及其不同时点和对不同企业而言，同类交易或其他事项的计量和报告，都必须采用一致的方法。

可比性也是会计信息质量的一项重要要求。它包括两个方面的含义，即同一企业在不同时期的纵向可比，不同企业在同一时期的横向可比。要做到这两个方面的可比，就必须做到：同一企业不同时期发生的相同或者相似的交易或者事项，应当采用一致的会计政策，不得随意变更。确需变更的，应当在附注中说明。不同企业发生的相同或者相似的交易或者事项，应当采用规定的会计政策，确保会计信息口径一致、相互可比。

五、实质重于形式

《企业会计准则——基本准则》第十六条规定："企业应当按照交易或者事项的经济实质进行会计确认、计量和报告，不应仅以交易或者事项的法律形式为依据。"

如果要真实地反映所拟反映的交易或者事项，就必须根据它们的经济实质和经济现实，而不是仅仅根据它们的法律形式进行核算。尤其是当交易或者事项的经济实质与其外在法律形式不一致时，会计上应遵循实质重于形式的要求，即在会计要素的确认和计量中，重视其经济实质，而忽略其法律形式。

例如，企业将租赁期超过一年的非低价值租赁物确认为资产，就是体现实质重于形式最典型的会计处理。从形式上看，该项资产的所有权在出租方，作为承租方的企业只是拥有使用权和控制权。也就是说，该项资产并不是企业购入的资产，在租赁期内，若依据法律形式是不能将其作为企业的资产予以核算的。然而，由于企业租入该资产的目的是长期使用而不是短期持有，有的资产租赁期可能占据该资产预计使用期限的大部分，有的资产在租赁期满企业要作价购入该资产。这也就意味着，从经济实质上看，与该资产所有权有关的几乎全部风险和报酬已经转移至承租方。因此，为了正确地反映企业的资产和负债状况，对于租入的租赁期超过一年的非低价值资产，一方面应作为企业的使用权资产予以核算，另一方面，则应作为企业的一项长期负债即租赁负债予以反映。

再如，企业将一项资产处理给另一单位时，可以在文件中声称将法律所有权转让给该单位。然而，还可能存在协议：可以保证企业继续享有该项资产所包含的未来经济利益。在这种情况下，如果仅仅依据法律形式将其确认为收入，就不能真实地反映所达成的交易。

六、重要性

《企业会计准则——基本准则》第十七条规定："企业提供的会计信息应当反映与企业财务状况、经营成果和现金流量等有关的所有重要交易或者事项。"

重要性是指财务报告在全面反映企业的财务状况和经营成果的同时，应当区别经济业务的重要程度，采用不同的会计处理程序和方法。具体来说，对于重要的经济业务，应单独核算、分项反映，力求准确，并在财务报告中重点说明；对于不重要的经济业务，在不影响会计信息真实性的情况下，可适当简化会计核算或合并反映，以便集中精力抓好关键。

重要性的意义在于：对会计信息使用者来说，对经营决策有重要影响的会计信息是最需要的，如果会计信息不分主次，反而会有碍使用，甚至影响决策。而且，对不重要的经济业务简化核算或合并反映，可以节省人力、物力和财力，符合成本效益原则。

需要明确的是，重要性具有相对性，并不是同样的经济业务对不同的企业都是重要或不重要的。对某项经济业务判断其重要性，在很大程度上取决于会计人员的职业判断。一般来说，重要性可以从质和量两个方面进行判断。从性质方面来说，如果某项经济业务的发生可能对决策产生重大影响，则该项经济业务具有重要性；从数量方面来说，如果某项经济业务的发生达到一定数量或比例，可能对决策产生重大影响，则该项经济业务具有重要性。

七、谨慎性

《企业会计准则——基本准则》第十八条规定："企业对交易或者事项进行会计确认、计量和报告应当保持应有的谨慎，不应高估资产或者收益、低估负债或者费用。"

谨慎性，又称稳健性，是指在处理具有不确定性的经济业务时，应持谨慎态度，如果一项经济业务有多种会计处理方法可供选择时，应选择不导致夸大资产、虚增利润的方法。在进行会计核算时，应当合理预计可能发生的损失和费用，而不应预计可能发生的收入和过高估计资产的价值。

谨慎性要求体现在会计核算的全过程，在会计上的应用是多方面的。例如，对应收账款提取坏账准备，就是将预计不能收回的货款先行作为本期费用，计入当期损益，以后确实无法收回时冲销坏账准备。再如，固定资产计提资产减值准备及采用加速折旧法计提折旧等。

遵循谨慎性，有利于对企业存在的经营风险加以合理估计，能对防范风险起到预警作用，有利于企业作出正确的经营决策，有利于保护投资者和债权人的利益，有利于提高企业在市场上的竞争力。但是，企业在运用谨慎性时，不能滥用，不能以谨慎性原则为由任意计提各种准备，即秘密准备。例如，按照有关规定，企业应当计提坏账准备、存货跌价准备、固定资产减值准备等减值准备。但是，在实际执行时，有些企业滥用会计准则给予的会计政策，在前一年度大量计提减值准备，待后一年度再予以转回。这种行为属于滥用谨慎性，计提秘密准备，是会计准则所不允许的。

八、及时性

《企业会计准则——基本准则》第十九条规定："企业对于已经发生的交易或者事项，应当及时进行会计确认、计量和报告，不得提前或者延后。"

信息的报告如果不适当地拖延，就可能失去其相关性。当然，及时提供可能会损坏可靠性。企业可能需要权衡及时报告与提供可靠信息的利弊。为了及时地提供信息，则可能在了解某一交易或其他事项的所有方面之前，就有必要作出报告，这就会损害可靠性。相反，如果推迟到了解所有方面之后再报告，信息可能极为可靠，但是对于必须在事中决策的信息使用者，用处可能很小。要在相关性和可靠性之间达到平衡，决定性的问题是如何最佳地满足使用者的经济决策需要。

在实务中，常常需要在上述八项会计信息质量特征之间权衡或取舍。其目的一般是为了达到质量特征之间的适当平衡，以便实现财务报告的目标。质量特征在不同情况下的相对重要性，属于会计人员的职业判断问题。

第三节　会计要素确认、计量及其要求

会计信息的载体是财务报告，财务报告由会计要素组成，对会计要素进行报告之前必须进行会计要素的确认与计量，在对会计要素进行确认与计量时，必须遵循一定的要求。

一、会计要素确认与计量的含义

（一）会计要素的确认

确认是指决定将交易或事项中的某一项目作为一项会计要素加以记录和列入财务报告的过程，是财务会计的一项重要程序。确认主要解决某一个项目应否确认、如何确认和何时确认三个问题，它包括在会计记录中的初始确认和在财务报告中的最终确认。凡是确认必须具备一定的条件。

《企业会计准则——基本准则》中规定了会计要素的确认条件。

1.初始确认条件

会计要素的确认条件主要包括：

（1）符合要素的定义。将有关经济业务确认为一项要素，首先必须符合该要素的定义。

（2）有关的经济利益很可能流入或流出企业。这里的"很可能"表示经济利益流入或流出的可能性在50%以上。

（3）有关的价值以及流入或流出的经济利益能够可靠地计量。如果不能可靠计量，确认就没有意义。

举例来说，《企业会计准则——基本准则》第二十一条规定的资产确认条件为：符合本准则第二十条规定的资产定义的资源，在同时满足以下条件时，确认为资产：

（1）与该资源有关的经济利益很可能流入企业；

（2）该资源的成本或者价值能够可靠地计量。

2.在报表中列示的条件

经过确认、计量之后，会计要素应该在报表中列示。资产、负债、所有者权益在资产负债表中列示，收入、费用、利润在利润表中列示。

根据准则规定，在报表中列示的条件是：符合要素定义和要素确认条件的项目，才能列示在报表中，仅仅符合要素定义而不符合要素确认条件的项目，不能在报表中列示。

举例来说，《企业会计准则——基本准则》第二十二条规定："符合资产定义和资产确认条件的项目，应当列入资产负债表；符合资产定义、但不符合资产确认条件的项目，不应当列入资产负债表。"

（二）会计要素的计量

会计通常被认为是一个对会计要素进行确认、计量和报告的过程，其中，会计计量在会计确认和报告之间起着十分重要的作用。

一般来说，会计计量主要由计量单位和计量属性两方面的内容构成，二者的不同组合就形成了不同的计量模式。

1.会计计量单位

正如在会计假设中所阐述的那样，会计应该坚持货币计量假设，以货币作为计量单位。但货币的本质是充当一般等价物的商品，其本身也有价值，而且其价值不断变动。因此，计量单位至少存在两种选择：一是名义货币单位；二是不变货币单位（一般购买力单位）。会计计量通常使用的是名义货币，即以币值稳定为基本假设。但如果通货膨胀率居高不下，无视购买力的变化就会严重扭曲会计信息，解决这个问题的办法就是使用物价变动会计（或者称通货膨胀会计）。

2.会计计量属性

计量属性指计量可予以计量的特性或外在表现形式，它是区分不同计价模式的主要标准。

（1）会计计量属性的种类

《企业会计准则——基本准则》第四十二条规定，会计计量属性主要有以下五种：

① 历史成本。在历史成本计量属性下，资产按照购置时支付的现金或者现金等价物的金额，或者按照购置资产时所付出的对价的公允价值计量。负债按照因承担现时义务而实际收到的款项或者资产的金额，或者承担现时义务的合同金额，或者按照日常活动中为偿还负债预期需要支付的现金或者现金等价物的金额计量。

② 重置成本。在重置成本计量属性下，资产按照现在购买相同或者相似资产所需要支付的现金或者现金等价物的金额计量。负债按照现在偿付该项债务所需支付的现金或者现金等价物的金额计量。

③ 可变现净值。在可变现净值计量属性下，资产按照其正常对外销售所能收到现金或者现金等价物的金额扣减该资产至完工时估计将要发生的成本、估计的销售费用以及相关税费后的金额计量。

④ 现值。在现值计量属性下，资产按照预计从其持续使用和最终处置中所产生的未来净现金流入量的折现金额计量。负债按照预计期限内需要偿还的未来净现金流出量的折现金额计量。

⑤ 公允价值。在公允价值计量属性下，资产和负债按照市场参与者在计量日发生的有序交易中，出售资产所能收到或者转移负债所需支付的价格计量。

市场参与者，是指在相关资产或负债的主要市场（或最有利市场）中，同时具备下列特征的买方和卖方：市场参与者应当相互独立，不存在《企业会计准则第36号——关联方披露》所述的关联方关系；市场参与者应当熟悉情况，能够根据可取得的信息对相关资产或负债以及交易具备合理认知；市场参与者应当有能力并自愿进行相关资产或负债的交易。

有序交易，是指在计量日前一段时期内相关资产或负债具有惯常市场活动的交易。清算等被迫交易不属于有序交易。

企业以公允价值计量资产或负债，应当考虑该相关资产或负债的特征。相关资产或负债的特征，是指市场参与者在计量日对该资产或负债进行定价时考虑的特征，包括资产状况及所在位置、对资产出售或者使用的限制等。

主要市场，是指相关资产或负债交易量最大和交易活跃程度最高的市场。最有利市场，是指在考虑交易费用和运输费用后，能够以最高金额出售相关资产或者以最低金额转移相关负债的市场。其中交易费用是指在相关资产或负债的主要市场（或最有利市场）中，发生的可直接归属于资产出售或者负债转移的费用。交易费用是直接由交易引起的、交易所必需的、而且不出售资产或不转移负债就不会发生的费用。

我国引入公允价值是适度、谨慎和有条件的，并且企业应当将公允价值计量所使用的输入值划分为三个层次：第一层次输入值是在计量日能够取得的相同资产或负债在活跃市场上未经调整的报价；第二层次输入值是除第一层次输入值外相关资产或负债直接或间接可观察的输入值；第三层次输入值是相关资产或负债的不可观察输入值。首先使用第一层次输入值，其次使用第二层次输入值，最后使用第三层次输入值。

如何更好地理解这些计量属性的定义？以资产为例，实际上可以这样理解：在某一个时点上对资产进行计量时，历史成本是这项资产取得时的公允价值；重置成本是这个时点上取得这项资产的公允价值；可变现净值是这个时点上出售这项资产的公允价值；现值是这个时点上，不重新购买，也不出售，继续持有会带来的经济利益的公允价值；公允价值是在任何时候只要是发生有序交易时，出售资产所收到或转移负债所付出的价格。

对五种计量属性的理解见表3-1。

表3-1 对五种计量属性的理解

计量属性	对资产的计量	对负债的计量
历史成本	按照购置时的金额	按照承担现时义务时的金额
重置成本	按照现在购买时的金额	按照现在偿还时的金额
可变现净值	按照现在销售时的金额	—
现值	按照将来时的金额折现	
公允价值	有序交易中出售资产所能收到的价格	有序交易中转移负债所需支付的价格

（2）会计计量属性的选择

《企业会计准则——基本准则》第四十三条规定："企业在对会计要素进行计量时，一般应当采用历史成本，采用重置成本、可变现净值、现值、公允价值计量的，应当保证所确定的会计要素金额能够取得并可靠计量。"这是对会计计量属性选择的一种限定性条件，一般应当采用历史成本，如果要用其他计量属性，必须保证金额能够取得并可靠计量。

二、会计要素确认与计量的要求

对会计要素进行确认与计量不仅要符合一定的条件，而且还要在确认与计量过程中遵循以下要求：划分收益性支出与资本性支出、收入与费用配比、历史成本计量。

（一）划分收益性支出与资本性支出

会计核算应当合理划分收益性支出和资本性支出。凡支出的效益仅与本会计年度（或一个营业周期）相关的，应当作为收益性支出；凡支出的效益与几个会计年度（或几个营业周期）相关的，应当作为资本性支出。

划分收益性支出和资本性支出的目的在于正确确定企业的当期（一般指一个会计年度）损益。具体来说，收益性支出是为取得本期收益而发生的支出，应当作为本期费用，计入当期损益，列于利润表中。例如，已销售商品的成本、期间费用、所得税费用等；资本性支出是为了形成生产经营能力，为以后各期取得收益而发生的各种支出，应当作为资产反映，列于资产负债表中。例如，购置固定资产和无形资产的支出等。

如果一项收益性支出按资本性支出处理，就会造成少计费用而多计资产，出现当期利润虚增而资产价值偏高的现象；如果一项资本性支出按收益性支出处理，则会出现多计费用少计资产，出现当期利润虚减而资产价值偏低的现象。

（二）收入与费用配比

正确确定一个会计期间的收入和与其相关的成本、费用，以便计算当期的损益，这是配比的要求。

收入与费用配比包括两方面的配比问题：一是收入和费用在因果联系上的配比，即取得一定的收入时发生了一定的支出，而发生这些支出的目的就是为了取得这些收入；二是收入和费用在时间意义上的配比，即一定会计期间的收入和费用的配比。

（三）历史成本计量

历史成本计量，又称实际成本计量或原始成本计量，是指企业的各项财产物资应当按取得或购建时发生的实际支出计价。物价变动时，除国家另有规定外，不得调整账面价值。

以历史成本为计价基础有助于对各项资产、负债项目的确认和对计量结果的验证与控制；同时，按照历史成本原则进行核算，也使得收入与费用的配比建立在实际交易的基础上，防止企业随意改动资产价格造成经营成果虚假或任意操纵企业的经营业绩。

用历史成本计价比较客观，有原始凭证作证明，可以随时查证，防止随意更改。但这样做是建立在币值稳定假设基础之上的，如果发生物价变动导致币值不稳定，则需要研究使用其他的计价基础，如现行成本、重置成本等。

延伸阅读3-1

公司管理层的建议

第四节　收付实现制与权责发生制

收付实现制与权责发生制是确定收入和费用的两种截然不同的会计处理基础。正确地应用权责发生制是会计核算中非常重要的一条规范。企业生产经营活动在时间上是持续不断的，不断地取得收入，不断地发生各种成本、费用，将收入和相关的费用配比，就可以计算和确定企业生产经营活动产生的利润（或亏损）。由于企业生产经营活动是连续的，而会计期间是人为划分的，所以难免有一部分收入和费用出现收支期间和应归属期间不一致的情况。于是在处理这类经济业务时，应正确选择合适的会计处理基础。可供选择的会计处理基础包括收付实现制和权责发生制两种。

一、收付实现制

收付实现制，亦称现收现付制，是以款项是否实际收到或付出作为确定本期收入和费用的标准。采用收付实现制会计处理基础，凡是本期实际收到的款项，不论其是否属于本期实现的收入，都作为本期的收入处理；凡是本期付出的款项，不论其是否属于本期负担的费用，都作为本期的费用处理。反之，凡本期没有实际收到款项和付出款项，即使应归属本期，也不作为本期收入和费用处理。这种会计处理基础，由于款项的收付实际上以现金收付为准，所以一般称为现金制。现举例说明收付实现制下会计处理的特点：

【例3-1】企业于7月10日销售商品一批，7月25日收到货款，存入银行。

分析：这笔销售收入由于在7月份收到了货款，按照收付实现制的处理标准，应作为7月份的收入入账。

【例3-2】企业于7月10日销售商品一批，8月10日收到货款，存入银行。

分析：这笔销售收入虽然属于7月份实现的收入，但由于是在8月份收到货款，按照收付实现制的处理标准，应将其作为8月份的收入入账。

【例3-3】企业于7月10日收到某购货单位一笔货款，存入银行，但按合同规定于9月份交付商品。

分析：这笔货款所对应的商品虽然于9月份交付（9月份实现收入的权利），但由于是在7月份收到了款项，按照收付实现制的处理标准，应将其作为7月份的收入入账。

【例3-4】企业于8月30日以银行存款预付材料采购款，但按合同规定材料将于10月份交货。

分析：这笔款项虽然属于未来有关月份负担的费用，但由于在本年8月份支付了款项，按照收付实现制的处理标准，应将其作为本年8月份的费用入账。

【例3-5】企业于本年12月30日购入办公用品一批，但款项在明年的3月份支付。

分析：这笔费用虽然属于本年12月份负担的费用，但由于款项是在明年3月份支付，按照收付实现制的处理标准，应将其作为明年3月份的费用入账。

【例3-6】企业于12月30日用银行存款支付本月水电费。

分析：这笔费用在本年12月份付款，按照收付实现制的处理标准，应作为本年12月份的费用入账。

从上面的举例可以看出，无论收入的权利和支出的义务归属于哪一期，只要款项的收付在本期，就应确认为本期的收入和费用，不考虑预收收入和预付费用，以及应计收入和应计费用的存在。到会计期末根据账簿记录确定本期的收入和费用，因为实际收到和付出的款项，必然已经登记入账，所以不存在对账簿记录于期末进行调整的问题。这种会计处理基础核算手续简单，强调收入、费用与现金流动的一致性，但不符合收入与费用配比的要求，且处理结果缺乏可比性。

二、权责发生制

《企业会计准则——基本准则》第九条规定："企业应当以权责发生制为基础进行会计确认、计量和报告。"

权责发生制，亦称应收应付制，是指企业以收入的权利和支出的义务是否归属于本期为标准来确认收入、费用的一种会计处理基础。也就是以应收应付为标准，而不是以款项的实际收付是否在本期发生为标准来确认本期的收入和费用。在权责发生制下，凡是属于本期实现的收入和发生的费用，不论款项是否实际收到或实际付出，都应作为本期的收入和费用入账；凡是不属于本期的收入和费用，即使款项在本期收到或付出，也不作为本期的收入和费用处理。由于它不考虑款项的收付，而以收入和费用是否归属本期为准，所以称为应计制。现以前面所举例子说明如下：

在权责发生制下，例3-1、例3-6中的收入与费用的归属期和款项的实际收付属同一会计期间，因而确认的收入、费用的结果与收付实现制相同。例3-2应作为7月份的收入，因为收入的权利在7月份就实现了。例3-3应作为9月份的收入，因为7月份只是收到款项，并没有实现收入的权利。例3-4应作为消耗材料当月的费用。例3-5应作为本年12月份的费用，因为12月份已经发生支出的义务了。

为了进一步说明问题，下面再举几个例子对两种会计处理基础加以比较，见表3-2。

表3-2　　　　　　　　　　　**权责发生制与收付实现制的比较**

	举例	权责发生制	收付实现制
第一种情况	1月份一次收讫上半年出租房屋的租金	1月份的租金收入为总收入的1/6；其余部分在1月份来看为预收收入	全部作为1月份的收入
第二种情况	1月份支付办公设备大修理费，其受益期为含本月在内的未来两年	1月份应负担的大修理费仅为整笔支出的1/24；其余部分在1月份来看为预付费用	全部作为1月份的费用
第三种情况	与购货单位签订合同，分别在1、2、3月份销售3批产品，货款于3月末一次结清	分别作为1、2、3月份的收入；1、2月份应收而未收的收入为应计收入	全部作为3月份的收入
第四种情况	1月份向银行借入为期3个月的借款，利息到期（即3月份）一次偿还	分别作为1、2、3月份的费用；1、2月份应付而未付的费用为应计费用	全部作为3月份的费用
第五种情况	本期内收到的款项就是本期应获得的收入，本期内支付的款项就是本期应负担的费用，则按权责发生制和收付实现制确认收入和费用的结果是完全相同的		

上述可见，与收付实现制相比，在权责发生制下，必须考虑预收、预付和应收、应付。由于企业日常的账簿记录不能完全地反映本期的收入和费用，需要在会计期末对账簿记录进行调整，使未收到款项的应计收入和未付出款项的应计费用，以及收到款项而不完全属于本期的收入和付出款项而不完全属于本期的费用，归属于相应的会计期间，以便正确地计算本期的经营成果。采用权责发生制核算比较复杂，但符合收入与费用配比以及可比性的要求，所以这种会计处理基础不仅适用于企业，也适用于行政、事业单位。

延伸阅读3-2

权责发生制下的账项调整

思政课堂

诚信是会计信息可靠的基础

会计工作的产品是会计信息。任何产品都要有质量上的要求，会计信息的首要质量要求就是可靠性。会计人员是会计信息的加工制作者，对会计信息质量负有重要责任。影响会计信息可靠性的因素固然有多方面，但会计人员的诚信品质，无疑是会计信息满足可靠性质量要求的基础。

诚信是人类社会千百年传承下来的道德规范，也是中华优秀传统文化的重要内容。在我国社会主义核心价值观体系中，把诚信作为公民个人层面的价值准则之一，彰显了诚信对于构建和谐的社会秩序和人际关系，以及推动社会主义道德建设都具有至关重要的作用。

诚信即诚实、守信。诚实是指为人坦诚、表里如一，尤其是在大是大非面前更不能口是心非、趋炎附势。守信是指信守承诺，特别是当私利与诺言发生冲突时，要不惜一切代价去践行诺言。简而言之，诚信就是既不弄虚作假，又要言而有信。古人云"人而无信，不知其可也"，而"狼来了"和"济阳商人"的故事，无非是告诫人们：任何失信行为都注定是没有好结果的！显然，构建和谐社会离不开我们每个人的身体力行，对于大学生而言，更要用诚信要求自己，以诚信对待他人，做老实人，办老实事，杜绝考试作弊、学术造假等失信行为。

当今时代，诚信虽然是各行各业都倡导的职业道德，但由于会计信息是投资者、债权人、政府有关部门和社会公众的决策依据，会计信息的质量，很大程度上决定了利益相关者的决策水平，甚至影响整个经济发展的质量。不难想象，如果会计人员失去诚信，势必假账盛行，真实、客观、公允的会计信息就无从谈起，相关决策也就失去了可靠的依据，这不仅会使会计职业出现信任危机，也将导致整个经济发展陷入无序状态甚至"崩盘"。因而，早在2001年，时任国务院总理朱镕基就曾多次强调会计人员必须"诚信为本""不做假账"。习近平总书记在党的二十大报告中指出，"坚持依法治国和以德治国相结合，把社会主义核心价值观融入法治建设、融入社会发展、融入日常生活""弘扬诚信文化，健全诚信建设长效机制"。可见，将诚信作为会计人员的基本品质要求，既体现了会计诚信在会计职业发展中的重要作用，也是社会主义市场经济发展对高质量会计信息的客观要求，更反映了国家高层领导人对我国会计人员道德水平的殷切期望。

党的二十大将高质量发展确定为全面建设社会主义现代化国家的首要任务。应该说，经济高质量发展离不开高质量会计信息的支持，而要保证会计信息的真实可靠，就要大力加强会计诚信建设，即要求会计人员必须做到：第一，如实反映和披露会计主体的经济业务事项，不弄虚作假；第二，执业中保持应有的谨慎，维护职业信誉和会计信息使用者的合法权益；第三，保守本单位和客户的秘密。

延伸阅读3-3

讲人情更要讲诚信

复习思考题

1. 什么是会计假设？为什么要确定会计假设？
2. 会计假设包括哪些内容？各自的含义是什么？

3. 会计主体是否等同于法律主体？为什么？

4. 我国企业会计准则中关于会计期间的划分是如何规定的？

5. 什么是会计信息质量特征？它包括哪些内容？

6. 各项会计信息质量特征之间有何关系？如何权衡它们之间的关系？

7. 相关性和可靠性受到其他哪些质量特征的制约？

8. 会计要素确认与计量的含义是什么？在进行确认与计量时，应遵循哪些要求？

9. 什么是权责发生制？什么是收付实现制？二者在收入与费用的确认与计量方面有何区别？

自测题

第四章　账户与复式记账

第一节　账户与会计科目

一、账户

（一）账户及其设置原则

所谓账户，是对会计要素的增减变动及其结果进行分类记录、反映的工具。账户是会计信息的"储存器"，设置账户是会计核算的一种专门方法。

如前所述，会计上为了记录经济业务，提供会计信息，需要将会计对象按照一定的标准划分为若干个项目，我们称这些项目为会计要素。这是对会计对象的第一次分类，也是最基本的分类。例如，欲了解一个企业拥有或控制的经济资源有多少，承担多少债务，投资人的权益是多少，以及一定时期内企业取得多少收入，发生多少耗费，实现多少利润等信息，我们可以通过前述各项会计要素提供的资料来满足有关信息使用者的需要。然而，会计信息使用者在决策过程中，除了需要上述概括性资料外，往往还需要详细的资料。例如，在掌握了企业有多少资产、负债和所有者权益后，还需要知道资产都有哪些，企业的债务构成如何，所有者权益的组成怎样等等。这样，按照会计要素分类核算提供的资料，就满足不了会计信息使用者的需要。于是，就需要在会计要素的基础上进行再分类，以便分门别类地核算，提供信息使用者所需的会计信息。账户就是在会计对象划分为会计要素的基础上，对会计要素的具体内容所做的进一步分类。利用账户，可以分类、连续地记录经济业务增减变动情况，再通过整理和汇总等方法，反映会计要素的增减变动及其结果，从而提供各种有用的数据和信息。例如，为了核算和监督各项资产的增减变动，需要设置"库存现金""银行存款""原材料""固定资产"等账户；为了核算和监督负债及所有者权益的增减变动，需要设置"短期借款""应付账款""长期借款""实收资本""资本公积""盈余公积"等账户；为了核算和监督收入、费用和利润的增减变动，需要设置"主营业务收入""生产成本""管理费用""本年利润""利润分配"等账户。

各会计主体设置账户应遵循以下原则：

1.既要全面反映会计要素的内容，又要符合企业自身特点

账户作为对会计对象具体内容即会计要素进行分类核算的工具，其设置应能保证全面、系统地反映会计要素的全部内容，不能有任何遗漏。同时，账户的设置还必须符合企业所属行业以及企业自身的特点。各会计主体除了需要设置各行各业的共性账户外，还应

根据本单位经营活动的特点，设置相应的账户。例如，制造业企业的主要经营活动是制造产品，因而需要设置反映生产耗费的"生产成本"和"制造费用"账户；金融业企业为适应其经营活动特点需要设置"利息收入"和"利息支出"账户。

2.既要符合对外报告的要求，又要满足内部经营管理的需要

前面曾经指出，企业会计核算资料应能满足各利益相关者的需要：满足政府部门加强宏观调控和管理、制定方针政策的需要；满足投资者、债权人及有关方面对企业经营业绩和财务状况作出准确判断的需要；满足企业内部加强经营管理的需要。因此，在设置账户时必须兼顾对外报告和企业内部经营管理的需要。例如，根据会计信息使用者需要数据的详细程度不同，企业不但要设置总分类账户，还要设置明细分类账户。总分类账户（简称总账）是对会计对象具体内容进行总括分类核算的账户，如"固定资产""实收资本"等账户。总分类账户提供的总括性信息基本上能满足企业对外报告的需要。明细分类账户（简称明细账）是对总分类账户的进一步分类，如在"库存商品"总分类账户下按照商品的类别或品名分设的明细分类账户，它提供的明细核算资料主要为企业内部管理服务。

3.既要适应经济业务发展的需要，又要保持相对稳定

账户的设置，要适应社会经济环境的变化和本单位业务发展的需要。例如，随着商业信用的发展，为了核算和监督商品交易中的提前付款或延期交货而形成的债权债务关系，核算中应单独设置"预付账款"和"预收账款"账户，即把预收、预付货款的核算从"应收账款"和"应付账款"账户中分离出来。再如，随着技术市场的形成和专利法、商标法的实施，对企业拥有的专有技术、专利权、商标权等无形资产的价值及其变动情况，有必要专设"无形资产"账户予以反映。但是，账户的设置应保持相对稳定，以便在一定范围内综合汇总以及在不同时期对比分析其所提供的核算指标。

4.统一性与灵活性相结合

所谓统一性，是指在设置账户时，要按照国家有关会计准则或会计制度中对账户的名称即会计科目的设置及其核算内容所做的统一规定，以便于会计核算指标在一个部门乃至全国范围内综合汇总，分析利用。所谓灵活性，是指在保证提供统一核算指标的前提下，各会计主体可以根据本单位的具体情况和经营管理要求，对统一规定的会计科目做必要的增补、分拆或合并。例如，财政部颁布的《企业会计准则应用指南》附录中列示的会计科目，未设置"其他往来"科目，但企业如果沿用实务中的惯例，仍可以保留这个账户，即以此取代"其他应收款"和"其他应付款"账户。

5.简明适用，称谓规范

每一个账户都应有特定的核算内容，各账户之间既要有联系，又要有明确的界限，不能含糊不清。因此，在设置账户时，对每一个账户的特定核算内容必须严格、明确地界定。总分类账户的名称应与国家制定的会计科目相一致，明细分类账户的名称也要含义明确、通俗易懂。账户的数量和详略程度应根据企业规模的大小、业务的繁简和管理的需要而定。

（二）账户的基本结构

如前所述，账户是用来记录经济业务，反映会计要素的具体内容增减变化及其结果的。因此，随着会计主体会计事项的不断发生，会计要素的具体内容也必然随之发生变

化，而且这种变化不管多么错综复杂，从数量上看不外乎增加和减少两种情况。所以用来积累企业在某一会计期间内各种有关数据的账户，在结构上就应分为两方，即左方和右方。一方登记增加数，另一方则登记减少数。至于哪一方登记增加，哪一方登记减少，则由采用的记账方法和记录的经济内容决定。这就是账户的基本结构。这一基本结构，不会因企业在实际中使用的账户具体格式不同而发生变化。

当然对于一个完整的账户而言，除了必须有反映增加数和减少数的两栏外，还应包括其他栏目，以反映其他相关内容。一个完整的账户结构应包括：（1）账户名称，即会计科目；（2）会计事项发生的日期；（3）摘要，即经济业务的简要说明；（4）凭证号数，即表明账户记录的依据；（5）金额，即增加额、减少额和余额。

为了说明问题和学习方便，在会计教学中，我们通常用一条水平线和一条将水平线平分的垂直线来表示账户，称为"T"形账户（亦称丁字形账户）。其格式如下：

左方	账户名称（会计科目）	右方

每个账户一般有四个金额要素，即期初余额、本期增加发生额、本期减少发生额和期末余额。账户如有期初余额，首先应当在记录增加额的那一方登记，会计事项发生后，要将增减内容记录在相应的栏内。一定期间记录到账户增加方的数额合计，称为增加发生额；记录到账户减少方的数额合计，称为减少发生额。正常情况下，账户四个数额之间的关系如下：

账户期末余额=账户期初余额+本期增加发生额-本期减少发生额

账户本期的期末余额转入下期，即为下期的期初余额。每个账户的本期发生额反映的是该类经济内容在本期内变动的情况，而期末余额则反映变动的结果。例如，某企业在某一期间"银行存款"账户的记录如下：

左方	银行存款		右方
期初余额	10 000		
本期增加额	8 000	本期减少额	11 000
本期发生额	8 000	本期发生额	11 000
期末余额	7 000		

根据上述账户的记录，可知企业期初在银行的存款为10 000元，本期增加了8 000元，本期减少了11 000元，到期末，企业还有7 000元存款。

（三）账户的设置

前已述及，对会计对象的具体内容，按照一定的标准进行基本分类，可划分为资产、负债、所有者权益、收入、费用和利润六个会计要素。账户则是对会计要素的再分类。于是，作为连续、系统地记录会计对象的账户，就相应地设置六大类，然后，再根据每一类的具体内容、特点和管理要求，分别设置若干个账户，每个账户都记录某一特定的经济内容，具有一定的结构和格式。

1. 资产类账户

资产类账户是用来反映和监督各种资产（包括各种财产、债权和其他权利）增减变动和结果的账户。例如，"库存现金""银行存款""应收账款""在途物资""原材料""库存商品""固定资产""无形资产""长期股权投资"等账户均为典型的资产类账户。

2. 负债类账户

负债类账户是用来反映和监督各种负债增减变动和结果的账户。例如，"短期借款""应付账款""应付职工薪酬""应交税费""应付股利""长期借款""应付债券"等账户为典型的负债类账户。

3. 所有者权益类账户

所有者权益类账户是用来反映和监督所有者权益增减变动和结果的账户。例如，"实收资本"（或"股本"）、"资本公积"、"盈余公积"等账户为典型的所有者权益类账户。

4. 收入类账户

收入类账户是用来反映和监督企业生产经营过程中取得的各种营业收入的账户。例如，"主营业务收入""其他业务收入""投资收益"等账户为典型的收入类账户。由于收入有广义与狭义之分，所以广义上的收入类账户还包括"营业外收入"账户。广义的收入是利润表（亦称损益表）的构成项目，因此，广义的收入类账户属于损益类账户。

5. 费用类账户

费用类账户是用来反映和监督企业生产经营过程中所发生的各种耗费的账户。例如，"主营业务成本""税金及附加""管理费用""财务费用""销售费用""资产减值损失"等账户为典型的费用类账户。由于费用也有广义与狭义之分，所以广义的费用类账户还包括"生产成本""制造费用""营业外支出"和"所得税费用"等账户。广义费用中的生产成本和制造费用属于成本类费用，这类费用是通过形成主营业务成本的形式来计入利润表的。除此之外，其他广义费用均为利润表的构成项目，因此，"生产成本""制造费用"账户又称成本类账户，除成本类账户外的其他广义费用类账户也均属于损益类账户。

6. 利润类账户

利润类账户是用来反映和监督企业利润的实现和分配情况的账户。例如，"本年利润"和"利润分配"账户为典型的利润类账户。由于利润属于所有者的权益，所以"本年利润"和"利润分配"账户也属于所有者权益类账户。

由此可见，企业按会计要素设置的上述六类账户也可整合为资产类、负债类、所有者权益类、成本类和损益类五类账户。而整合后的五类账户则与企业根据国家规定的会计科目设置的账户类别完全一致。当然，账户不论如何分类，其基本结构都是分为左右两方，用一方登记增加，另一方登记减少。至于哪一方登记增加，哪一方登记减少，除了取决于反映的经济内容外，还受具体的记账方法制约。其具体结构用途将在本章第三节中说明。

二、会计科目

（一）会计科目的含义

在上一个问题的讨论中我们已经指出，为了序时、连续、系统地记录由于经济业务的发生而引起的会计要素的增减变动，提供各种会计信息，各会计主体必须设置账户。正确地设置和运用账户，可以将各种经济业务的发生情况，以及由此而引起的资产、负债、所有者权益、收入、费用和利润各要素的变化，系统地、分门别类地进行反映和监督，进而向会计信息使用者提供各种会计信息，这对于加强宏观、微观经济管理具有重要意义。

会计科目是账户的名称，同时也是各单位设置账户的一个重要依据。会计科目与账户的共同点是都分门别类地反映某项经济内容，即两者所反映的经济内容是相同的。账户是根据会计科目开设的，账户的名称就是会计科目。从理论上来讲，会计科目和账户在会计学中是两个不同的概念，它们之间既有联系又有区别。

会计科目与账户的主要区别是：会计科目通常由国家统一规定，是各单位设置账户、处理账务所必须遵循的依据，而账户则由各会计主体自行设置，是会计核算的一个重要工具；会计科目只表明某项经济内容，而账户不仅表明相同的经济内容，还具有一定的结构格式，并通过账户的结构反映某项经济内容的增减变动情况，即会计科目仅仅是对会计要素具体内容进行分类的项目名称，而账户还具有一定的结构、格式。由于账户是根据会计科目设置的，并按照会计科目命名，也就是说会计科目是账户的名称，两者的称谓及核算内容完全一致，因而在实际工作中，会计科目与账户常被作为同义语来理解，互相通用，不加区别。①

（二）会计科目的内容与级次

1.会计科目的内容

会计科目原则上由财政部统一制定，并以会计准则或会计制度的形式颁布实施。财政部规定的制造业企业常用会计科目，见表4-1。

从表4-1可知，每个会计科目不仅要有标准称谓，还要有对应编号。会计科目编号一般由四个数字组成，每个数字都有其专门含义。例如，"库存现金"科目的编号为1001，其首位数字"1"代表资产，次位数字"0"代表货币资产，后两位数字"01"代表库存现金。会计科目编号既保证了会计账户以及报表中各项目的固定排序，也使得计算机环境下会计软件运行更为便利。

2.会计科目的级次

会计科目按其提供指标的详细程度，或者说提供信息的详细程度，可以分为以下两类：

（1）总分类科目

总分类科目亦称一级科目或总账科目。它是对会计要素的具体内容进行总括分类的账户名称，是进行总分类核算的依据，所提供的是总括指标。总分类科目通常由财政部统一制定。

---

① 本书对会计科目和账户概念的使用有时也并不严格加以区分。

表4-1 　　　　　　　　　　　　　　会计科目表

编号	会计科目	编号	会计科目
	一、资产类	2221	应交税费
1001	库存现金	2231	应付利息
1002	银行存款	2232	应付股利
1101	交易性金融资产	2241	其他应付款
1121	应收票据	2501	长期借款
1122	应收账款	2502	应付债券
1123	预付账款	2701	长期应付款
1131	应收股利	2801	预计负债
1221	其他应收款		三、所有者权益类
1231	坏账准备	4001	实收资本
1401	材料采购	4002	资本公积
1402	在途物资	4101	盈余公积
1403	原材料	4103	本年利润
1404	材料成本差异	4104	利润分配
1405	库存商品		四、成本类
1411	周转材料	5001	生产成本
1471	存货跌价准备	5101	制造费用
1511	长期股权投资		五、损益类
1512	长期股权投资减值准备	6001	主营业务收入
1601	固定资产	6051	其他业务收入
1602	累计折旧	6101	公允价值变动损益
1603	固定资产减值准备	6111	投资收益
1604	在建工程	6115	资产处置损益
1606	固定资产清理	6301	营业外收入
1701	无形资产	6401	主营业务成本
1702	累计摊销	6402	其他业务成本
1703	无形资产减值准备	6403	税金及附加
1801	长期待摊费用	6601	销售费用
1901	待处理财产损溢	6602	管理费用
	二、负债类	6603	财务费用
2001	短期借款	6701	资产减值损失
2201	应付票据	6702	信用减值损失
2202	应付账款	6711	营业外支出
2203	预收账款	6801	所得税费用
2211	应付职工薪酬		

（2）明细分类科目

明细分类科目是对总分类科目所含内容再做详细分类的会计科目。它所提供的是更加详细具体的指标。例如，在"应付账款"总分类科目下再按具体单位分设明细科目，具体说明应付"哪个单位"的货款。明细分类科目由企业自行设置。

为了适应管理上的需要，当总分类科目下设置的明细分类科目太多时，可在总分类科目与明细分类科目之间增设二级科目（也称子目）。二级科目所提供指标的详细程度介于总分类科目和明细分类科目之间。例如，在"原材料"总分类科目下，可按材料的类别设置二级科目"原料及主要材料""辅助材料""燃料"等。

由此可见，在设置二级科目的情况下，会计科目即分为三个级次：总分类科目（一级科目）、二级科目（子目）、明细分类科目（三级科目、细目），总分类科目统辖下属若干个二级或明细分类科目。现以"原材料""生产成本"两个科目为例，将会计科目按所提供指标详细程度予以分类，见表4-2。

表4-2　　　　　　　会计科目按提供指标详细程度分类

总分类科目 （一级科目）	二级与明细分类科目	
	二级科目（子目）	明细分类科目（三级科目、细目）
原材料	原料及主要材料	圆钢 生铁
	辅助材料	润滑油 防锈剂
	燃料	汽油 柴油
生产成本	第一车间	甲产品 乙产品
	第二车间	丙产品 丁产品

3.总分类核算与明细分类核算

在实际工作中，为满足会计信息使用者的不同需求，各会计主体应分别按总分类科目开设总分类账户，按二级或明细分类科目开设二级或明细分类账户。总分类账户提供的是总括分类核算指标，因而一般只用货币计量；二级或明细分类账户提供的是明细分类核算指标，因而除用货币量度外，有的还用实物量度（如吨、千克、件、台等）。对经济业务通过总分类账户进行核算，称为总分类核算；通过有关二级或明细分类账户进行核算，称为明细分类核算。

第二节　复式记账原理

一、记账方法概述

在会计工作中，为了有效地反映和监督会计对象，各会计主体除了要按照规定的会计科目设置账户外，还应采用一定的记账方法。所谓记账方法，是指按照一定的规则，使用一定的符号，在账户中登记各项经济业务的技术方法。会计上的记账方法，最初是单式记账法，随着社会经济的发展和人们的实践与总结，单式记账法逐步改进，从而演变为复式记账法。

（一）单式记账法

单式记账法是一种比较简单、不完整的记账方法。这种方法的主要特征是：对于每项经济业务，通常只登记现金和银行存款的收付业务，以及应收款、应付款的结算业务，而不登记实物的收付业务；除了有关应收款、应付款的现金收付业务需要在两个或两个以上账户中各自进行登记外，其他业务只在一个账户中登记或不予登记。例如，企业以现金500元支付办公费用。对于这项经济业务，在单式记账法下，就只在有关的现金账户中作减少500元的登记，至于费用的发生情况，则不予反映。又如，企业从某单位购入一批材料计价1 000元，货已收到，款尚未支付。对于这项经济业务，采用单式记账法，就只在结算债务账户中作增加1 000元的登记，而材料的增加，则不予登记。

采用单式记账法，对于有关应收款、应付款的现金收付业务，虽然在记现金账的同时也记往来账，但现金账与往来账是各记各的，彼此没有直接的联系。

由此可见，在单式记账法下，对支付费用以及采用付现或赊购方式购买实物性资产的经济业务，只核算现金的减少或债务的增加，而对费用的发生或实物性资产的取得，一般不设置账户核算。至于实物性资产的结存数额，只能通过定期的实地盘存得到。经营的损益则由前后两期财产结存数的比较求得，即期末资产结存大于期初资产结存的数额为利润；反之，则为亏损。

显然，单式记账法的优点是记账手续比较简单，但由于其账户的设置是不完整的，各个账户之间又互不联系，所以无法全面反映各项经济业务的来龙去脉，也不能正确核算成本和盈亏，更不便于检查账户记录的正确性。因此，这种记账方法只适用于经济业务非常简单的单位，目前已很少采用。

（二）复式记账法

所谓复式记账法，是指对任何一项经济业务，都必须用相等的金额在两个或两个以上的有关账户中相互联系地进行登记，借以反映会计对象具体内容增减变化的一种记账方法。现仍以前例说明其主要特征。例如，企业以现金500元支付办公费用。采用复式记账法，这项经济业务除了要在有关"库存现金"账户中作减少500元的登记外，还要在有关费用账户中作增加500元的记录。这样登记的结果表明，企业现金的付出同费用的发生两者之间是相互联系的。又如，企业向某单位购入一批材料，计价1 000元，货已收到，款尚未支付。采用复式记账法，这项经济业务除了要在结算债务账户中做增加1 000元的登记外，还要在有关的材料账户中做增加1 000元的记录。这样登记的结果，就使得债务的发生同材料的购进两者之间的关系一目了然。

由上可见，复式记账法的主要特征是：需要设置完整的账户体系，除了"库存现金""银行存款"账户外，还要设置实物性资产以及收入、费用和各种权益类账户；不仅记录货币资金的收付和债权债务的发生，而且要对所有财产和全部权益的增减变化，以及经营过程中发生的费用和获得的收入做全面、系统的反映；对每项经济业务，都要在两个或两个以上的账户中进行等额双重记录，以便反映其来龙去脉；根据会计等式的平衡关系，可以对一定时期发生的全部经济业务的会计记录进行综合试算，以检查账户记录是否正确。

二、复式记账的理论依据和基本原则

（一）复式记账的理论依据

如前所述，会计的对象是资金运动，而企业经营过程中发生的每一项经济业务，都是资金运动的具体过程。只有把企业所有经济业务无一遗漏地进行核算，才能完整地反映企业资金运动的全貌，为信息使用者提供其所需要的全部核算资料。

企业发生的所有经济业务无非涉及资金增加和减少两个方面，并且某项资金在量上的增加或减少，总是与另一项资金在量上的增加或减少相伴而生。换言之，在资金运动过程中，任何一项资金都不可能无缘无故地增加，也不可能无缘无故地减少，即一部分资金的减少或增加，总是有另一部分资金的增加或减少作为其变动的原因。这就要求在会计记账的时候，必须把每项经济业务所涉及的资金增减变化的原因和结果都记录下来，从而完整、全面地反映经济业务引起的资金运动的来龙去脉。复式记账法恰恰适应了资金运动的这一规律性的客观要求，把每一项经济业务涉及的资金在量上的增减变化，通过两个或两个以上账户的记录予以全面反映。可见，资金运动的内在规律性是复式记账的理论依据。

（二）复式记账的基本原则

所有的具体复式记账法都必须遵循以下几项原则：

第一，以会计等式作为记账基础。

会计等式是将会计对象的具体内容，即会计要素之间的相互关系，运用数学方程式的原理进行描述而形成的。它是客观存在的必然经济现象，同时也是资金运动规律的具体化。为了揭示资金运动的内在规律性，复式记账必须以会计等式作为其记账基础。

第二，对每项经济业务，必须在两个或两个以上相互联系的账户中进行等额记录。

前已述及，经济业务的发生，必然要引起资金的增减变动，而这种变动势必导致会计等式中至少有两个要素或同一要素中至少两个项目发生等量变动。为反映这种等量变动关系，会计上就必须在两个或两个以上账户中进行等额双重记录。

第三，必须按经济业务对会计等式的影响类型进行记录。

前已说明，尽管企业单位发生的经济业务复杂多样，但对会计等式的影响无外乎两种类型：一类是影响会计等式等号两边会计要素同时发生变化的经济业务，这类业务能够变更企业资金总额，使会计等式等号两边等额同增或等额同减；另一类是影响会计等式等号某一边会计要素发生变化的经济业务，这类业务不变更企业资金总额，只会使会计等式等号某一边等额地有增有减。这就决定了会计上对第一类经济业务，应在等式两边的账户中等额记同增或同减；对第二类经济业务，应在等式某一边的账户中等额记有增有减。

第四，定期汇总的全部账户记录必须平衡。

通过复式记账的每笔经济业务的双重等额记录，定期汇总的全部账户的数据必然会保持会计等式的平衡关系。

复式记账试算平衡有发生额平衡法和余额平衡法两种。

发生额平衡法，是将一定时期会计等式等号两边账户的发生额增、减交叉相加之和进行核对相等，其计算公式是：

资产账户增加额合计+权益账户减少额合计=权益账户增加额合计+资产账户减少额合计

余额平衡法，是将某一时点会计等式等号两边账户的余额分别加计总数进行核对相等，其计算公式是：

资产账户期末余额合计=权益账户期末余额合计

通过上述方法，如果试算平衡，说明账户金额记录基本正确。

三、复式记账的作用

通过以上分析我们不难看出，复式记账就是利用数学方程式的平衡原理来记录经济业务，这样登记的结果，能够把所有经济业务相互联系地、全面地记入有关账户之中，从而使账户能够全面、系统地反映和监督经济活动的过程和结果，能够提供经营管理所需要的数据资料。同时，由于每笔账户记录都是相互对应地反映每项经济业务引起的资金运动的来龙去脉，因此，应用复式记账法，还可以通过有关账户之间的关系了解经济业务的内容，检查经济业务是否合理、合法。此外，根据复式记账必然相等的平衡关系，通过全部账户记录结果的试算平衡，还可以检查账户记录有无差错。

综上所述，复式记账法具有单式记账法无可比拟的优势，因而它也是世界各国公认的一种科学的记账方法。目前，我国的企业和行政、事业单位采用的记账方法都是复式记账法。复式记账法从其发展历史看，曾经有"借贷记账法""增减记账法""收付记账法"等。我国现行有关制度规定，企业、事业等单位一律采用借贷记账法。这是因为：一方面，借贷记账法经过多年的实践已被全世界的会计工作者普遍接受，是一种比较成熟、完善的记账方法；另一方面，从会计实务角度看，统一记账方法为加强企业、事业单位之间横向经济联系和国际交往等带来极大的方便，并且对规范会计核算工作和更好地发挥会计的作用具有重要意义。因此，本书只阐述借贷记账法的有关内容，对其他复式记账法并未予以介绍。

第三节　借贷记账法

一、借贷记账法的产生与演进

借贷记账法是以"借"和"贷"作为记账符号的一种复式记账方法。这种记账方法大约起源于13世纪的意大利。当时，意大利沿海城市的商品经济特别是海上贸易已有很大的发展，在商品交换中，为了适应借贷资本和商业资本经营者管理的需要，逐步形成了这种记账方法。

"借""贷"两字的含义，最初是从借贷资本家的角度来解释的。借贷资本家以经营货币资金为主要业务，对于收进来的存款，记在贷主（creditor）的名下，表示自身的债务即欠人的增加；对于付出去的放款，则记在借主（debtor）的名下，表示自身的债权即人欠的增加。这样，"借""贷"两字分别表示借贷资本家的债权（人欠）、债务（欠人）及其增减变化。

随着商品经济的发展，经济活动的内容日趋复杂化，会计记录的经济业务也不再仅限于货币资金的借贷，而逐渐扩展到财产物资、经营损益和经营资本等的增减变化。这时，为了求得账簿记录的统一，对于非货币资金的借贷活动，也利用"借""贷"两字来说明经济业务的变化情况。这样，"借""贷"两字逐渐失去了原来的字面含义，演变为一对单纯的记账符号，成为会计上的专门术语。到15世纪，借贷记账法已逐渐完备，被用来反映资本的存在形态和所有者权益的增减变化。与此同时，西方国家的会计学者提出了借贷记账法的理论依据，即所谓"资产=负债+资本"的平衡公式（亦称会计方程式），并根据这个理论确立了借贷的记账规则，从而使借贷记账法日臻完善，为世界各国普遍采用。

中华人民共和国成立以前，借贷记账法就已传入我国，为一部分企业所采用。中华人民共和国成立以后，我国会计工作者在借贷记账法的基础上，提出了一些新的记账方法，如增减记账法、资金收付记账法等，并将其运用于会计实践中。但是，记账方法不统一，既给企业间横向经济联系和国际经济交往带来诸多不便，也不利于经济管理中对会计信息的加工、汇总和利用。因此，我国于1993年实施的基本会计准则就已明确规定，境内所有企业在进行会计核算时，都必须统一采用借贷记账法。目前，即使是行政、事业单位，也都采用借贷记账法。

二、借贷记账法的记账符号

记账符号，是会计核算中采用的一种抽象标记，表示经济业务的增减变动和记账方向。

如前所述，借贷记账法以"借"和"贷"作为记账符号，"借"（英文简写 Dr）表示记入账户的借方；"贷"（英文简写 Cr）表示记入账户的贷方。

在借贷记账法下，"借""贷"两个符号对会计等式两边的会计要素规定了相反的含义，即抽象地看，无论是"借"还是"贷"都既表示增加，又表示减少。具体地看，"借"对会计等式左边的账户即资产、费用类账户表示增加，对会计等式右边的账户即负债、所有者权益、收入和利润类账户则表示减少；"贷"对会计等式左边的资产、费用类账户表示减少，对会计等式右边的负债、所有者权益、收入和利润类账户则表示增加。

三、借贷记账法的账户结构

在借贷记账法下，任何账户都分为借、贷两方，而且把账户的左方称为"借方"，把账户的右方称为"贷方"。记账时，账户的借贷两方必须做相反方向的记录，即对于每一个账户来说，如果借方用来登记增加额，则贷方就用来登记减少额；如果借方用来登记减少额，则贷方就用来登记增加额。在一个会计期间内，借方登记的合计数称为借方发生额；贷方登记的合计数称为贷方发生额。那么，究竟用哪一方来登记增加额，用哪一方来登记减少额呢？这要根据各个账户反映的经济内容，也就是它的性质来决定。

下面分别说明借贷记账法下各类账户的结构。

（一）资产类账户的结构

资产类账户的结构是：账户的借方登记资产的增加额，贷方登记资产的减少额。由于资产的减少额不可能大于它的期初余额与本期增加额之和，所以，这类账户期末如有余额，必定在借方。该类账户期末余额的计算公式如下：

资产类账户期末借方余额=期初借方余额+本期借方发生额−本期贷方发生额

资产类账户的简化结构如下所示：

借方	资产类账户		贷方
期初余额	×××		
增加额	×××	减少额	×××
本期发生额	×××	本期发生额	×××
期末余额	×××		

（二）负债及所有者权益类账户的结构

由资产＝负债＋所有者权益的会计等式所决定，负债及所有者权益类账户的结构与资产类账户正好相反，其贷方登记负债及所有者权益的增加额，借方登记负债及所有者权益的减少额。由于负债及所有者权益的增加额与期初余额之和，通常也要大于其本期减少额，所以，这类账户期末如有余额，必定在贷方。该类账户期末余额的计算公式如下：

负债及所有者权益类账户期末贷方余额＝期初贷方余额＋本期贷方发生额－本期借方发生额

负债及所有者权益类账户的简化结构如下所示：

借方	负债及所有者权益类账户		贷方
		期初余额	×××
减少额	×××	增加额	×××
本期发生额	×××	本期发生额	×××
		期末余额	×××

（三）费用类账户的结构

企业在生产经营中所发生的各种耗费，大多由资产转化而来，所以费用在抵销收入之前，可将其视为一种特殊资产。因此，费用类账户的结构与资产类账户基本相同，账户的借方登记费用的增加额，贷方登记费用的减少（转销）额。由于借方登记的费用增加额一般都要通过贷方转出，所以该类账户通常没有期末余额。费用类账户的简化结构如下所示：

借方	费用类账户		贷方
增加额	×××	减少额	×××
本期发生额	×××	本期发生额	×××

（四）收入类账户的结构

收入类账户的结构与负债及所有者权益类账户类似，账户的贷方登记收入的增加额，借方登记收入的减少（转销）额。由于贷方登记的收入增加额一般要通过借方转出，所以这类账户通常也没有期末余额。收入类账户的简化结构如下所示：

借方	收入类账户		贷方
减少额	×××	增加额	×××
本期发生额	×××	本期发生额	×××

（五）利润类账户的结构

利润类账户的结构也与负债及所有者权益类账户大致相同，账户的贷方登记利润的增加额，借方登记利润的减少额。期末如有余额，则在贷方。利润类账户的简化结构如下所示：

借方	利润类账户		贷方
	期初余额		×××
减少额 ×××	增加额		×××
本期发生额 ×××	本期发生额		×××
	期末余额		×××

根据上述可将借贷记账法下各类账户的结构，归纳见表4-3。

表4-3　　　　　　　　　　　　借贷记账法下各类账户的结构

账户类别	借方	贷方	余额方向
资产类	增加	减少	余额在借方
负债类	减少	增加	余额在贷方
所有者权益类	减少	增加	余额在贷方
收入类	减少（转销）	增加	一般无余额
费用类	增加	减少（转销）	一般无余额
利润类	减少	增加	一般在贷方

由此可见，借贷记账法下各类账户的期末余额都在记录增加额的一方，即资产类账户的期末余额在借方，负债及所有者权益类账户的期末余额在贷方。基于此，我们可以得出一个结论：根据账户余额所在的方向，也可判断账户的性质。账户若是借方余额，则为资产（包括有余额的费用）类账户；账户若是贷方余额，则为负债或所有者权益（包括利润）类账户。借贷记账法的这一特点，决定了它可以设置双重性质账户。

所谓双重性质账户，是指既可以用来核算资产、费用，又可以用来核算负债、所有者权益和收入的账户，如"待处理财产损溢""投资收益"等。由于任何一个双重性质账户都是把原来的两个有关账户合并在一起，并具有合并前两个账户的功能，所以，设置双重性质账户，有利于简化会计核算手续。

四、借贷记账法的记账规则

前已述及，按照复式记账的原理，任何经济业务都要以相等的金额，在两个或两个以上相互联系的账户中进行记录。那么，在借贷记账法下，如何记录经济业务呢？以下通过几笔简单的业务实例，说明借贷记账法的具体运用，进而总结出借贷记账法的记账规则（亦称记账规律）。

【例4-1】长城公司收到某单位投入的资本800 000元存入银行。

这项经济业务一方面使企业的资产——银行存款增加，应记入"银行存款"账户的借方；另一方面使所有者权益——实收资本增加，应记入"实收资本"账户的贷方。其登账结果如下：

借	银行存款	贷	借	实收资本	贷
期初余额	600 000			期初余额	1 000 000
（1）	800 000			（1）	800 000

【例4-2】 长城公司用银行存款 100 000 元偿还前欠某企业账款。

这项经济业务一方面使企业的资产——银行存款减少，应记入"银行存款"账户的贷方；另一方面使企业的负债——应付账款减少，应记入"应付账款"账户的借方。其登账结果如下：

借	银行存款	贷	借	应付账款	贷
期初余额	600 000	（2） 100 000	（2） 100 000	期初余额	160 000
（1）	800 000				

【例4-3】 长城公司用银行存款 200 000 元购入一辆全新小汽车（暂不考虑增值税）。

这项经济业务一方面使企业资产——固定资产增加，应记入"固定资产"账户的借方；另一方面使企业资产——银行存款减少，应记入"银行存款"账户的贷方。其登账结果如下：

借	银行存款	贷	借	固定资产	贷
期初余额	60 0000	（2） 100 000	期初余额	1 000 000	
（1）	800 000	（3） 200 000	（3）	200 000	

【例4-4】 长城公司将资本公积金 160 000 元按法定程序转增资本。

这项经济业务一方面使所有者权益——资本公积减少，应记入"资本公积"账户的借方；另一方面使所有者权益——实收资本增加，应记入"实收资本"账户的贷方。其登账结果如下：

借	实收资本	贷	借	资本公积	贷
	期初余额	1 000 000	（4） 160 000	期初余额	240 000
	（1）	800 000			
	（4）	160 000			

【例4-5】 长城公司签发并承兑一张面额 40 000 元、为期两个月的商业汇票，用以抵付应付账款。

这项经济业务一方面使企业的负债——应付账款减少，应记入"应付账款"账户的借方；另一方面使企业的负债——应付票据增加，应记入"应付票据"账户的贷方。其登账结果如下：

借	应付账款	贷	借	应付票据	贷
（2） 100 000	期初余额	160 000		（5）	40 000
（5） 40 000					

从以上所举的几个例子可以看出，每一项经济业务发生之后，运用借贷记账法进行账务处理，都必须是在记入某一个账户借方的同时记入另一个账户的贷方，而且记入借方与记入贷方的金额总是相等。因此，我们可以总结出借贷记账法的记账规则是：有借必有贷，借贷必相等。借贷记账法的记账规则如图4-1所示。

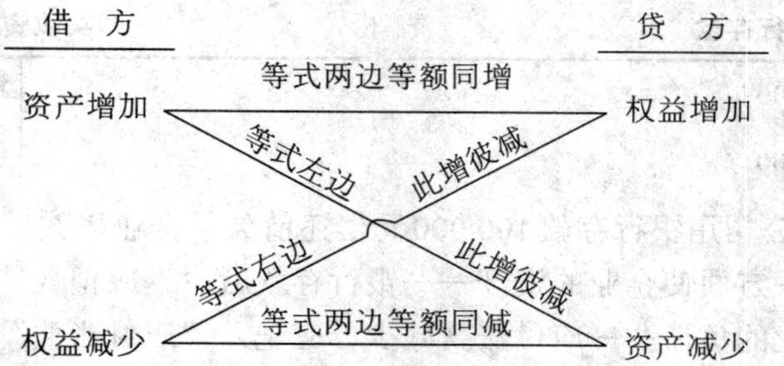

图4-1　借贷记账法记账规则示意图

五、账户对应关系和会计分录

运用复式记账法处理经济业务，一笔业务所涉及的几个账户之间必然存在着某种相互依存的对应关系，这种关系称为账户对应关系。存在着对应关系的账户称为对应账户。由于账户对应关系反映了每项经济业务的内容，以及由此引起的资金运动的来龙去脉，因此在采用借贷记账法登记某项经济业务时，应先通过编制会计分录来确定其所涉及的账户及其对应关系，从而保证账户记录的正确性。所谓会计分录（简称分录），是指预先确定每笔经济业务所涉及的账户名称，以及记入账户的方向和金额的一种记录。它是会计语言的表达方式。

编制会计分录是会计工作的初始阶段，在实际工作中，这项工作一般是通过编制记账凭证或登记普通日记账来完成的。编制会计分录，就意味着对经济业务做会计确认，为经济业务数据记入账户提供依据，所以为了确保账户记录的真实和正确，必须严格把好会计分录这一关。

现将前面所举例4-1至例4-5经济业务的会计分录列示如下：

（1）借：银行存款　　　　　　　　　　　　　　　　　　　　　800 000
　　　　贷：实收资本　　　　　　　　　　　　　　　　　　　　　800 000
（2）借：应付账款　　　　　　　　　　　　　　　　　　　　　100 000
　　　　贷：银行存款　　　　　　　　　　　　　　　　　　　　　100 000
（3）借：固定资产　　　　　　　　　　　　　　　　　　　　　200 000
　　　　贷：银行存款　　　　　　　　　　　　　　　　　　　　　200 000
（4）借：资本公积　　　　　　　　　　　　　　　　　　　　　160 000
　　　　贷：实收资本　　　　　　　　　　　　　　　　　　　　　160 000
（5）借：应付账款　　　　　　　　　　　　　　　　　　　　　40 000
　　　　贷：应付票据　　　　　　　　　　　　　　　　　　　　　40 000

会计分录按其所运用账户的多少分为简单会计分录和复合会计分录两种。简单会计分录，是指由两个账户所组成的会计分录。以上每笔会计分录，都只有一"借"一"贷"，故均属于简单会计分录。复合会计分录，是指由两个以上账户所组成的会计分录，实际上它是由几个简单会计分录组成的，因而必要时可将其分解为若干个简单会计分录。编制复合会计分录，既可以简化记账手续，又能集中反映某项经济业务的全面情况。现举例说明如下：

【例4-6】长城公司购进原材料30 000元，其中20 000元货款已用银行存款付讫，其余10 000元货款尚未支付（暂不考虑增值税）。

这项经济业务一方面使企业资产——原材料增加，应记入"原材料"账户的借方；另一方面使企业的资产——银行存款减少，以及企业的负债——应付账款增加，应记入"银行存款"和"应付账款"账户的贷方。其会计分录为：

借：原材料　　　　　　　　　　　　　　　　　　　　　　　　　30 000
　　贷：银行存款　　　　　　　　　　　　　　　　　　　　　　20 000
　　　　应付账款　　　　　　　　　　　　　　　　　　　　　　10 000

【例4-7】长城公司以银行存款60 000元，偿还银行短期借款40 000元和前欠某单位货款20 000元。

这项经济业务一方面使企业资产——银行存款减少，应记入"银行存款"账户的贷方；另一方面使企业的负债——短期借款和应付账款减少，应记入"短期借款"和"应付账款"账户的借方。其会计分录为：

借：短期借款　　　　　　　　　　　　　　　　　　　　　　　40 000
　　应付账款　　　　　　　　　　　　　　　　　　　　　　　20 000
　　贷：银行存款　　　　　　　　　　　　　　　　　　　　　60 000

应该指出，为了使账户对应关系一目了然，在借贷记账法下，较为可取的是编制一"借"一"贷"、一"借"多"贷"和一"贷"多"借"的会计分录，一般不编制多"借"多"贷"的会计分录。这是因为，多"借"多"贷"的会计分录容易使账户之间的对应关系模糊不清，难以据此分析经济业务的实际情况。

六、借贷记账法的试算平衡

所谓借贷记账法的试算平衡，是指根据会计等式的平衡原理，按照记账规则的要求，通过汇总计算和比较，来检查账户记录的正确性、完整性。

采用借贷记账法，由于对任何经济业务都是按照"有借必有贷，借贷必相等"的记账规则记入各有关账户，所以不仅每一笔会计分录借贷发生额相等，而且当一定会计期间的全部经济业务都记入相关账户后，所有账户的借方发生额合计数必然等于贷方发生额合计数；同时，期末结账后，全部账户借方余额合计数也必然等于贷方余额合计数。因此，对所有账户借贷两方本期发生额和期末余额进行试算，如果借贷两方金额相等，则可以认为账户记录基本正确；如果借贷两方金额不相等，则表明账户记录已发生错误。在借贷记账法下，账户发生额及余额的试算平衡计算公式分别为：

全部账户借方发生额合计=全部账户贷方发生额合计

全部账户借方余额合计=全部账户贷方余额合计

试算平衡工作，一般是在月末结出各个账户的本月发生额和月末余额后，通过编制总分类账户发生额试算平衡表和总分类账户余额试算平衡表来进行的。现将以上所举长城公司的7笔经济业务记入有关总分类账户，并结出各账户本期发生额和期末余额如下所示：

银行存款			
期初余额	600 000	(2)	100 000
(1)	800 000	(3)	200 000
		(6)	20 000
		(7)	60 000
本期发生额	800 000	本期发生额	380 000
期末余额	1 020 000		

原材料			
(6)	30 000		
本期发生额	30 000	本期发生额	0
期末余额	30 000		

固定资产

期初余额	1 000 000		
（3）	200 000		
本期发生额	200 000	本期发生额	0
期末余额	1 200 000		

短期借款

（7）	40 000	期初余额	200 000
本期发生额	40 000	本期发生额	0
		期末余额	160 000

应付票据

		（5）	40 000
本期发生额	0	本期发生额	40 000
		期末余额	40 000

应付账款

（2）	100 000	期初余额	160 000
（5）	40 000	（6）	10 000
（7）	20 000		
本期发生额	160 000	本期发生额	10 000
		期末余额	10 000

实收资本

		期初余额	1 000 000
		（1）	800 000
		（4）	160 000
本期发生额	0	本期发生额	960 000
		期末余额	1 960 000

资本公积

（4）	160 000	期初余额	240 000
本期发生额	160 000	本期发生额	0
		期末余额	80 000

根据各账户的登记结果，分别编制总分类账户发生额试算平衡表和总分类账户余额试算平衡表，见表4-4、表4-5。

表4-4 　　　　　　　　　　　总分类账户发生额试算平衡表

2×24年11月30日　　　　　　　　　　　　　　　　　单位：元

账户名称	本期发生额	
	借　方	贷　方
银行存款	800 000	380 000
原材料	30 000	
固定资产	200 000	
短期借款	40 000	
应付账款	160 000	10 000
应付票据		40 000
实收资本		960 000
资本公积	160 000	
合　计	1 390 000	1 390 000

表4-5 　　　　　　　　　　　总分类账户余额试算平衡表

2×24年11月30日　　　　　　　　　　　　　　　　　单位：元

账户名称	期末余额	
	借　方	贷　方
银行存款	1 020 000	
原材料	30 000	
固定资产	1 200 000	
短期借款		160 000
应付账款		10 000
应付票据		40 000
实收资本		1 960 000
资本公积		80 000
合　计	2 250 000	2 250 000

在实际工作中，为了方便起见，还可将总分类账户发生额试算平衡表和总分类账户余额试算平衡表合并在一起，并结合各账户的期初余额数，编制总分类账户发生额及余额试算平衡表（见表4-6）。这样，在一张表上既可进行总分类账户借贷发生额平衡的试算，又能进行总分类账户借贷余额平衡的试算。

表4-6

总分类账户发生额及余额试算平衡表

2×24年11月30日   单位：元

账户名称	期初余额		本期发生额		期末余额	
	借 方	贷 方	借 方	贷 方	借 方	贷 方
银行存款	600 000		800 000	380 000	1 020 000	
原材料			30 000		30 000	
固定资产	1 000 000		200 000		1 200 000	
短期借款		200 000	40 000			160 000
应付账款		160 000	160 000	10 000		10 000
应付票据				40 000		40 000
实收资本		1 000 000		960 000		1 960 000
资本公积		240 000	160 000			80 000
合 计	1 600 000	1 600 000	1 390 000	1 390 000	2 250 000	2 250 000

必须指出，即使试算平衡表中借贷金额相等，也不足以说明账户记录完全没有错误。这是因为，有些错误并不影响借贷双方的平衡，通过试算也就无法发现，如漏记或重记某项经济业务、借贷记账方向彼此颠倒或方向正确但记错了账户等。因此，根据试算平衡的结果，只能确认账户记录是否基本正确。

延伸阅读4-1

人类智慧的
绝妙创造

第四节　总分类账户和明细分类账户

一、总分类账户和明细分类账户的设置

在会计核算工作中，为了适应经济管理上的需要，对于一切经济业务都要在有关账户中进行登记，既要提供总括的核算资料，又要提供详细的核算资料。各会计主体日常使用的账户，按提供资料的详细程度不同，可以分为总分类账户和明细分类账户两种。

总分类账户（亦称一级账户），是按照总分类科目设置，仅以货币计量单位进行登记，用来提供总括核算资料的账户。前面举例中所运用的账户，都是总分类账户。通过总分类账户提供的各种总括核算资料，可以概括地了解一个会计主体各项资产、负债及所有者权益等会计要素增减变动的情况和结果。但是，总分类账户并不能提供关于各项会计要素增减变动过程及其结果的详细资料，也就难以满足经济管理上的具体需要。因此，各会

计主体在设置总分类账户的同时，还应根据实际需要，在某些总分类账户的统驭下，分别设置若干明细分类账户。

明细分类账户，是按照明细分类科目设置，用来提供详细核算资料的账户。例如，为了具体了解各种材料的收、发、结存情况，就有必要在"原材料"总分类账户下，按照材料的品种分别设置明细分类账户。又如，为了具体掌握企业与各往来单位之间的货款结算情况，就应在"应付账款"总分类账户下，按各债权单位的名称分别设置明细分类账户。在明细分类账户中，除了以货币计量单位进行金额核算外，必要时还要运用实物计量单位进行数量核算，以便通过提供数量方面的资料，对总分类账户进行必要的补充。

除了总分类账户和明细分类账户，各会计主体还可根据实际需要设置二级账户。二级账户是介于总分类账户和明细分类账户之间的一种账户。它提供的资料比总分类账户详细、具体，但比明细分类账户概括和综合。例如，在"原材料"总分类账户下，可以先按原料及主要材料、辅助材料、燃料等材料类别设置若干二级账户，其下再按材料的品种等设置明细分类账户。设置二级账户后，总分类账户可以把它作为中间环节来控制所属明细分类账户，这对加强经营管理有一定的作用，但也会增加核算工作量。因此，二级账户一般不宜多设，必要时也可不设。在不设置二级账户的情况下，所需数据可根据有关明细分类账户的记录汇总求得。

二、总分类账户与明细分类账户的平行登记

总分类账户是所属明细分类账户的统驭账户，对所属明细分类账户起着控制作用；而明细分类账户则是某一总分类账户的从属账户，对其所隶属的总分类账户起着辅助作用。某一总分类账户及其所属明细分类账户的核算对象是相同的，它们提供的核算资料互相补充，只有把二者结合起来，才能既总括又详细地反映同一核算内容。因此，总分类账户和明细分类账户必须平行登记。

（一）总分类账户与明细分类账户平行登记的要点

（1）同内容。凡在总分类账户下设有明细分类账户的，对于每一项经济业务，一方面要记入有关总分类账户，另一方面要记入各总分类账户所属的明细分类账户。虽然登记总分类账户及其所属明细分类账户的直接依据有时不同，但二者记录的经济业务内容是完全相同的。

（2）同方向。在某一总分类账户及其所属的明细分类账户中登记经济业务时，方向必须相同。在总分类账户中记入借方，在它所属的明细分类账户中也应记入借方；在总分类账户中记入贷方，在其所属的明细分类账户中也应记入贷方。

（3）同期间。在总分类账户及其所属明细分类账户中登记经济业务时，虽然具体日期有时并非完全一致，但二者必须在同一会计期间内进行登记。

（4）同金额。记入某一总分类账户的金额必须与记入其所属的一个或几个明细分类账户的金额合计数相等。

（二）总分类账户与明细分类账户平行登记的方法

下面分别以"原材料"和"应付账款"两个账户为例，说明总分类账户和明细分类账户平行登记的方法。

1."原材料"总分类账户和明细分类账户的平行登记

假设华夏公司"原材料"总分类账户所属明细分类账户的期初余额为：

甲种材料	50 吨	每吨 300 元	共计 15 000 元
乙种材料	200 件	每件 400 元	共计 80 000 元
合 计			95 000 元

该企业本期有关材料的收入和发出业务如下：

【例 4-8】购入下列各种原材料，货已验收入库，款项尚未支付（暂不考虑增值税）。

甲种材料	40 吨	每吨 300 元	共计 12 000 元
乙种材料	100 件	每件 400 元	共计 40 000 元
丙种材料	20 箱	每箱 500 元	共计 10 000 元
合 计			62 000 元

对于这项经济业务，应编制会计分录如下：

借：原材料——甲种材料　　　　　　　　　　　　　　　　　　　12 000
　　　　　——乙种材料　　　　　　　　　　　　　　　　　　　40 000
　　　　　——丙种材料　　　　　　　　　　　　　　　　　　　10 000
　　贷：应付账款　　　　　　　　　　　　　　　　　　　　　　　　　62 000

【例 4-9】仓库发出下列各种材料直接用于产品生产。

甲种材料	60 吨	每吨 300 元	共计 18 000 元
乙种材料	150 件	每件 400 元	共计 60 000 元
丙种材料	8 箱	每箱 500 元	共计 4 000 元
合 计			82 000 元

对于这项经济业务，应编制会计分录如下：

借：生产成本　　　　　　　　　　　　　　　　　　　　　　　　82 000
　　贷：原材料——甲种材料　　　　　　　　　　　　　　　　　　　18 000
　　　　　　——乙种材料　　　　　　　　　　　　　　　　　　　60 000
　　　　　　——丙种材料　　　　　　　　　　　　　　　　　　　　4 000

根据以上资料，在"原材料"总分类账户及其所属的"甲种材料"、"乙种材料"和"丙种材料"三个明细分类账户中进行登记的程序如下：

（1）将原材料的期初余额 95 000 元记入"原材料"总分类账户的借方；同时，在"甲种材料"和"乙种材料"明细分类账户的收入方（即借方）分别登记甲、乙两种材料的期初结存数量和金额，并注明计量单位和单价。

（2）将本期入库的材料总额 62 000 元记入"原材料"总分类账户的借方；同时，将入库的甲、乙、丙三种材料的数量、金额分别记入有关明细分类账户的收入方（即借方）。

（3）将本期发出的材料总额 82 000 元记入"原材料"总分类账户的贷方；同时，将发出的甲、乙、丙三种材料的数量、金额分别记入有关明细分类账户的发出方（即贷方）。

（4）期末，根据"原材料"总分类账户和有关明细分类账户的记录，结出本期发生额和期末余额。

按照上述步骤，在"原材料"总分类账户及其所属的明细分类账户中进行登记的结果，见表 4-7 至表 4-10。

表4-7 总分类账户

账户名称：原材料 单位：元

2×24年		摘　要	借　方	贷　方	借或贷	余　额
月	日					
		期初余额			借	95 000
		购入材料	62 000		借	157 000
		发出材料		82 000	借	75 000
		本期发生额及余额	62 000	82 000	借	75 000

表4-8 "原材料"明细分类账户

材料名称：甲种材料 金额单位：元

2×24年		摘　要	计量单位	单价	收　入		发　出		余　额	
月	日				数量	金额	数量	金额	数量	金额
		期初余额	吨	300					50	15 000
		购入材料	吨	300	40	12 000			90	27 000
		发出材料	吨	300			60	18 000	30	9 000
		本期发生额及余额	吨	300	40	12 000	60	18 000	30	9 000

表4-9 "原材料"明细分类账户

材料名称：乙种材料 金额单位：元

2×24年		摘　要	计量单位	单　价	收　入		发　出		余　额	
月	日				数量	金额	数量	金额	数量	金额
		期初余额	件	400					200	80 000
		购入材料	件	400	100	40 000			300	120 000
		发出材料	件	400			150	60 000	150	60 000
		本期发生额及余额	件	400	100	40 000	150	60 000	150	60 000

表4-10 "原材料"明细分类账户

材料名称：丙种材料 金额单位：元

2×24年		摘　要	计量单位	单　价	收　入		发　出		余　额	
月	日				数量	金额	数量	金额	数量	金额
		购入材料	箱	500	20	10 000			20	10 000
		发出材料	箱	500			8	4 000	12	6 000
		本期发生额及余额	箱	500	20	10 000	8	4 000	12	6 000

从以上"原材料"总分类账户及其所属明细分类账户平行登记的结果中可以看出，"原材料"总分类账户的期初余额95 000元，借方本期发生额62 000元，贷方本期发生额82 000元，期末余额75 000元，分别与其所属的三个明细分类账户的期初余额之和95 000元（15 000+80 000），借方本期发生额之和62 000元（12 000+40 000+10 000），贷方本期发生额之和82 000元（18 000+60 000+4 000），以及期末余额之和75 000元（9 000+60 000+6 000）完全相等。

2."应付账款"总分类账户及其所属明细分类账户的平行登记

假设华夏公司"应付账款"总分类账户所属明细分类账户的期初余额为：

新华公司	30 000元
光明公司	6 000元
长风公司	4 000元
合　计	40 000元

该企业本期发生以下往来结算业务：

【例4-10】企业以银行存款偿还前欠新华公司货款26 000元、光明公司货款4 000元。

对于这项经济业务，应编制会计分录如下：

借：应付账款——新华公司　　　　　　　　　　　　　　　　26 000
　　　　　　　——光明公司　　　　　　　　　　　　　　　　 4 000
　　贷：银行存款　　　　　　　　　　　　　　　　　　　　　　　　30 000

【例4-11】向下列单位购入材料，货款尚未支付（暂不考虑增值税）。

新华公司	12 000元
光明公司	40 000元
长风公司	10 000元
合　计	62 000元

对于这项经济业务，应编制会计分录如下：

借：原材料　　　　　　　　　　　　　　　　　　　　　　　62 000
　　贷：应付账款——新华公司　　　　　　　　　　　　　　　　　 12 000
　　　　　　　　——光明公司　　　　　　　　　　　　　　　　　 40 000
　　　　　　　　——长风公司　　　　　　　　　　　　　　　　　 10 000

【例4-12】企业以银行存款偿还前欠新华公司货款15 000元、光明公司货款40 000元，以及长风公司货款11 000元。

对于这项经济业务，应编制会计分录如下：

借：应付账款——新华公司　　　　　　　　　　　　　　　　15 000
　　　　　　　——光明公司　　　　　　　　　　　　　　　　40 000
　　　　　　　——长风公司　　　　　　　　　　　　　　　　11 000
　　贷：银行存款　　　　　　　　　　　　　　　　　　　　　　　　66 000

根据以上资料，将期初余额在"应付账款"总分类账户及其所属的各明细分类账户中进行登记，然后将本期发生的与有关单位的往来结算业务分别记入"应付账款"总分类账户及其所属的明细分类账户，并结出本期发生额和期末余额，见表4-11至表4-14。

表4-11　　　　　　　　　　　　　　　**总分类账户**

账户名称：应付账款　　　　　　　　　　　　　　　　　　　　　　　　单位：元

2×24年		摘　要	借　方	贷　方	借或贷	余　额
月	日					
		期初余额			贷	40 000
		偿还货款	30 000		贷	10 000
		欠购货款		62 000	贷	72 000
		偿还货款	66 000		贷	6 000
		本期发生额及余额	96 000	62 000	贷	6 000

表4-12　　　　　　　　　　　**"应付账款"明细分类账户**

单位名称：新华公司　　　　　　　　　　　　　　　　　　　　　　　　单位：元

2×24年		摘　要	借　方	贷　方	借或贷	余　额
月	日					
		期初余额			贷	30 000
		偿还货款	26 000		贷	4 000
		欠购货款		12 000	贷	16 000
		偿还货款	15 000		贷	1 000
		本期发生额及余额	41 000	12 000	贷	1 000

表4-13　　　　　　　　　　　**"应付账款"明细分类账户**

单位名称：光明公司　　　　　　　　　　　　　　　　　　　　　　　　单位：元

2×24年		摘　要	借　方	贷　方	借或贷	余　额
月	日					
		期初余额			贷	6 000
		偿还货款	4 000		贷	2 000
		欠购货款		40 000	贷	42 000
		偿还货款	40 000		贷	2 000
		本期发生额及余额	44 000	40 000	贷	2 000

表4-14　　　　　　　　　　　**"应付账款"明细分类账户**

单位名称：长风公司　　　　　　　　　　　　　　　　　　　　　　　　单位：元

2×24年		摘　要	借　方	贷　方	借或贷	余　额
月	日					
		期初余额			贷	4 000
		欠购货款		10 000	贷	14 000
		偿还货款	11 000		贷	3 000
		本期发生额及余额	11 000	10 000	贷	3 000

从以上"应付账款"总分类账户及其所属明细分类账户平行登记的结果中可以看出，"应付账款"总分类账户的期初余额40 000元，借方本期发生额96 000元，贷方本期发生额62 000元，期末余额6 000元，分别与其所属的三个明细分类账户的期初余额之和40 000元（30 000+6 000+4 000），借方本期发生额之和96 000元（41 000+44 000+11 000），贷方本期发生额之和62 000元（12 000+40 000+10 000），期末余额之和6 000元（1 000+2 000+3 000）完全相等。

利用总分类账户与其所属明细分类账户平行登记所形成的有关数字必然相等的关系，我们还可以通过定期核对双方有关数字，检查账户的记录是否正确、完整。如果通过核对发现有关数字不等，则表明账户的登记必有差错，应及时查明原因，予以更正。在实际工作中，这项核对工作通常采用月末编制"明细分类账户本期发生额及余额表"的形式来进行。例如，根据前面例示的原材料明细分类账户的记录，编制其本期发生额及余额表，见表4-15。

表4-15　　**"原材料"明细分类账户本期发生额及余额表**

2×24年×月31日　　　　　　　　　　金额单位：元

材料名称	计量单位	单价	期初余额		本期发生额				期末余额	
			数量	金额	收　入		发　出		数量	金额
					数量	金额	数量	金额		
甲种材料	吨	300	50	15 000	40	12 000	60	18 000	30	9 000
乙种材料	件	400	200	80 000	100	40 000	150	60 000	150	60 000
丙种材料	箱	500	20	10 000	20	10 000	8	4 000	12	6 000
合　计				95 000		62 000		82 000		75 000

由表4-15可以看出，表中合计栏各项数额分别与"原材料"总分类账户的期初余额、本期发生额、期末余额相等，表明"原材料"总分类账户与其所属明细分类账户的平行登记未发生差错。

□ 思政课堂

铭记感恩之账

企业任何一项资金都不可能无缘无故地增加，也不可能无缘无故地减少，某项资金的增加或减少总会引起另一项资金的相应变动，这是资金运动的规律性，实际上也是事物之间的因果关系在企业经济活动中的具体表现。而为了反映经济活动中的因果关系，复式记账法应运而生。从这个意义上来说，复式记账的理论基础就是事物因果关系。

其实，从我们每个人"记事儿"时起，就有许多关于事物因果关系的格言和警句烙在我们的记忆深处，例如，"种瓜得瓜，种豆得豆""天上不会掉馅饼""少壮不努力，老大徒伤悲""一份辛苦一份甜"等。特别是通过党史学习教育之后，我们对"没有共产党就没有新中国""为有牺牲多壮志，敢教日月换新天""幸福都是奋斗来的"等谆谆教诲有了更为深刻的认知。当然，有许多事物因果关系难以用货币反映，也就无法在会计上予以确认、计量和记录，但复式记账原理至少给我们带来以下启示：

（1）凡事都有因果，发现问题固然重要，但更重要的是分析出该问题产生的前因与后果，复式记账所蕴含的因果分析思想，不仅适用于会计等管理工作，也是每位大学生应具备的"做人"基本功。

（2）每个人心中都应有一本账，用来记录时代的发展变化以及个人成长的心路历程，这是饮水思源、缘木思本的基础，也是我们青年人从懵懂走向成熟的标志。

延伸阅读4-2

百善孝为先

（3）学会复式记账不仅要记好会计上的账，更要记好自己内心的感恩之账，即感恩父母的同时，更要感恩先烈们的无私奉献和我们生活的伟大时代——知恩图报，善莫大焉。

复习思考题

1. 什么是账户？设置账户应遵循哪些原则？

2. 账户的基本结构是怎样的？账户中各项金额要素之间的关系是怎样的？

3. 什么是会计科目？会计科目与账户有何异同？

4. 什么是复式记账？其理论依据是什么？

5. 何谓借贷记账法？如何理解"借""贷"二字的增减含义？

6. 借贷记账法下各类账户的结构是怎样的？

7. 什么是借贷记账法的记账规则？"借贷必相等"包括哪几层含义？

8. 什么是会计分录？其一般表达形式是怎样的？

9. 如何计算某一资产、负债账户的期末余额？

10. 总分类账户与明细分类账户的关系是怎样的？如何进行二者的平行登记？

11. 为什么说我们每个人心中都应建立一本感恩之账？

自测题

第五章　企业主要经济业务的核算

第一节　企业主要经济业务概述

企业是一种具有不同规模的经济组织，这个组织的存在主要是通过对各种资源的组合和处理向其他单位或个人（企业的顾客）提供需要的产品或服务。企业能够将最原始的投入转变为顾客需要的商品或服务，这个转变不仅需要自然资源、人力资源，而且还需要资本。作为一种重要的企业组织类型，现代企业制度下的产品制造企业，不仅要将原始的材料转换为可以销售给单位或个人消费者的商品，而且要在市场经济的竞争中不断谋求发展，对其拥有的资、财实现保值增值。这就决定并要求企业的管理将是复杂且应该是完善的。对过去的交易、事项的结果和计划中的未来经营的可能效果进行分析、评价，是管理职能的精粹所在，而企业的会计作为一个为其内、外部利益相关者提供信息的职能部门，通过对企业经营过程进行核算，必定有助于这个过程的完善。

制造业企业是产品的生产单位，其完整的生产经营过程由供应过程、生产过程和销售过程构成。企业为了进行生产经营活动，生产适销对路的产品，必须拥有一定数量的经营资金，而这些经营资金都是从一定的渠道取得的。经营资金在生产经营过程中被具体运用时表现为不同的占用形态，一般可以分为货币资金、固定资金、储备资金、生产资金、成品资金等形态，而且随着生产经营过程的不断进行，这些资金形态不断转化，形成经营资金的循环与周转。

延伸阅读5-1

企业的组织
形式

首先，企业要从各种渠道筹集生产经营所需要的资金，其筹资的渠道主要包括接受投资者的投资和向债权人借入各种款项。完成筹资任务即接受投资或形成负债，资金筹集业务的完成意味着资金投入企业，因而，企业就可以运用筹集到的资金开展正常的经营业务，进入供、产、销过程。

企业筹集到的资金最初一般表现为货币资金形态，也可以说，货币资金形态是资金运动的起点。企业筹集到的资金首先进入供应过程。供应过程是企业产品生产的准备过程，在这个过程中，企业用货币资金购买机器设备等劳动资料形成固定资金，购买原材料等劳动对象形成储备资金，为生产产品做好物资上的准备，货币资金分别转化为固定资金形态和储备资金形态。由于劳动资料大多是固定资产，一旦购买完成将长期供企业使用，因而供应过程的主要核算内容是用货币资金（或形成结算债务）购买原材料的业务，包括支付材料价款和税款、发生采购费用、计算采购成本、材料验收入库结转成本等。完成了供应过程的核算内容，为生产产品做好各项准备，企业就可以进入生产过程。

生产过程是制造业企业经营过程的中心环节。在生产过程中，劳动者借助劳动资料对劳动对象进行加工，生产出各种各样适销对路的产品，以满足社会的需要。生产过程既是产品的制造过程，又是物化劳动和活劳动的耗费过程，即费用、成本的发生过程。从消耗或加工对象的实物形态及其变化过程看，原材料等劳动对象通过加工形成在产品，随着生产过程的不断进行，在产品终究要转化为产成品；从价值形态来看，生产过程中发生的各种耗费形成企业的生产费用，具体而言，为生产产品耗费材料会形成材料费用，耗费活劳动会形成工资及福利等人工费用，使用厂房、机器设备等劳动资料会形成折旧费用等。生产过程中发生的这些生产费用总和构成产品的生产成本（亦称制造成本）。其资金形态从固定资金、储备资金和一部分货币资金形态转化为生产资金形态，随着生产过程的不断进行，产成品生产出来并验收入库之后，其资金形态又转化为成品资金形态。生产费用的发生、归集和分配，以及完工产品生产成本的计算等构成了生产过程核算的基本内容。

销售过程是产品价值的实现过程。在销售过程中，企业通过销售产品，并按照销售价格与购买单位办理各种款项的结算，收回货款，从而使得成品资金形态转化为货币资金形态，回到了资金运动的起点状态，完成了一次资金的循环。另外，销售过程中还要发生各种诸如包装费、广告费等销售费用，需要计算并及时缴纳各种销售税金，结转销售成本，这些都属于销售过程的核算内容。

对于企业而言，生产并销售产品是其主要的经营业务，即主营业务。在主营业务之外，企业还要发生一些诸如销售材料、出租固定资产等附营业务，以及进行对外投资以获得收益的投资业务。主营业务、其他业务以及投资业务构成了企业的全部经营业务。在营业活动之外，企业还会经常发生非营业业务，从而获得营业外的收入或发生营业外的支出。企业在生产经营过程中所获得的各项收入遵循配比的要求抵偿了各项成本、费用之后的差额，形成企业的所得，即利润。企业实现的利润，一部分要以所得税的形式上缴国家，形成国家的财政收入，另一部分即税后利润，要按照规定的程序在各有关方面进行合理的分配，如果发生了亏损，还要按照规定的程序进行弥补。通过利润分配，一部分资金要退出企业，一部分资金要以公积金等形式继续参加企业的资金周转。

综合上述内容可以看出，企业在经营过程中发生的主要经济业务内容包括：（1）资金筹集业务；（2）供应过程业务；（3）生产过程业务；（4）销售过程业务；（5）财务成果形成与分配业务。

第二节 资金筹集业务的核算

一个企业的生存和发展，离不开资产要素，资产是企业进行生产经营活动的物质基础。对于任何一个企业而言，形成其资产的资金来源主要有两条渠道：一是投资者的投资及其增值，形成投资者的权益，该部分业务可以称为所有者权益资金筹集业务；二是向债权人借入的资金，形成债权人的权益，该部分业务可以称为负债资金筹集业务。投资者将资金投入企业进而对企业资产所形成的要求权为企业的所有者权益，债权人将资金借给企业进而对企业资产所形成的要求权为企业的负债。所谓所有者权益是指企业资产扣除负债后由所有者享有的剩余权益。公司的所有者权益又称为股东权益。在会计上，我们虽然将债权人的要求权和投资者的要求权统称为权益，但由于二者存在着本质上的区别，所以这两种权益的会计处理也必然有着显著的差异。

一、所有者权益资金筹集业务的核算

企业从投资者处筹集到的资金形成企业所有者权益的重要组成部分，企业的所有者权益按其核算内容和要求的不同，可以分为所有者投入的资本、直接计入所有者权益的利得和损失、留存收益等。所有者投入的资本包括实收资本（或股本）和资本公积；直接计入所有者权益的利得和损失，是指不应计入当期损益的、会导致所有者权益发生增减变动的、与所有者投入资本或者与向所有者分配利润无关的利得或者损失；留存收益是企业在经营过程中所实现的利润留存于企业的部分，包括盈余公积和未分配利润。在本节的学习中我们将着重介绍所有者权益中的实收资本和资本公积业务的核算，至于留存收益的内容将在本章第六节"财务成果形成与分配业务的核算"中进行阐述。

（一）实收资本业务的核算

1.实收资本的含义

实收资本，是指企业的投资者按照企业章程或合同、协议的约定，实际投入企业的资本金以及按照有关规定由资本公积、盈余公积转为资本的资金。实收资本代表着一个企业的实力，是创办企业的"本钱"，也是一个企业维持正常的经营活动、以本求利、以本负亏最基本的条件和保障，是企业独立承担民事责任的资金保证。它反映了企业的不同所有者通过投资而投入企业的外部资金来源，这部分资金是企业进行经营活动的原动力，正是有了这部分资金的投入，才有了企业的存在和发展。因此，实收资本的额度、构成比例通常是确定每位所有者在企业所有者权益中所占的份额和参与企业财务经营决策的基础，也是企业进行利润分配或股利分配的依据，同时还是企业清算时确定所有者对净资产的要求权的依据。

这里需要注意的是，注册资本和实收资本是两个不同的概念。注册资本是公司的法定资本，应与股本总额相等；实收资本是指公司已收缴入账的股本，只有足额缴入后，实收资本才能等于注册资本。如果企业章程规定注册资本可以分次缴足，则注册资本在缴足前就不等于实收资本。初建有限责任公司时，各投资者按照合同、协议或公司章程投入企业的资本，应全部记入"实收资本"科目，注册资本为在公司登记机关登记的全体股东认缴的出资额。

延伸阅读5-2

对注册资本造假行为的处罚

2.实收资本的分类

所有者向企业投入资本，即形成企业的资本金。企业的资本金按照投资主体的不同可以分为：国家资本金——企业接受国家投资而形成的资本金；法人资本金——企业接受其他企业或单位的投资而形成的资本金；个人资本金——企业接受个人包括企业内部职工的投资而形成的资本金；外商资本金——企业接受外国及中国香港、澳门、台湾地区企业的投资而形成的资本金。企业的资本金按照投资者投入资本的不同物质形态又分为货币资金出资，以及实物、知识产权、土地使用权等可以用货币估价并可以依法转让的非货币财产作价出资等。

我国目前实行的是有期限的注册资本认缴登记制度，要求认缴期满时（5年）企业的实收资本应与注册资本相一致。企业接受各方投资者投入的资本金应遵守资本保全（或称资本维持）制度的要求，除法律、法规另有规定者外，不得随意抽回。企业在经营过程中实现的收入、发生的费用，以及在财产清查中发现的盘盈、盘亏等都不得直接增减投入资本。

延伸阅读5-3

注册资本认缴
登记制

3.实收资本入账价值的确定

企业收到各方投资者投入资本金的入账价值的确定是实收资本核算中的一个比较重要的问题。总体来说，投入资本是按照实际收到的投资额入账的，对于收到的货币资金投资，应以实际收到的货币资金额入账；对于收到的实物等其他形式投资，应以投资各方确认的价值入账；对于实际收到的货币资金额或投资各方确认的资产价值超过其在注册资本中所占的份额的部分，应作为超面额缴入资本，计入资本公积。

4.实收资本核算设置的账户

为了反映实收资本的形成及以后的变化情况，在会计核算上应设置"实收资本"①账户。"实收资本"账户的性质是所有者权益类，用来核算所有者投入企业的资本金变化过程及其结果，其贷方登记所有者投入企业资本金的增加，借方登记所有者投入企业资本金的减少，期末余额在贷方，表示所有者投入企业资本金的结余额。企业应按照投资者的不同设置明细账户，进行明细分类核算。

"实收资本"账户的结构如下：

实收资本

实收资本的减少额	实收资本的增加额
	期末余额：实收资本的实有额

下面举例说明实收资本的总分类核算。

【例5-1】 京连有限责任公司接受某单位的投资2 000 000元，款项通过银行划转。投资协议约定作为法定资本投资。

这项经济业务的发生，一方面使得公司的银行存款增加2 000 000元，另一方面使得公司所有者对公司的法定资本投资增加2 000 000元。因此，该项经济业务涉及"银行存款"和"实收资本"两个账户。银行存款的增加是资产的增加，应记入"银行存款"账户的借方；所有者对公司投资的增加是所有者权益的增加，应记入"实收资本"账户的贷方。这项经济业务应编制的会计分录如下：

借：银行存款　　　　　　　　　　　　　　　　　　　　　　2 000 000
　　贷：实收资本——某单位　　　　　　　　　　　　　　　　　　2 000 000

【例5-2】 京连有限责任公司接受某投资方投入的一台全新设备，确定的价值②为100 000元，设备投入使用（假设该设备不涉及增值税）。投资协议约定作为法定资本投资。

---

① 按照要求，对于资本金的核算，在有限责任公司中使用"实收资本"账户，在股份有限公司中使用"股本"账户，本教材在处理具体业务过程中涉及资本金的核算时，对"实收资本"和"股本"两个账户不进行严格区别。
② 《企业会计准则第4号——固定资产》第十一条规定，投资者投入固定资产的成本，应当按照投资合同或协议约定的价值确定，但合同或协议约定的价值不公允的除外。

这项经济业务的发生，一方面使得公司的固定资产（设备）增加100 000元，另一方面使得公司所有者对公司的法定资本投资增加100 000元。因此，该项业务涉及"固定资产"和"实收资本"两个账户。设备的增加属于资产的增加，应记入"固定资产"账户的借方；所有者对公司的法定资本投资增加是所有者权益的增加，应记入"实收资本"账户的贷方。编制的会计分录如下：

借：固定资产 100 000
　　贷：实收资本——某投资方 100 000

【例5-3】京连有限责任公司接受某单位以一块土地使用权作为投资，经投资与被投资双方共同确认价值为3 600 000元，已办完各种手续。投资协议约定作为法定资本投资。

首先应明确，土地使用权属于无形资产。这项经济业务的发生，一方面使得公司的无形资产（土地使用权）增加3 600 000元，另一方面使得公司的所有者对公司的法定资本投资增加3 600 000元。因此，该项业务涉及"无形资产"和"实收资本"两个账户。土地使用权的增加属于资产的增加，应记入"无形资产"账户的借方；所有者对公司投资的增加是所有者权益的增加，应记入"实收资本"账户的贷方。这项经济业务应编制的会计分录如下：

借：无形资产——土地使用权 3 600 000
　　贷：实收资本——某单位 3 600 000

（二）资本公积业务的核算

1.资本公积的含义

资本公积是投资者或者他人投入到企业、所有权归属投资者并且金额上超过法定资本部分的资本，是企业所有者权益的重要组成部分。资本公积从本质上讲属于投入资本的范畴，其形成的主要原因是我国采用注册资本制度，限于法律的规定而无法将资本公积直接以实收资本（或股本）的名义入账。所以，资本公积从其实质上看是一种准资本，它是资本的一种储备形式。但是，资本公积与实收资本（或股本）又有一定的区别，实收资本（或股本）是公司所有者（股东）为谋求价值增值而对公司的一种原始投入，从法律上讲属于公司的法定资本，而资本公积可以来源于投资者的额外投入，也可以来源于除投资者之外的其他企业或个人等的投入。可以说，实收资本无论是在来源上还是在金额上，都有着比较严格的限制，而不同来源形成的资本公积却归所有投资者共同享有。

2.资本公积的来源

由于资本公积是所有者权益的重要组成部分，而且它通常会直接导致企业净资产的增加，因此，资本公积信息对于投资者、债权人等会计信息使用者作出正确的决策十分重要。企业的资本公积的主要来源是所有者投入资本中的超过法定资本份额的部分和直接计入资本公积的各种利得或损失[①]等。

---

① 直接计入资本公积的利得，是指企业非日常活动所形成的、会导致所有者权益增加的、与所有者投入资本无关的经济利益的流入；直接计入资本公积的损失是指由企业非日常活动所发生的、会导致所有者权益减少的、与向所有者分配利润无关的经济利益的流出。

3.资本公积的用途

公司在经营过程中出于种种考虑，诸如增加资本的流动性，改变公司所有者投入资本的结构，体现公司稳健、持续发展的潜力等，对于形成的资本公积可以按照规定的用途予以使用。资本公积的主要用途就在于转增资本，即在办理增资手续后用资本公积转增实收资本（或股本），按所有者原有投资比例增加投资者的实收资本（或股本）。按照《公司法》的规定，资本公积金转为资本时，所留存的该项公积金不得少于转增前公司注册资本的25%。

4.资本公积核算设置的账户

公司的资本公积一般都有其特定的来源。不同来源形成的资本公积，其核算的方法不同。为了反映和监督资本公积的增减变动及结余情况，会计上应设置"资本公积"账户，并设置"资本（或股本）溢价""其他资本公积"等明细账户。"资本公积"账户属于所有者权益类账户，其贷方登记从不同渠道取得的资本公积，即资本公积的增加数，借方登记用资本公积转增资本等资本公积的减少数，期末余额在贷方，表示资本公积的期末结余数。

"资本公积"账户的结构如下：

资本公积

资本公积的减少数（使用数）	资本公积的增加数
	期末余额：资本公积的结余数

下面举例说明资本公积的总分类核算。

【例5-4】京连有限责任公司接受某投资者的投资5 000 000元，投资协议约定其中4 000 000元作为实收资本，另1 000 000元作为资本公积，公司收到该投资者的投资款项后存入银行，其他手续已办妥。

这是一项接受投资而又涉及超过法定份额资本的业务。其中，属于法定份额的部分应计入实收资本，超过部分作为资本公积。该项业务涉及"银行存款"、"实收资本"和"资本公积"三个账户。银行存款的增加是资产的增加，应记入"银行存款"账户的借方，实收资本和资本公积的增加是所有者权益的增加，应分别记入"实收资本""资本公积"账户的贷方。这项经济业务应编制的会计分录如下：

借：银行存款　　　　　　　　　　　　　　　　　　　　　5 000 000
　贷：实收资本——某投资人　　　　　　　　　　　　　　　4 000 000
　　　资本公积——资本溢价　　　　　　　　　　　　　　　1 000 000

【例5-5】京连有限责任公司经股东会批准，将公司的资本公积200 000元按各自原出资比例转增资本。

这是一项所有者权益内部转化的业务。这项经济业务的发生，一方面使得公司的实收资本增加200 000元，另一方面使得公司的资本公积减少200 000元，因此，该项业务涉及"资本公积"和"实收资本"两个账户。资本公积的减少是所有者权益的减少，应记入"资本公积"账户的借方，实收资本的增加是所有者权益的增加，应记入"实收资本"账户的贷方。该项经济业务应编制的会计分录如下：

借：资本公积——资本溢价　　　　　　　　　　　　　　　　200 000

　　贷：实收资本　　　　　　　　　　　　　　　　　　　　　　200 000

上述所有者权益资金筹集业务的总分类核算过程如图5-1所示。

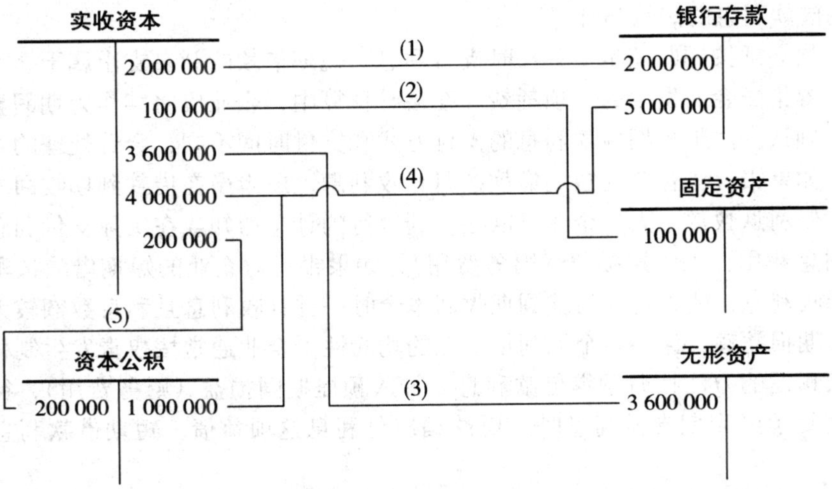

图5-1　所有者权益资金筹集业务总分类核算示意图

二、负债资金筹集业务的核算

企业从债权人那里筹集到的资金形成企业的负债。它代表企业的债权人对企业资产的要求权，即债权人权益。当企业为了取得生产经营所需的资金、商品或劳务等向银行借款或向其他单位赊购材料、商品时，就形成了企业同其他经济实体之间的债务关系。负债是指企业过去的交易或者事项形成的、预期会导致经济利益流出企业的现时义务。[1]负债按其偿还期限的长短可以分为流动负债和非流动负债。流动负债是指将在1年内（含1年）或超过1年的一个营业周期内偿还的债务；非流动负债是指偿还期在1年以上或超过1年的一个营业周期以上的债务。作为一项负债必须要有确切的债权人、到期日和金额。到期必须还本付息是负债不同于所有者权益的一个明显特征。根据负债的定义及其扩展内容我们可以看出，负债的形成和偿还与某些资产、所有者权益、收入、费用或利润等要素都有着密切的关系，因而正确地确认与计量负债是会计核算过程中非常重要的一部分内容。将负债分为流动负债和非流动负债，便于会计信息使用者分析企业的财务状况，判断企业的偿债能力和近、远期支付能力，进而作出有关的决策。我们这里仅以流动负债中的短期借款和非流动负债中的长期借款为例来说明负债资金筹集业务的核算内容。

（一）短期借款业务的核算

1.短期借款的含义

短期借款是指企业为了满足其生产经营活动对资金的临时需要而向银行或其他金融机构等借入的偿还期限在1年以内（含1年）的各种借款。一般情况下，企业取得短期借款是为了维持正常的生产经营活动或者抵偿某项债务。企业取得各种短期借款时，应遵守银行或其他金融机构的有关规定，根据企业的借款计划及确定的担保形式，经贷款单位审核

_____

① 参见《企业会计准则——基本准则》第二十三条。

批准并订立借款合同后方可取得该类借款。每笔借款在取得时可根据借款合同上的金额来确认和计量。

2.短期借款利息的确认与计量

短期借款必须按期归还本金并按时支付利息。短期借款的利息支出属于企业在理财活动过程中为筹集资金而发生的一项耗费,在会计核算中,企业应将其作为期间费用(财务费用)加以确认。由于短期借款利息的支付方式和支付时间不同,会计处理的方法也有一定的区别。如果银行对企业的短期借款按月计收利息,或者虽在借款到期收回本金时一并收回利息,但利息数额不大,企业可以在收到银行的计息通知或在实际支付利息时,直接将发生的利息费用计入当期损益(财务费用);如果银行对企业的短期借款按季或半年等较长期间计收利息,或者是在借款到期收回本金时一并计收利息且利息数额较大,为了正确地计算各期损益额,保持各个期间损益额的均衡性,企业通常按权责发生制核算基础的要求,采取预提的方法按月预提借款利息,计入预提期间损益(财务费用),待季度或半年等结息期终了或到期支付利息时,再冲销应付利息这项负债。短期借款利息的计算公式为:

短期借款利息=借款本金×利率×时间

由于按照权责发生制核算基础的要求,应于每月月末确认当月的利息费用,因而这里的"时间"是1个月,而利率往往都是年利率,所以应将其转化为月利率,方可计算出1个月的利息额,年利率除以12即为月利率。如果是在月内的某一天取得的借款,则该日作为计息的起点时间,对于借款当月和还款月则应按实际经历天数计算(不足整月),此时应将月利率转化为日利率。在将月利率转化为日利率时,为简化起见,1个月一般按30天计算,1年按360天计算。

3.短期借款核算设置的账户

为了核算短期借款本金和利息,需要设置"短期借款"、"财务费用"和"应付利息"等账户。

(1)"短期借款"账户。该账户的性质是负债类,用来核算企业向银行或其他金融机构借入的期限在1年以内(含1年)的各种借款(本金)的增减变动及结余情况。该账户的贷方登记取得的短期借款,即短期借款本金的增加,借方登记短期借款的偿还,即短期借款本金的减少,期末余额在贷方,表示企业尚未偿还的短期借款的本金结余额。短期借款应按照债权人的不同设置明细账户,并按照借款种类进行明细分类核算。

"短期借款"账户的结构如下:

短期借款

短期借款的偿还(减少)	短期借款的取得(增加)
	期末余额:短期借款结余额

(2)"财务费用"账户。该账户的性质是损益类,用来核算企业为筹集生产经营所需资金等而发生的各种筹资费用,包括利息支出(减利息收入)、佣金、汇兑损失(减汇兑收益)以及相关的手续费等。"财务费用"账户的借方登记发生的财务费用,贷方登记发生的应冲减财务费用的利息收入、汇兑收益以及期末转入"本年利润"账户的财务费用净额(即财务费用支出大于收入的差额,如果收入大于支出则进行相反方向的结转)。经过

结转之后，该账户期末没有余额。"财务费用"账户应按照费用项目设置明细账户，进行明细分类核算。这里需要指出的是，为购建固定资产而筹集长期资金所发生的诸如借款利息支出等费用，在固定资产尚未完工交付使用之前发生的，应对其予以资本化，计入有关固定资产的购建成本，不在该账户核算；在固定资产建造工程完工投入使用之后发生的利息支出，则应计入当期损益，记入该账户。

"财务费用"账户的结构如下：

财务费用

发生的费用： 利息支出、手续费、汇兑损失等	利息收入、汇兑收益等 期末转入"本年利润"账户的财务费用额

（3）"应付利息"账户。该账户的性质属于负债类，用来核算企业已经发生但尚未实际支付的利息费用。其贷方登记预先按照一定的标准提取的应由本期负担的利息费用，借方登记实际支付的利息费用。期末余额在贷方，表示已经预提但尚未支付的利息费用。该账户应按照费用种类设置明细账户，进行明细分类核算。

"应付利息"账户的结构如下：

应付利息

以后实际支付的利息费用	预先提取计入损益的利息费用
	期末余额：已预提未支付的利息费用

企业取得短期借款时，借记"银行存款"账户，贷记"短期借款"账户，期末计算借款利息时，借记"财务费用"账户，贷记"银行存款"或"应付利息"账户，偿还借款本金、支付利息时，借记"短期借款""应付利息"账户，贷记"银行存款"账户。采用预提的办法核算短期借款利息费用时，如果实际支付的利息与预提的利息之间有差额，按已预提的利息金额，借记"应付利息"账户，按实际支付的利息金额与预提的金额的差额（尚未提取的部分），借记"财务费用"账户，按实际支付的利息金额，贷记"银行存款"账户。

下面举例说明短期借款的借入、计息和归还的总分类核算。

【例5-6】京连有限责任公司因生产经营的临时性需要，于2×24年4月16日向银行申请取得限期为6个月的借款1 000 000元，款项存入银行。

这项经济业务的发生，一方面使得公司的银行存款增加1 000 000元，另一方面使得公司的短期借款增加1 000 000元，因此，这项经济业务涉及"银行存款"和"短期借款"两个账户。银行存款的增加是资产的增加，应记入"银行存款"账户的借方，短期借款的增加是负债的增加，应记入"短期借款"账户的贷方。这项经济业务应编制的会计分录如下：

借：银行存款　　　　　　　　　　　　　　　　　　　　　1 000 000
　　贷：短期借款　　　　　　　　　　　　　　　　　　　　　　1 000 000

【例5-7】承例5-6，假如上述京连有限责任公司取得的借款年利率为6%，利息按季度结算，经计算其4月份应负担的利息为2 500元。

这项经济业务的发生，首先应按照权责发生制核算基础的要求，计算本月应负担的利息额，本月应负担的借款利息为 2 500 元（1 000 000×6%÷12×15÷30）。借款利息属于企业的一项财务费用，由于利息是按季度结算的，所以本月的利息虽然在本月计算并由本月来负担，但却不在本月实际支付，因而一方面形成企业本月的一项费用（财务费用），另一方面形成企业的一项负债，这项负债属于企业的应付利息。因此，这项经济业务涉及"财务费用"和"应付利息"两个账户，财务费用的增加属于费用的增加，应记入"财务费用"账户的借方，应付利息的增加属于负债的增加，应记入"应付利息"账户的贷方。这项经济业务应编制的会计分录如下：

借：财务费用　　　　　　　　　　　　　　　　　　　　　　　　　2 500

　　贷：应付利息　　　　　　　　　　　　　　　　　　　　　　　　　　2 500

【例5-8】承例5-7，京连有限责任公司在6月末用银行存款12 500元支付本季度的银行借款利息（5、6月份的利息计算和处理方法与4月份基本相同，只是时间为1个月，故这里略）。

该项经济业务实际上是偿还银行借款利息这项负债的业务。一方面使得公司的银行存款减少12 500元，另一方面使得公司的应付利息减少12 500元，因此，这项经济业务涉及"银行存款"和"应付利息"两个账户。银行存款的减少是资产的减少，应记入"银行存款"账户的贷方，应付利息的减少是负债的减少，应记入"应付利息"账户的借方。这项经济业务应编制的会计分录如下：

借：应付利息　　　　　　　　　　　　　　　　　　　　　　　　12 500

　　贷：银行存款　　　　　　　　　　　　　　　　　　　　　　　　　12 500

【例5-9】京连有限责任公司在10月16日用银行存款1 000 000元偿还到期的银行临时借款本金（假如利息另外处理）。

这项经济业务的发生，一方面使得公司的银行存款减少1 000 000元，另一方面又使得公司的短期借款减少1 000 000元，因此，这项经济业务涉及"银行存款"和"短期借款"两个账户。银行存款的减少是资产的减少，应记入"银行存款"账户的贷方，短期借款的减少是负债的减少，应记入"短期借款"账户的借方。这项经济业务应编制的会计分录如下：

借：短期借款　　　　　　　　　　　　　　　　　　　　　　　1 000 000

　　贷：银行存款　　　　　　　　　　　　　　　　　　　　　　　　1 000 000

（二）长期借款业务的核算

1.长期借款及其利息的确认

长期借款是企业向银行或其他金融机构借入的偿还期限在1年以上或超过1年的一个营业周期以上的各种借款。一般来说，企业举借长期借款，主要是为了增添大型固定资产、购置地产、增添或补充厂房等，也就是为了扩充经营规模而增加各种长期耐用的固定资产。在会计核算中，应当区分长期借款的性质按照申请获得贷款时实际收到的贷款数额进行确认和计量，按照规定的利率和使用期限定期计息并确认为长期借款入账（注意长期借款应付利息与短期借款应付利息核算上的差异）。贷款到期，企业应当按照借款合同的规定按期清偿借款本息。

关于长期借款利息费用的处理，按照会计制度的规定，长期借款的利息费用等，应按照权责发生制核算基础的要求，按期计算提取计入所购建资产的成本（即予以资本化）或直接计入当期损益（财务费用）。具体地说，就是在该长期借款所进行的长期工程项目完工之前发生的利息，应将其资本化，计入该工程成本；在工程完工达到预定可使用状态之后产生的利息支出应停止借款费用资本化而予以费用化，在利息费用发生的当期直接计入当期损益（财务费用）。

2.长期借款核算设置的账户

为了核算长期借款本金及利息的取得和偿还情况，需要设置"长期借款"账户。该账户的性质属于负债类，用来核算企业从银行或其他金融机构取得的长期借款的增减变动及结余情况。其贷方登记长期借款的增加数（包括本金和各期未付利息），借方登记长期借款的减少数（偿还的借款本金和利息）。期末余额在贷方，表示尚未偿还的长期借款本息结余额。该账户应按贷款单位设置明细账户，并按贷款种类进行明细分类核算。

"长期借款"账户的结构如下：

长期借款

长期借款本息偿还数（减少）	长期借款本金和到期还本付息的未付利息数（增加）
	期末余额：尚未偿还长期借款本息数

企业取得长期借款时，借记"银行存款"账户，贷记"长期借款"账户，计算利息时，如果是到期还本付息的未付利息，则借记"在建工程"或"财务费用"等账户，贷记"长期借款"账户；如果是分期付息的未付利息，则借记"在建工程"或"财务费用"等账户，贷记"应付利息"账户。偿还借款、支付利息时借记"长期借款"账户、"应付利息"账户，贷记"银行存款"账户。

下面举例说明长期借款本金和利息的总分类核算。

【例5-10】京连有限责任公司为购建一条新的生产线（工期2年），于2×22年1月1日向中国银行取得期限为3年的人民币借款5 000 000元，存入银行。公司当即将该借款投入到生产线的购建工程中。

这项经济业务的发生，一方面使得公司的银行存款增加5 000 000元，另一方面使得公司的长期借款增加5 000 000元，因此，该项经济业务涉及"银行存款"和"长期借款"两个账户。银行存款的增加是资产的增加，应记入"银行存款"账户的借方，长期借款的增加是负债的增加，应记入"长期借款"账户的贷方。这项经济业务应编制的会计分录如下：

借：银行存款　　　　　　　　　　　　　　　　　　　　　　5 000 000
　　贷：长期借款　　　　　　　　　　　　　　　　　　　　　　5 000 000

【例5-11】承例5-10，假如上述借款年利率为8%，合同规定到期一次还本付息，单利计息。年末时计算确定2×22年应由该工程负担的借款利息。

在固定资产建造工程交付使用之前，用于工程的借款利息属于一项资本性支出，应计入固定资产建造工程成本。单利计息的情况下，其利息的计算方法与短期借款利息计算方法相同，即2×22年的利息为400 000元（5 000 000×8%）。这项经济业务的发生，一方面使得公司的在建工程成本增加400 000元，另一方面使得公司的长期借款应付利息增加400 000元，因此，该项经济业务涉及"在建工程"和"长期借款"两个账户。工程成本的增加是资产的增加，应记入"在建工程"账户的借方，借款利息的增加是负债的增加，由于是到期一次还本付息，因此未付利息应记入"长期借款"账户的贷方。这项经济业务应编制的会计分录如下：

借：在建工程　　　　　　　　　　　　　　　　　　　　　　　400 000
　　贷：长期借款　　　　　　　　　　　　　　　　　　　　　　　400 000

【例5-12】承例5-10、例5-11，假如京连有限责任公司在2×24年年末全部偿还该笔借款的本金和利息。

该笔长期借款在存续期间的利息共计1 200 000元（注意：由于工程已经在2×23年年末完工，所以2×24年的利息不能计入工程成本，而应计入当年财务费用，关于2×23年和2×24年利息费用计入工程成本和计入当期损益的处理略），借款本金5 000 000元，合计为6 200 000元，在2×24年年末一次付清。这项经济业务的发生，一方面使得公司的银行存款减少6 200 000元，另一方面使得公司的长期借款（包括本金和利息）减少6 200 000元，因此，该项经济业务涉及"银行存款"和"长期借款"两个账户。银行存款的减少是资产的减少，应记入"银行存款"账户的贷方，长期借款的减少是负债的减少，应记入"长期借款"账户的借方。这项经济业务应编制的会计分录如下：

借：长期借款　　　　　　　　　　　　　　　　　　　　　　　6 200 000
　　贷：银行存款　　　　　　　　　　　　　　　　　　　　　　　6 200 000

以上我们的举例是以长期借款单利计息的方式来说明问题的。在实际工作中，长期借款也可以采用复利计息的方法。在长期借款复利计息的情况下，尽管长期借款的本金、利率和偿还期限可能都相同，但在不同的偿付条件下（到期一次还本付息、分期偿还本息和分期付息到期还本三种方式），企业实际真正使用长期借款的时间长短是不同的，所支付的利息费用也就不同（有时可能差别很大），因此，长期借款到底采用哪种还本付息方式以及能否按时还清借款本息，就成为企业的一项重要的财务决策（具体内容将在以后的有关专业课程中介绍）。

上述负债资金筹集业务的总分类核算过程如图5-2所示。

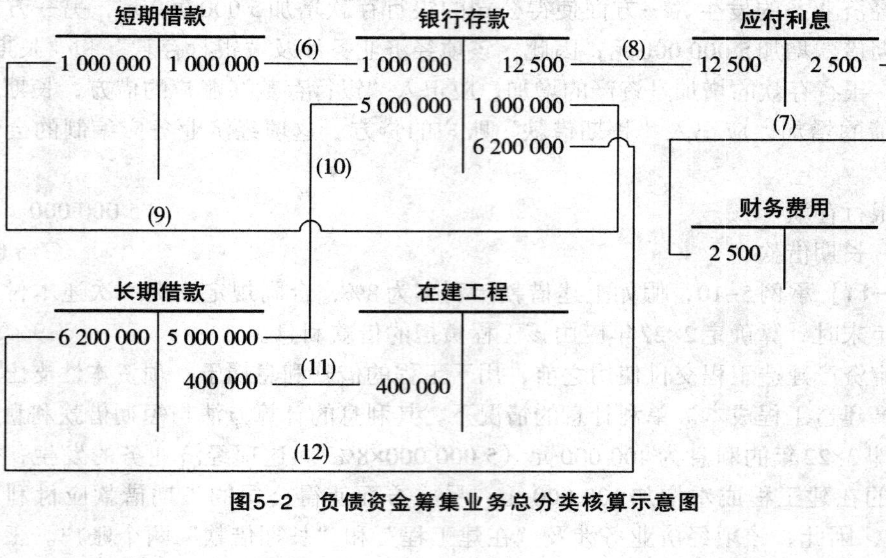

图5-2　负债资金筹集业务总分类核算示意图

第三节　供应过程业务的核算

资金在企业经营过程的不同阶段，其运动的方式和表现的形态是不同的，因而核算的内容也就不同。我们一般将企业的经营过程划分为供应过程、生产过程和销售过程。供应过程是为生产产品作准备的过程。为了生产产品，就要做好多方面的物资准备工作，其中较为重要的就是准备劳动资料，即购建固定资产和准备劳动对象，购买原材料等。

一、固定资产购置业务的核算

（一）固定资产的含义

固定资产是企业经营过程中使用的长期资产，包括房屋建筑物、机器设备、运输车辆以及工具、器具等。《企业会计准则第4号——固定资产》中对固定资产的定义是，固定资产是指同时具有下列两个特征的有形资产：（1）为生产商品、提供劳务、出租或经营管理而持有；（2）使用寿命超过一个会计年度。这里的使用寿命是指企业使用固定资产的预计期间，或者该固定资产所能生产产品或提供劳务的数量。从固定资产的定义可以看出，固定资产具有以下三个特征：第一，固定资产是为生产商品、提供劳务、出租[①]或经营管理而持有；第二，固定资产的使用寿命超过一个会计年度；第三，固定资产为有形资产。

固定资产是企业资产中比较重要的一部分内容，从一定程度上说，它代表着企业的生产能力和生产规模，因此，对其正确地加以确认与计量就成为会计核算过程中一个非常重要的内容。固定资产的确认应考虑以下两个因素：一是该固定资产包含的经济利益很可能流入企业；二是该固定资产的成本能够可靠地计量。固定资产是企业的劳动资料，从其经济用途来看，固定资产是用于生产经营活动的而不是为了出售，这一特征是区别固定资产与商品、产品等流动资产的重要标志。由于固定资产要长期地参加企业的生产经营活动，因而其价值周转与其实物补偿并不同步，固定资产的这一特点显然也不同于流动资产。固定资产的价值一部分随其磨损，脱离其实物形态，而另一部分仍束缚在使用价值形态上这一特点，使得固定资产的计价可以按取得时的实际成本和经磨损之后的净值同时表现。

（二）企业取得固定资产时入账价值的确定

《企业会计准则第4号——固定资产》规定，固定资产应当按照成本进行初始计量。固定资产取得时的实际成本是指企业购建固定资产达到预定可使用状态前所发生的一切合理的、必要的支出，它反映的是固定资产处于预定可使用状态时的实际成本。对于建造的固定资产已达到预定可使用状态，但尚未办理竣工决算的，会计准则规定应自达到预定可使用状态之日起，根据工程决算、造价或工程实际成本等相关资料，按估计的价值转入固定资产，并计提折旧。这就意味着是否达到"预定可使用状态"是衡量可否作为固定资产进行核算和管理的标志，而不再拘泥于"竣工决算"这个标准，这也是实质

---

① 这里的"出租"固定资产是指企业以经营租赁方式出租的机器设备类固定资产，不包括以经营租赁方式出租的建筑物，后者属于企业的投资性房地产，不属于固定资产。

重于形式原则的一个具体应用。企业的固定资产在达到预定可使用状态前发生的一切合理的、必要的支出中既有直接发生的，如支付的固定资产的买价、包装费、运杂费、安装费等，也有间接发生的，如固定资产建造过程中应予以资本化的借款利息等，这些直接的和间接的支出对形成固定资产的生产能力都有一定的作用，理应计入固定资产的价值。一般来说，构成固定资产取得时实际成本的具体内容包括买价、运输费、保险费、包装费、安装成本等。

由于企业可以从各种渠道取得固定资产，不同的渠道形成的固定资产，其价值构成的具体内容可能不同，因而固定资产取得时的入账价值应根据具体情况和涉及的具体内容分别确定。其中，外购固定资产的成本，包括购买价款、进口关税和其他税费（购买机器设备涉及的增值税应作为进项税额记入"应交税费"账户），使固定资产达到预定可使用状态前所发生的可归属于该项资产的场地整理费、运输费、装卸费、安装费和专业人员服务费等（以一笔款项购入多项没有单独标价的固定资产，应当按照各项固定资产公允价值比例对总成本进行分配，分别确定各项固定资产的成本）。购买固定资产的价款超过正常信用条件而延期支付，实质上具有融资性质的，固定资产的成本以购买价款的现值为基础确定，实际支付的价款与购买价款之间的差额除应资本化的以外，应当在信用期间内计入当期损益；自行建造完成的固定资产，按照建造该项固定资产达到预定可使用状态前所发生的一切合理的、必要的支出作为其入账价值。至于其他途径诸如接受投资取得固定资产、接受抵债取得固定资产等的入账价值的确定将在其他有关专业课程中介绍。

（三）固定资产购置核算设置的账户

为了核算企业购买和自行建造完成固定资产价值的变动过程及结果，需要设置以下账户。

1."固定资产"账户

该账户的性质属于资产类，用来核算企业拥有或控制的固定资产原价的增减变动及结余情况。该账户的借方登记固定资产原价的增加，贷方登记固定资产原价的减少，期末余额在借方，表示固定资产原价的结余额。该账户应按照固定资产的种类设置明细账户，进行明细分类核算。在使用该账户时，必须注意只有固定资产达到预定可使用状态时，其原价已经形成，才可以记入"固定资产"账户。

"固定资产"账户的结构如下：

固定资产

固定资产取得成本的增加	固定资产取得成本的减少
期末余额：原价的结余	

2."在建工程"账户

该账户的性质属于资产类，用来核算企业为进行固定资产基建、安装、技术改造以及大修理等工程而发生的全部支出（包括安装设备的支出），并据以计算确定各该工程成本的账户。该账户的借方登记工程支出的增加，贷方登记结转完工工程的成本。期末余额在借方，表示未完工工程的成本。"在建工程"账户应按工程内容，如建筑工程、安装工程、在安装设备、待摊支出以及单项工程等设置明细账户，进行明细核算。

"在建工程"账户的结构如下：

在建工程

工程发生的全部支出	结转完工工程成本
期末余额：未完工工程成本	

企业购置的固定资产，对于其中需要安装的部分，在交付使用之前，也就是达到预定可使用状态之前，由于没有形成完整的取得成本（原始价值），因而必须通过"在建工程"账户进行核算。在购建过程中所发生的全部支出，都应归集在"在建工程"账户，待工程达到预定可使用状态形成固定资产之后，方可将该工程成本从"在建工程"账户转入"固定资产"账户。

企业购买的固定资产，有的购买完成之后当即可以投入使用，也就是当即达到预定可使用状态，因而可以立即形成固定资产；而有的固定资产，在购买之后，还需要经过安装，安装之后方可投入使用。这两种情况在核算上是有区别的，所以我们在对固定资产进行核算时，一般将其区分为不需要安装固定资产和需要安装固定资产分别进行处理。

下面分别举例说明企业购买的不需要安装和需要安装固定资产的总分类核算。

【例5-13】京连有限责任公司购入一台不需要安装的生产用设备，该设备的买价125 000元，增值税16 250元，包装运杂费①等2 000元，全部款项使用银行存款支付，设备当即投入使用。

这是一台不需要安装的设备，购买完成之后就意味着达到了预定可使用状态，在购买过程中发生的货款和包装运杂费支出，即127 000元（125 000+2 000）形成固定资产的取得成本，增值税应作为进项税额记入"应交税费"账户②。这项经济业务的发生，一方面使得公司固定资产取得成本增加127 000元，增值税进项税额增加16 250元，另一方面使得公司的银行存款减少143 250元（127 000+16 250），因此，该项经济业务涉及"固定资产"、"应交税费"和"银行存款"三个账户。固定资产的增加是资产的增加，应记入"固定资产"账户的借方，增值税进项税额的增加是负债的减少，应记入"应交税费"账户的借方，银行存款的减少是资产的减少，应记入"银行存款"账户的贷方。这项经济业务应编制的会计分录如下：

借：固定资产　　　　　　　　　　　　　　　　　127 000
　　应交税费——应交增值税（进项税额）　　　　　16 250
　　贷：银行存款　　　　　　　　　　　　　　　　　143 250

【例5-14】京连有限责任公司用银行存款购入一台需要安装的生产用设备，有关发票等凭证显示其买价为480 000元，增值税62 400元，包装运杂费等5 000元，设备投入安装。

由于这是一台需要安装的设备，因而购买过程中发生的货款和包装运杂费支出构成购

①　为便于初学者的学习，本书例题中涉及的运杂费均不考虑增值税问题。
②　关于"应交税费"账户的具体结构详见本节材料采购业务的核算。

置固定资产安装工程成本，在设备达到预定可使用状态前的这些支出应先在"在建工程"账户中进行归集。这项经济业务的发生，一方面使得公司的在建工程支出增加485 000元（480 000+5 000），增值税进项税额增加62 400元，另一方面使得公司的银行存款减少547 400元（480 000+62 400+5 000），因此，该项经济业务涉及"在建工程"、"应交税费"和"银行存款"三个账户。在建工程支出的增加是资产的增加，应记入"在建工程"账户的借方，增值税进项税额的增加是负债的减少，应记入"应交税费"账户的借方，银行存款的减少是资产的减少，应记入"银行存款"账户的贷方。这项经济业务应编制的会计分录如下：

借：在建工程　　　　　　　　　　　　　　　　　　　　485 000

　　应交税费——应交增值税（进项税额）　　　　　　　62 400

　贷：银行存款　　　　　　　　　　　　　　　　　　　　547 400

【例5-15】承例5-14，京连有限责任公司的上述设备在安装过程中发生的安装费如下：领用本企业的原材料价值12 000元，应付本企业安装工人的薪酬22 800元。

设备在安装过程中发生的安装费也构成固定资产安装工程支出。这项经济业务的发生，一方面使得公司固定资产安装工程支出（安装费）增加34 800元（12 000+22 800），另一方面使得公司的原材料减少12 000元，应付职工薪酬增加22 800元，因此，该项经济业务涉及"在建工程""原材料""应付职工薪酬"三个账户。在建工程支出的增加是资产的增加，应记入"在建工程"账户的借方，原材料的减少是资产的减少，应记入"原材料"账户的贷方，应付职工薪酬的增加是负债的增加，应记入"应付职工薪酬"账户的贷方。这项经济业务应编制的会计分录如下：

借：在建工程　　　　　　　　　　　　　　　　　　　　34 800

　贷：原材料　　　　　　　　　　　　　　　　　　　　　12 000

　　　应付职工薪酬　　　　　　　　　　　　　　　　　　22 800

【例5-16】承例5-14和例5-15，上述设备安装完毕，达到预定可使用状态，并经验收合格办理竣工决算手续，现已交付使用，结转工程成本。

工程安装完毕，交付使用，意味着固定资产的取得成本已经形成，于是就可以将该工程全部支出转入"固定资产"账户，工程的全部成本为519 800元（485 000+34 800）。这项经济业务的发生，一方面使得公司固定资产取得成本增加519 800元，另一方面使得公司的在建工程减少519 800元，因此，该项经济业务涉及"固定资产"和"在建工程"两个账户。固定资产取得成本的增加是资产的增加，应记入"固定资产"账户的借方，在建工程成本的结转是资产的减少，应记入"在建工程"账户的贷方。这项经济业务应编制的会计分录如下：

借：固定资产　　　　　　　　　　　　　　　　　　　　519 800

　贷：在建工程　　　　　　　　　　　　　　　　　　　　519 800

【例5-17】京连有限责任公司2×24年5月1日购入一台不需要安装的生产用设备，其购买价款1 200 000元，增值税进项税额156 000元，款项尚未支付，设备交付使用。

这是一项赊购设备的业务，一方面企业的固定资产增加，增值税进项税额增加，另一方面企业的应付账款增加。固定资产的增加是资产的增加，应记入"固定资产"账户的借方，增值税进项税额的增加是负债的减少，应记入"应交税费"账户的借方，应付账款的增加是负债的增加，应记入"应付账款"账户的贷方。这项经济业务应编制的会计分录如下：

借：固定资产　　　　　　　　　　　　　　　　　　　　　　1 200 000
　　应交税费——应交增值税（进项税额）　　　　　　　　　　156 000
　　贷：应付账款　　　　　　　　　　　　　　　　　　　　　　　1 356 000

上述固定资产购置业务的总分类核算过程如图5-3所示。

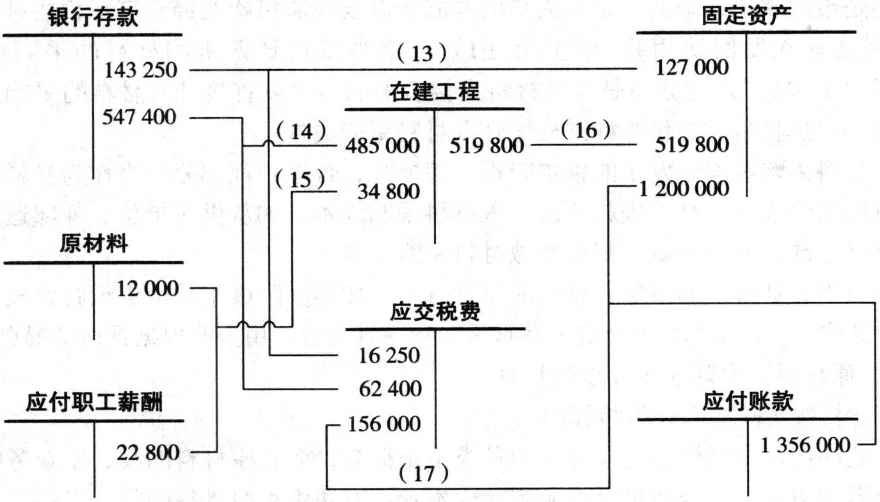

图5-3　固定资产购置业务总分类核算示意图

二、材料采购业务的核算

企业要进行正常的产品生产经营活动，就必须购买和储备一定品种和数量的原材料。原材料是产品制造企业生产产品不可缺少的物质要素，在生产过程中，材料经过加工而改变其原来的实物形态，构成产品实体的一部分，或者实物消失而有助于产品的生产。因此，产品制造企业要有计划地采购材料，既要保证及时、按质、按量地满足生产上的需要，同时又要避免储备过多，不必要地占用资金。

企业储存备用的材料，通常都是向外单位采购而得的。在材料采购过程中，一方面是企业从供应单位购进各种材料，计算购进材料的采购成本，另一方面企业要按照经济合同和约定的结算办法支付材料的买价和各种采购费用，并与供应单位发生货款结算关系。在材料采购业务的核算过程中，还涉及增值税进项税额的计算与处理问题。为了完成材料采购业务的核算，需要设置一系列的账户。

按照《企业会计准则第1号——存货》中的规定，存货应当按照成本进行初始计量，存货的成本包括采购成本、加工成本和其他成本。其中，存货的采购成本是指在采购过程中所发生的支出，包括购买价款、相关税费、运输费、装卸费、保险费以及其他可归属于存货采购成本的费用。对于企业原材料的核算，其中一个非常重要的问题就是原材料成本的确定，包括取得原材料成本的确定和发出原材料成本的确定。关于取得原材料成本的确定，不同方式取得的原材料，其成本确定的方法不同，成本构成的内容也不同。其中，购入原材料的实际采购成本由以下几项内容组成：（1）购买价款，是指购货发票所注明的货款金额；（2）采购过程中发生的运杂费（包括运输费、包装费、装卸费、保险费、仓储费等，不包括按规定根据运输费的一定比例计算的可抵扣的增值税税额）；（3）材料在运输途中发生的合理损耗①；（4）材料入库之前发生的整理挑选费用（包括整理挑选中发生的人工费支出和必要的损耗，并减去回收的下脚废料价值）；（5）按规定应计入材料采购成本中的各种税金，如为国外进口材料支付的关税、购买材料发生的消费税以及不能从增值税销项税额中抵扣的进项税额等；（6）其他费用，如大宗物资的市内运杂费等（但这里需要注意的是市内零星运杂费、采购人员的差旅费以及采购机构的经费等不构成材料的采购成本，而是计入期间费用）。以上第（1）项应当直接计入所购材料的采购成本，第（2）至第（6）项，凡能分清是某种材料直接负担的，可以直接计入材料的采购成本，不能分清的，应按材料的重量等标准分配计入材料采购成本。

对于材料采购过程中发生的物资毁损、短缺等，合理损耗部分应当作为材料采购费用计入材料的采购成本，其他损耗不得计入材料采购成本，如从供应单位、外部运输机构等收回的物资短缺、毁损赔款，则应冲减材料采购成本。

按照我国会计规范的规定，企业的原材料可以按照实际成本计价组织收发核算，也可以按照计划成本计价组织收发核算，具体采用哪一种方法，由企业根据具体情况自行决定。

（一）原材料按实际成本计价的核算

1.原材料按实际成本计价核算的特点

当企业的经营规模较小，原材料的种类不是很多，而且原材料的收、发业务的发生也不是很频繁的情况下，企业可以按照实际成本计价方法组织原材料的收、发核算。原材料按照实际成本计价方法进行日常的收、发核算，其特点是从材料的收、发凭证到材料明细分类账和总分类账的记录全部按实际成本计价。

购入材料的实际采购成本=实际买价+采购费用

2.原材料按实际成本计价核算设置的账户

原材料按实际成本计价组织收、发核算时应设置以下几个账户：

（1）"在途物资"账户。该账户的性质属于资产类，用来核算企业采用实际成本进行材料物资日常核算时外购材料的买价和各种采购费用，据以计算、确定购入材料的实际采购成本，其借方登记购入材料的买价和采购费用（实际采购成本），贷方登记结转完成采购过程、验收入库材料的实际采购成本，期末余额在借方，表示尚未运达企业或者已经运达企业但尚未验收入库的在途材料的成本。"在途物资"账户应按照供应单位和购入材料的品种或种类设置明细账户，进行明细分类核算。

"在途物资"账户的结构如下：

在途物资

购入材料：	结转验收入库材料的实际采购成本
买价	
采购费用	
期末余额：在途材料成本	

---

① 材料在运输途中发生的损耗包括合理损耗、不合理损耗和意外损耗等。其中，合理损耗计入材料采购成本，不合理损耗应向责任人或责任单位索取赔偿，意外损耗扣除保险公司给予的赔偿以及残值后的净损失计入营业外支出，除以上各项以外的其他损失计入管理费用。

对于"在途物资"账户，在具体使用时，要注意以下两个问题：

其一，企业对于购入的材料，不论是否已经付款，一般都应该先记入该账户，在材料验收入库结转成本时，再将其成本转入"原材料"账户。

其二，购入材料过程中发生的除买价之外的采购费用，如果能够分清是某种材料直接负担的，可直接计入该材料的采购成本，否则就应进行分配。分配时，首先根据材料的特点确定分配的标准，一般来说可以选择的分配标准有材料的重量、体积、买价等，然后计算材料采购费用分配率，最后计算各种材料的采购费用负担额，即：

材料采购费用分配率=共同性采购费用额÷分配标准的合计数

某材料应负担的采购费用额=该材料的分配标准×材料采购费用分配率

（2）"原材料"账户。该账户的性质属于资产类，用来核算企业库存材料实际成本的增减变动及结存情况。其借方登记已验收入库材料实际成本的增加，贷方登记发出材料的实际成本（即库存材料实际成本的减少），期末余额在借方，表示库存材料实际成本的期末结余额。"原材料"账户应按照材料的保管地点（仓库），材料的种类、类别、品种或规格设置明细账户，进行明细分类核算。

"原材料"账户的结构如下：

原材料

验收入库材料实际成本的增加	库存材料实际成本的减少
期末余额：库存材料实际成本	

（3）"应付账款"账户。该账户的性质属于负债类，用来核算企业因购买原材料、商品和接受劳务供应等经营活动应支付的款项。其贷方登记应付供应单位款项（买价、税金和代垫运杂费等）的增加，借方登记应付供应单位款项的减少（即偿还）。期末余额一般在贷方，表示尚未偿还的应付款的结余额。该账户应按照供应单位（债权人）的名称设置明细账户，进行明细分类核算。

"应付账款"账户的结构如下：

应付账款

应付供应单位款项的减少	应付供应单位款项的增加
	期末余额：尚未偿还的应付款

（4）"预付账款"账户。该账户的性质属于资产类，用来核算企业按照合同规定向供应单位预付购料款而与供应单位发生的结算债权的增减变动及结余情况（企业进行在建工程预付的工程价款，也在该账户核算）。其借方登记结算债权的增加，即预付款的增加，贷方登记收到供应单位提供的材料物资而应冲销的预付款债权，即预付款的减少。期末余额一般在借方，表示尚未结算的预付款的结余额，如果该账户期末余额出现在贷方，则表示企业尚未补付的款项。该账户应按照供应单位（债务人）的名称设置明细账户，进行明细分类核算。

"预付账款"账户的结构如下：

预付账款

预付供应单位款项的增加	冲销预付供应单位的款项
期末余额：尚未结算的预付款	

如果企业预付款项的情况不多，也可以不设置本科目，将预付的款项直接记入"应付账款"账户。

（5）"应付票据"账户。该账户的性质属于负债类，用来核算企业采用商业汇票结算方式购买材料物资等而开出、承兑商业汇票的增减变动及结余情况。其贷方登记企业开出、承兑商业汇票的增加，借方登记到期商业汇票的减少。期末余额在贷方，表示尚未到期的商业汇票的期末结余额。该账户应按照债权人设置明细账户，进行明细分类核算，同时设置"应付票据备查簿"，详细登记商业汇票的种类、号数、出票日期、到期日、票面金额、交易合同号和收款人姓名或收款单位名称以及付款日期和金额等资料。应付票据到期结清时，在备查簿中注销。

"应付票据"账户的结构如下：

应付票据

到期应付票据的减少（不论是否已经付款）	开出、承兑商业汇票的增加
	期末余额：尚未到期商业汇票的结余额

（6）"应交税费"账户。该账户的性质属于负债类，用来核算企业按税法规定应缴纳的各种税费（印花税等除外）的计算与实际缴纳情况。其贷方登记计算出的各种应交而未交税费的增加，包括计算出的增值税、消费税、城市维护建设税、所得税、资源税、房产税、城镇土地使用税、车船税、教育费附加等，借方登记实际缴纳的各种税费，包括支付的增值税进项税额等。期末余额方向不固定，如果在贷方，表示未交税费的结余额（即欠交的税费）；如果在借方，表示多交或尚未抵扣的税费。"应交税费"账户应按照税费品种设置明细账户，进行明细分类核算。

在材料采购业务中设置"应交税费"账户主要是为了核算增值税。增值税是对在中华人民共和国境内销售货物或者提供加工、修理修配劳务以及进口货物的单位和个人，就其取得的货物或应税劳务销售额计算税款，并实行税款抵扣制的一种流转税。由于增值税是对商品生产或流通各个环节的新增价值或商品附加值进行征税，所以称为增值税，是一种价外税，采取两段征收法，分为增值税进项税额和销项税额。当期应纳税额=当期销项税额−当期进项税额。其中，当期销项税额是指纳税人销售货物或提供应税劳务，按照销售额和规定的税率计算并向购买方收取的增值税税额，销项税额=销售货物或提供应税劳务价款×增值税税率。当期进项税额是指纳税人购进货物或接受应税劳务所支付或负担的增值税税额，进项税额=购进货物或接受应税劳务价款×增值税税率。增值税的进项税额与销项税额是相对应的，销售方的销项税额就是购买方的进项税额。

"应交税费"账户的结构如下：

应交税费

实际缴纳的各种税费（包括增值税进项税额）	计算出的应交而未交的税费（包括增值税销项税额）
期末余额：多交的税费	期末余额：未交的税费

下面举例说明原材料按实际成本计价业务的总分类核算。

【例5-18】京连有限责任公司从友谊公司购入下列材料：甲材料5 000千克，单价24元/千克；乙材料2 000千克，单价19元/千克。增值税税率13%，全部款项用银行存款付清。

对于这项经济业务，首先要计算购入材料的买价和增值税进项税额。甲材料的买价为120 000元（24×5 000），乙材料的买价为38 000元（19×2 000），甲、乙两种材料的买价共计为158 000元，增值税进项税额为20 540元（158 000×13%）。这项经济业务的发生，一方面使得公司购入甲材料的买价增加120 000元，乙材料的买价增加38 000元，增值税进项税额增加20 540元，另一方面使得公司的银行存款减少178 540元（120 000+38 000+20 540），因此，该项经济业务涉及"在途物资""应交税费——应交增值税""银行存款"三个账户。材料买价的增加是资产的增加，应记入"在途物资"账户的借方，增值税进项税额的增加是负债的减少，应记入"应交税费——应交增值税"明细账户的借方，银行存款的减少是资产的减少，应记入"银行存款"账户的贷方。这项经济业务应编制的会计分录如下：

借：在途物资——甲材料　　　　　　　　　　　　　　　　120 000
　　　　　　——乙材料　　　　　　　　　　　　　　　　　38 000
　　应交税费——应交增值税（进项税额）　　　　　　　　　20 540
　　贷：银行存款　　　　　　　　　　　　　　　　　　　178 540

【例5-19】京连有限责任公司用银行存款7 000元支付上述购入甲、乙材料的外地运杂费，按照材料的重量比例进行分配。

首先需要对甲、乙材料应共同负担的7 000元外地运杂费进行分配：

采购费用分配率=7 000÷（5 000+2 000）=1（元/千克）
甲材料负担的采购费用=5 000×1=5 000（元）
乙材料负担的采购费用=2 000×1=2 000（元）

这项经济业务的发生，一方面使得公司的材料采购成本增加7 000元，其中，甲材料采购成本增加5 000元，乙材料采购成本增加2 000元，另一方面使得公司的银行存款减少7 000元，因此，该项经济业务涉及"在途物资"和"银行存款"两个账户。材料采购成本的增加是资产的增加，应记入"在途物资"账户的借方，银行存款的减少是资产的减少，应记入"银行存款"账户的贷方。这项经济业务应编制的会计分录如下：

借：在途物资——甲材料　　　　　　　　　　　　　　　　　5 000
　　　　　　——乙材料　　　　　　　　　　　　　　　　　　2 000
　　贷：银行存款　　　　　　　　　　　　　　　　　　　　7 000

【例5-20】京连有限责任公司从红星公司购进丙材料7 200千克，发票注明的价款216 000元，增值税进项税额28 080元（216 000×13%），红星公司代京连有限责任公司垫付材料的运杂费4 000元（不考虑增值税）。账单、发票已到，但材料价款、税金及运杂费尚未支付。

这项经济业务的发生，一方面使得公司的材料采购成本增加220 000元，其中材料买价216 000元、运杂费4 000元，增值税进项税额增加28 080元；另一方面使得公司应付供应单位款项增加248 080元（220 000+28 080）。因此，该项经济业务涉及"在途物资"、"应交税费——应交增值税"和"应付账款"三个账户。材料采购成本的增加是资产的增加，应记入"在途物资"账户的借方，增值税进项税额的增加是负债的减少，应记入"应交税费——应交增值税"账户的借方，应付账款的增加是负债的增加，应记入"应付账款"账户的贷方。这项经济业务应编制的会计分录如下：

  借：在途物资——丙材料   220 000

    应交税费——应交增值税（进项税额）   28 080

   贷：应付账款——红星公司   248 080

【例5-21】京连有限责任公司按照合同规定用银行存款预付给胜利公司订货款180 000元。

这项经济业务的发生，一方面使得公司预付的订货款增加180 000元，另一方面使得公司的银行存款减少180 000元，因此，该项经济业务涉及"预付账款"和"银行存款"两个账户。预付订货款的增加是资产（债权）的增加，应记入"预付账款"账户的借方，银行存款的减少是资产的减少，应记入"银行存款"账户的贷方。这项经济业务应编制的会计分录如下：

  借：预付账款——胜利公司   180 000

   贷：银行存款   180 000

【例5-22】京连有限责任公司收到胜利公司发运来的前已预付货款的丙材料，随货物附来的发票注明该批丙材料的价款420 000元，增值税进项税额54 600元，除冲销原预付款180 000元外，不足款项立即用银行存款支付。另发生运杂费5 000元（不考虑增值税），用现金支付。

这项经济业务的发生，一方面使得公司的材料采购支出（丙材料的买价和采购费用）增加共计425 000元（420 000+5 000），增值税进项税额增加54 600元；另一方面使得公司的预付款减少180 000元，银行存款减少294 600元（420 000+54 600-180 000），库存现金减少5 000元，因此，该项经济业务涉及"在途物资"、"应交税费——应交增值税"、"预付账款"、"银行存款"和"库存现金"五个账户。材料采购支出的增加是资产的增加，应记入"在途物资"账户的借方，增值税进项税额的增加是负债的减少，应记入"应交税费——应交增值税"账户的借方，预付款的减少是资产的减少，应记入"预付账款"账户的贷方，银行存款的减少是资产的减少，应记入"银行存款"账户的贷方，现金的减少是资产的减少，应记入"库存现金"账户的贷方。这项经济业务应编制的会计分录如下：

  借：在途物资——丙材料   425 000

    应交税费——应交增值税（进项税额）   54 600

   贷：预付账款——胜利公司   180 000

     银行存款   294 600

     库存现金   5 000

应该注意，这项经济业务所编制的会计分录是多借多贷的会计分录，要结合经济业务内容理解所涉及的各个账户之间的对应关系。

【例5-23】京连有限责任公司签发并承兑一张商业汇票购入丁材料，该批材料的含税总价款404 540元，增值税税率13%，材料尚未入库。

这笔业务中出现的是含税总价款404 540元，应将其分解为不含税价款和税额两部分：

不含税价款=含税价款÷（1+税率）=404 540÷（1+13%）=358 000（元）

增值税税额=404 540-358 000=46 540（元）

这项经济业务的发生，一方面使得公司的材料采购支出增加 358 000 元，增值税进项税额增加 46 540 元，另一方面使得公司的应付票据增加 404 540 元，因此，该项经济业务涉及"在途物资""应交税费——应交增值税""应付票据"三个账户。材料采购支出的增加是资产的增加，应记入"在途物资"账户的借方，增值税进项税额的增加是负债的减少，应记入"应交税费——应交增值税"账户的借方，应付票据的增加是负债的增加，应记入"应付票据"账户的贷方。这项经济业务应编制的会计分录如下：

借：在途物资——丁材料　　　　　　　　　　　　　　　　 358 000
　　应交税费——应交增值税（进项税额）　　　　　　　　　　 46 540
　　贷：应付票据　　　　　　　　　　　　　　　　　　　　　 404 540

【例 5-24】承例 5-20，京连有限责任公司签发并承兑一张商业汇票，用以抵付本月从红星公司购入丙材料的价税款和代垫的运杂费。

本月从红星公司购入的丙材料的价款为 216 000 元，增值税进项税额为 28 080 元，代垫运杂费为 4 000 元，合计为 248 080 元。这项经济业务的发生，一方面使得公司的应付账款减少 248 080 元，另一方面使得公司的应付票据增加 248 080 元。因此，该项经济业务涉及"应付账款"和"应付票据"两个账户。应付账款的减少是负债的减少，应记入"应付账款"账户的借方，应付票据的增加是负债的增加，应记入"应付票据"账户的贷方。这项经济业务应编制的会计分录如下：

借：应付账款——红星公司　　　　　　　　　　　　　　　　 248 080
　　贷：应付票据——红星公司　　　　　　　　　　　　　　　 248 080

【例 5-25】京连有限责任公司本月购入的甲、乙、丙、丁材料均已经验收入库，结转各种材料的实际采购成本。

首先计算本月购入的各种材料的实际采购成本：

甲材料实际采购成本=120 000+5 000=125 000（元）

乙材料实际采购成本=38 000+2 000=40 000（元）

丙材料实际采购成本=216 000+4 000+420 000+5 000=645 000（元）

丁材料实际采购成本=358 000 元

这项经济业务的发生，一方面使得公司已验收入库材料的实际采购成本增加 1 168 000 元（125 000+40 000+645 000+358 000），另一方面使得公司的材料采购支出结转 1 168 000 元，因此，该项经济业务涉及"原材料"和"在途物资"两个账户。库存材料实际成本的增加是资产的增加，应记入"原材料"账户的借方，材料采购支出的结转是资产的减少，应记入"在途物资"账户的贷方。这项经济业务应编制的会计分录如下：

借：原材料——甲材料　　　　　　　　　　　　　　　　　　 125 000
　　　　——乙材料　　　　　　　　　　　　　　　　　　　　 40 000
　　　　——丙材料　　　　　　　　　　　　　　　　　　　　 645 000
　　　　——丁材料　　　　　　　　　　　　　　　　　　　　 358 000
　　贷：在途物资——甲材料　　　　　　　　　　　　　　　　 125 000
　　　　　　——乙材料　　　　　　　　　　　　　　　　　　 40 000
　　　　　　——丙材料　　　　　　　　　　　　　　　　　　 645 000
　　　　　　——丁材料　　　　　　　　　　　　　　　　　　 358 000

上述原材料按实际成本计价的总分类核算过程如图5-4所示。

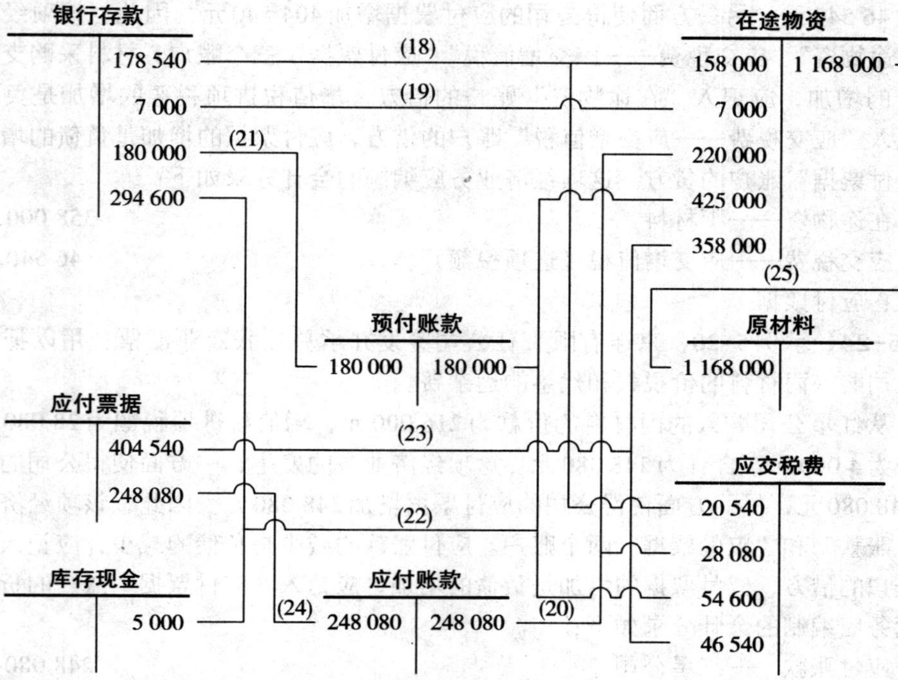

图5-4　原材料按实际成本计价业务总分类核算示意图

（二）原材料按计划成本计价的核算

1.原材料按计划成本计价核算的特点

前面我们已经对原材料按实际成本计价核算的内容作了比较全面的介绍。材料按照实际成本进行计价核算，能够比较全面、完整地反映材料资金的实际占用情况，可以准确地计算出生产过程所生产产品的成本中的材料费用额。但是，在企业材料的种类比较多，收发又比较频繁的情况下，其核算的工作量就比较大，而且也不便于考核材料采购业务成果，分析材料采购计划的完成情况。所以在我国一些大、中型企业里，材料就可以按照计划成本计价组织收、发核算。材料按计划成本计价进行核算，就是材料的收、发凭证按计划成本计价，材料总账及明细账均按计划成本登记，通过增设"材料成本差异"账户来核算材料实际成本与计划成本之间的差异额，并在会计期末对计划成本进行调整，以确定库存材料的实际成本和发出材料应负担的差异额，进而确定发出材料的实际成本。

具体地说，材料按计划成本组织收、发核算的基本程序如下：

首先，企业应结合各种原材料的特点、实际采购成本等资料确定原材料的计划单位成本，计划单位成本一经确定，在年度内一般不进行调整。

其次，平时购入或通过其他方式取得的原材料，按其计划成本和计划成本与实际成本之间的差异额分别在有关账户中进行分类登记。

最后，平时发出的材料按计划成本核算，月末再将本月发出材料应负担的差异额进行分摊，随同本月发出材料的计划成本记入有关账户，其目的就在于将不同用途消耗的原材料的计划成本调整为实际成本。

发出材料应负担的差异额必须按月分摊，不得在季末或年末一次分摊。另外，企业会计准则规定，对于发出材料应负担的成本差异，除委托外部加工物资而发出的材料可按上月（即月初）差异率计算外，其余都应使用当月的差异率，除非当月差异率与上月差异率相差不大。计算方法一经确定，不得随意变更。

2.原材料按计划成本计价核算设置的账户

原材料按计划成本组织收、发核算时，应设置以下几个账户：

（1）"原材料"账户。原材料按计划成本核算所设置的"原材料"账户与按实际成本核算设置的"原材料"账户基本相同，只是将其实际成本改为计划成本，即"原材料"账户的借方、贷方和期末余额均表示材料的计划成本。

（2）"材料采购"账户。该账户的性质是资产类，用来核算企业购入材料的实际成本和结转入库材料的计划成本，并据以计算、确定购入材料成本差异额。其借方登记购入材料的实际成本和结转入库材料实际成本小于计划成本的节约差异，贷方登记入库材料的计划成本和结转入库材料的实际成本大于计划成本的超支差异。期末余额在借方，表示在途材料的实际采购成本。该账户应按照供应单位和材料的种类设置明细账户，进行明细分类核算。

"材料采购"账户的结构如下：

材料采购

购入材料的实际采购成本	结转入库材料的计划成本
结转入库材料的节约差异额	结转入库材料的超支差异额
期末余额：在途材料的实际采购成本	

（3）"材料成本差异"账户。该账户的性质是资产类（比较特殊，注意理解！），用来核算企业库存材料实际成本与计划成本之间的超支或节约差异额的增减变动及结余情况。其借方登记结转入库材料的超支差异额和结转发出材料应负担的节约差异额（实际成本小于计划成本的差异），贷方登记结转入库材料的节约差异额和发出材料应负担的超支差异额（实际成本大于计划成本的差异额）。期末余额如果在借方，表示库存材料实际成本大于计划成本的超支差异额，如果在贷方，表示库存材料实际成本小于计划成本的节约差异额。

"材料成本差异"账户的结构如下：

材料成本差异

结转入库材料的超支差异额	结转入库材料的节约差异额
结转发出材料应负担的节约差异额	结转发出材料应负担的超支差异额
期末余额：库存材料的超支差异额	期末余额：库存材料的节约差异额

材料按计划成本计价核算，除上述三个账户外，其他的账户与材料按实际成本计价核算所涉及的相关账户相同。

下面举例说明原材料按计划成本计价的总分类核算。

【例5-26】京连有限责任公司用银行存款购入甲材料3 000千克，发票注明其价款120 000元，增值税进项税额15 600元。另用现金3 000元支付该批甲材料的外地运杂费。

这项经济业务的发生，一方面使得公司的材料采购支出增加123 000元，其中买价120 000元、采购费用3 000元，增值税进项税额增加15 600元；另一方面使得公司的银行存款减少135 600元，现金减少3 000元，因此，该项经济业务涉及"材料采购""应交税费——应交增值税""银行存款""库存现金"四个账户。材料采购支出的增加是资产的增加，应记入"材料采购"账户的借方，增值税进项税额的增加是负债的减少，应记入"应交税费——应交增值税"账户的借方，银行存款的减少是资产的减少，应记入"银行存款"账户的贷方，现金的减少是资产的减少，应记入"库存现金"账户的贷方。这项经济业务应编制的会计分录如下：

借：材料采购——甲材料	123 000
应交税费——应交增值税（进项税额）	15 600
贷：银行存款	135 600
库存现金	3 000

【例5-27】承例5-26，上述甲材料验收入库，其计划成本为120 000元，结转该批甲材料的计划成本和差异额。

由于该批甲材料的实际成本为123 000元，计划成本为120 000元，因而可以确定甲材料成本的超支差异额为3 000元（123 000-120 000）。结转验收入库材料的计划成本时，公司的材料采购支出（计划成本）减少120 000元，库存材料计划成本增加120 000元；结转入库材料成本超支差异额，使得库存材料成本超支差异额增加3 000元，材料采购支出减少3 000元。因此，该项经济业务涉及"原材料"、"材料采购"和"材料成本差异"三个账户，库存材料成本的增加是资产的增加，应记入"原材料"账户的借方，材料采购成本的结转是资产的减少，应记入"材料采购"账户的贷方。这项经济业务应编制的会计分录如下：

（1）借：原材料——甲材料	120 000
贷：材料采购——甲材料	120 000
（2）借：材料成本差异	3 000
贷：材料采购——甲材料	3 000

假如本例中甲材料的计划成本为125 000元，则可以确定甲材料成本的节约差异额为2 000元（123 000-125 000），其会计分录为：

借：原材料——甲材料	125 000
贷：材料采购——甲材料	125 000
借：材料采购——甲材料	2 000
贷：材料成本差异	2 000

或者将上述两笔分录合并为：

借：原材料——甲材料	125 000
贷：材料采购——甲材料	123 000
材料成本差异	2 000

【例5-28】京连有限责任公司本月生产产品领用甲材料计划成本总额为150 000元（领用材料的会计分录略）。月末计算确定发出甲材料应负担的差异额，并予以结转。假设期初库存甲材料计划成本为300 000元，成本差异额为超支差异5 400元。

为了计算产品的实际生产成本，在会计期末需要将计划成本调整为实际成本，其方法是运用差异率对计划成本进行调整，以求得实际成本。材料成本差异率的计算方法有两种，即：

月初材料成本差异率＝月初库存材料成本差异额/月初库存材料的计划成本×100%

$$\frac{本月材料}{成本差异率}=\left(\begin{array}{c}月初库存\\材料差异额\end{array}+\begin{array}{c}本月购入\\材料差异额\end{array}\right)/\left(\begin{array}{c}月初库存材料\\计划成本\end{array}+\begin{array}{c}本月入库材料\\计划成本\end{array}\right)×100\%$$

发出材料应负担的差异额＝本月材料成本差异率×发出材料的计划成本

根据本例资料，采用本月差异率，我们的计算如下：

$$本月材料成本差异率＝\frac{5\ 400+3\ 000}{300\ 000+120\ 000}×100\%$$

$$=2\%$$

发出材料应负担的差异额＝150 000×2%

$$=3\ 000（元）$$

结转发出材料应负担的差异额时，一方面应记入"生产成本"等账户的借方（节约差异额用红字表示），另一方面应记入"材料成本差异"账户的贷方（节约差异额用红字表示）。本例编制的会计分录如下：

借：生产成本   3 000

 贷：材料成本差异   3 000

上述原材料按计划成本计价业务的总分类核算过程如图5-5所示。

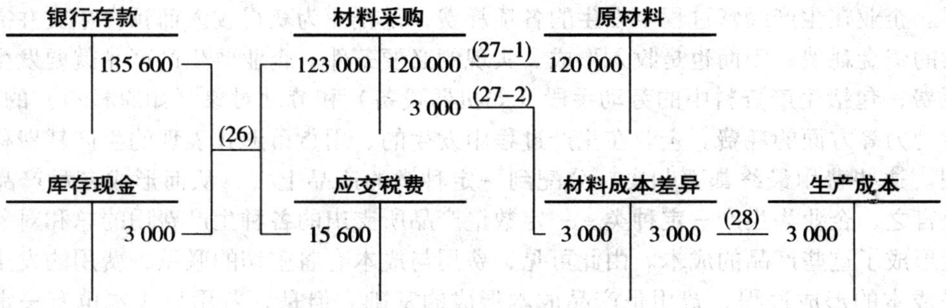

图5-5 原材料按计划成本计价业务总分类核算示意图

第四节 生产过程业务的核算

企业在其经营过程中要发生各种各样的费用，不仅生产过程如此，供应过程和销售过程也是如此，尤其是生产过程，所以我们在介绍生产过程核算内容之前，有必要对费用的含义及其确认的有关内容进行介绍。

费用是指企业在日常活动中所发生的、会导致所有者权益减少的、与向所有者分配利润无关的经济利益的总流出，其实质就是资产的耗费或债务的形成。从理论上说，企业之所以要发生各种资产的耗费，其内在的动因就是要取得各种收入，所以费用的确认就应该与收入的确认保持一致。在会计上，有关收入和费用的确认基础包括划分收益性支出和资本性支出、配比原则和权责发生制等。

按照划分收益性支出和资本性支出的要求，当某项支出的受益期长于一个会计年度时，应将该项支出计入其所获得资产的价值，即将该项支出予以资本化，反之则予以费用化，确认为该期间的费用。应该说，这个要求为费用的确认界定了一个总体的时间界限，但时间跨度太大，无法确定我们会计上的最基本时间单位（月）的费用界限，因此，就需要一个更为具体的确认基础，这就是权责发生制核算基础。

权责发生制核算基础就是按照支出的义务实际发生，即支出的效用真正发挥时进行确认，而不管其款项的具体支付时间。在实际工作中，义务的发生和款项的实际支付存在三种可能，即义务产生时支付款项、义务产生在先而款项的支付在后和义务产生在后而款项的支付在先。对于后两种情况，我们就需要运用权责发生制核算基础的要求按照发挥效用的具体时间进行确认。

当然，权责发生制核算基础为我们解决了费用（收入也是如此）归属的具体会计期间的问题，在此基础上，我们还要依据配比的要求将已经有了期间归属的收入和费用彼此结合，即所谓的"收入应与其相关的成本、费用相互配比"，以正确地确定该期间内各项业务的具体结果。

其后的有关收入和费用确认的内容都是在上述几个会计核算基础的总体要求下产生的具体结果。

一、生产过程业务概述

企业的主要经济活动是生产符合社会需要的产品，产品的生产过程同时也是生产的耗费过程。企业在生产经营过程中发生的各项耗费，是企业为获得收入而预先垫支并需要得到补偿的资金耗费，因而也是收入形成、实现的必要条件。企业要生产产品就要发生各种生产耗费，包括生产资料中的劳动手段（如机器设备）和劳动对象（如原材料）的耗费，以及劳动力等方面的耗费。企业在生产过程中发生的、用货币形式表现的生产耗费称作生产费用。这些费用最终都要归集、分配到一定种类的产品上去，从而形成各种产品的成本。换言之，企业为生产一定种类、一定数量产品所支出的各种生产费用的总和对象化于产品就形成了这些产品的成本。由此可见，费用与成本有着密切的联系，费用的发生过程也就是成本的形成过程，费用是产品成本形成的基础。但是，费用与成本也有一定的区别，费用是在一定期间为了进行生产经营活动而发生的各项耗费，费用与发生的期间直接相关，即费用强调"期间"，而成本则是为生产某一产品或提供某一劳务所消耗的费用，成本与负担者直接相关，即成本强调"对象"。

生产费用按其计入产品成本的方式不同，可以分为直接费用和间接费用。直接费用是指企业生产产品过程中实际消耗的直接材料和直接人工。间接费用是指企业为生产产品和提供劳务而发生的各项间接支出，通常称为制造费用。上述各个项目是生产费用按其经济用途所进行的分类，在会计上我们一般将其称为成本项目。各个产品成本项目的具体构成内容可以分述如下：

直接材料，是指企业在生产产品和提供劳务的过程中所消耗的、直接用于产品生产，构成产品实体的各种原材料、主要材料、外购半成品以及有助于产品形成的辅助材料等。

直接人工，是指企业在生产产品和提供劳务过程中，直接从事产品生产的工人工资、津贴、补贴和福利费等薪酬内容。

制造费用，是指企业为生产产品和提供劳务而发生的各项间接费用，其构成内容比较复杂，包括间接的职工薪酬、折旧费、办公费、水电费、机物料消耗、季节性停工损失等。

在会计核算过程中，必须按照划分收益性支出和资本性支出、配比原则和权责发生制核算基础的要求对各项费用的发生额及其应归属的期间加以确认与计量，并按照各项费用的构成内容和经济用途正确地进行反映。因此，在产品生产过程中费用的发生、归集和分配以及产品成本的形成，就构成了产品生产业务核算的主要内容。

二、生产费用的归集与分配

（一）材料费用的归集与分配

1.材料费用归集与分配的含义

产品制造企业通过供应过程采购的各种原材料，经过验收入库之后，就形成了生产产品的物资储备，生产产品及其他方面领用时，就形成了材料费。完整意义上的材料费包括消耗的原材料、主要材料和辅助材料等，在确定材料费用时，应在根据领料凭证区分车间、部门和不同用途后，按照确定的结果将发出材料的成本分别记入"生产成本""制造费用""管理费用"等账户和产品生产成本明细账。对于直接用于某种产品生产的材料费，应直接计入该产品生产成本明细账中的直接材料项目；对于由几种产品共同耗用、应由这些产品共同负担的材料费，应选择适当的标准在各种产品之间进行分配之后，计入各有关成本计算对象；对于为创造生产条件等需要而间接消耗的各种材料费，应先在"制造费用"账户中进行归集，然后再同其他间接费用一起分配计入有关产品成本中。总而言之，材料是构成产品实体的一个重要组成部分，对材料费的归集与分配的核算是生产过程核算非常重要的一部分内容。

2.材料费用归集与分配核算设置的账户

为了反映和监督产品在生产过程中各项材料费用的发生、归集和分配情况，正确地计算产品生产成本中的材料费用，应设置以下的账户：

（1）"生产成本"账户。该账户的性质属于成本类，用来归集和分配企业进行工业性生产所发生的各项生产费用，进而根据该账户正确地计算产品生产成本。其借方登记应计入产品生产成本的各项费用，包括直接计入产品生产成本的直接材料、直接人工和期末按照一定的方法分配计入产品生产成本的制造费用；贷方登记结转完工验收入库产成品的生产成本。期末如有余额在借方，表示尚未完工产品（在产品）的成本，即生产资金的占用额。该账户应按产品种类或类别设置明细账户，进行明细分类核算。

"生产成本"账户的结构如下：

生产成本

发生的生产费用：	结转完工验收入库产成品成本
直接材料	
直接人工	
制造费用	
期末余额：在产品成本	

（2）"制造费用"账户。该账户的性质属于成本类，用来归集和分配企业生产车间（基本生产车间和辅助生产车间）范围内为组织和管理产品的生产活动而发生的各项间接生产费用，包括车间范围内发生的管理人员的薪酬、固定资产折旧费、办公费、水电费、

机物料消耗、季节性停工损失等。其借方登记实际发生的各项制造费用，贷方登记期末经分配转入"生产成本"账户借方（应计入产品制造成本）的制造费用额。期末在费用结转后该账户一般没有余额（季节性生产企业除外）。该账户应按不同车间设置明细账户，按照费用项目设置专栏进行明细分类核算。

"制造费用"账户的结构如下：

制造费用

归集车间范围内发生的各项间接费用	期末分配转入"生产成本"账户的制造费用

产品制造企业采购到的材料，经验收入库，形成生产的物资储备。生产部门领用时，填制领料单，向仓库办理领料手续，领取所需材料。仓库发出材料后，要将领料凭证传递到会计部门。会计部门将领料单汇总，编制"发出材料汇总表"，据以将本月发生的材料费用按其用途分配计入生产费用和其他有关费用。

下面举例说明材料费用归集与分配的总分类核算。

【例5-29】京连有限责任公司本月仓库发出材料[①]及用途见表5-1。

表5-1　　　　　　　　　　　　　**发出材料汇总表**　　　　　　　　　　　　　金额单位：元

用　途	甲材料		乙材料		材料耗用合计
	数量（千克）	金　额	数量（千克）	金　额	
制造产品领用：					
A产品耗用	8 000	200 000	6 000	120 000	320 000
B产品耗用	10 000	250 000	4 000	80 000	330 000
小　计	18 000	450 000	10 000	200 000	650 000
车间一般耗用	5 000	125 000	2 000	40 000	165 000
合　计	23 000	575 000	12 000	240 000	815 000

从表5-1所列资料可以看出，该企业的材料费用可以分为两个部分：一部分为直接用于产品生产的直接材料费用，A、B两种产品共耗用650 000元，其中A产品耗用320 000元，B产品耗用330 000元。另一部分为车间一般性消耗的材料费165 000元。这项经济业务的发生，一方面使得公司生产产品的直接材料费增加650 000元，间接材料费增加165 000元，另一方面使得公司的库存材料减少815 000元（650 000+165 000），因此，该项经济业务涉及"生产成本""制造费用""原材料"三个账户。生产产品的直接材料费和间接材料费的增加是费用的增加，应分别记入"生产成本"和"制造费用"账户的借方，库存材料的减少是资产的减少，应记入"原材料"账户的贷方。这项经济业务应编制的会

---

①　在材料按实际成本核算的情况下，对于发出材料单位成本的确定方法包括先进先出法、加权平均法、个别计价法等，关于这部分内容将在本教材第十章中进行介绍。为了简化核算，我们这里假定按本月购入的甲、乙材料的单位成本确定入账金额，即甲材料单位成本为25元（24+1），乙材料的单位成本为20元（19+1）。

计分录如下：

借：生产成本——A产品　320 000

　　　　　——B产品　330 000

　　制造费用　165 000

　　贷：原材料——甲材料　575 000

　　　　　　——乙材料　240 000

（二）人工费用的归集与分配

1.职工薪酬的含义

职工为企业劳动，理应从企业获得一定的报酬，也就是企业应向职工支付一定的薪酬。《企业会计准则第9号——职工薪酬》（以下简称职工薪酬准则）将职工薪酬界定为"企业为获得职工提供的服务或解除劳动关系而给予的各种形式的报酬或补偿。"企业提供给职工配偶、子女、受赡养人、已故员工遗属及其他受益人等的福利，也属于职工薪酬。"也就是说，从性质上凡是企业为获得职工提供的服务给予或付出的各种形式的对价，都构成职工薪酬，作为一种耗费构成人工成本，与这些服务产生的经济利益相匹配，与此同时，企业与职工之间因职工提供服务形成的关系，大多数构成企业的现时义务，将导致企业未来经济利益的流出，从而形成企业的一项负债。

职工薪酬准则所称的"职工"与《中华人民共和国劳动法》中所指的职工相比，既有重合，又有拓展，具体包括以下三类人员：①与企业订立劳动合同的所有人员，含全职、兼职和临时工。按照《中华人民共和国劳动法》和《中华人民共和国劳动合同法》的规定，企业作为用人单位与劳动者应订立劳动合同，职工首先包括这部分人员，即与企业订立了固定期限、无固定期限和以完成一定的工作量作为期限的劳动合同的所有人员。②未与企业订立劳动合同，但由企业正式任命的人员，如董事会成员、监事会成员等。按照《中华人民共和国公司法》规定，公司应当设立董事会和监事会，董事会和监事会成员为企业的战略发展提出建议，进行相关监督等，目的是提高企业整体经营管理水平，对其支付的津贴、补贴等报酬从性质上看属于职工薪酬。③在企业的计划和控制下，虽未与企业订立劳动合同或未由企业正式任命，但为企业提供与职工类似服务的人员，也属于职工薪酬准则所称的"职工"。如企业与有关中介机构签订劳务用工合同所涉及的相关务工人员。

职工薪酬是企业因职工提供服务而支付或放弃的所有对价。企业在确定应当作为职工薪酬进行确认和计量的项目时，需要综合考虑，确保企业人工成本核算的完整性和准确性。职工薪酬准则所确定的职工薪酬主要包括以下几项内容：

（1）短期薪酬，是指企业预期在职工提供相关服务的年度报告期间结束后12个月内将全部予以支付的职工薪酬，因解除与职工的劳动关系给予的补偿除外。短期薪酬具体包括：①职工工资、奖金、津贴和补贴，是指企业按照构成职工工资总额的计时工资、计件工资、支付给职工的超额劳动报酬和增收节支的劳动报酬、为补偿职工特殊或额外的劳动消耗和因其他特殊原因支付给职工的津贴，以及为保证职工工资水平不受物价影响支付给职工的物价补贴等。其中，企业按照短期奖金计划向职工发放的奖金属于短期薪酬，按照中长期奖金计划向职工发放的奖金属于其他长期职工福利。②职工福利费，是指企业向职工提供的除职工工资、奖金、津贴和补贴、社会保险费、住房公积金以及职工教育经费等以外的福利待遇。职工福利费的具体使用可以分为三个部分：一是为职工卫生保健、生活等发放的各种现金补贴和非货币性福利，如职工因公外地就医费用、职工疗养费用、防暑降温费等；二是企业尚未分离的内设集体福利部门所发生的设备、设施和人员费用；三是发放给在职职工的生活困难补助以及按规定发生的其他福利支出，如丧葬补助费、抚恤费、职工异地安家费、独生子女费等职工福利支出。③医疗保险费、工伤保险费和生育保险费等社会保险费，是指企业按照国家规定的基准和比例计算，向社会保险经办机构缴纳的医疗保险费、工伤保险费和生育保险费等。④住房公积金，是指企业按照国家规定的基准和比例计算，向住房公积金管理机构缴存的住房公积金。⑤工会经费和职工教育经费，是指企业为了改善职工文化生活、为职工学习先进技术与提高文化水平和业务素质，开展工会活动和职工教育及职业技能培训等的相关支出。⑥短期带薪缺勤，是指职工虽然缺勤但企业仍向其支付报酬的安排，包括年休假、病假、婚假、产假、丧假、探亲假等。⑦短期利润分享计划，是指因职工提供服务而与职工达成的基于利润或其他经营成果提供薪酬的协议。⑧其他短期薪酬，是指除上述薪酬以外的其他为获得职工提供的服务而给予的短期薪酬。

上述③、④项内容，应当在职工为其提供服务的会计期间，按照国务院、所在地政府或企业年金计划规定的标准，计量应付职工薪酬义务（确认为负债）和应相应计入成本费用的薪酬金额，而且在原"五险一金"的基础上，增加了补充医疗保险和企业年金，称为"六险两金"，是多层次养老保险体系的组成部分，由国家宏观指导，企业内部决策执行；上述⑤项内容，企业应当分别按照不超过工资薪金总额2%和8%的计提标准，计量应付职工薪酬义务金额和应相应计入成本费用的薪酬金额。

（2）离职后福利，是指企业为获得职工提供的服务而在职工退休或与企业解除劳动关系后，提供的各种形式的报酬和福利，短期薪酬和辞退福利除外。

（3）辞退福利，是指企业在职工劳动合同到期之前解除与职工的劳动关系，或者为鼓励职工自愿接受裁减而给予职工的补偿。辞退福利主要包括：①在职工劳动合同到期前，不论职工本人是否愿意，企业决定解除与职工的劳动关系而给予的补偿；②在职工劳动合同尚未到期前，为鼓励职工自愿接受裁减而给予的补偿，职工有权利选择继续在职或接受补偿离职。另外，职工虽然没有与企业解除劳动合同，但未来不再为企业提供服务，不能为企业带来经济利益，企业承诺提供实质上具有辞退福利性质的经济补偿的，如发生"内退"的情况，在其正式退休日期之前应当比照辞退福利处理，在其正式退休日期之后，应当按照离职后福利处理。

（4）其他长期职工福利，是指除短期薪酬、离职后福利、辞退福利之外所有的职工薪酬，包括长期带薪缺勤、长期残疾福利、长期利润分享计划等。

总而言之，职工薪酬的具体范围包括在职和离职后提供给职工的所有货币性和非货币性薪酬；能够量化给职工本人和提供给职工集体享有的福利；提供给职工本人、配偶、子女或其他赡养人福利；以商业保险形式提供给职工的保险待遇等。

在对企业职工的薪酬进行核算时，应根据工资结算汇总表或按月编制的"职工薪酬分配表"的内容登记有关的总分类账户和明细分类账户，进行相关的账务处理。应由生产产品、提供劳务负担的职工薪酬，计入产品成本或劳务成本。生产产品、提供劳务的直接生产人员和直接提供劳务人员发生的职工薪酬，根据《企业会计准则第1号——存货》的规定，计入存货成本，但非正常消耗的直接生产人员和直接提供劳务人员的职工薪酬，应在发生时确认为当期损益；应由在建工程、无形资产负担的职工薪酬，计入固定资产或无形资产成本；除直接生产人员、直接提供劳务人员、建造固定资产人员、开发无形资产人员以外的职工，包括公司总部管理人员、董事会成员、监事会成员等人员相关的职工薪酬，因难以确定直接对应的受益对象，所以均应在发生时确认为当期损益。下面仅以短期薪酬中的工资、福利费为例说明短期薪酬的确认与计量。

2.职工薪酬归集与分配核算设置的账户

为了核算职工薪酬的发生和分配的内容，需要设置"应付职工薪酬"账户。"应付职工薪酬"账户的性质是负债类，用来核算企业职工薪酬的确认与实际发放情况，并反映和监督企业与职工薪酬结算情况。该账户贷方登记本月计算的应付职工薪酬总额，包括各种工资、奖金、津贴和福利费等，同时应付的职工薪酬应作为一项费用按其经济用途分配记入有关的成本、费用账户；借方登记本月实际支付的职工薪酬数。月末如为贷方余额，表示本月应付职工薪酬大于实付职工薪酬的数额，即应付未付的职工薪酬。"应付职工薪酬"账户可以按照"工资""职工福利""社会保险费""住房公积金"等进行明细分类核算。

"应付职工薪酬"账户的结构如下：

应付职工薪酬

实际支付的职工薪酬	月末计算分配的职工薪酬
	期末余额：应付未付的职工薪酬

企业发生的职工薪酬的用途是不同的，有的直接用于产品的生产，有的用于管理活动等，所以，在确定本月应付职工薪酬时，就应该按用途分别在有关的账户中进行核算，特别是对于生产多种产品的企业，其共同性的职工薪酬应在各种产品之间按照一定的标准进行分配，其分配的具体过程将在经济业务的处理中详细说明。这里需要特别说明的是对于职工福利费，企业应当根据历史经验数据和当期福利费列支计划，预计当期应计入职工薪酬的福利费金额，在会计期末，企业应对实际发生的福利费金额和预计金额进行适当的调整。关于职工薪酬核算的具体程序包括支付职工薪酬、分配职工薪酬等环节。

下面举例说明生产过程中发生的工资等职工薪酬的归集与分配业务的总分类核算。

【例5-30】京连有限责任公司开出现金支票，从银行提取现金3 600 000元，准备发放工资。

这项经济业务的发生，一方面使得公司的库存现金增加3 600 000元，另一方面使得公司的银行存款减少3 600 000元，因此，该项经济业务涉及"库存现金"和"银行存款"两个账户。现金的增加是资产的增加，应记入"库存现金"账户的借方，银行存款的减少是资产的减少，应记入"银行存款"账户的贷方。这项经济业务应编制的会计分录如下：

借：库存现金　　　　　　　　　　　　　　　　　　　　　3 600 000
　　贷：银行存款　　　　　　　　　　　　　　　　　　　　　　　3 600 000

【例5-31】京连有限责任公司用现金3 600 000元发放工资。

这项经济业务的发生，一方面使得公司的现金减少3 600 000元，另一方面使得公司的应付职工薪酬减少3 600 000元，因此，该项经济业务涉及"库存现金"和"应付职工薪酬"两个账户。现金的减少是资产的减少，应记入"库存现金"账户的贷方，应付职工薪酬的减少是负债的减少，应记入"应付职工薪酬"账户的借方。这项经济业务应编制的会计分录如下：

借：应付职工薪酬——工资　　　　　　　　　　　　　　　　3 600 000

　　贷：库存现金　　　　　　　　　　　　　　　　　　　　　　3 600 000

【例5-32】京连有限责任公司根据当月的考勤记录和产量记录等，计算确定本月职工的工资如下：

A产品生产工人工资　　　　　　　　　　　　　　　　1 640 000元

B产品生产工人工资　　　　　　　　　　　　　　　　1 430 000元

车间管理人员工资　　　　　　　　　　　　　　　　　320 000元

厂部管理人员工资　　　　　　　　　　　　　　　　　210 000元

这项经济业务的发生，一方面使得公司应付职工薪酬增加了3 600 000元，另一方面使得公司的生产费用和期间费用增加了3 600 000元。其中A产品生产工人工资1 640 000元，B产品生产工人工资1 430 000元，车间管理人员工资320 000元，厂部管理人员工资210 000元。车间生产工人和管理人员的工资作为一种生产费用应分别计入产品的生产成本（直接计入）和制造费用，厂部管理人员的工资应计入期间费用，因此，该项经济业务涉及"生产成本""制造费用""管理费用""应付职工薪酬"四个账户。生产工人的工资作为直接生产费用应记入"生产成本"账户的借方，车间管理人员的工资作为间接生产费用应记入"制造费用"账户的借方，厂部管理人员的工资作为期间费用应记入"管理费用"账户的借方，上述职工工资尚未支付形成企业负债的增加，应记入"应付职工薪酬"账户的贷方。这项经济业务应编制的会计分录如下：

借：生产成本——A产品　　　　　　　　　　　　　　1 640 000

　　　　　　——B产品　　　　　　　　　　　　　　1 430 000

　　制造费用　　　　　　　　　　　　　　　　　　　320 000

　　管理费用　　　　　　　　　　　　　　　　　　　210 000

　　贷：应付职工薪酬——工资　　　　　　　　　　　　　　3 600 000

【例5-33】京连有限责任公司本月以银行存款支付职工福利费504 000元，其中生产工人的福利费429 800元（A产品生产工人229 600元，B产品生产工人200 200元），车间管理人员的福利费44 800元，厂部管理人员的福利费29 400元。

企业为了保证职工的身体健康和提高职工的福利待遇，根据国家规定，可以按照职工工资总额的一定比例在成本费用中列支职工福利费。支付职工福利费时，一方面使得银行存款等资产减少，另一方面使得应付职工薪酬这项负债减少，所以这笔业务首先应记入"应付职工薪酬"账户的借方和"银行存款"账户的贷方。列支职工福利费时，一方面使得公司当期的费用成本增加，另一方面使得公司的应付职工薪酬增加。对于费用成本的增加应区分不同人员的福利费，分别在不同的账户中列支。其中A产品生产工人的福利费为229 600元，B产品生产工人的福利费为200 200元，属于产品生产成本的增加，应记入"生产成本"账户的借方，车间管理人员的福利费为44 800元，属于生产产品所发生的间接费用的增加，应记入"制造费用"账户的借方，厂部管理人员的福利费为29 400元，属于期间费用的增加，应记入"管理费用"账户的借方，同时，应记入"应付职工薪酬"账户的贷方。这项经济业务应编制的会计分录如下：

（1）支付福利费时：

借：应付职工薪酬——职工福利　　　　　　　504 000

　　贷：银行存款　　　　　　　　　　　　　　　　　504 000

（2）列支福利费时：

借：生产成本——A产品　　　　　　　　　　229 600

　　　　　　——B产品　　　　　　　　　　200 200

　　制造费用　　　　　　　　　　　　　　　 44 800

　　管理费用　　　　　　　　　　　　　　　 29 400

　　贷：应付职工薪酬——职工福利　　　　　　　　504 000

（三）制造费用的归集与分配

1. 制造费用归集与分配的含义

制造费用是产品制造企业为了生产产品和提供劳务而发生的各种间接费用。其主要内容是企业的生产部门（包括基本生产车间和辅助生产车间）为组织和管理生产活动以及为生产活动服务而发生的费用，如车间管理人员的职工薪酬，车间生产使用的照明费、取暖费、运输费、劳动保护费等。在生产多种产品的企业里，制造费用在发生时一般无法直接判定其应归属的成本核算对象，因而不能直接计入所生产的产品成本中，必须将上述各种费用按照发生的不同空间范围在"制造费用"账户中予以归集、汇总，然后选用一定的标准（如生产工人工资、生产工时等），在各种产品之间进行合理的分配，以便于准确地确定各种产品应负担的制造费用额。在制造费用的归集过程中，要按照权责发生制核算基础的要求，正确地处理跨期间的各种费用，使其分摊于应归属的会计期间。

制造费用包括的具体内容又可以分为三部分：

第一部分是间接用于产品生产的费用，如机物料消耗费用，车间生产用固定资产的折旧费、保险费，车间生产用的照明费、劳动保护费等。

第二部分是直接用于产品生产，但管理上不要求或者不便于单独核算，因而没有单独设置成本项目进行核算的某些费用，如生产工具的摊销费、设计制图费、试验费以及生产工艺用的动力费等。

第三部分是车间用于组织和管理生产的费用，如车间管理人员的职工薪酬，车间管理用的固定资产折旧费，车间管理用具的摊销费，车间管理用的水电费、办公费、差旅费等。

2. 制造费用归集与分配核算设置的账户

为了归集和分配各种间接费用，需要设置以下几个与间接费用的发生有关的账户：

（1）"长期待摊费用"账户。首先应明确长期待摊费用是指企业已经支出但应由本期和以后各期分别负担，且分摊期在1年以上的各项费用。为了符合权责发生制核算基础的要求核算这些先付款后摊销的费用，设置了"长期待摊费用"账户。该账户的性质属于资产类，用来核算企业预先付款、应由本期和以后各期分别负担的摊销期超过1年的各种费用。其借方登记预先支付的各种款项，如预付的房租、保险费、设备大修理费等，贷方登记应摊销计入本期成本或损益的各种费用。期末余额在借方，表示已经支出但尚未摊销的费用。该账户应按照费用的种类设置明细账户，进行明细分类核算。

"长期待摊费用"账户的结构如下：

长期待摊费用

预先支付的款项	应计入本期成本或损益的费用
期末余额：已支出但未摊销的费用	

（2）"累计折旧"账户。该账户的性质是资产类，用来核算企业固定资产已提折旧的累计情况。其贷方登记按月提取的折旧额，即累计折旧的增加，借方登记因减少固定资产而减少的累计折旧。期末余额在贷方，表示已提折旧的累计额。该账户只进行总分类核算，不进行明细分类核算。如果要查明某项固定资产已提折旧的具体情况，可以通过固定资产卡片（台账）来了解。

"累计折旧"账户的结构如下：

累计折旧

固定资产折旧的减少（注销）	提取的固定资产折旧的增加
	期末余额：现有固定资产累计折旧额

关于固定资产的折旧需要注意：为了给固定资产的管理提供有用的会计信息，真实、准确地反映企业固定资产价值的增减变动及结存情况，在会计核算过程中设置了"固定资产"账户。由于固定资产在其较长的使用期限内保持原有实物形态，而其价值却随着固定资产的损耗而逐渐减少，但其实物未被报废清理之前，总有一部分价值相对固定在实物形态上。固定资产管理要求原价与实物口径相一致，以考核固定资产的原始投资规模。固定资产由于损耗而减少的价值就是固定资产的折旧。固定资产的折旧应该作为折旧费用计入产品成本和期间费用，这样做不仅是为了使企业在将来有能力重置固定资产，更主要的是为了实现期间收入与费用的正确配比。计提固定资产折旧，通常是根据期初固定资产的原价和规定的折旧率按月计算提取的。

基于固定资产的上述特点，为了使"固定资产"账户能按固定资产的取得成本（原始价值）反映其增减变动和结存情况，并便于计算和反映固定资产的账面净值（折余价值），需要专门设置一个用来反映固定资产损耗价值（即折旧额）的账户，即"累计折旧"账户。每月计提的固定资产折旧记入该账户的贷方，表示固定资产因损耗而减少的价值；对于固定资产因出售、报废等原因引起的取得成本的减少，在注销固定资产的取得成本时，贷记"固定资产"账户，同时还应借记"累计折旧"账户，注销其已提取的折旧额。"累计折旧"账户期末应为贷方余额，表示现有固定资产已提取的累计折旧额。将"累计折旧"账户的贷方余额抵减"固定资产"账户的借方余额即可求得固定资产的净值。

下面举例说明制造费用的归集（部分业务）与分配的总分类核算。

【例5-34】京连有限责任公司为生产车间租用一台设备，现对其进行改良，使用期2年（自本月起），公司用银行存款100 800元支付该设备的改良支出，设备本月改良完毕并投入使用。

按照权责发生制的要求，企业应按支出的义务是否属于本期来确认费用的入账时间，也就是凡是本期发生的费用，不论款项是否在本期支付，都应作为本期的费用入账；凡不属本期的费用，即使款项在本期支付，也不应作为本期的费用处理。公司用银行存款支付自本月开始受益期为2年的改良支出，款项虽然在本期一次性支付，但其付款的义务显然不全在本期发生，而是在自本月开始的2年内的各个月份陆续产生付款责任，所以本期付款时，应将其作为一种有待摊销的费用处理。因此，这项经济业务的发生，一方面使得公司有待摊销的费用增加了，属于资产增加，应记入"长期待摊费用"账户的借方，另一方面用银行存款支付款项，意味着银行存款这项资产的减少，应记入"银行存款"账户的贷方。这项经济业务应编制的会计分录如下：

借：长期待摊费用　　　　　　　　　　　　　　　　　　　　100 800
　　贷：银行存款　　　　　　　　　　　　　　　　　　　　　　100 800

【例5-35】承例5-34，京连有限责任公司月末摊销应由本月负担的上述已付款的车间设备的改良支出4 200元（100 800÷24）。

这项经济业务实际上是一笔权责发生制核算基础应用的业务。题中车间设备的改良支出的款项虽然在本月已经支付，但其责任却是在含本月在内的24个月内产生，因而由本月负担的部分应将其作为本期的费用入账。摊销车间设备改良支出时，一方面使得公司的制造费用增加4 200元，另一方面使得公司的前期付款有待摊销的费用减少4 200元，因此，该项经济业务涉及"制造费用"和"长期待摊费用"两个账户。制造费用的增加是费用的增加，应记入"制造费用"账户的借方，长期待摊费用的减少是资产的减少，应记入"长期待摊费用"账户的贷方。这项经济业务应编制的会计分录如下：

借：制造费用　　　　　　　　　　　　　　　　　　　　　　4 200
　　贷：长期待摊费用　　　　　　　　　　　　　　　　　　　　4 200

【例5-36】京连有限责任公司用银行存款支付应由本月负担的车间水电费3 500元。

该项经济业务的发生，一方面使得公司的制造费用增加3 500元，另一方面使得银行存款减少3 500元，因此，该项经济业务涉及"制造费用"和"银行存款"两个账户。制造费用的增加是费用的增加，应记入"制造费用"账户的借方，银行存款的减少是资产的减少，应记入"银行存款"账户的贷方。这项经济业务应编制的会计分录如下：

借：制造费用　　　　　　　　　　　　　　　　　　　　　　3 500
　　贷：银行存款　　　　　　　　　　　　　　　　　　　　　　3 500

【例5-37】京连有限责任公司于月末计提本月固定资产折旧，其中车间固定资产折旧额8 600元，厂部固定资产折旧额4 500元。

企业的固定资产由于使用等原因会磨损，其磨损价值即折旧，因而对固定资产应通过提取折旧的方式将其磨损的价值计入到当期成本或损益中去。提取固定资产折旧时，一方面意味着当期的费用成本增加，应区分不同的空间范围记入不同的费用成本类账户，其中车间固定资产提取的折旧额应记入"制造费用"账户的借方，厂部固定资产提取的折旧额应记入"管理费用"账户的借方，另一方面，固定资产已提折旧额的增加，实际上是固定资产价值的减少，本应记入"固定资产"账户的贷方，但由于"固定资产"账户只负责记录固定资产取得成本的增减变动（在固定资产使用期内，一般是不变的），因此，对于固定资产提取的折旧额应记入"累计折旧"账户的贷方，表示固定资产已提折旧的增加。这项经济业务应编制的会计分录如下：

借：制造费用　　　　　　　　　　　　　　　　　　　　　　8 600
　　管理费用　　　　　　　　　　　　　　　　　　　　　　　4 500
　　贷：累计折旧　　　　　　　　　　　　　　　　　　　　　13 100

【例5-38】京连有限责任公司用现金900元购买车间的办公用品。

这项经济业务的发生，使得公司车间的办公用品费增加900元，同时现金减少900元，因此，该项经济业务涉及"制造费用"和"库存现金"两个账户。其中，车间办公用品费的增加是费用的增加，应记入"制造费用"账户的借方，现金的减少是资产的减少，应记入"库存现金"账户的贷方。所以这项经济业务应编制的会计分录如下：

借：制造费用   900
   贷：库存现金   900

【例5-39】京连有限责任公司在月末将本月发生的制造费用按照生产工时比例分配计入A、B产品生产成本。其中A产品生产工时6 000个，B产品生产工时4 000个。

企业发生的制造费用属于间接费用，所以需要采用一定的标准在各种产品之间进行合理的分配。制造费用的分配可以采用不同的分配标准，具体分配方法有：按生产工人工资比例分配；按生产工时比例分配；按机器设备运转台时分配；按耗用原材料的数量或成本比例分配；按产品产量比例分配等。企业可以根据自身管理的需要、产品的特点等选择采用某种标准，但是标准一经确定，应按照可比性原则的要求，不得随意变更。

对于这项经济业务，首先归集本月发生的制造费用额，即根据材料费用归集、人工费用归集、制造费用归集等业务内容可以确定公司本月发生的制造费用为547 000元（165 000+320 000+44 800+4 200+3 500+8 600+900）；然后按照生产工时比例进行分配，即：

$$制造费用分配率=\frac{547\ 000}{6\ 000+4\ 000}=54.7（元/工时）$$

A产品负担的制造费用额=6 000×54.7=328 200（元）

B产品负担的制造费用额=4 000×54.7=218 800（元）

将分配的结果计入产品成本时，一方面使得产品生产费用增加547 000元，另一方面使得公司的制造费用减少547 000元。因此，该项经济业务涉及"生产成本"和"制造费用"两个账户。产品生产费用的增加作为间接费用应记入"生产成本"账户的借方，制造费用的减少是费用的结转，应记入"制造费用"账户的贷方。这项经济业务应编制的会计分录如下：

借：生产成本——A产品   328 200
        ——B产品   218 800
   贷：制造费用   547 000

（四）完工产品生产成本的计算与结转

1.完工产品成本的计算

在将制造费用分配由各种产品成本负担之后，"生产成本"账户的借方归集了各种产品所发生的直接材料、直接人工和制造费用的全部内容。在此基础上就可以进行产品成本的计算了。成本计算是会计核算的主要方法之一。进行产品生产成本的计算就是将企业生产过程中为制造产品所发生的各种费用按照生产产品的品种、类别等（即成本计算对象）进行归集和分配，以便计算各种产品的总成本和单位成本。计算产品生产成本既为入库产成品提供了计价的依据，又满足了确定各会计期间盈亏的需要。

企业应设置产品生产成本明细账，用来归集应计入各种产品的生产费用。在以产品品种为成本计算对象的企业或车间，如果只生产一种产品，计算产品成本时，只需为这种产品开设一本明细账，账内按照成本项目设立专栏或专行。在这种情况下发生的生产费用全部都是直接计入的费用，可以直接计入产品成本明细账，而不存在在各成本计算对象之间分配费用的问题。如果生产的产品不止一种，就应按照产品品种分别开设产品生产成本明细账。生产过程中发生的费用凡能分得清被哪种产品所消耗的，应根据有关凭证直接计入该种产品成本明细账；凡分不清的，如制造费用或几种产品共同耗用的某种原材料费用、生产工人的计时工资等，则应采取适当的分配方法在各成本计算对象之间进行分配，然后记入各产品成本明细账。产品生产成本的计算应在生产成本明细账中进行。如果月末某种产品全部完工，该种产品生产成本明细账所归集的费用总额，就是该种完工产品的总成本，用完工产品总成本除以该种产品的完工总产量即可计算出该种产品的单位成本。如果月末某种产品全部未完工，该种产品生产成本明细账所归集的费用总额就是该种产品在产品的总成本。如果月末某种产品一部分完工，一部分未完工，这时归集在产品成本明细账中的费用总额还要采取适当的分配方法在完工产品和在产品之间进行分配，然后才能计算出完工产品的总成本和单位成本。生产费用如何在完工产品和在产品之间进行分配，是成本计算中的一个既重要而又复杂的问题，关于这方面的具体内容将在第七章中进行介绍。完工产品成本的简单计算公式为：

　　完工产品生产成本=期初在产品成本+本期发生的生产费用－期末在产品成本

　　企业生产的产品经过了各道工序的加工生产之后，就成为企业的完工产成品。所谓产成品是指已经完成全部生产过程并已验收入库、符合标准规格和技术条件，可以按照合同规定的条件送交订货单位，或可以作为商品对外销售的产品。根据完工产品生产成本计算单的资料就可以结转完工、验收入库产品的生产成本。

　　2.完工产品成本核算设置的账户

　　为了核算完工产品成本结转及库存商品成本情况，需要设置"库存商品"账户。该账户的性质是资产类账户，用来核算企业库存的外购商品、自制产品（即产成品）、自制半成品、存放在门市部准备出售的商品、发出展览的商品以及寄存在外的商品等的实际成本（或计划成本）的增减变动及结余情况。其借方登记验收入库商品成本的增加，包括外购、自产、委外加工等；贷方登记库存商品成本的减少（发出）。期末余额在借方，表示库存商品成本的期末结余额。"库存商品"账户应按照商品的种类、品种和规格等设置明细账，进行明细分类核算。

　　"库存商品"账户的结构如下：

库存商品

验收入库商品成本的增加	库存商品成本的减少
期末余额：结存的商品成本	

　　下面举例说明完工入库产品成本结转的总分类核算。

　　【例5-40】京连有限责任公司生产车间本月生产完工A、B两种产品，其中A产品完工总成本为1 842 000元，B产品完工总成本为1 265 000元。A、B产品现已验收入库，结转成本。

　　产品完工入库结转成本，一方面使得公司的库存商品成本增加，其中A产品成本增加

1 842 000元，B产品成本增加1 265 000元；另一方面由于结转入库商品实际成本而使生产过程中占用的资金减少3 107 000元（1 842 000+1 265 000）。因此，该项经济业务涉及"生产成本"和"库存商品"两个账户，库存商品成本的增加是资产的增加，应记入"库存商品"账户的借方，结转入库产品成本使生产成本减少，应记入"生产成本"账户的贷方。这项经济业务应编制的会计分录如下：

借：库存商品——A产品　　　　　　　　　　　　　　　　　1 842 000
　　　　　　——B产品　　　　　　　　　　　　　　　　　1 265 000
　　贷：生产成本——A产品　　　　　　　　　　　　　　　　　　　1 842 000
　　　　　　　——B产品　　　　　　　　　　　　　　　　　　　1 265 000

上述产品生产过程业务的总分类核算过程如图5-6所示。

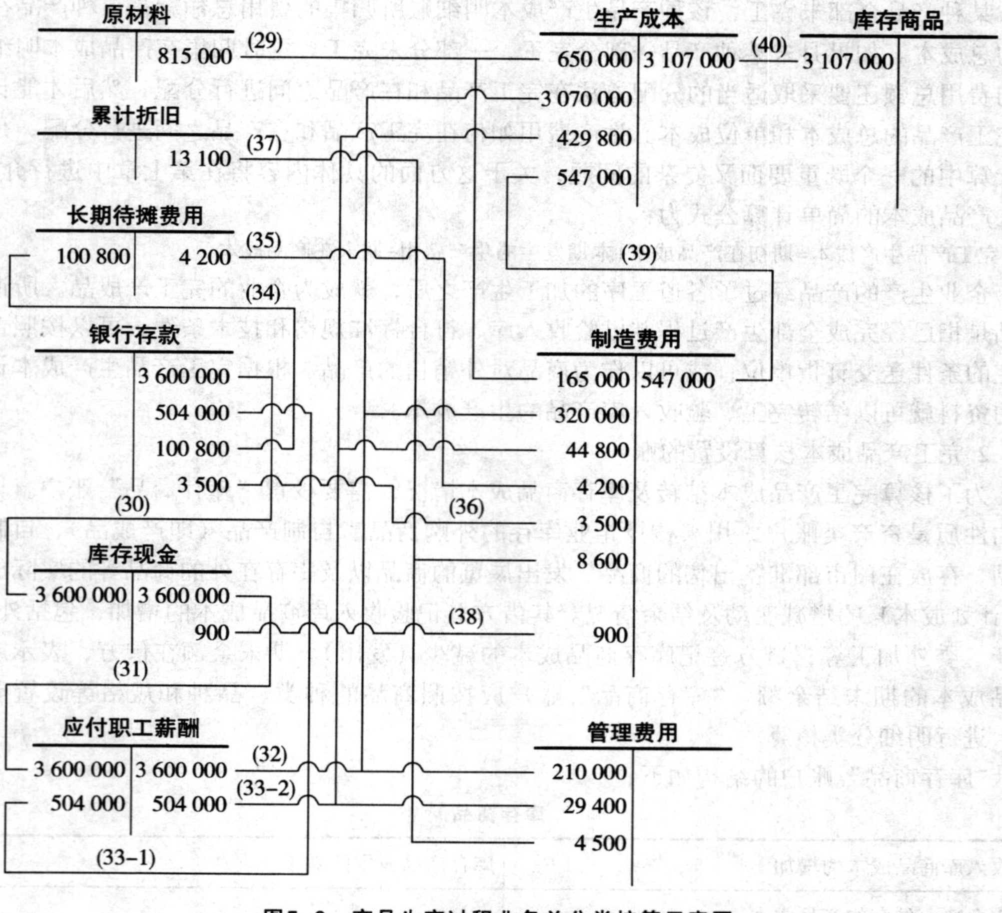

图5-6　产品生产过程业务总分类核算示意图

第五节　销售过程业务的核算

企业经过了产品生产过程，生产出符合要求、可供对外销售的产品，形成了商品存货，接下来就要进入销售过程。通过销售过程，将生产出来的产品销售出去，实现它们的价值。销售过程是企业经营过程的最后一个阶段。产品制造企业在销售过程中，通过销售产品，按照销售价格收取产品价款，形成商品销售收入，在销售过程中结转的商品销售成本，以及发生的运输、包装、广告等销售费用，按照国家税法的规定计算缴纳的各种销售税金等都应该从销售收入中得到补偿，补偿之后的差额即为企业销售商品的业务成果，即利润或亏损。企业在销售过程中除了发生销售商品、自制半成品以及提供工业性劳务等业务即主营业务外，还可能发生一些其他业务，如销售材料、出租包装物、出租固定资产等，我们在这一节中主要介绍企业主营业务收支和其他业务收支的核算内容。

一、主营业务收支的核算

（一）主营业务收支核算概述

企业的主营业务范围包括销售商品、自制半成品、代制品、代修品以及提供劳务等。主营业务核算的主要内容就是主营业务收入的确认与计量、主营业务成本的计算与结转、销售费用的发生与归集、税金的计算与缴纳以及货款的收回等。我们在这一个部分里主要介绍主营业务中商品销售业务的核算内容，包括商品销售收入的确认与计量、商品销售成本的计算与结转以及销售税金的计算和缴纳等内容。

1.商品销售收入的确认与计量

销售过程的核算首先需要解决的就是销售收入的确认与计量的问题。收入的确认实际上就是解决收入在什么时间入账的问题，而收入的计量就是收入以多少金额入账的问题。企业生产经营活动所获得的收入应当按照权责发生制的要求，根据收入实现原则加以确认与计量。由于商品销售收入是企业收入的重要组成部分，作为企业经营业绩的重要表现形式，对商品销售收入到底应该如何确认和计量，直接关系到企业经营成果和财务状况能否得到准确报告的问题。

按照《企业会计准则第14号——收入》（财会〔2017〕22号）的要求，企业应当在履行了合同中的履约义务，即在客户取得相关商品的控制权时确认收入。这里的合同是指双方或多方之间订立有法律约束力的权利义务的协议。合同有书面形式、口头形式以及其他形式。这里的客户是指与企业订立合同以向该企业购买日常活动产出的商品或服务并支付对价的一方。取得相关商品控制权是指能够主导该商品的使用并从中获得几乎全部的经济利益，也包括有能力阻止其他方主导该商品的使用并从中获得经济利益。

企业在确认和计量收入时需要遵循一定的判断依据与流程。根据收入准则第9条的要求，合同开始日，企业应当对合同进行评估，识别该合同所包含的各单项履约义务，并确定各单项履约义务是在某一时段内履行，还是在某一时点履行，然后，在履行了各单项履约义务时分别确认收入。具体分为以下五个步骤：

第一步，识别与客户订立的合同。企业与客户之间的合同同时满足下列条件的，企业应当在客户取得商品控制权时确认收入：（1）合同各方已批准该合同并承诺将履行各自义务；（2）该合同明确了合同各方与所转让商品或提供劳务相关的权利和义务；（3）该合同有明确的与所转让商品相关的支付条款；（4）该合同具有商业实质，即履行该合同将改变企业未来现金流量的风险、时间分布或金额；（5）企业因向客户转让商品而有权取得的对价很可能收回。

对于不符合上述规定的合同，企业只有在不再负有向客户转让商品的剩余义务，且已向客户收取的对价无须退回时，才能将已收取的对价确认为收入，否则，应当将已收取的对价作为负债进行会计处理。

第二步，识别合同中的单项履约义务。履约义务，是指合同中企业向客户转让可明确区分商品的承诺。以下的承诺可作为单项履约义务：（1）企业向客户转让可明确区分商品（或者商品或服务的组合）的承诺。企业向客户承诺的商品同时满足下列条件的，应当作为可明确区分商品：一是客户能够从该商品本身或者从该商品与其他易于获得的资源一起使用中受益；二是企业向客户转让该商品的承诺与合同中的其他承诺可单独区分。（2）企业向客户转让一系列实质相同且转让模式相同的、可明确区分商品的承诺。企业应当将实质相同且转让模式相同的一系列商品作为单项履约义务。

第三步，确定交易价格。交易价格是指企业因向客户转让商品而预期有权收取的对价金额。企业代第三方收取的款项如增值税、企业预期将退还给客户的款项等不计入交易价格，而是作为负债进行处理。企业应当根据合同条款并结合以往的习惯做法确定交易价格。在确定交易价格时，企业应当考虑可变对价、合同中存在的重大融资成分、非现金对价、应付客户对价等因素的影响。

第四步，将交易价格分摊至各单项履约义务。当合同中包含两项或多项履约义务时，为了使企业分摊至每一单项履约义务的交易价格能够反映其因向客户转让已承诺的相关商品而预期有权收取的对价金额，企业应当在合同开始日按照各单项履约义务所承诺商品的单独售价的相对比例，将交易价格分摊至各单项履约义务。企业不得因合同开始日之后单独售价的变动而重新分摊交易价格。单独售价是指企业向客户单独销售商品的价格。

第五步，履行每一单项履约义务时确认收入。企业应当在履行了合同中的履约义务，即在客户取得相关商品控制权时确认收入。企业应当根据实际情况，首先判断履约义务是否满足在某一时段内履行的条件，如不满足，则该履约义务属于在某一时点履行的履约义务。

对于在某一时段内履行的履约义务，企业应当在该段时间内按照履约进度确认收入，企业在确定履约进度时应当考虑商品的性质，采用产出法或投入法确定恰当的履约进度。产出法是根据已转移给客户的商品对于客户的价值确定履约进度。投入法是根据企业为履行履约义务的投入确定履约进度。当履约进度不能合理确定时，企业已经发生的成本预计能够得到补偿的，应当按照已经发生的成本金额确认收入，直到履约进度能够合理确定为止。

对于在某一时点履行的履约义务，企业应当综合分析控制权转移的迹象，判断其转移时点：（1）企业就该商品享有现时收款权利；（2）企业已将该商品的法定所有权转移给客户；（3）企业已将该商品实物转移给客户；（4）企业已将该商品所有权上的主要风险和报酬转移给客户；（5）客户已接受该商品；（6）其他表明客户已取得商品控制权的迹象。

收入确认与计量的基本过程可用图5-7表示。

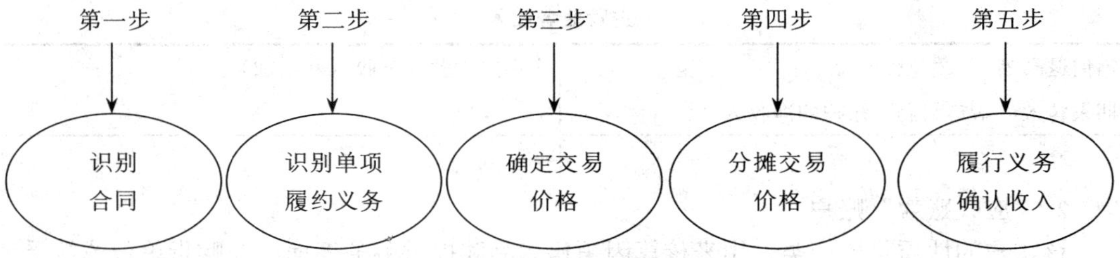

图5-7　收入确认与计量流程示意图

上述第一步、第二步和第五步主要与收入的确认有关，第三步和第四步主要与收入的计量有关。

2.主营业务成本的计算与结转

企业在销售商品过程中，一方面减少了库存的存货，另一方面作为取得主营业务收入而垫支的资金，表明企业发生了费用，我们把这项费用称为主营业务成本（亦称商品销售成本）。将销售发出的商品成本转为主营业务成本，应遵循配比的要求。也就是说，不仅主营业务成本的结转应与主营业务收入在同一会计期间加以确认，而且应与主营业务收入在数量上保持一致。主营业务成本的计算公式如下：

本期应结转的主营业务成本=本期销售商品的数量×单位商品的生产成本

上式中，单位商品生产成本的确定，应考虑期初库存的商品成本和本期入库的商品成本情况，可以分别采用先进先出法、月末一次加权平均法和个别计价法等来确定，方法一经确定，不得随意变动。关于发出存货的计价方法，将在本书第十章中进行介绍。

3.税金及附加的计算

企业销售商品、持有特定财产或发生特定行为，就应该向国家税务机关缴纳相应的税金及附加，包括消费税、城市维护建设税（简称城建税）、资源税、教育费附加，以及车船税、房产税、城镇土地使用税和印花税等。这些税金及附加一般是根据有关计税基数，按照规定的税率计算缴纳。其中：

应交消费税=应税消费品的销售额×消费税税率

应交城建税=（应交消费税+应交增值税）×城建税税率

教育费附加的计算方法与城建税相同，只是比例不同。由于这些税金及附加大多是在当月计算而在下个月缴纳的，因而计算税金及附加时，一方面作为企业发生的一项费用支出，另一方面形成企业的一项负债。

（二）主营业务收支核算设置的账户

1."主营业务收入"账户

该账户的性质是损益类，用来核算企业销售商品和提供劳务所实现的收入。其贷方登记企业实现的主营业务收入（即主营业务收入的增加），借方登记发生销售退回和销售折让时应冲减本期的主营业务收入和期末转入"本年利润"账户的主营业务收入额（按净额结转），结转后该账户期末应没有余额。"主营业务收入"账户应按照主营业务的种类设置明细账户，进行明细分类核算。

"主营业务收入"账户的结构如下：

主营业务收入

销售退回等	实现的主营业务收入（增加）
期末转入"本年利润"账户的净收入	

2."应收账款"账户

该账户的性质是资产类，用来核算因销售商品和提供劳务等而应向购货单位或接受劳务单位收取货款的结算情况（结算债权）的账户，代购货单位垫付的各种款项也在该账户中核算。其借方登记由于销售商品以及提供劳务等而发生的应收账款（即应收账款的增加），包括应收取的价款、税款和代垫款等，贷方登记已经收回的应收账款（即应收账款的减少）。期末余额如在借方，表示尚未收回的应收账款；期末余额如在贷方，表示预收的账款。该账户应按不同的购货单位或接受劳务单位设置明细账户，进行明细分类核算。

"应收账款"账户的结构如下：

应收账款

发生的应收账款（增加）	收回的应收账款（减少）
期末余额：应收未收款	期末余额：预收款

3."预收账款"账户

该账户的性质是负债类，用来核算企业预收购货单位订货款的增减变动及结余情况。其贷方登记预收购买单位订货款的增加，借方登记销售实现时冲减的预收货款。期末余额如在贷方，表示企业预收款的结余额，期末余额如在借方，表示购货单位应补付给本企业的款项。本账户应按照购货单位设置明细账户，进行明细分类核算。

"预收账款"账户的结构如下：

预收账款

预收货款的减少	预收货款的增加
期末余额：购货单位应补付的款项	期末余额：预收款的结余

应注意，对于预收账款业务不多的企业，可以不单独设置"预收账款"账户，而将预收的款项直接记入"应收账款"账户，此时，"应收账款"账户就成为双重性质的账户。

4."应收票据"账户

该账户的性质是资产类，用来核算企业销售商品而收到购货单位开出并承兑商业承兑汇票或银行承兑汇票的增减变动及结余情况。企业收到购货单位开出并承兑的商业汇票，表明企业票据应收款的增加，应记入"应收票据"账户的借方；票据到期收回购货单位货款表明企业应收票据款的减少，应记入"应收票据"账户的贷方，期末该账户如有余额应在借方，表示尚未到期的票据应收款项的结余额。该账户不设置明细账户。为了了解每张应收票据的结算情况，企业应设置"应收票据备查簿"逐笔登记每张商业汇票的种类，号数和出票日，票面金额，交易合同号和付款人、承兑人、背书人的姓名或单位名称，到期日，背书转让日，贴现日，贴现率和贴现净额以及收款日和收回金额，退票情况等资料。商业汇票到期结清票款或退票后在备查簿中注销。

"应收票据"账户的结构如下：

应收票据

本期收到的商业汇票（增加）	到期（或提前贴现）票据（减少）
期末余额：尚未收回的票据应收款	

在此对商业汇票的有关内容进行简单的介绍。商业汇票是由收款人或付款人（或承兑申请人）签发，由承兑人承兑，并于到期日向收款人或持票人无条件支付款项的票据。商业汇票结算方式适用于企业先发货后收款或者双方约定延期付款的具有真实的交易关系或债权债务关系等款项的结算，同城结算和异地结算均可使用。商业汇票的付款期限由交易双方共同商定，但根据《商业汇票结算办法》规定，其最长期限不超过6个月。持票人如果急需资金，可以持未到期的票据到银行办理贴现[①]。商业汇票按照承兑人的不同可以分为商业承兑汇票和银行承兑汇票两种。采用商业汇票结算方式，可以使企业之间的债权债务关系表现为外在的票据，使商业信用票据化，具有较强的约束力，有利于维护和发展社会主义市场经济。对于购货企业来说，由于可以延期付款，所以在资金暂时不足的情况下也能及时购进材料物资，保证生产经营顺利进行。对于销货企业来说，可以疏通商品渠道，扩大销售，促进生产。

随着电子技术的发展，又出现了电子商业汇票。电子商业汇票是指出票人依托中国人民银行认可的票据市场基础设施，以数据电文形式制作的，委托付款人在指定日期无条件支付确定金额给收款人或持票人的票据。电子商业汇票又分为电子银行承兑汇票、电子商业承兑汇票和电子财务公司承兑汇票。与纸质商业汇票相比，电子商业汇票具有以数据电文形式签发、流转，并以电子签名取代实体签章的特点。

5. "主营业务成本"账户

该账户的性质是损益类，用来核算企业经营主营业务而发生的实际成本及其结转情况。其借方登记主营业务发生的实际成本，贷方登记期末转入"本年利润"账户的主营业务成本。经过结转之后，该账户期末没有余额。"主营业务成本"账户应按照主营业务的种类设置明细账户，进行明细分类核算。

"主营业务成本"账户的结构如下：

主营业务成本

本期发生的主营业务成本	期末转入"本年利润"账户的主营业务成本

6. "税金及附加"账户

该账户的性质是损益类，用来核算企业销售商品、持有特定财产以及发生特定行为应负担的各种税金及附加的计算及结转情况。其借方登记按照有关的计税依据计算出的各种税金及附加额，贷方登记期末转入"本年利润"账户的税金及附加额。经过结转之后，该账户期末没有余额。

"税金及附加"账户的结构如下：

---

① 应收票据"贴现"又称银行贴现，是指票据持有人将未到期的票据在背书后转让给银行，银行受理后，从票据中扣除按银行贴现率计算确定的贴现利息，然后将余款付给持票人的行为，也就是贴现银行作为受让方买入未到期的票据，预先扣除贴现日起至票据到期日止的利息，而将余额付给贴现者的一种交易行为。

税金及附加

本期应负担的税金及附加	期末转入"本年利润"账户的税金及附加

应该指出，由于企业提供商品、劳务或资产使用权通常涉及增值税销项税额问题，因而主营业务收支核算中还要运用"应交税费——应交增值税"账户。关于增值税销项税额在前面已经做过说明，它是指企业销售应税货物或提供应税劳务而收取的增值税税额，应按照增值税专用发票记载的商品或劳务售价和规定的税率进行计算，即：

增值税销项税额=销售货物的不含税售价×增值税税率

增值税的销项税额计算出来之后，应在"应交税费——应交增值税"账户的贷方反映，以便用以抵扣其借方的增值税进项税额，确定增值税的应交额。为了核算增值税的进、销项税额以及增值税的已交和未交情况，需要在应交增值税明细账中设置"进项税额""已交税金""销项税额""出口退税""进项税额转出""转出未交增值税""转出多交增值税"等专栏对其进行明细核算。应交税费——应交增值税明细账的格式见表5-2。

表5-2 应交税费——应交增值税明细账

年		凭证号数	内容摘要	借 方				贷 方				借或贷	余 额
月	日			进项税额	已交税额	……	合计	销项税额	进项税额转出	……	合计		

下面举例说明主营业务收支的总分类核算。

【例5-41】 京连有限责任公司向东方集团销售A产品50台，每台售价4 800元，发票注明该批A产品的价款240 000元，增值税销项税额31 200元，收到一张买方签发并已承兑的含全部款项的商业汇票。

这项经济业务的发生，一方面使得公司的应收票据款增加271 200元（240 000+31 200），另一方面使得公司的商品销售收入增加240 000元、应交增值税销项税额增加31 200元，因此，该项经济业务涉及"应收票据""主营业务收入""应交税费——应交增值税"三个账户。应收票据款的增加是资产的增加，应记入"应收票据"账户的借方，商品销售收入的增加是收入的增加，应记入"主营业务收入"账户的贷方，增值税销项税额的增加是负债的增加，应记入"应交税费——应交增值税"账户的贷方。这项经济业务应编制的会计分录如下：

借：应收票据 271 200

　　贷：主营业务收入 240 000

　　　　应交税费——应交增值税（销项税额） 31 200

【例5-42】 京连有限责任公司预收正大集团订购B产品的货款500 000元，存入银行。

这项经济业务的发生，一方面使得公司的银行存款增加 500 000 元，另一方面使得公司的预收款增加 500 000 元，因此，该项经济业务涉及"银行存款"和"预收账款"两个账户。银行存款的增加是资产的增加，应记入"银行存款"账户的借方，预收款的增加是负债的增加，应记入"预收账款"账户的贷方。这项经济业务应编制的会计分录如下：

借：银行存款　　　　　　　　　　　　　　　　　　　　500 000
　　贷：预收账款——正大集团　　　　　　　　　　　　　　　　500 000

【例 5-43】京连有限责任公司赊销给机车集团 A 产品 120 台，发票注明的价款 576 000 元，增值税销项税额 74 880 元。

这项经济业务的发生，一方面使得公司的应收款增加 650 880 元（576 000+74 880），另一方面使得公司的商品销售收入增加 576 000 元、增值税销项税额增加 74 880 元。因此，该项经济业务涉及"应收账款"、"主营业务收入"和"应交税费——应交增值税"三个账户。应收款的增加是资产的增加，应记入"应收账款"账户的借方，商品销售收入的增加是收入的增加，应记入"主营业务收入"账户的贷方，增值税销项税额的增加是负债的增加，应记入"应交税费——应交增值税"账户的贷方。这项经济业务应编制的会计分录如下：

借：应收账款——机车集团　　　　　　　　　　　　　　650 880
　　贷：主营业务收入　　　　　　　　　　　　　　　　　　　576 000
　　　　应交税费——应交增值税（销项税额）　　　　　　　　　74 880

【例 5-44】承例 5-42，京连有限责任公司向正大集团发出 B 产品 70 台，发票注明的价款 1 400 000 元，增值税销项税额 182 000 元。原预收款不足，其差额部分当即收到并存入银行。

公司以前已经预收款项并满足收入合同成立条件，本期提供商品或劳务，本期确认收入，因而应在期末结账时将其调整为本期收入，即一方面增加本期收入，另一方面冲减本期负债。公司原预收正大集团的货款 500 000 元，而现在发货的价税款为 1 582 000 元（1 400 000+182 000），不足款项的差额为 1 082 000 元（1 582 000-500 000）。这项经济业务的发生，一方面使得公司的预收款减少 500 000 元，银行存款增加 1 082 000 元，另一方面使得公司的商品销售收入增加 1 400 000 元，增值税销项税额增加 182 000 元，因此，该项经济业务涉及"预收账款"、"银行存款"、"主营业务收入"和"应交税费——应交增值税"四个账户。预收款的减少是负债的减少，应记入"预收账款"账户的借方，银行存款的增加是资产的增加，应记入"银行存款"账户的借方，商品销售收入的增加是收入的增加，应记入"主营业务收入"账户的贷方，增值税销项税额的增加是负债的增加，应记入"应交税费——应交增值税"账户的贷方。这项经济业务应编制的会计分录如下：

借：预收账款——正大集团　　　　　　　　　　　　　　500 000
　　银行存款　　　　　　　　　　　　　　　　　　　　1 082 000
　　贷：主营业务收入　　　　　　　　　　　　　　　　　　1 400 000
　　　　应交税费——应交增值税（销项税额）　　　　　　　　182 000

【例 5-45】承例 5-43，京连有限责任公司收到机车集团开出并承兑的商业汇票 650 880

元，用以抵偿其前欠本企业的货款。

这项经济业务的发生，一方面使得公司的应收票据款增加 650 880 元，另一方面使得公司的应收款减少 650 880 元，因此，该项经济业务涉及"应收票据"和"应收账款"两个账户。应收票据款的增加是资产的增加，应记入"应收票据"账户的借方，应收款的减少是资产的减少，应记入"应收账款"账户的贷方。这项经济业务应编制的会计分录如下：

借：应收票据　　　　　　　　　　　　　　　　　　　　　650 880
　　贷：应收账款——机车集团　　　　　　　　　　　　　　　　650 880

对于收到的机车集团的商业汇票，应在"应收票据备查簿"中进行备查登记。

【例 5-46】京连有限责任公司赊销给大明集团 52 台 A 产品，发票注明的货款为 258 000 元，增值税销项税额为 33 540 元。另外，公司用银行存款为大明集团垫付 A 商品运费 1 500 元。

这项经济业务的发生，一方面使得公司的应收款增加 293 040 元（258 000+33 540+1 500），另一方面使得公司的商品销售收入增加 258 000 元，增值税销项税额增加 33 540 元，银行存款减少 1 500 元，因此，该项经济业务涉及"应收账款""主营业务收入""应交税费——应交增值税""银行存款"四个账户。应收款的增加是资产的增加，应记入"应收账款"账户的借方，商品销售收入的增加是收入的增加，应记入"主营业务收入"账户的贷方，增值税销项税额的增加是负债的增加，应记入"应交税费——应交增值税"账户的贷方，银行存款的减少是资产的减少，应记入"银行存款"账户的贷方。这项业务应编制的会计分录如下：

借：应收账款——大明集团　　　　　　　　　　　　　　　　293 040
　　贷：主营业务收入　　　　　　　　　　　　　　　　　　　258 000
　　　　应交税费——应交增值税（销项税额）　　　　　　　　　33 540
　　　　银行存款　　　　　　　　　　　　　　　　　　　　　　1 500

【例 5-47】京连有限责任公司上个月销售给创业集团的 B 产品由于质量问题本月被退回 10 台，按照规定应冲减本月的收入 200 000 元和增值税销项税额 26 000 元，有关款项通过银行付清。假设该批 B 产品的单位销售成本与本月相同。

由于上个月销售给创业集团的 B 产品在本月被退回，这批产品虽然在上个月确认了收入和增值税销项税额，但按照规定应冲减退回月的有关账项，因此，应在退货时冲减本月的商品销售收入和增值税销项税额。这项经济业务的发生，一方面使得公司的商品销售收入减少 200 000 元、增值税销项税额减少 26 000 元；另一方面使得公司的银行存款减少 226 000 元，因此，该项经济业务涉及"主营业务收入"、"应交税费——应交增值税"和"银行存款"三个账户。商品销售收入的减少是收入的减少，应记入"主营业务收入"账户的借方，增值税销项税额的减少是负债的减少，应记入"应交税费——应交增值税"账户的借方，银行存款的减少是资产的减少，应记入"银行存款"账户的贷方。这项经济业务应编制的会计分录如下：

借：主营业务收入　　　　　　　　　　　　　　　　　　　200 000
　　应交税费——应交增值税（销项税额）　　　　　　　　　　26 000

　　　　贷：银行存款　　　　　　　　　　　　　　　　　　　　　　　226 000

【例5-48】京连有限责任公司在月末结转本月已销售的A、B产品的销售成本。其中A产品的单位成本为3 200元，B产品的单位成本为13 600元。

　　首先需要计算确定已销售的A、B产品的销售成本。由于本期销售A产品计222台（52+120+50），其销售总成本为710 400元（3 200×222），本期销售B产品70台，其销售成本为952 000元（13 600×70），另外，本月还发生B产品退货10台，应冲减本月的销售成本136 000元（13 600×10），因而本月应结转的B产品销售成本为816 000元（952 000-136 000）。这项经济业务的发生，一方面使得公司的商品销售成本增加1 526 400元（710 400+952 000-136 000），另一方面使得公司的库存商品成本减少1 526 400元，因此，该项经济业务涉及"主营业务成本"和"库存商品"两个账户。商品销售成本的增加是费用成本的增加，应记入"主营业务成本"账户的借方，库存商品成本的减少是资产的减少，应记入"库存商品"账户的贷方。这项经济业务应编制的会计分录如下：

　　借：主营业务成本　　　　　　　　　　　　　　　　　　　　1 526 400
　　　　贷：库存商品——A商品　　　　　　　　　　　　　　　　　710 400
　　　　　　　　——B商品　　　　　　　　　　　　　　　　　816 000

【例5-49】经计算，京连有限责任公司本月应缴纳的消费税为35 000元，城建税14 000元，教育费附加6 000元，车船税1 500元，房产税3 000元。

　　这项经济业务的发生，一方面使得公司的税金及附加增加59 500元（35 000+14 000+6 000+1 500+3 000），另一方面使得公司的应交税费增加59 500元，因此，该项经济业务涉及"税金及附加""应交税费"两个账户。税金及附加的增加是费用支出的增加，应记入"税金及附加"账户的借方，应交税费的增加是负债的增加，应记入"应交税费"账户的贷方。这项经济业务应编制的会计分录如下：

　　借：税金及附加　　　　　　　　　　　　　　　　　　　　　　59 500
　　　　贷：应交税费——应交消费税　　　　　　　　　　　　　　　35 000
　　　　　　　　——应交城建税　　　　　　　　　　　　　　　14 000
　　　　　　　　——应交教育费附加　　　　　　　　　　　　　　6 000
　　　　　　　　——应交车船税　　　　　　　　　　　　　　　1 500
　　　　　　　　——应交房产税　　　　　　　　　　　　　　　3 000

【例5-50】京连有限责任公司以银行存款支付印花税500元。

　　印花税是对经营活动中书立、领受凭证行为征收的一种税。由于印花税的计算和完税在同一时点，故不需要通过"应交税费"账户核算。这项经济业务的发生，一方面使得公司应负担的税金增加500元，另一方面使得公司银行存款减少500元。税金的增加是费用的增加，应记入"税金及附加"账户的借方，银行存款的减少是资产的减少，应记入"银行存款"账户的贷方。这项经济业务应编制的会计分录如下：

　　借：税金及附加　　　　　　　　　　　　　　　　　　　　　　　500
　　　　贷：银行存款　　　　　　　　　　　　　　　　　　　　　　　500

　　企业在销售过程中，为了销售产品，还要发生各种销售费用，如广告费等，按照企业会计准则的规定，销售费用不作为销售收入的抵减项目，而是作为期间费用直接计入当期损益，因而，关于销售费用的核算，我们将在下一节关于期间费用的核算内容中进行介绍。

上述主营业务收支的总分类核算过程如图5-8所示。

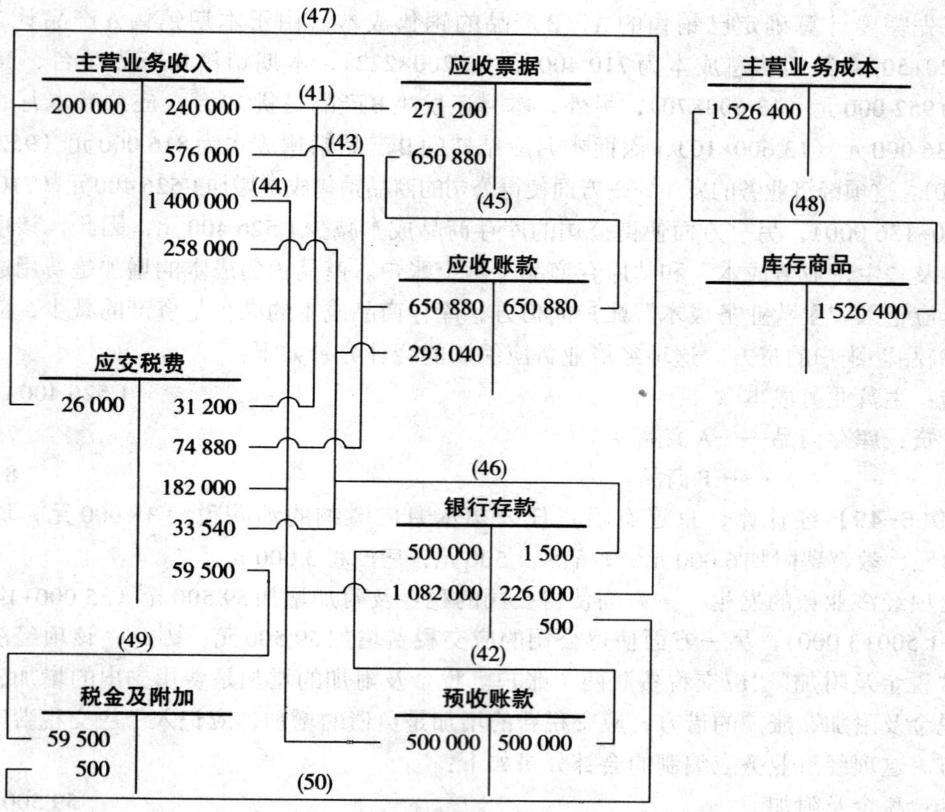

图5-8　主营业务收支总分类核算示意图

二、其他业务收支的核算

（一）其他业务收支的含义

企业在经营过程中，除了要发生主营业务之外，还会发生一些非经常性的、具有兼营性的其他业务。其他业务（也称附营业务）是指企业在经营过程中发生的除主营业务以外的其他销售业务，包括销售材料、出租包装物、出租固定资产、出租无形资产、出租商品等活动。对于不同的企业而言，主营业务和其他业务的内容划分并不是绝对的，一个企业的主营业务可能是另一个企业的其他业务，即便在一个企业里，不同期间的主营业务和其他业务的内容也不是固定不变的。由于其他业务不属于企业主要的经营业务范围，按照重要性的要求，对其他业务的核算采取比较简单的方法。其他业务收入和支出的确认原则和计量方法与主营业务基本相同，但相对而言，没有主营业务的要求严格。

企业在实现其他业务收入的同时，往往还要发生一些其他业务支出，即与其他业务有关的成本和费用，包括销售材料的成本、出租无形资产的摊销额、出租包装物的成本或摊销额等。

（二）其他业务收支核算设置的账户

1.“其他业务收入”账户

该账户的性质是损益类，用来核算企业除主营业务以外的其他业务收入的实现及结转情况。其贷方登记实现的其他业务收入，即增加，借方登记期末转入“本年利润”账户的其他业务收入额，经过结转之后，期末没有余额。本账户应按照其他业务的种类设置明细账户，进行明细分类核算。

“其他业务收入”账户的结构如下：

其他业务收入

期末转入“本年利润”账户的其他业务收入	本期实现的其他业务收入（增加）

2.“其他业务成本”账户

该账户的性质属于损益类，用来核算企业除主营业务以外的其他业务成本的发生及转销情况。其借方登记其他业务成本包括材料销售成本、提供劳务的成本费用的发生，即其他业务成本的增加，贷方登记期末转入“本年利润”账户的其他业务成本额，经过结转后，期末没有余额。本账户应按照其他业务的种类设置明细账户，进行明细分类核算。

“其他业务成本”账户的结构如下：

其他业务成本

本期发生的其他业务成本（增加）	期末转入“本年利润”账户的其他业务成本

下面举例说明其他业务收支的总分类核算。

【例5-51】京连有限责任公司销售一批原材料，价款28 000元，增值税销项税额3 640元，价税款收到存入银行。

按照规定，销售材料的收入属于其他业务收入。这项经济业务的发生，一方面使得公司的银行存款增加31 640元（28 000+3 640），另一方面使得公司的其他业务收入增加28 000元，增值税销项税额增加3 640元，因此，该项经济业务涉及“银行存款”、“其他业务收入”和“应交税费——应交增值税”三个账户。银行存款的增加是资产的增加，应记入“银行存款”账户的借方，其他业务收入的增加是收入的增加，应记入“其他业务收入”账户的贷方，增值税销项税额的增加是负债的增加，应记入“应交税费——应交增值税”账户的贷方。这项经济业务应编制的会计分录如下：

借：银行存款　　　　　　　　　　　　　　　　　　　　　　　　31 640
　　贷：其他业务收入　　　　　　　　　　　　　　　　　　　　　28 000
　　　　应交税费——应交增值税（销项税额）　　　　　　　　　　3 640

【例5-52】京连有限责任公司向某单位转让专有技术的使用权，获得收入100 000元，存入银行。（假设不考虑增值税）

转让专有技术的使用权，实质上就是让渡资产的使用权，这与处置无形资产的账务处理是不同的。转让无形资产使用权的收入属于其他业务收入的范围。这项经济业务的发生，一方面使得公司的银行存款增加100 000元，另一方面使得公司的其他业务收入增加100 000元，因此，该项经济业务涉及"银行存款"和"其他业务收入"两个账户。银行存款的增加是资产的增加，应记入"银行存款"账户的借方，其他业务收入的增加是收入的增加，应记入"其他业务收入"账户的贷方。这项经济业务应编制的会计分录如下：

> 借：银行存款　　　　　　　　　　　　　　　　　　　100 000
> 　贷：其他业务收入　　　　　　　　　　　　　　　　　　　100 000

【例5-53】京连有限责任公司出租一批包装物，收到含税租金6 780元存入银行。

出租包装物的租金收入同样属于让渡资产的使用权收入，应列入其他业务收入。由于租金中包括增值税销项税额，故应进行价税分离，经计算不含税租金为6 000元（6 780÷(1+13%)），增值税销项税额为780元。这项经济业务的发生，一方面使得公司的其他业务收入增加6 000元，增值税销项税额增加780元；另一方面使得公司的银行存款增加6 780元，因此，该项经济业务涉及"银行存款"、"其他业务收入"和"应交税费——应交增值税"三个账户。银行存款的增加是资产的增加，应记入"银行存款"账户的借方，其他业务收入的增加是收入的增加，应记入"其他业务收入"账户的贷方，增值税销项税额的增加是负债的增加，应记入"应交税费——应交增值税"账户的贷方。这项经济业务应编制的会计分录如下：

> 借：银行存款　　　　　　　　　　　　　　　　　　　6 780
> 　贷：其他业务收入　　　　　　　　　　　　　　　　　　　6 000
> 　　应交税费——应交增值税（销项税额）　　　　　　　　　780

【例5-54】京连有限责任公司月末结转本月销售材料的成本16 000元。

这项经济业务的发生，一方面使得公司的其他业务成本增加16 000元，另一方面使得公司的库存材料成本减少16 000元，因此，该项经济业务涉及"其他业务成本"和"原材料"两个账户。其他业务成本的增加是费用成本的增加，应记入"其他业务成本"账户的借方，库存材料成本的减少是资产的减少，应记入"原材料"账户的贷方。这项经济业务应编制的会计分录如下：

> 借：其他业务成本　　　　　　　　　　　　　　　　　　16 000
> 　贷：原材料　　　　　　　　　　　　　　　　　　　　　　16 000

【例5-55】京连有限责任公司结转本月出租包装物的成本4 680元。

企业出租包装物的成本属于其他业务成本的内容。这项经济业务的发生，一方面使得公司的其他业务成本增加4 680元，另一方面使得公司的库存包装物成本减少4 680元，因此，该项经济业务涉及"其他业务成本"和"周转材料"两个账户。包装物成本的摊销是费用支出的增加，应记入"其他业务成本"账户的借方，库存包装物成本的减少是资产的减少，应记入"周转材料"账户的贷方。这项业务应编制的会计分录如下：

> 借：其他业务成本　　　　　　　　　　　　　　　　　　4 680
> 　贷：周转材料　　　　　　　　　　　　　　　　　　　　　4 680

上述其他业务收支的总分类核算过程如图5-9所示。

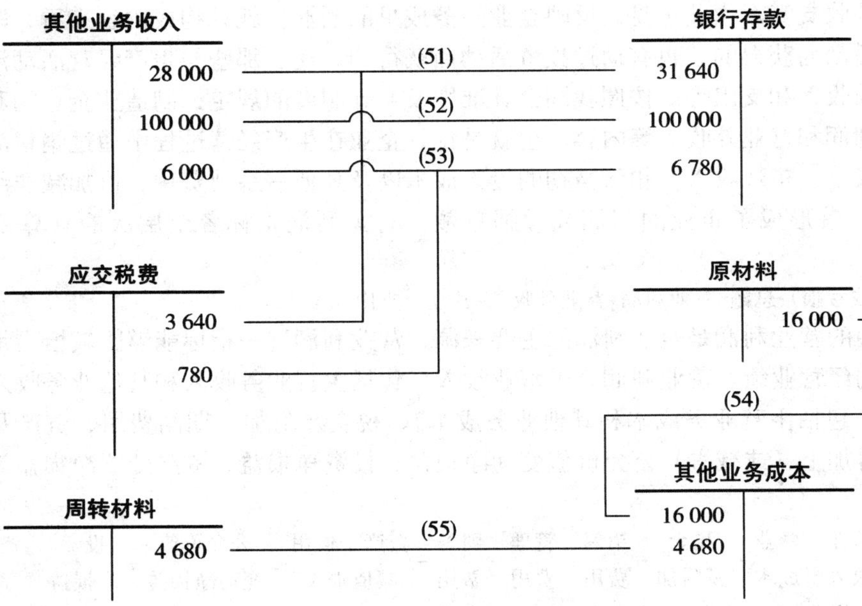

图5-9　其他业务收支总分类核算示意图

第六节　财务成果形成与分配业务的核算

企业作为一个独立的经济实体，其经营活动的主要目的就是要不断地提高企业的盈利水平，增强企业的获利能力。利润就是一个反映企业获利能力的综合指标，利润水平的高低不仅反映企业的盈利水平，而且还反映企业向整个社会所作贡献的大小，同时还是各有关方面对本企业进行财务预测和投资决策的重要依据。

一、财务成果的含义

所谓财务成果是指企业在一定会计期间所实现的最终经营成果，也就是企业所实现的利润或亏损总额。利润是按照配比的要求，将一定时期内存在因果关系的收入与费用进行配比而产生的结果，收入大于费用支出的差额部分为利润，反之则为亏损。利润是综合反映企业在一定时期生产经营成果的重要指标。企业各方面的情况，诸如劳动生产率的高低、产品是否适销对路、产品成本和期间费用的节约与否，都会通过利润指标得到综合反映。因此，获取利润就成为企业生产经营的主要目的之一。企业的获利能力问题，不仅关系到企业自身的生存发展和员工福利问题，而且也会影响到社会财富的积累以及国家经济发展的大局，所以企业必须采取有效措施，增强核心竞争力和盈利能力，努力提高经济效益。

二、利润的构成与计算

由于利润是一个综合指标，它综合了企业在经营过程中的所费与所得，因而对于利润的确认与计量，是以企业生产经营活动过程中所实现的收入和发生的费用的确认与计量为基础的，同时还要包括通过投资活动而获得的投资收益，以及与生产经营活动没有直接关系的营业外收支等。由此可见，反映企业财务成果的利润，就其构成内容来看，既有通过生产经营活动而获得的，也有通过投资活动而获得的，还有那些与生产经营活动没有直接关系的各项收入和支出等。按照我国会计准则及会计制度的规定，制造业企业的利润一般包括营业利润和营业外收支等内容。也就是说，企业在生产经营过程中通过销售活动将商品卖给购买方，实现收入，扣除当初的投入成本以及其他一系列费用，再加减非经营性质的收支等，就形成了企业的利润或亏损总额。有关利润指标各个层次的计算公式表达如下：

利润（或亏损）总额=营业利润+营业外收入−营业外支出

上式中的营业利润是企业利润的主要来源，营业利润这一指标能够比较恰当地反映企业管理者的经营业绩。营业利润等于营业收入（包括主营业务收入和其他业务收入）减去营业成本（包括主营业务成本和其他业务成本）、税金及附加、期间费用、资产及信用减值损失，再加上（或减去）公允价值变动净损益、投资净损益、资产处置净损益等，用公式表示即：

$$\text{营业利润} = \text{营业收入} - \text{营业成本} - \text{税金及附加} - \text{销售费用} - \text{管理费用} - \text{财务费用} - \text{资产、信用减值损失} \pm \text{公允价值变动净损益} \pm \text{投资净损益} \pm \text{资产处置净损益}$$

营业外收入，是指与企业正常的生产经营活动没有直接关系的各项收入，包括报废毁损非流动资产利得、盘盈利得等。营业外收入是企业的一种纯收入，不需要也不可能与有关费用进行配比，事实上企业为此并没有付出代价，因此，在会计核算中应严格区分营业外收入与营业收入的界限。发生营业外收入时，应按其实际发生数进行核算，并直接增加企业的利润总额。

营业外支出，是指与企业正常生产经营活动没有直接关系的各项支出，包括固定资产盘亏损失、报废毁损非流动资产损失、非常损失、公益性捐赠支出等。营业外收入与营业外支出应当分别核算，不能以营业外支出直接冲减营业外收入，同样，也不能以营业外收入直接冲减营业外支出。在实际发生营业外支出时，直接冲减企业当期的利润总额。

企业实现了利润总额之后，首先应向国家缴纳所得税费用，扣除所得税费用后的利润即为净利润，净利润的计算公式为：

净利润=利润总额−所得税费用

利润总额和净利润的构成式中的营业利润的内容，我们在销售过程核算中已经作了部分介绍，接下来我们要对营业利润构成项目中的期间费用、投资收益以及净利润构成中的营业外收支、所得税费用的核算内容进行阐述，以便说明企业在一定时期内的净利润的形成过程，并在此基础上，进一步讨论净利润分配的核算内容。

三、营业利润形成过程的核算

（一）期间费用的核算

1.期间费用的含义

期间费用是指不能直接归属于某个特定的产品成本，而应直接计入当期损益的各种费用。它是企业在经营过程中随着时间的推移而不断发生的与产品生产活动的管理和销售有一定的关系，但与产品的制造过程没有直接关系的各种费用。一般来说，我们能够很容易地确定期间费用应归属的会计期间，但难以确定其应归属的产品。也就是说，难以确定其直接的负担者，所以期间费用不计入产品制造成本，而是从当期损益中予以扣除。

期间费用包括为管理企业的生产经营活动而发生的管理费用，为筹集资金而发生的财务费用，为销售商品而发生的销售费用等。这些费用的发生对企业取得收入有很大的作用，但很难与各类收入直接配比，所以将其视为与某一期间的营业收入相关的期间费用按其实际发生额予以确认。有关期间费用中的财务费用的具体内容在本章第二节即负债资金筹集业务中已经作了详细的阐述，这里只对期间费用中的管理费用和销售费用的内容进行介绍。

管理费用是指企业行政管理部门为组织和管理企业的生产经营活动而发生的各种费用，包括企业在筹建期间内发生的开办费、董事会和行政管理部门在企业的经营管理中发生的或者应由企业统一负担的公司经费（包括行政管理部门的职工薪酬、物料消耗、低值易耗品摊销、办公费和差旅费等）、董事会费（包括董事会成员津贴、会议费和差旅费等）、聘请中介机构费、咨询费（含顾问费）、诉讼费、业务招待费、技术转让费、研究费用，以及行政管理部门发生的固定资产折旧费和修理费等。

销售费用是指企业在销售商品和材料、提供劳务等日常经营过程中发生的各项费用，包括保险费、包装费、展览费和广告费、商品维修费、预计产品质量保证损失、运输费、装卸费以及为销售本企业的商品而专设的销售机构（含销售网点、售后服务网点等）的职工薪酬、业务费、折旧费等经营费用。

2.期间费用核算设置的账户

为了核算期间费用的发生情况，除"财务费用"账户（详见本章第二节）外，企业还需要设置以下账户：

（1）"管理费用"账户。该账户的性质是损益类，用来核算企业行政管理部门为组织和管理企业的生产经营活动而发生的各项费用。其借方登记发生的各项管理费用，贷方登记期末转入"本年利润"账户的管理费用额，经过结转之后，本账户期末没有余额。管理费用账户应按照费用项目设置明细账户，进行明细分类核算。

"管理费用"账户的结构如下：

管理费用

本期发生的管理费用	期末转入"本年利润"账户的管理费用

（2）"销售费用"账户，该账户的性质是损益类，用来核算企业在销售商品过程中发生的各项销售费用及其结转情况。其借方登记发生的各项销售费用，贷方登记期末转入"本年利润"账户的销售费用额，经结转后，该账户期末没有余额。"销售费用"账户应按照费用项目设置明细账户，进行明细分类核算。

"销售费用"账户的结构如下：

销售费用

本期发生的销售费用	期末转入"本年利润"账户的销售费用

下面举例说明期间费用的总分类核算。

【例5-56】京连有限责任公司的公出人员李好出差归来报销差旅费2 460元，原借款3 000元，余额退回现金。

差旅费属于企业的期间费用，在"管理费用"账户核算。这项经济业务的发生，一方面使得公司的管理费用增加2 460元，库存现金增加540元（3 000-2 460），另一方面使得公司的其他应收款这项债权减少3 000元，因此，该项经济业务涉及"管理费用"、"库存现金"和"其他应收款"三个账户。管理费用的增加是费用的增加，应记入"管理费用"账户的借方，现金的增加是资产的增加，应记入"库存现金"账户的借方，其他应收款的减少是资产（债权）的减少，应记入"其他应收款"账户的贷方。这项经济业务应编制的会计分录如下：

借：管理费用　　　　　　　　　　　　　　　　　　　2 460

　　库存现金　　　　　　　　　　　　　　　　　　　　540

　　贷：其他应收款——李好　　　　　　　　　　　　　　　3 000

【例5-57】京连有限责任公司用现金支付董事会成员津贴及咨询费126 320元。

这项经济业务的发生，一方面使得公司的管理费用增加126 320元，另一方面使得公司的现金减少126 320元，因此，该项经济业务涉及"管理费用"和"库存现金"两个账户。管理费用的增加是费用的增加，应记入"管理费用"账户的借方，现金的减少是资产的减少，应记入"库存现金"账户的贷方。这项经济业务应编制的会计分录如下：

借：管理费用　　　　　　　　　　　　　　　　　　126 320

　　贷：库存现金　　　　　　　　　　　　　　　　　　126 320

【例5-58】京连有限责任公司月末摊销以前已经付款且摊销期超过1年的行政管理部门办公用品购置费2 010元。

行政管理部门使用的办公用品支出属于企业的管理费用，由于这笔费用以前付款时已经记入"长期待摊费用"账户，所以现在摊销应冲减长期待摊费用。这项经济业务的发生，一方面使得公司的管理费用增加2 010元，另一方面使得公司的长期待摊费用减少2 010元，因此，该项经济业务涉及"管理费用"和"长期待摊费用"两个账户。管理费用的增加是费用的增加，应记入"管理费用"账户的借方，长期待摊费用的减少是资产的减少，应记入"长期待摊费用"账户的贷方。这项经济业务应编制的会计分录如下：

借：管理费用　　　　　　　　　　　　　　　　　　　2 010

　　贷：长期待摊费用　　　　　　　　　　　　　　　　　2 010

【例5-59】京连有限责任公司用银行存款5 200元支付销售产品的运输费。

这项经济业务的发生，一方面使得公司的销售费用增加5 200元，另一方面使得公司的银行存款减少5 200元，因此，该项经济业务涉及"销售费用"和"银行存款"两个账户。销售费用的增加是费用的增加，应记入"销售费用"账户的借方，银行存款的减少是资产的减少，应记入"银行存款"账户的贷方。这项经济业务应编制的会计分录如下：

借：销售费用　　　　　　　　　　　　　　　　　　　5 200

　　贷：银行存款　　　　　　　　　　　　　　　　　　　5 200

【例5-60】京连有限责任公司下设一个销售网点，经计算确定该网点销售人员的工资为41 610元。

销售机构人员的工资属于销售费用。这项经济业务的发生，一方面使得公司的销售费用增加41 610元，另一方面使得公司的应付职工薪酬增加41 610元，因此，该项经济业务涉及"销售费用"和"应付职工薪酬"两个账户。销售费用的增加是费用的增加，应记入"销售费用"账户的借方，应付职工薪酬的增加是负债的增加，应记入"应付职工薪酬"账户的贷方。这项经济业务应编制的会计分录如下：

借：销售费用　　　　　　　　　　　　　　　　　　　　　　41 610

　　贷：应付职工薪酬——工资　　　　　　　　　　　　　　　　　41 610

【例5-61】京连有限责任公司以银行存款支付行政管理部门办公费21 000元。

根据管理费用所包括的具体内容可知，这项经济业务的发生，一方面使得公司的管理费用增加21 000元，另一方面使得公司银行存款减少21 000元，因此，该项经济业务涉及"管理费用"和"银行存款"两个账户。管理费用的增加是费用的增加，应记入"管理费用"账户的借方，银行存款的减少是资产的减少，应记入"银行存款"账户的贷方。这项经济业务应编制的会计分录如下：

借：管理费用　　　　　　　　　　　　　　　　　　　　　　21 000

　　贷：银行存款　　　　　　　　　　　　　　　　　　　　　　21 000

综合上述业务可以确定，该公司本月发生的期间费用共计445 000元。其中：管理费用395 690元（210 000+29 400+4 500+2 460+126 320+2 010+21 000），财务费用2 500元，销售费用46 810元（5 200+41 610）。

上述期间费用的总分类核算过程如图5-10所示。

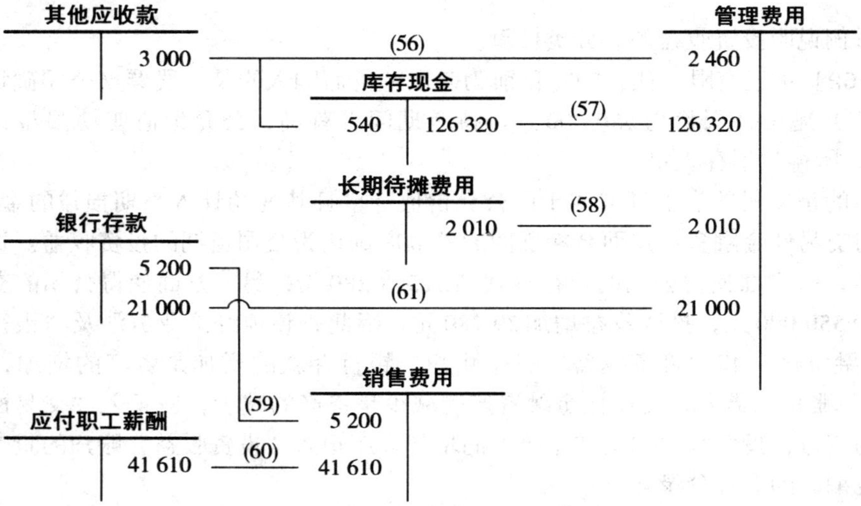

图5-10　期间费用总分类核算示意图

（二）投资收益的核算

1.投资收益的含义

企业为了合理有效地使用资金以获取更多的经济利益，除了进行正常的生产经营活动外，还可以将资金投放于债券、股票或其他财产等，形成企业的对外投资。投资收益的实现或投资损失的发生都会影响企业当期的经营成果。

2.投资收益核算设置的账户

（1）"投资收益"账户。该账户的性质是损益类，用来核算企业对外投资所获得收益的实现或损失的发生及结转情况。其贷方登记实现的投资收益和期末转入"本年利润"账户的投资净损失，借方登记发生的投资损失和期末转入"本年利润"账户的投资净收益。经过结转之后该账户期末没有余额。"投资收益"账户应按照投资的种类设置明细账户，进行明细分类核算。

"投资收益"账户的结构如下：

投资收益

发生的投资损失	实现的投资收益
期末转入"本年利润"账户的投资净收益	期末转入"本年利润"账户的投资净损失

（2）"交易性金融资产"账户。该账户属于资产类账户，用来核算以赚取差价为目的从二级市场购入的股票、债券和基金等。其借方登记交易性金融资产的购入及增值，贷方登记交易性金融资产的出售及减值，期末借方余额反映尚未出售的交易性金融资产的市值。

"交易性金融资产"账户的结构如下：

交易性金融资产

交易性金融资产的增加	交易性金融资产的减少
期末余额：尚未出售的交易性金融资产的市值	

下面举例说明投资收益的总分类核算。

【例5-62】 京连有限责任公司将日前为赚取差价而购入的某一股票（公司确认为交易性金融资产）抛出，买价为550 000元，持有期间没有确认公允价值变动损益，卖价为579 280元，所得款项存入银行。

持有目的是交易的有价证券属于以公允价值计量且其变动计入当期损益的金融资产，出售价格与交易性金融资产账面余额之间的差额应确认为公司当期的投资收益。这项经济业务的发生，一方面使得公司的银行存款增加579 280元，另一方面使得公司的交易性金融资产减少550 000元，投资收益增加29 280元，因此，该项经济业务涉及"银行存款"、"交易性金融资产"和"投资收益"三个账户。银行存款的增加是资产的增加，应记入"银行存款"账户的借方，交易性金融资产的减少是资产的减少，应记入"交易性金融资产"账户的贷方，投资收益的增加是收入的增加，应记入"投资收益"账户的贷方。这项经济业务应编制的会计分录如下：

借：银行存款　　　　　　　　　　　　　　　　　　　　　　579 280
　　贷：交易性金融资产——某公司股票（成本）　　　　　　　550 000
　　　　投资收益　　　　　　　　　　　　　　　　　　　　　 29 280

【例5-63】 京连有限责任公司的某项长期股权投资采用成本法核算，该被投资单位宣告分配本年的现金股利，其中本公司应得50 000元，款项尚未收到。

这项经济业务的发生，一方面使得公司的应收股利增加50 000元，另一方面使得公司的投资收益增加50 000元。应收股利的增加是资产（债权）的增加，应记入"应收股利"账户的借方，投资收益的增加是收入的增加，应记入"投资收益"账户的贷方。这项经济业务应编制的会计分录如下：

借：应收股利   50 000
　贷：投资收益   50 000

根据上述经济业务内容可以计算确定该公司的投资净收益为79 280元（50 000+29 280）。

上述投资收益的总分类核算过程如图5-11所示。

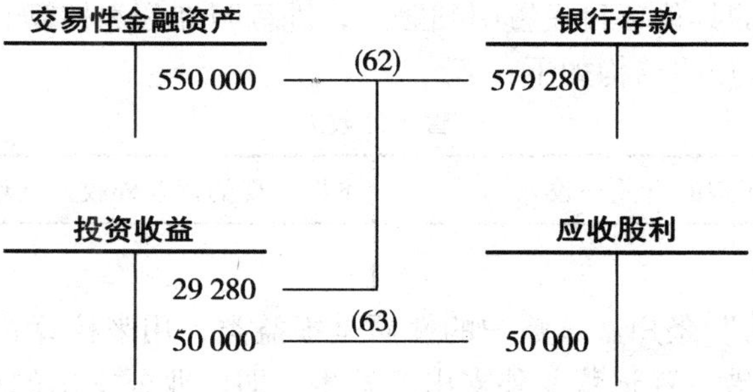

图5-11 投资收益总分类核算示意图

通过前述各项经营业务内容的核算，我们就可以计算确定该公司的营业利润。在销售过程的核算中，京连有限责任公司通过销售A、B商品，实现的主营业务收入为2 274 000元（240 000+576 000+258 000+1 400 000−200 000），结转的主营业务成本为1 526 400元，发生的税金及附加为60 000元（59 500+500）；另外，公司在其他业务活动中实现其他业务收入为134 000元（28 000+100 000+6 000），发生其他业务成本为20 680元（16 000+4 680）；公司的期间费用共计445 000元，其中管理费用为395 690元，财务费用为2 500元，销售费用为46 810元；公司的投资业务获得投资净收益为79 280元（50 000+29 280）。将上述主营业务收支、其他业务收支、期间费用以及投资收益的内容综合起来，就可以计算出京连有限责任公司的营业利润：

营业利润=2 274 000+134 000−1 526 400−20 680−60 000−46 810−395 690−2 500+79 280
　　　　=435 200（元）

四、净利润形成过程的核算

（一）营业外收支的核算

1.营业外收支的含义

企业的营业外收支是指与企业正常的生产经营业务没有直接关系的各项收入和支出，包括营业外收入和营业外支出。营业外收入是指与企业正常的生产经营活动没有直接关系的各种收入。这种收入不是由企业经营资金耗费所产生的，一般不需要企业付出代价，因而无法与有关的费用支出相配比。营业外收入是指报废毁损非流动资产利得、与企业日常活动无关的政府补助、盘盈利得、捐赠利得等；营业外支出是指与企业正常的生产经营活动没有直接关系的各项支出。这种支出不属于企业的生产经营费用。营业外支出包括非流动资产报废毁损损失、公益性捐赠支出、非常损失、盘亏损失等。

营业外收支虽然与企业正常的生产经营活动没有直接关系，但从企业主体考虑，营业外收支同样能够增加或减少企业的利润，对利润或亏损总额乃至净利润会产生一定的影响。在会计核算过程中，一般按照营业外收支具体项目发生的时间，按其实际数额在当期作为利润的加项或减项分别予以确认和计量。

2.营业外收支核算设置的账户

（1）"营业外收入"账户。该账户的性质是损益类，用来核算企业各项营业外收入的实现及其结转情况。其贷方登记营业外收入的实现（即营业外收入的增加），借方登记期末转入"本年利润"账户的营业外收入额，经过结转之后，该账户期末没有余额。营业外收入账户应按照收入的具体项目设置明细账户，进行明细分类核算。

"营业外收入"账户的结构如下：

营业外收入

期末转入"本年利润"账户的营业外收入	本期实现的营业外收入（增加）

（2）"营业外支出"账户。该账户的性质是损益类，用来核算企业各项营业外支出的发生及转销情况。其借方登记营业外支出的发生（即营业外支出的增加），贷方登记期末转入"本年利润"账户的营业外支出额，经过结转之后，该账户期末没有余额。营业外支出账户应按照支出的具体项目设置明细账户，进行明细分类核算。

"营业外支出"账户的结构如下：

营业外支出

本期发生的营业外支出（增加）	期末转入"本年利润"账户的营业外支出

下面举例说明营业外收支的总分类核算。

【例5-64】京连有限责任公司收到与其日常活动无关的政府补助资金84 800元，存入银行。

政府补助是指企业从政府无偿取得货币性资产或非货币性资产。与企业日常活动无关的政府补助资金属于企业的营业外收入。这项经济业务的发生，一方面使得公司的银行存款增加84 800元，另一方面使得公司的营业外收入增加84 800元，因此，该项经济业务涉及"银行存款"和"营业外收入"两个账户。银行存款的增加是资产的增加，应记入"银行存款"账户的借方，营业外收入的增加是收益的增加，应记入"营业外收入"账户的贷方。这项经济业务应编制的会计分录如下：

借：银行存款   84 800

 贷：营业外收入   84 800

【例5-65】京连有限责任公司用银行存款20 000元支付一项公益性捐赠。

企业的公益性捐赠属于营业外支出。这项经济业务的发生，一方面使得公司的银行存款减少20 000元，另一方面使得公司的营业外支出增加20 000元，因此，该项经济业务涉及"银行存款"和"营业外支出"两个账户。营业外支出的增加是费用支出的增加，应记入"营业外支出"账户的借方，银行存款的减少是资产的减少，应记入"银行存款"账户的贷方。这项经济业务应编制的会计分录如下：

借：营业外支出   20 000

　　贷：银行存款　　　　　　　　　　　　　　　　　　　　　　　　　　**20 000**

　　根据上述业务内容可知，公司实现的营业外收入为 84 800 元，发生的营业外支出为 20 000 元，因而营业外收支净额为 64 800 元（84 800-20 000）。

　　上述营业外收支的总分类核算过程如图 5-12 所示。

营业外收入		银行存款		营业外支出
84 800	(64) 84 800	20 000	(65) 20 000	

图5-12　营业外收支总分类核算示意图

（二）所得税费用的核算

1.所得税费用的含义

　　企业的净利润是由利润总额减去所得税费用计算而得的，利润总额的各个构成项目我们已在前面作了全面的阐述，在利润总额的基础上，进行适当的纳税调整，依据所得税税率就可以计算所得税费用，进而计算确定净利润。

　　（1）利润总额的计算

　　前已述及，企业在一定时期内所实现的经营成果即利润或亏损总额是由营业利润、营业外收入和营业外支出等几项内容所组成，而对于这几项构成内容，我们已在前面通过具体经济业务的实例作了说明，把这些具体经济业务综合起来，就可以计算确定京连有限责任公司在本期所实现的利润总额。

　　京连有限责任公司本期实现的营业利润为 435 200 元，营业外收入为 84 800 元，营业外支出为 20 000 元。其利润总额为：

　　利润总额=435 200+84 800-20 000=500 000（元）

　　利润总额计算出来之后，形成了企业在一定会计期间的所得，针对这个所得要按照税法的规定计算缴纳所得税费用。

　　（2）所得税费用的计算

　　所得税费用是企业按照国家税法的有关规定，对企业某一经营年度实现的经营所得和其他所得，按照相应的所得税税率计算缴纳的一种税款。所得税费用是企业使用政府所提供的各种服务而向政府支付的报酬。缴纳企业所得税是每一个盈利企业应尽的义务。

　　企业所得税通常是按年计算、分期预交、年末汇算清缴的，其计算公式为：

　　应交所得税=应纳税所得额×所得税税率

　　应纳税所得额=利润总额±所得税前利润中予以调整的项目

　　公式中的所得税前利润中的调整项目包括纳税调整增加项目和纳税调整减少项目两部分。纳税调整增加项目主要包括税法规定不允许扣除项目，企业已计入当期费用但超过税法规定扣除标准的金额，如超过税法规定标准的工资支出、业务招待费支出、税收罚款滞纳金、非公益性捐赠支出等；纳税调整减少项目主要包括按税法规定允许弥补的亏损和准予免税的项目，如 5 年内未弥补完的亏损、国债的利息收入等。由于纳税调整项目的内容比较复杂，在本教材中，为了简化核算，我们一般假设纳税调整项目为零，因而就可以以会计上的利润总额为基础计算所得税税额。企业的所得税税率通常为 **25%**，各期预交所得税的计算公式为：

　　当前期累计应交所得税=当前期累计应纳税所得额×所得税税率

当前期应交所得税=当前期累计应交所得税－上期累计已交所得税

2.所得税费用核算设置的账户

为了核算所得税费用的发生情况，在会计上需要设置"所得税费用"账户，该账户的性质是损益类，用来核算企业按照有关规定应在当期损益中扣除的所得税费用的计算及其结转情况。其借方登记按照应纳税所得额计算出的所得税费用额，贷方登记期末转入"本年利润"账户的所得税费用额，经过结转之后，该账户期末没有余额。

"所得税费用"账户的结构如下：

所得税费用

计算出的所得税费用额	期末转入"本年利润"账户的所得税费用额

下面举例说明所得税费用的总分类核算。

【例5-66】 根据前述内容，我们已经确定京连有限责任公司本期实现的利润总额为500 000元，假设没有纳税调整项目，按照25%的税率计算本期的所得税费用为125 000元（500 000×25%）。

本期应交所得税计算出来之后，一般在当期并不实际缴纳，所以在形成所得税费用的同时也产生了企业的一项负债。这项经济业务的发生，一方面使得公司的所得税费用增加125 000元，另一方面使得公司的应交税费增加125 000元，因此，该项经济业务涉及"所得税费用"和"应交税费——应交所得税"两个账户。所得税费用的增加是费用的增加，应记入"所得税费用"账户的借方，应交税费的增加是负债的增加，应记入"应交税费——应交所得税"账户的贷方。这项经济业务应编制的会计分录如下：

借：所得税费用　　　　　　　　　　　　　　　　　　　　125 000

　　贷：应交税费——应交所得税　　　　　　　　　　　　　　　125 000

（三）净利润形成的核算

1.净利润的计算

企业在经营过程中实现了各项收入，相应地也发生了各项费用，对于这些收入和费用都已经在各有关的损益类账户中得到了相应的反映。根据前面介绍的内容我们已经知道，企业的利润总额、净利润额是由企业的收入与其相关的费用进行配比、抵减而确定的，这里就涉及何时配比、抵减和怎样配比、抵减的问题。

按照我国会计规范的要求，企业一般应当按月核算利润，按月核算利润有困难的，经批准，也可以按季或者按年核算利润。企业计算确定本期利润总额、净利润和本年累计利润总额、累计净利润的具体方法有"账结法"和"表结法"两种。其中账结法是在每个会计期末（一般是指月末）将各损益类账户记录的金额全部转入"本年利润"账户，通过"本年利润"账户借、贷方的记录结算出本期损益总额和本年累计损益额，在这种方法下需要在每个会计期末通过编制结账分录，结清各损益类账户；表结法是在每个会计期末（月末）各损益类账户余额不进行转账处理，而是通过编制利润表进行利润的结算，根据损益类项目的本期发生额、本年累计数额填报会计报表（主要是指利润表），在会计报表中直接计算确定损益额，即利润总额、净利润额，年终，在年度会计决算时再用账结法，将各损益类账户全年累计发生额通过编制结账分录转入"本年利润"账户。"本年利润"

账户集中反映了全年累计净利润的实现或亏损的发生情况。

2.净利润形成核算设置的账户

为了核算企业一定时期内财务成果的具体形成情况，在会计上需要设置"本年利润"账户，该账户的性质是所有者权益类，用来核算企业一定时期内净利润的形成或亏损的发生情况。其贷方登记会计期末转入的各项收入，包括主营业务收入、其他业务收入、投资净收益和营业外收入等，借方登记会计期末转入的各项费用，包括主营业务成本、税金及附加、其他业务成本、管理费用、财务费用、销售费用、投资净损失、营业外支出和所得税费用等。该账户年内期末余额如果在贷方，表示实现的累计净利润，如果在借方，表示累计发生的亏损。年末应将该账户的余额转入"利润分配"账户（如果是净利润，应自该账户的借方转入"利润分配"账户的贷方，如果是亏损，应自该账户的贷方转入"利润分配"账户的借方），经过结转之后，该账户年末没有余额。关于"本年利润"账户的核算内容，应结合利润形成核算的"账结法"和"表结法"加以理解。

"本年利润"账户的结构如下：

本年利润

期末转入的各项费用：	期末转入的各项收入：
主营业务成本	主营业务收入
税金及附加	其他业务收入
其他业务成本	投资净收益
管理费用	营业外收入
财务费用	
销售费用	
投资净损失	
营业外支出	
所得税费用	
期末余额：累计亏损	期末余额：累计净利润

会计期末（月末或年末）结转各项收入时，借记"主营业务收入""其他业务收入""投资收益""营业外收入"等账户，贷记"本年利润"账户；结转各项费用时，借记"本年利润"账户，贷记"主营业务成本""税金及附加""其他业务成本""管理费用""财务费用""销售费用""营业外支出""所得税费用"等账户。如果"投资收益"账户反映的为投资净损失，则应进行相反的结转。

下面举例说明利润总额和净利润形成业务的总分类核算。

【例 5-67】京连有限责任公司在会计期末将本期实现的各项收入包括主营业务收入2 274 000 元、其他业务收入 134 000 元、投资净收益 79 280 元、营业外收入 84 800 元转入"本年利润"账户。

会计期末，企业未结转各种损益类账户之前，本期实现的各项收入以及与之相配比的成本费用是分散反映在不同的损益类账户上的，为了遵循配比原则，使本期的收支相抵减，以便确定本期经营成果，就需要编制结账分录，结清各损益类账户。这项经济业务的发生，一方面使得公司的有关损益类账户所记录的各种收入减少了，另一方面使得公司的利润额增加了，因此，该项经济业务涉及"主营业务收入""其他业务收入""投资收益""营业外收入""本年利润"五个账户。各项收入的结转是收入的减少，应记入"主营业务收入""其他业务收入""投资收益""营业外收入"账户的借方，利润的增加是所有者权益的增加，应记入"本年利润"账户的贷方。这项经济业务应编制的会计分录如下：

借：主营业务收入　　　　　　　　　　　　　　　　2 274 000
　　其他业务收入　　　　　　　　　　　　　　　　　 134 000
　　投资收益　　　　　　　　　　　　　　　　　　　　79 280
　　营业外收入　　　　　　　　　　　　　　　　　　　84 800
　　贷：本年利润　　　　　　　　　　　　　　　　　　　　2 572 080

【例 5-68】京连有限责任公司在会计期末将本期发生的各项费用，包括主营业务成本1 526 400元、税金及附加60 000元、其他业务成本20 680元、管理费用395 690元、财务费用2 500元、销售费用46 810元、营业外支出20 000元转入"本年利润"账户。

这项经济业务的发生，一方面需要将记录在有关损益类账户中的各项费用予以转销，另一方面结转费用会使得公司的利润减少，因此，该项经济业务涉及"本年利润""主营业务成本""税金及附加""其他业务成本""管理费用""财务费用""销售费用""营业外支出"八个账户。各项支出的结转是费用支出的减少，应记入"主营业务成本""税金及附加""其他业务成本""管理费用""财务费用""销售费用""营业外支出"账户的贷方，利润的减少是所有者权益的减少，应记入"本年利润"账户的借方。这项经济业务应编制的会计分录如下：

借：本年利润　　　　　　　　　　　　　　　　　　2 072 080
　　贷：主营业务成本　　　　　　　　　　　　　　　　　　1 526 400
　　　　税金及附加　　　　　　　　　　　　　　　　　　　　60 000
　　　　其他业务成本　　　　　　　　　　　　　　　　　　　20 680
　　　　管理费用　　　　　　　　　　　　　　　　　　　　395 690
　　　　财务费用　　　　　　　　　　　　　　　　　　　　　2 500
　　　　销售费用　　　　　　　　　　　　　　　　　　　　 46 810
　　　　营业外支出　　　　　　　　　　　　　　　　　　　　20 000

通过上述结转，本月的各项收入和费用（不包括所得税）都汇集于"本年利润"账户，遵循配比要求将收入与费用进行抵减，我们就可以根据"本年利润"账户的借、贷方的记录确定利润总额。本期京连有限责任公司实现的利润总额为500 000元（2 572 080-2 072 080）。根据利润总额就可以计算应交所得税，所得税作为一项费用还应在会计期末转入"本年利润"账户，以便计算净利润。

【例 5-69】京连有限责任公司在会计期末将计算出的所得税费用转入"本年利润"账户。

京连有限责任公司本期计算出的所得税费用为125 000元。这项经济业务的发生，一方面使得公司的所得税费用减少125 000元，另一方面使得公司的利润额减少125 000元。

所得税费用的减少是费用支出的减少，应记入"所得税费用"账户的贷方，利润的减少是所有者权益的减少，应记入"本年利润"账户的借方。这项经济业务应编制的会计分录如下：

借：本年利润　　　　　　　　　　　　　　　　　　　　　　　　125 000
　　贷：所得税费用　　　　　　　　　　　　　　　　　　　　　　　　125 000

所得税费用转入"本年利润"账户之后，就可以根据"本年利润"账户的借、贷方记录的各项收入和费用计算确定企业的净利润额，即：

净利润=500 000-125 000=375 000（元）

上述净利润形成的总分类核算过程如图5-13所示。

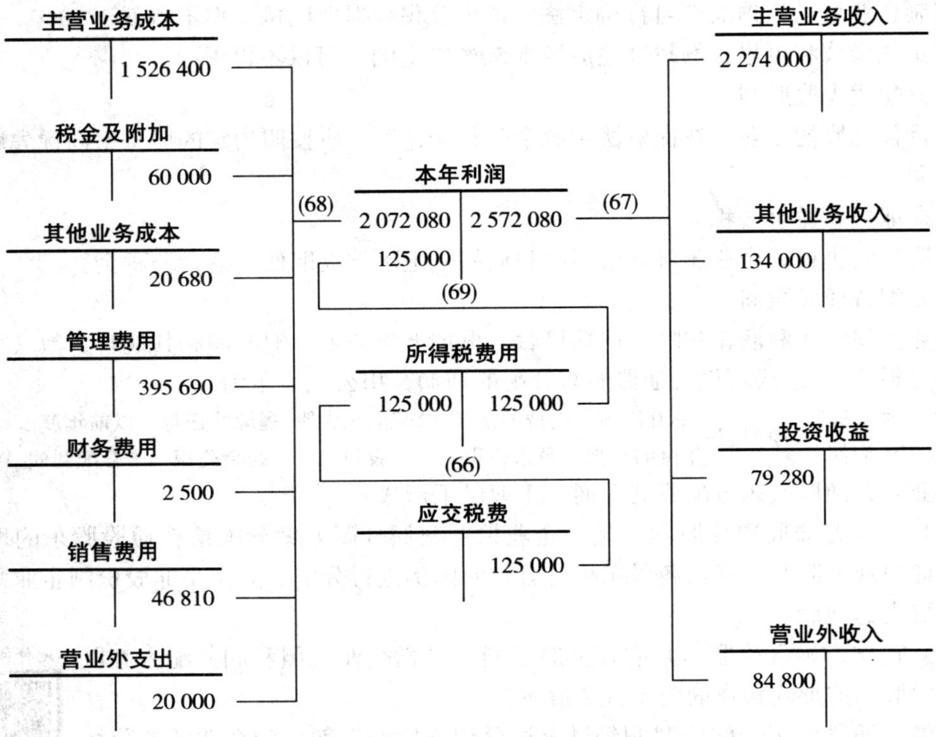

图5-13　净利润形成总分类核算示意图

五、企业利润分配业务的核算

投资者投入企业的资金，作为股本或实收资本，参与企业的生产经营活动。企业在生产经营活动过程中取得各种收入，补偿了各项耗费之后形成盈利，并按照国家规定缴纳所得税费用，形成企业的净利润，即税后利润，对于税后利润需要按照规定在各有关方面进行合理的分配。

利润分配是指企业根据国家有关规定和企业章程、投资者协议等，对企业可供分配利润指定其特定用途和分配给投资者的行为。股份公司实现的净利润应按公司法、公司章程以及股东会决议的要求进行分配，利润分配的过程和结果不仅关系到每个股东的权益是否得到保障，而且关系到企业的未来发展问题，所以必须做好企业利润分配工作，并依据利润分配的具体方案进行会计核算。

（一）利润分配的顺序

企业净利润分配的去向主要有：以利润的形式分配给投资者，作为投资者对企业投资的回报；以公积金的形式留归企业，用于企业扩大生产经营；以未分配利润的形式留存于企业，以备将来分配之用。

根据《公司法》等有关法律、法规的规定，企业当年实现的净利润，首先应弥补以前年度尚未弥补的亏损，对于剩余部分，应按照下列顺序进行分配：

1. 提取法定盈余公积

按照《公司法》的有关规定，公司制企业应按净利润的10%提取法定盈余公积金；非公司制企业可以根据需要自行确定法定盈余公积金提取比例，但不得低于10%。企业提取的法定盈余公积金累计额超过注册资本50%以上的，可以不再提取。

2. 分配优先股股利

发行优先股的企业，在提取法定盈余公积金之后，应按照约定的股息率向优先股股东分配股利。

3. 提取任意盈余公积

经股东会决议，企业还可以按照净利润的一定比例提取任意盈余公积金。

4. 分配普通股股利

企业实现的净利润在扣除上述项目后，再加上年初未分配利润和其他转入数（公积金弥补的亏损等），形成可供普通股股东分配的利润，用公式表示为：

$$\begin{array}{l}\text{可供普通股股东} \\ \text{分配的利润}\end{array} = \text{净利润} - \begin{array}{l}\text{弥补以前} \\ \text{年度的亏损}\end{array} - \begin{array}{l}\text{提取的法定} \\ \text{盈余公积}\end{array} - \begin{array}{l}\text{分配的优先股} \\ \text{股利}\end{array} - \begin{array}{l}\text{提取的任意} \\ \text{盈余公积}\end{array} + \begin{array}{l}\text{以前年度} \\ \text{未分配利润}\end{array} + \begin{array}{l}\text{其他} \\ \text{转入数}\end{array}$$

企业向普通股股东分配股利，通常采取以下形式：

（1）分配普通股现金股利，是指企业按照利润分配方案分配给普通股股东的现金股利，普通股现金股利一般按各股东持有股份的比例进行分配。如果是非股份制企业则为分配给投资者的利润。

（2）转作资本（或股本）的普通股股利，是指企业按照利润分配方案以分派股票股利的形式转作的资本（或股本）。

可供普通股股东分配的利润经过上述分配之后的余额，为企业的未分配利润（或未弥补亏损），年末未分配利润可按下式计算：

本年末未分配利润＝可供普通股股东分配的利润－普通股股利

未分配利润是企业留待以后年度进行分配的利润或等待分配的利润，它是所有者权益的一个重要组成部分。相对于所有者权益的其他部分来说，企业对于未分配利润的使用具有较大的自主权。

（二）利润分配核算设置的账户

利润分配的具体顺序前已述及，由于利润分配的核算内容比较复杂，政策性较强，其中有些内容如弥补亏损等的核算将在中级财务会计等课程中进行介绍，我们这里仅介绍利润分配中的提取盈余公积金和向普通股股东分配利润的核算内容。

为了核算企业利润分配的具体过程及结果，全面贯彻企业利润分配政策，以便于更好地进行利润分配业务的核算，需要设置以下几个账户。

1."利润分配"账户

该账户的性质是所有者权益类，用来核算企业一定时期内净利润的分配或亏损的弥补以及历年结存的未分配利润（或未弥补亏损）情况。其借方登记实际分配的利润额，包括提取的盈余公积金和分配给投资者的利润以及年末从"本年利润"账户转入的全年累计亏损额；贷方登记用盈余公积金弥补的亏损额等其他转入数以及年末从"本年利润"账户转入的全年实现的净利润额。年内期末余额如果在借方，表示已分配的利润额，年末余额如果在借方，表示未弥补的亏损额；期末余额如果在贷方，表示未分配利润额。"利润分配"账户一般应设置以下几个主要的明细账户："盈余公积补亏""提取法定盈余公积""提取任意盈余公积""应付现金股利或利润""转作资本（或股本）的股利""未分配利润"等。年末，应将"利润分配"账户下的其他明细账户的余额转入"未分配利润"明细账户，经过结转后，除"未分配利润"明细账户有余额外，其他各个明细账户均无余额。

"利润分配"账户的结构如下：

利润分配

实际分配的利润额：	盈余公积补亏
提取法定盈余公积	年末从"本年利润"账户转入的全年净利润
应付现金股利	
转作资本的股利	
年末转入的亏损等	
年内余额：已分配利润额	期末余额：未分配利润
年末余额：未弥补亏损额	

必须注意，企业对实现的净利润进行利润分配，意味着企业实现的净利润这项所有者权益的减少，本应在"本年利润"账户的借方进行登记，表示直接冲减本年已实现的净利润额。但是如果这样处理，"本年利润"账户的期末贷方余额就只能表示实现的利润额减去已分配的利润额之后的差额，即未分配利润额，而不能提供本年累计实现的净利润额这项指标，而累计净利润指标又恰恰是企业管理上需要提供的一个非常重要的指标。因此，为了使"本年利润"账户能够真实地反映企业一定时期内实现的净利润数据，同时又能够通过其他账户提供企业未分配利润数据，在会计核算中，我们专门设置了"利润分配"账户，用以提供企业已分配的利润额。这样就可以根据需要，将"本年利润"账户的贷方余额（即累计净利润）与"利润分配"账户的借方余额（即累计已分配的利润额）相抵减，以求得未分配利润这项管理上所需要的指标。因而，对于"利润分配"账户，一定要结合"本年利润"账户加以深刻理解。

2."盈余公积"账户

该账户的性质是所有者权益类，用来核算企业从税后利润中提取的盈余公积金，包括法定盈余公积、任意盈余公积的增减变动及结余情况。其贷方登记提取的盈余公积金，即盈余公积金的增加，借方登记实际使用的盈余公积金，即盈余公积金的减少。期末余额在贷方，表示结余的盈余公积金。"盈余公积"应设置下列明细账户："法定盈余公积""任意盈余公积"等。

"盈余公积"账户的结构如下：

盈余公积

实际使用的盈余公积金（减少）	年末提取的盈余公积金（增加）
	期末余额：结余的盈余公积金

3．"应付股利"账户

该账户的性质是负债类，用来核算企业按照股东会或类似权力机构决议分配给投资者股利（现金股利）或利润的增减变动及结余情况。其贷方登记应付给投资人股利（现金股利）或利润的增加，借方登记实际支付给投资人的股利（现金股利）或利润，即应付股利的减少。期末余额在贷方，表示尚未支付的股利（现金股利）或利润。这里需要注意的是企业分配给投资人的股票股利不在本账户核算。

"应付股利"账户的结构如下：

应付股利

实际支付的利润或股利	应付未付的利润或股利
	期末余额：尚未支付的利润或股利

下面举例说明利润分配业务的总分类核算。

【例5-70】 京连有限责任公司经股东会批准，按净利润的10%提取法定盈余公积金。

根据前述业务可知，京连有限责任公司本年实现的净利润为375 000元。因而提取的法定盈余公积金为37 500元（375 000×10%）。公司提取盈余公积金业务的发生，一方面使得公司的已分配的利润额增加37 500元，另一方面使得公司的盈余公积金增加了37 500元，因此，该项经济业务涉及"利润分配"和"盈余公积"两个账户。已分配利润额的增加是所有者权益的减少，应记入"利润分配"账户的借方，盈余公积金的增加是所有者权益的增加，应记入"盈余公积"账户的贷方。这项经济业务应编制的会计分录如下：

借：利润分配——提取法定盈余公积　　　　　　　　　　　　　37 500
　　贷：盈余公积——法定盈余公积　　　　　　　　　　　　　　　　37 500

【例5-71】 京连有限责任公司按照股东会决议，分配给普通股股东现金股利80 000元，股票股利100 000元。

这里首先需要说明，股票股利和现金股利是有区别的。对于现金股利，在股东会批准利润分配方案之后，立即进行账务处理；股票股利在股东会批准利润分配方案并办理了增资手续之后，才能进行相应的账务处理。这项经济业务的发生，需要处理两部分内容。对于现金股利的分配，一方面使得公司的已分配利润额增加80 000元，另一方面，现金股利虽然已决定分配给股东，但在分配的当时并不实际支付，所以形成公司的一项负债，使得公司的应付股利增加80 000元，因此，该项经济业务涉及"利润分配"和"应付股利"两个账户。已分配利润的增加是所有者权益的减少，应记入"利润分配"账户的借方，应付股利的增加是负债的增加，应记入"应付股利"账户的贷方。对于股票股利，在分配时，应按面值记入"实收资本"账户（如有超面值部分应增加资本公积）。这项经济业务应编制的会计分录如下。

（1）对于现金股利：

借：利润分配——应付现金股利   80 000

  贷：应付股利   80 000

（2）对于股票股利：

借：利润分配——转作资本（或股本）的股利   100 000

  贷：实收资本   100 000

【例5-72】京连有限责任公司以前年度累计未弥补亏损28 000元，已经超过了用税前利润弥补的期限。经股东会决议，用盈余公积金全额弥补。

企业发生的亏损，可以用实现的利润弥补，也可以用以前年度积累的盈余公积金弥补。用盈余公积金弥补亏损，相当于增加可供分配的利润。这项经济业务的发生，一方面使得公司的盈余公积金减少28 000元，另一方面使得公司的可供分配利润增加28 000元，因此，该项经济业务涉及"盈余公积"和"利润分配"两个账户。盈余公积金的减少是所有者权益的减少，应记入"盈余公积"账户的借方，可供分配利润的增加是所有者权益的增加，应记入"利润分配"账户的贷方。这项经济业务应编制的会计分录如下：

借：盈余公积   28 000

  贷：利润分配——盈余公积补亏   28 000

【例5-73】京连有限责任公司在期末结转本期实现的净利润。

京连有限责任公司本期实现的净利润为375 000元。结转净利润这项经济业务的发生，一方面使得公司记录在"本年利润"账户的累计净利润减少375 000元，另一方面使得公司可供分配的利润增加375 000元，因此，该项经济业务涉及"本年利润"和"利润分配"两个账户。结转净利润时，应将净利润从"本年利润"账户的借方转入"利润分配"账户的贷方（如果结转亏损，则进行相反的处理）。这项业务应编制的会计分录如下：

借：本年利润   375 000

  贷：利润分配——未分配利润   375 000

【例5-74】京连有限责任公司在会计期末结清利润分配账户所属的各有关明细账户。

通过前述有关的经济业务的处理，可以确定京连有限责任公司"利润分配"所属有关明细账户的记录分别为："提取法定盈余公积"明细账户余额为37 500元，"应付现金股利"明细账户的余额为80 000元，"转作资本（或股本）的股利"明细账户余额为100 000元，"盈余公积补亏"明细账户的余额为28 000元（贷方）。结清时，应将各个明细账户的余额从其相反方向分别转入"未分配利润"明细账户中。也就是借方的余额从贷方结转，贷方的余额从借方结转。这项经济业务应编制的会计分录如下。

（1）借：利润分配——未分配利润   217 500

   贷：利润分配——提取法定盈余公积   37 500

       ——应付现金股利   80 000

       ——转作资本（或股本）的股利   100 000

（2）借：利润分配——盈余公积补亏　　　　　　　　　　　　　　　28 000
　　　　贷：利润分配——未分配利润　　　　　　　　　　　　　　　　28 000

上述利润分配业务的总分类核算过程如图5-14所示。

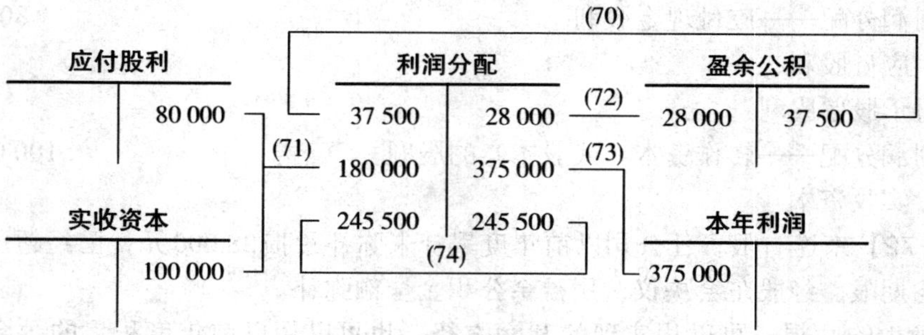

图5-14　利润分配业务总分类核算示意图

□ 思政课堂

唯有平衡发展，方可行稳致远

会计上的平衡，亦称平，通常是指金额上的相等关系。"无平衡，不会计"，这句老会计人的名言道出了平衡对会计的重要性。讲求平衡是会计业务处理的一大技术特点，且贯穿于会计核算的始终。也就是说，会计上从凭证的填制到账簿的登记，直至报表的生成都离不开平衡技术。例如，就某一时点来说，企业的资产与负债加所有者权益是必相等的关系；就某一时期来说，企业的收入抵减费用后的余额与利润亦是必相等的关系。会计等式的这种平衡原理反映了资金运动的规律，不仅是设置账户和复式记账的理论依据，也是资产负债表和利润表的编制基础。再如，在借贷记账法下，不但每笔业务的处理要符合"借贷必相等"的要求，而且所有业务入账后，全部账户无论是余额合计数还是发生额合计数，其借、贷双方都要保持平衡。会计上一旦出现试算失衡的问题，则说明在账务处理过程中肯定存在错误。所以这一平衡原理也是检验账务处理正确与否的常用标准。

讲求平衡也是国家进行宏观经济管理和调控所遵循的一项重要原则。例如，财政收入与财政支出的平衡、货币供求的平衡、国际收支的平衡、进出口贸易的平衡、产业发展的平衡、经济发展与生态环境保护的平衡等。当然，这里的"平衡"并非是指数量相等，而是指宏观经济相关指标之间的协调关系。显然，实现上述各项指标的平衡，对保证我国经济的高质量发展具有重要作用。

平衡的理念对人才的培养尤为重要。我们常说的要使受教育者在德、智、体、美、劳诸方面得到全面发展所体现的就是平衡的理念。对青年学生而言，由于大学阶段所学习的知识往往是其安身立命之本，同时，这个阶段又是其"三观"形成的关键时期，所以要想成为一名新时代德才兼备、品学俱优的会计事业接班人，不但要掌握会计上的各项平衡技术，更要践行平衡理念，努力做到平衡发展：（1）既要抓学习成绩，更要注重品德修养；（2）既要关注个人利益，更要强化社会责任意识；（3）既要遵守他律，更要严格自律；（4）既要立足于课堂学习，更要坚持社会实践；（5）既要掌握独立从事会计工作所需要的专业技能，更要具备团队合作精神。

☐ 复习思考题

1. 制造业企业的主要经济业务包括哪些内容？

2. 实收资本在核算上有哪些要求？

3. 资本公积金的主要用途是什么？

4. 短期借款利息与长期借款利息的会计处理有何区别？

5. 材料采购成本由哪些项目构成？

6. 采用计划成本计价，"材料采购""原材料""材料成本差异"三个账户之间的关系如何？

7. 如何计算、结转材料采购成本？

8. 产品生产成本由哪些成本项目所组成？

9. 如何计算、结转完工产品的生产成本？

10. 如何确认和计量商品的销售收入？

11. 如何计算企业的营业利润？

12. 企业的利润总额由哪些项目组成？如何计算企业的净利润？

13. 如何结转收入和费用？

14. 企业利润分配的一般顺序是怎样的？

15. 企业应如何提取法定盈余公积金和任意盈余公积金？

16. 股票股利与现金股利有何区别？应如何进行账务处理？

自测题

第六章 账户的分类

第一节 账户分类的意义

一、账户分类的目的与标志

会计核算的主要目标之一，是为会计信息的使用者提供与他们决策相关的会计信息。为了满足会计信息使用者的信息需求，需要运用会计科目在账簿中开设一系列的账户。每一个账户都有其特定的核算内容，只能运用于特定的经济业务核算，只能对某项经济业务中某一方面的会计数据进行分类记录，只从某一个侧面来反映会计要素的变化及结果。每个账户都有它独特的经济性质、用途和结构，一般不能用其他账户来替代。正因为这样，每个账户才有区别于其他账户的特征。对六个会计要素进行科学核算，要设置一系列系统性的账户，才能提供完整而系统的会计信息。但我们知道，就某一个会计要素而言，它不是孤立存在的，这一要素及其相关账户与其他五个会计要素的相关账户是不可分割的统一体。六个会计要素之间虽有区别，但联系密切，无论资金是处在静止状态还是处在运动状态，会计要素内部或相互之间都存在着联系。如资产的增加，或意味着负债的增加，或意味着所有者权益的增加；收入的增加，或意味着资产的增加，或意味着负债的减少等。因此，作为反映各种会计要素手段的账户，相互之间也必然不是相互孤立的，它们之间必然相互依存，互为条件，它们的增减变动在金额上是互相关联的。也就是说，账户之间存在着某种共性。账户的整体集合构成一个完整的有机体系。只有完整地运用这个体系，才能反映和监督会计对象的全部内容。为了正确地设置和运用账户，就需要从理论上进一步认识各个账户的经济内容、用途结构及其在整个账户体系中的地位和作用。在了解各账户特性的基础上，掌握各账户的共性和相互之间的联系，以及各账户在提供会计信息方面的规律性。会计应按账户的个性和共性进行有机分类，进一步了解各账户的具体内容，明确和掌握各账户之间的内在联系与区别，掌握账户的使用方法，正确地设置和运用账户，才能加工出相关、可靠的会计信息，以满足会计信息使用者的信息需求。

凡在提供会计信息方面有共同性的账户，就它们的共同性而言属于一类账户。而它们之间的共性也成为该类账户的共同性标志。为了进一步研究账户各自的特征和它们的共同性，应研究和掌握账户的分类标志。账户的分类标志一般有三种：按经济内容分类，按用途和结构分类，按与会计报表的关系分类。

二、账户分类的作用

科学地进行账户分类，具有以下作用：

（一）便于设置完整的账户体系，全面反映企业经营活动情况

各单位的经营活动特点不同，资金运动的内容不同，所涉及的账户体系也就不同。要想有效地反映和监督单位的经营活动，就要从本单位经营活动的特点出发，选择能够反映本单位经营活动的账户体系。它要求会计工作者必须了解不同类型的账户包括哪些具体的账户，它们反映的具体经济内容是什么，这些账户的发生额和余额能提供什么样的核算资料。只有这样，才能选择合适的账户建立本单位的账户体系。使它们能全面系统地记录本单位的经济活动过程和结果，为会计信息使用者提供所需的信息。

（二）便于设计会计账簿的账页格式

在单位内部会计管理中，由于不同经营活动各具特点，对不同性质的会计要素的信息披露方式是不一样的。如对于一般的有形资产的增减变动以及结余额，不仅要向企业管理层报告有关金额方面的信息，而且还应适当披露有关实物量方面的信息；对于负债和所有者权益类的会计要素，就只能披露有关时间和金额方面的信息了；另外，对于一些费用类要素，不仅要反映费用的总额，还要按项目反映费用构成的详细情况。上述不同的会计信息，要通过账户在会计账簿中体现出来。对于既要提供金额又要提供实物方面信息的账户，在设计相应的会计账簿账页格式时，应设置和运用数量金额式账页格式；对于只需披露有关时间和金额方面信息的账户，在相应的会计账簿账页格式设计时，应设置和运用三栏式账页格式；对于不仅要反映费用的总额，还要反映费用构成的详细情况方面信息的账户，在相应的会计账簿账页格式设计时，应设置和运用多栏式账页格式。会计账户的设置，应考虑便于设计会计账簿账页格式的问题。

（三）便于编制会计报表

会计六要素的增减变动过程及其结果，最终要以会计报表的形式反映出来。编制会计报表所需的相关数据资料是由各个相应的账户提供的。不同的会计报表反映的经济内容不同，其相关数据资料的来源也不相同。为了及时、恰当地编制会计报表，要根据特定会计报表所反映的经济内容，合理确定编制每张会计报表所需的数据资料是来自哪些账户，这些账户能提供什么样的会计信息。例如，资产负债表是用来反映企业某一时点的财务状况的，是对某一时点企业现存经济资源和它们的来源及相应经济责任的说明。它的数据资料由资产、负债和所有者权益三类账户提供。若不能恰当地确定为编制会计报表提供数据资料的账户，就不能可靠地编制会计报表。因此，掌握账户分类及账户的经济内容、用途和结构，有利于恰当地编制会计报表。

第二节　账户按经济内容分类

一、账户按经济内容分类的意义

账户的经济内容，是指账户所反映的会计对象的具体内容，按账户的经济内容对账户进行分类，就是按账户所反映的会计对象的具体内容对账户进行分类。在借贷记账法下，

不同会计对象增减变动的记账方向是不同的，不同的会计对象有不同的账户结构和用途。明确了账户的经济内容，就为明确账户的用途和结构打下了一个良好的基础。另外，不同的会计报表，包含不同的会计要素，明确了账户的经济内容，就能正确掌握会计账户和相应会计报表之间的关系。因此，通过对账户按经济内容分类，可以为更好地运用借贷记账法，更确切地了解每类和每个账户具体应核算和监督的内容，为设置能适应本单位经营管理需要、科学完整的账户体系，同时为学习账户的其他分类打下基础。

二、账户按经济内容的分类

如前所述，按账户的经济内容分类，实质上是按会计对象的具体内容进行分类。企业的会计对象就是资金运动，资金运动可分为静态和动态两种运动形式。资产、负债、所有者权益构成资金静态运动，而收入、费用和利润则构成资金动态运动，于是按经济内容分类建立的账户体系，应包括反映资金运动的静态账户和反映资金运动的动态账户两类。反映资金运动的静态账户应由反映资产、负债和所有者权益的账户所组成；反映资金运动的动态账户应由反映收入、费用和利润的账户所组成。现分别说明如下：

（一）资产类账户

资产类账户是核算企业各种资产增减变动及结余额的账户。资产按流动性不同，又可以分为流动资产和非流动资产两类，因而，资产类账户也可相应分为反映流动资产的账户和反映非流动资产的账户两类。反映流动资产的账户有"库存现金""银行存款""应收账款""其他应收款""原材料""库存商品"等账户；反映非流动资产的账户有"长期股权投资""固定资产""累计折旧""在建工程""无形资产""长期待摊费用"等账户。

（二）负债类账户

负债类账户是核算企业各种负债增减变动及结余额的账户。按照负债的还款期限不同，又可以分为核算流动负债的账户和核算非流动负债的账户两类。核算流动负债的账户有"短期借款""应付账款""其他应付款""应付职工薪酬""应交税费""应付利息""应付股利"等账户；核算非流动负债的账户有"长期借款""应付债券""长期应付款"等账户。

（三）所有者权益类账户

所有者权益类账户是核算企业所有者权益增减变动及结余额的账户。按照所有者权益的来源和构成，又可分为核算所有者原始投资的账户、核算经营积累的账户和核算所有者权益其他来源的账户三类。核算所有者原始投资的账户有"实收资本"（或"股本"）账户；核算经营积累的账户有"盈余公积"等账户；核算所有者权益其他来源的账户有"资本公积""其他综合收益"等账户。

（四）收入类账户

这里的收入是指广义的收入。收入类账户是核算企业在生产经营过程中所取得的各种经济利益的账户。按照收入的不同性质和内容，又可以分为核算营业收入的账户和核算非营业收入的账户两类。核算营业收入的账户有"主营业务收入""其他业务收入"等账户；核算非营业收入的账户有"营业外收入"账户。

（五）费用类账户

这里的费用是指广义的费用。费用类账户是核算企业在生产经营过程中发生的各种费用支出的账户。按照费用的不同性质和内容，费用类账户又可以分为核算经营费用的账户和核算非经营费用的账户两类。核算经营费用的账户有"生产成本""制造费用""主营业务成本""税金及附加""其他业务成本""销售费用""管理费用""财务费用""资产减值损失"等账户；核算非经营费用的账户有"营业外支出""所得税费用"等账户。需要指出的是，"生产成本"和"制造费用"账户在有期末余额时，反映的是期末在产品成本，这种情况下它们又是资产类账户。

（六）利润类账户

利润类账户是核算利润的形成和分配情况的账户，可分为核算利润形成情况的账户和核算利润分配情况的账户。核算利润形成情况的账户有"本年利润"账户；核算利润分配情况的账户有"利润分配"账户。利润分配账户在有期末余额的情况下，反映的是部分所有者权益的变动和结余情况，这时，利润分配账户又是所有者权益类账户。

制造业企业按经济内容分类所建立的账户体系，如图6-1所示。

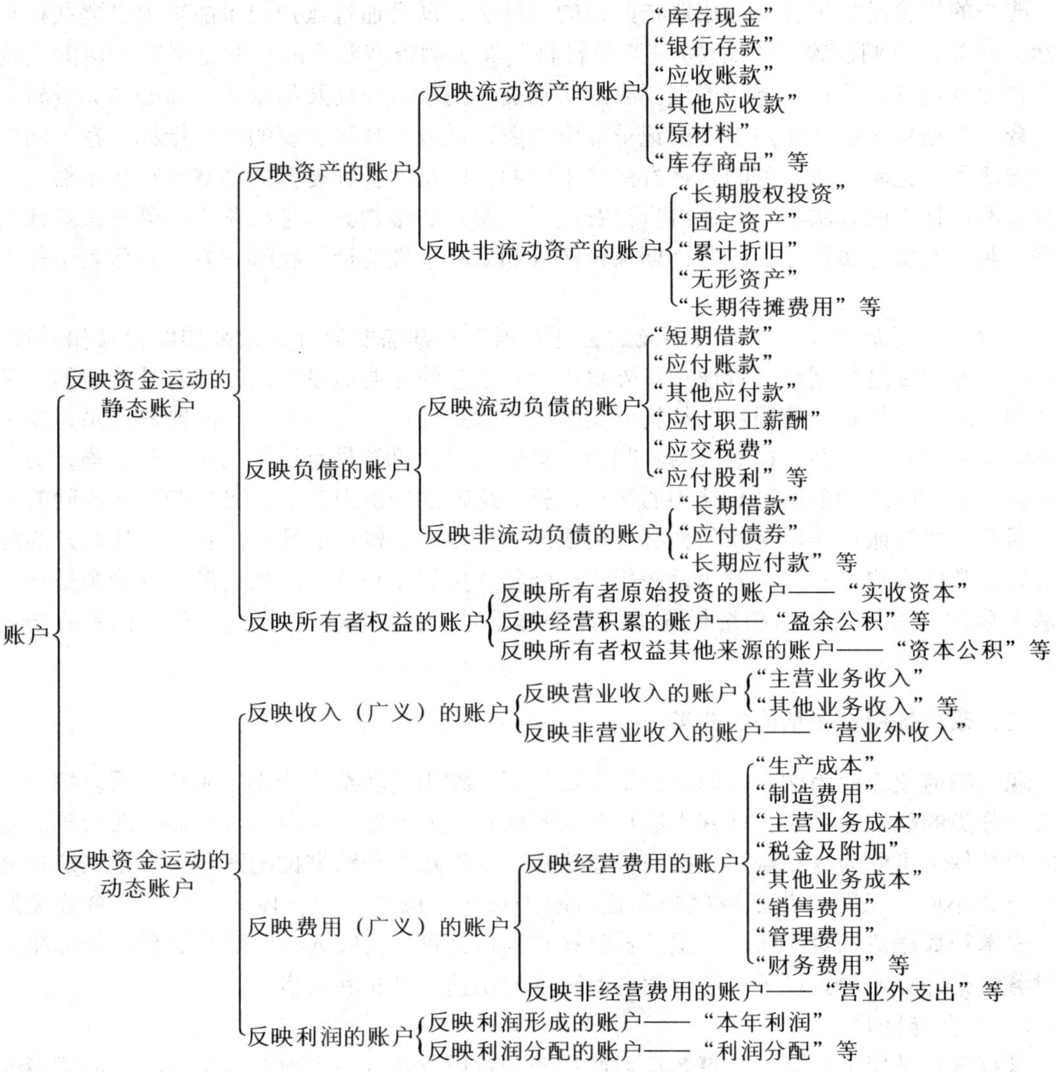

账户
- 反映资金运动的静态账户
  - 反映资产的账户
    - 反映流动资产的账户：
      - "库存现金"
      - "银行存款"
      - "应收账款"
      - "其他应收款"
      - "原材料"
      - "库存商品"等
    - 反映非流动资产的账户：
      - "长期股权投资"
      - "固定资产"
      - "累计折旧"
      - "无形资产"
      - "长期待摊费用"等
  - 反映负债的账户
    - 反映流动负债的账户：
      - "短期借款"
      - "应付账款"
      - "其他应付款"
      - "应付职工薪酬"
      - "应交税费"
      - "应付股利"等
    - 反映非流动负债的账户：
      - "长期借款"
      - "应付债券"
      - "长期应付款"等
  - 反映所有者权益的账户
    - 反映所有者原始投资的账户——"实收资本"
    - 反映经营积累的账户——"盈余公积"等
    - 反映所有者权益其他来源的账户——"资本公积"等
- 反映资金运动的动态账户
  - 反映收入（广义）的账户
    - 反映营业收入的账户："主营业务收入""其他业务收入"等
    - 反映非营业收入的账户——"营业外收入"
  - 反映费用（广义）的账户
    - 反映经营费用的账户：
      - "生产成本"
      - "制造费用"
      - "主营业务成本"
      - "税金及附加"
      - "其他业务成本"
      - "销售费用"
      - "管理费用"
      - "财务费用"等
    - 反映非经营费用的账户——"营业外支出"等
  - 反映利润的账户
    - 反映利润形成的账户——"本年利润"
    - 反映利润分配的账户——"利润分配"等

图6-1 账户按经济内容的分类示意图

第三节　账户按用途和结构分类

一、账户按用途和结构分类的意义

账户按经济内容分类，可以使我们了解完整的账户体系包括哪些账户，以及各类账户所核算的会计对象的具体内容是什么。这对于正确区分账户的经济性质，合理地设置和运用账户以满足会计信息使用者的信息需求具有重要意义。但是，仅按经济内容对账户进行分类，还不能使我们了解各种账户的作用，以及它们是如何向会计信息的使用者提供所需的信息的。为了运用账户来记录经济业务，掌握账户在提供会计信息方面的规律性，就需要在按经济内容分类的基础上，进一步研究账户按用途和结构分类。

账户的用途是指设置和运用账户的目的是什么，以及通过账户记录能够提供哪些核算指标。例如，我们设置"固定资产""原材料"等实物资产账户的目的是反映相应的实物资产，通过这些账户记录能够提供相应的实物资产的增减变动及结余额方面的核算资料。

账户的结构是指在账户中如何记录经济业务，以取得各种必要的核算指标。在不同的记账方法下，记录经济业务的具体方法是不同的，即反映会计要素的增减变动及余额（如果有余额的话）的方法不同。在借贷记账法下，账户的结构具体是指账户的借方核算什么内容，账户的贷方核算什么内容，期末余额（如果有余额的话）在哪一方，具体表示什么内容。

企业错综复杂的经济活动所涉及的会计数据资料都需要通过账户来加以记录和反映，而每一个账户都是根据经营管理和对外报告会计信息的需要而设置的，都有其特定的用途和结构。因而，按账户的用途和结构分类的账户体系与按经济内容分类的账户体系，就可能不完全一致。一方面，按经济内容归为一类的账户，可能具有不同的用途和结构；另一方面，具有相同或相似用途和结构的账户，就其反映的经济内容而言可能归属于不同的类别。因此，尽管账户的用途和结构都直接或间接地依存于账户的经济内容，但按账户的经济内容分类的账户体系并不能代替按用途和结构分类的账户体系。按经济内容分类是账户的基本分类方法，按用途和结构分类的账户体系是对按经济内容分类的账户体系的必要补充。

二、账户按用途和结构的分类

现以制造业企业为例，说明在借贷记账法下，按用途和结构分类的账户体系。按用途和结构分类的账户体系，包括基本账户、调整账户、成本账户和损益计算账户四大类。基本账户具体又可分为盘存账户、投资权益账户、结算账户和跨期摊配账户；调整账户根据调整方式不同，又可分为抵减账户和抵减附加账户；成本账户具体又可分为集合分配账户、成本计算账户和对比账户；损益计算账户具体又可分为收入计算账户、费用计算账户和财务成果计算账户。以下简要说明各类账户的用途、结构和特点：

（一）盘存账户

盘存账户是用来核算、监督各项财产物资和货币资金（包括库存有价证券）的增减变动及其实有数的账户。它是任何企业单位都必须设置的基本账户。在这类账户中，借方登记各项财产物资和货币资金的增加数，贷方登记其减少数，余额总是在借方，表示期末各项财产物资和货币资金的实有数。这类账户一般都可以通过盘点方式进行清查，核对账实是否相符。盘存账户的基本结构如下：

借方	盘存账户	贷方
期初余额：财产物资或货币资金的期初实有数 本期发生额：财产物资或货币资金的本期增加数	本期发生额：财产物资或货币资金的本期减少数	
期末余额：财产物资或货币资金的期末实有数		

属于盘存类的账户有"库存现金""银行存款""原材料""库存商品""固定资产"等账户。这类账户的特点是：可以通过实地盘点和对账的财产清查方法，核对货币资金和实物资产的实际结存数与账面结存数是否相符，并检查其经营管理上存在的问题。除"库存现金""银行存款"账户外，与其他盘存账户相对应的明细分类账，普遍运用数量金额式账页，可以提供实物和价值两种指标。

（二）投资权益账户

投资权益账户是用来核算投资者投资及其权益增减变动及实有额的账户。它是任何企业都必须设置的基本账户。在这类账户中，贷方登记投资者投资的增加数或其他所有者权益的增值额，借方登记投资者投资的减少数或其他所有者权益的抵减额。若其余额在贷方，表示投资者权益的实有数额；若没有余额或其余额在借方，在公司制的企业组织形式下，表示投资者的权益已降至零或需要承担的负债。投资权益账户的基本结构如下：

借方	投资权益账户	贷方
	期初余额：期初所有者权益余额	
本期发生额：本期所有者权益的抵减数	本期发生额：本期所有者权益的增加数	
	期末余额：期末所有者权益余额	

属于投资权益类的账户有"实收资本""资本公积""盈余公积"等账户。

资本公积产生的主要原因在于资本溢价等，属于资本的非经营性积累；盈余公积是留存收益形成的公积金，是企业经营活动中产生的资本增值。这两部分的所有权属于企业的投资者，本质上是投资者对企业的一种权益性投入。因此，将"资本公积""盈余公积"账户归入投资权益账户。

投资权益账户的特点是：有的账户（如"实收资本"）应按照企业的投资者分别设置明细分类账户，以便反映各投资者对企业实际拥有的所有者权益数额；投资权益账户只提供价值指标。

（三）结算账户

结算账户是用来核算和监督企业与其他单位或个人之间债权、债务往来结算业务的账户。由于结算业务性质的不同，结算账户具有不同的用途和结构，结算账户按用途和结构分类，具体又可分为债权结算账户、债务结算账户和债权债务结算账户三类。

1.债权结算账户

债权结算账户也称资产结算账户，是用来核算和监督企业债权的增减变动和实有数额的账户。在这类账户中，借方登记债权的增加数，贷方登记债权的减少数，余额一般在借方，表示期末债权的实有数。债权结算账户的基本结构如下：

借方	债权结算账户	贷方
期初余额：债权的期初实有数		
本期发生额：债权的本期增加数	本期发生额：债权的本期减少数	
期末余额：债权的期末实有数		

属于债权结算类的账户有"应收账款""其他应收款""应收票据""预付账款"等账户。

2.债务结算账户

债务结算账户也称负债结算账户，是用来核算和监督本企业债务的增减变动和实有数额的账户。在这类账户中，贷方登记债务的增加数，借方登记债务的减少数，余额一般在贷方，表示期末债务的实有数。债务结算账户的基本结构如下：

借方	债务结算账户	贷方
	期初余额：债务的期初实有数	
本期发生额：债务的本期减少数	本期发生额：债务的本期增加数	
	期末余额：债务的期末实有数	

属于债务结算类的账户有"应付账款""其他应付款""应付职工薪酬""应交税费""应付股利""短期借款""长期借款""应付债券""长期应付款"等账户。

3.债权债务结算账户

债权债务结算账户也称资产负债结算账户，是用来核算和监督本企业与其他单位或个人以及企业内部各单位相互往来结算业务的账户。由于这种相互之间的往来结算业务经常发生变动，企业有时处于债权人的地位，有时则处于债务人的地位。为了能在同一个账户中反映本企业与其他单位的债权、债务的增减变化，借以减少会计科目的使用，简化核算手续，在借贷记账法下，可设置同时具有债权债务双重性质的结算账户，在这类账户中，借方登记债权的增加或债务的减少，贷方登记债务的增加或债权的减少，若期末余额在借方，为企业债权减去债务后的净债权，若期末余额在贷方，为企业债务减去债权后的净债务。债权债务结算账户的基本结构如下：

借方	债权债务结算账户	贷方
期初余额：债权大于债务的期初差额	期初余额：债务大于债权的期初差额	
本期发生额：本期债权的增加或债务的减少数	本期发生额：本期债务的增加或债权的减少数	
期末余额：净债权	期末余额：净债务	

这类账户所属的各明细账，有时是借方余额，表示尚未收回的净债权；有时是贷方余额，表示尚未偿还的净债务。所有明细账借方余额之和与贷方余额之和的差额，应同有关总账的余额相等。由于在总分类账户中，债权和债务能自动抵减，所以总分类账户的余额不能明显反映企业与其他单位债权债务的实际结余情况。这样，资产负债表的有关项目，

必须根据总分类账户所属明细账的余额分析计算填列，将属于债权部分的余额以"应收账款"或"预付账款"等项目列在资产负债表的资产方，将属于债务部分的余额以"应付账款"或"预收账款"等项目列在资产负债表的负债和所有者权益方，以便如实反映债权债务的实际状况。

如果企业不单独设置"预收账款"账户，而用"应收账款"账户同时核算企业应收账款和预收账款的增减变动情况和结果，这时的"应收账款"账户就是一个债权债务结算账户。同理，如果企业不单独设置"预付账款"账户，而用"应付账款"账户同时核算企业应付账款和预付账款的增减变动情况和结果，则此时的"应付账款"账户就是一个债权债务结算账户。在借贷记账法下，可以将"其他应收款"账户和"其他应付款"账户合并，设置一个"其他往来"账户，用来核算其他应收款和其他应付款的增减变动情况和结果，此时，"其他往来"账户也是一个债权债务结算账户。

结算类账户的特点是：按照结算业务的对方单位或个人，来设置明细分类账户，以便及时进行结算和核对账目；结算账户只提供价值指标；结算账户要根据期末余额的方向来判断其性质，当余额在借方时，是债权结算账户，当余额在贷方时，是债务结算账户。

（四）跨期摊配账户

跨期摊配账户是用来核算和监督应由若干个会计期间共同负担的费用，并将这些费用摊配于各个相应的会计期间的账户。企业在生产经营过程中所发生的费用，有些是应由几个会计期间共同负担的，按权责发生制要求，必须严格划分费用的归属期，把应由若干个会计期间共同负担的费用，合理地分摊到各个会计期间。为此，需要设置跨期摊配账户来实现权责发生制的要求。跨期摊配账户的借方用来登记跨期费用的实际预付数，贷方用来登记由各个会计期间负担的费用摊销数，余额总是在借方，反映已经支付的有待摊销的费用数。跨期摊配账户的基本结构如下：

借方	跨期摊配账户	贷方
期初余额：已支付但尚未摊配的待摊费用数		
本期发生额：本期增加的待摊费用数	本期发生额：待摊费用的本期摊销数	
期末余额：已支付但尚未摊配的待摊费用数		

"长期待摊费用"账户是典型的跨期摊配账户。这类账户的特点是：预付的款项作为资产，只有摊销时方可转化为费用，且只提供价值指标。

（五）抵减账户

抵减账户亦称备抵账户，是用来抵减相关被调整账户金额以反映其实际余额的账户。其调整可用下列公式表示：

被调整账户余额－备抵账户余额＝被调整账户的实际余额

由于备抵账户对被调整账户的调整，实际上是对被调整账户余额的抵减，因此，被调整账户余额的方向与备抵账户的余额方向必定相反。如果被调整账户的余额方向在借方（或贷方），则备抵账户的余额方向一定在贷方（或借方）。

"累计折旧""固定资产减值准备""坏账准备""存货跌价准备"等账户是较典型的抵减账户。"累计折旧"和"固定资产减值准备"账户是用来调整"固定资产"账户的。用

"固定资产"账户的账面余额（原始价值）与"累计折旧"和"固定资产减值准备"账户的账面余额相抵减，可以取得有关固定资产耗损和减值方面的数据，其差额就是固定资产现有的实际价值（实际净值）。通过这三个账户余额的对比分析，可以了解固定资产的新旧程度、资金占用状况、减值情况和生产能力。"坏账准备"账户是用来抵减"应收账款"等账户的，用"应收账款"等账户的账面余额与"坏账准备"账户的账面余额相抵减，可以取得有关可收回相关债权方面的数据，其差额就是可收回的相关债权额。"存货跌价准备"账户是用来抵减存货项目的，用存货项目的账面余额与"存货跌价准备"账户的账面余额相抵减，可以取得有关存货的实际价值方面的数据，其差额就是存货的实际价值。现以"固定资产""累计折旧""固定资产减值准备"三个账户为例说明被调整账户与备抵账户之间的关系如下：

固定资产				累计折旧	
期初余额	800 000			期初余额	60 000
				本期发生额	2 000
期末余额	800 000			期末余额	62 000

固定资产减值准备	
本期发生额	20 000
期末余额	20 000

固定资产的期末余额	800 000
减：累计折旧的期末余额	62 000
固定资产账面净值	738 000
减：固定资产减值准备	20 000
固定资产实际净值	718 000

除了"累计折旧"和"固定资产减值准备"账户以外，属于抵减类的账户还有"坏账准备""存货跌价准备""长期股权投资减值准备""累计摊销""无形资产减值准备"等账户。这类账户的特点是：其余额与被调整账户余额的方向一定相反。

（六）抵减附加账户

抵减附加账户亦称备抵附加账户，是既用来抵减，又用来增加被调整账户的余额，以求得被调整账户的实际余额的账户。抵减附加账户既可以作为抵减账户，又可以作为附加账户来发挥作用，兼有两种账户的功能（所谓附加账户，是用来增加被调整账户的余额，以求得被调整账户的实际余额的账户。在实际工作中，很少设置单纯的附加账户）。这类账户在某一时刻执行的是哪种功能，取决于该账户的余额与被调整账户的余额在方向上是否一致，当其余额与被调整账户余额在不同方向时，它所起的是抵减作用；当其余额与被调整账户余额在相同方向时，它所起的是附加作用。

"材料成本差异"账户就是"原材料"账户的抵减附加调整账户。当"材料成本差异"账户是借方余额时，表示实际成本大于计划成本的超支数。用"原材料"账户的借方余额加上"材料成本差异"账户的借方余额，就是原材料的实际成本。当"材料成本差异"账户是贷方余额时，表示实际成本小于计划成本的节约数，用"原材料"账户的借方余额减去"材料成本差异"账户的贷方余额，即为原材料的实际成本。

"材料成本差异"账户与被调整的"原材料"账户之间的关系如下：

材料成本差异——A类		
本期发生额 6 000	本期发生额	4 000
期末余额 2 000		

原材料			
本期发生额		本期发生额	
A类	60 000	A类	40 000
B类	70 000	B类	10 000
期末余额	80 000		

材料成本差异——B类		
	本期发生额	7 000
	1 000	
	期末余额	6 000

"原材料"账户的借方余额（计划成本）	80 000
加："材料成本差异"账户的借方余额（超支差）	2 000
减："材料成本差异"账户的贷方余额（节约差）	6 000
原材料的实际成本	76 000

抵减账户与抵减附加账户同属于调整账户。这类账户的特点是：不能离开被调整账户而独立存在。

（七）集合分配账户

集合分配账户是用来汇集和分配经营过程中某一阶段所发生的某种间接费用，借以核算、监督有关间接费用计划执行情况，以及间接费用分配情况的账户。设置这类账户，一方面可以将某一经营过程中实际发生的间接费用和计划指标进行比较，考核间接费用的超支和节约情况；另一方面也便于将这些费用分配出去。集合分配账户，借方登记费用的发生额，贷方登记费用的分配额。集合分配账户的基本结构如下：

借方 集合分配账户 贷方	
本期发生额：汇集经营过程中间接费用的本期发生额	本期发生额：本期分配到有关成本计算对象上的间接费用额
期末未分配的间接费用金额	

"制造费用"账户属于典型的集合分配账户。这类账户的特点是：具有明显的过渡性质，平时用它来归集那些不能直接计入某个成本计算对象的间接费用，期末将费用分配出去，由有关成本计算对象负担。

（八）成本计算账户

成本计算账户是用来核算和监督经营过程中应计入特定成本计算对象的经营费用，并确定各成本计算对象实际成本的账户。设置和运用成本计算账户，对于正确计算材料采购、产品生产和产品销售的实际成本，考核有关成本计划的执行和完成情况具有重要的作用。成本计算账户的借方汇集应计入特定成本计算对象的全部费用（其中，一部分是在费用发生时直接计入的，另一部分是先记入集合分配账户，在会计期末通过一定的分配方法转到成本计算账户）。贷方反映转出的某一成本计算对象的实际成本。期末余额一般在借方，表示尚未完成的某一阶段成本对象的实际成本。如"生产成本"账户，借方余额表示尚未完成生产过程的在产品的实际成本。成本计算账户的基本结构如下：

借方	成本计算账户	贷方
期初余额：未转出成本计算对象的实际成本		
本期发生额：经营过程中发生的应由成本计算对象承担的费用	本期发生额：转出成本计算对象的实际成本	
期末余额：期末未转出成本计算对象的实际成本		

属于成本计算类的账户有"材料采购""在途物资""生产成本"①等账户。这类账户的特点是：除了设置总分类账户外，还应按照各个成本计算对象和成本项目设置专栏，分别设置明细分类账户，进行明细分类核算；既提供实物指标，又提供价值指标。

（九）对比账户

对比账户是用来核算经营过程中某一阶段某项经济业务按照两种不同的计价标准进行对比，借以确定其业务成果的账户。

按计划成本进行材料日常核算的企业所设置的"材料采购"②账户，就属于对比账户。该账户的借方登记材料的实际成本、贷方登记按照计划价格核算的材料的计划成本，通过借贷双方两种计价对比，可以确定材料采购业务成果。对比账户的基本结构（以"材料采购"账户为例）如下：

借方	对比账户	贷方
期初余额：未入库材料的实际成本		
本期发生额：本期未入库材料的实际成本及转入"材料成本差异"账户贷方的实际成本小于计划成本的节约差	本期发生额：入库材料的计划成本及转入"材料成本差异"账户借方的实际成本大于计划成本的超支差	
期末余额：在途材料的实际成本		

这类账户的特点是：借贷两方的计价标准不一致；期末确定业务成果转出后，该账户的借方余额是剔除了计价差异后的按借方计价方式计价的资产价格。

（十）收入计算账户

收入计算账户是用来核算和监督企业在一定时期（月、季或年）内所取得的各种收入和收益的账户。收入计算账户的贷方登记取得的收入和收益，借方登记收入和收益的减少数和期末转入"本年利润"账户的收入和收益额。

由于当期实现的全部收入和收益都要在期末转入"本年利润"账户，所以收入计算账户期末无余额。收入计算账户的基本结构如下：

借方	收入计算账户	贷方
本期发生额：收入和收益的减少数及期末转入"本年利润"账户的收入和收益额	本期发生额：本期收入和收益的增加额	

---

① "生产成本"账户若期末有余额，也是盘存账户。
② "材料采购"账户既是对比账户，也是成本计算账户。

属于收入计算的账户有"主营业务收入""其他业务收入"等账户。这类账户的特点是：除了设置总分类账户外，还应按照业务类别设置明细分类账，进行明细分类核算；收入计算账户只提供价值指标。

（十一）费用计算账户

费用计算账户是用来核算和监督企业在一定时期（月、季或年）内所发生的应计入当期损益的各项费用、成本和支出的账户。费用计算账户的借方登记费用支出的增加额，贷方登记费用支出的减少数和期末转入"本年利润"账户的费用支出数。由于当期发生的全部费用支出数都要于期末转入"本年利润"账户，所以该类账户期末无余额。费用计算账户的基本结构如下：

借方	费用计算账户	贷方
本期发生额：本期费用支出的增加数		本期发生额：本期费用支出的减少或转销数和期末转入"本年利润"账户的费用支出数

属于费用计算的账户有："主营业务成本""税金及附加""其他业务成本""销售费用""管理费用""财务费用""营业外支出""所得税费用"等账户。这类账户的特点是：除了设置总分类账户外，还应按业务内容、费用支出项目等设置明细分类账户，进行明细分类核算；费用计算账户只提供价值指标。

（十二）财务成果计算账户

财务成果计算账户是用来核算和监督企业在一定时期（月、季或年）内全部经营活动最终成果的账户。财务成果计算账户的贷方登记期末从收入计算账户转入的各种收入数，借方登记期末从费用计算账户转入的各种费用支出数。平常月份（1—11月份），贷方余额表示企业所实现的利润数，借方余额表示企业所发生的亏损数。年终时将实现的利润或发生的亏损转入"利润分配"账户，结转后应无余额。财务成果计算账户的基本结构如下：

借方	财务成果计算账户	贷方
本期发生额：本期从费用计算账户转入的各项费用支出数		本期发生额：本期从收入计算账户转入的各项收入数
期末余额：（1—11月份）发生的亏损数		期末余额：（1—11月份）实现的利润数
		年末无余额

"本年利润"账户属于典型的财务成果计算账户。这类账户的特点是：借方和贷方所登记的内容，应遵循权责发生制和配比要求。贷方所登记的各项收入与借方所登记的各项费用支出数，一方面要与相应的会计期间相配合，另一方面从事某类业务活动所得的收入与相应的费用相配比。也就是说，借方登记的各项费用，是为取得贷方所登记的各项收入而发生的；相反，贷方登记的各项收入数是因为支付了借方所登记的各项费用而取得的，两者在时间和受益关系上相互配比，会计期间的财务成果才是真实准确的。财务成果计算账户只提供价值指标。1—11月份期末有余额，在贷方即是利润数，在借方则是亏损数，年终结账后无余额。

制造业企业按用途、结构分类所建立的账户体系，如图6-2所示。

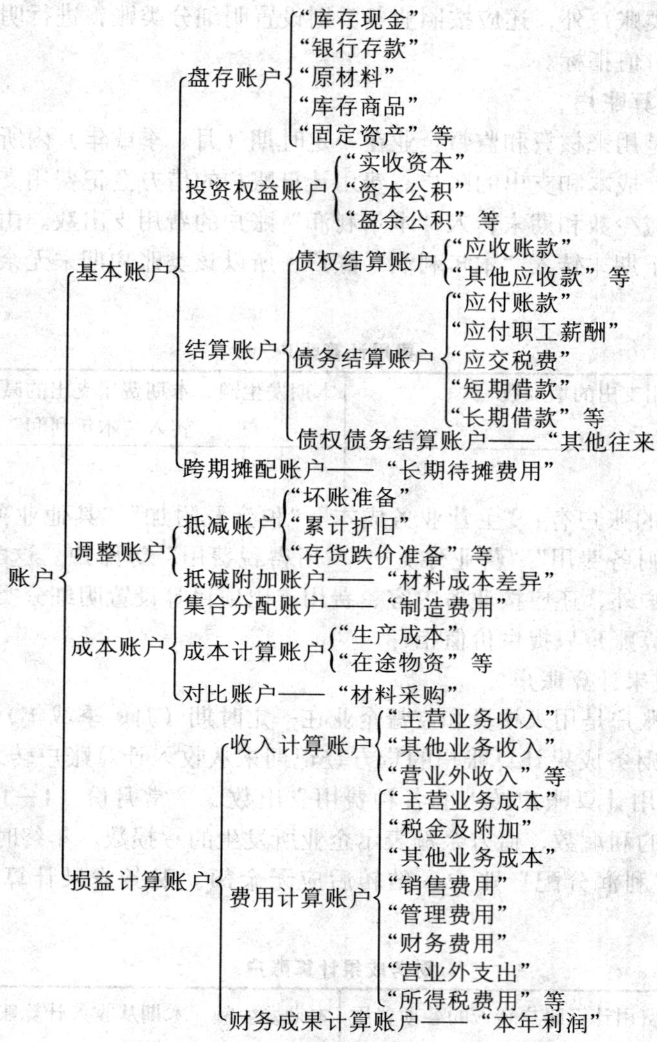

图中账户分类结构如下：

- 账户
  - 基本账户
    - 盘存账户
      - "库存现金"
      - "银行存款"
      - "原材料"
      - "库存商品"
      - "固定资产"等
    - 投资权益账户
      - "实收资本"
      - "资本公积"
      - "盈余公积"等
    - 结算账户
      - 债权结算账户
        - "应收账款"
        - "其他应收款"等
      - 债务结算账户
        - "应付账款"
        - "应付职工薪酬"
        - "应交税费"
        - "短期借款"
        - "长期借款"等
      - 债权债务结算账户——"其他往来"
    - 跨期摊配账户——"长期待摊费用"
  - 调整账户
    - 抵减账户
      - "坏账准备"
      - "累计折旧"
      - "存货跌价准备"等
    - 抵减附加账户——"材料成本差异"
  - 成本账户
    - 集合分配账户——"制造费用"
    - 成本计算账户
      - "生产成本"
      - "在途物资"等
    - 对比账户——"材料采购"
  - 损益计算账户
    - 收入计算账户
      - "主营业务收入"
      - "其他业务收入"
      - "营业外收入"等
    - 费用计算账户
      - "主营业务成本"
      - "税金及附加"
      - "其他业务成本"
      - "销售费用"
      - "管理费用"
      - "财务费用"
      - "营业外支出"
      - "所得税费用"等
    - 财务成果计算账户——"本年利润"

图6-2　账户按用途和结构分类示意图

以上重点介绍了按经济内容及按用途和结构分类的账户体系，这对于我们正确地设置和运用账户来核算、监督经营过程和经营成果，为利益相关者提供有用的会计信息具有重要意义。

此外，按账户与会计报表的关系，还可将账户分为资产负债表账户、利润表账户和制造成本表账户。

资产负债表是反映企业某一特定日期财务状况的会计报表，表中各项目所反映的是企业某一特定日期资产、负债和所有者权益的实有数额，是根据资产类账户、负债类账户和所有者权益类账户的期末余额直接填列或分析计算填列的。资产类账户、负债类账户和所有者权益类账户是编制资产负债表的主要依据。为此，在会计上把资产类账户、负债类账户和所有者权益类账户亦称为资产负债表账户。

利润表是反映企业一定时期财务成果的报表，表中各项目所反映的是企业一定会计期间所取得的收入、发生的费用，以及实现的利润（或亏损），是根据收入类账户、费用类账户和利润类账户的本期发生额直接填列或分析计算填列的。收入类账户、费用类账户和利润类账户是编制利润表的主要依据。为此，在会计上把收入类账户、费用类账户和利润类账户亦称为利润表账户。

制造成本表是反映企业一定时期产品生产成本及其构成的报表。制造成本表属于不对外公开披露的报表。由于成本类账户的发生额是编制制造成本表的直接依据，所以"生产成本""制造费用"等账户通常被称为制造成本表账户。

延伸阅读6-1

校园咖啡厅的账户设置

这种账户分类，对于正确运用各类账户所提供的数据资料编制会计报表具有重要作用。

□ 思政课堂

换位思考是与人相处的大智慧

从系统论的角度来看，会计账户是一个具有整体性的事物。它体现了系统作为一个整体的本质特征，并揭示了系统内部各要素之间的相互关系和外部环境对系统的影响。会计账户是一个有序的系统，并且与会计核算、企业管理、外部利益相关者等存在相互作用，这种相互作用，对会计账户系统的设置、存在状态和运作方式有着直接的影响。

"横看成岭侧成峰，远近高低各不同"，看问题的角度不同，得到的结论也会有差异，甚至大相径庭。会计的目标是为会计信息使用者提供决策有用的信息，为了实现这一目标，各会计主体在设置账户时，就不能只考虑本单位经济活动的特点，而必须从会计信息使用者的需要出发，始终站在会计信息使用者的立场来确定本主体所应设置的账户体系，从而使会计所提供的信息在满足本单位管理需要的同时，也能满足外部信息使用者的决策需要。会计上采用换位思考的方式进行账户设置，不仅有助于缓解与会计信息使用者之间的"鸿沟"阻隔，也为我们大学生人际关系管理提供了可资借鉴的经验。

换位思考堪称人际交往的"黄金法则"。从孔子的"己所不欲，勿施于人"到《马太福音》的"你们愿意人怎样待你们，你们也要怎样待人"，这些道德教谕都在告诫人们：社会是一个利益共同体，在自我追求时亦想他人之想，尊重他人就是尊重自己。

大学生活中有许多问题需要我们独立面对，特别是与同学的相处，如果总是站在自己的角度去思考问题，就很难了解对方的需求、感受，甚至对对方的生活态度和行为感到"困惑""不可理喻"，更谈不上洞悉对方的内心世界。这种与人交往的方式，极易发展为"不合群"，甚至凡事都以自我为中心的思维方式和行为风格。

受到成长环境、天资禀赋和利益诉求等诸多因素影响，每个人的所思所想都不尽相同。换位思考就是通常所说的"将心比心"，其目的并非曲意迎合，而在于求同存异。不管是与同学、老师还是朋友相处，当我们总是设身处地站在对方的立场去思考问题，其结果就会多一些理解和宽容，改善和融洽与他人之间的关系，我们的言行就会让人感到很舒服，我们的主张就容易让人产生共情，也就能很快融入所处的团队中。可见，换位思考是为人处世不可或缺的技能，一个人只有不断提升换位思考的能力，才会得到团队中更多人的信任、尊重和认可。

□ 复习思考题

1. 为什么要对账户按照不同的标志进行分类?
2. 科学地进行账户分类有哪些作用?
3. 账户按照经济内容可以分为哪些类别?
4. 为什么要设置跨期摊配账户? 其用途结构如何?
5. 结算账户分为哪几种? 其用途结构如何?
6. 为什么要设置调整账户? 调整账户的特点是什么?
7. 为什么要设置集合分配账户和成本计算账户? 它们之间有何区别?
8. 收入计算账户、费用计算账户和财务成果计算账户之间存在什么关系?

自测题

第七章　成本计算

第一节　成本计算的意义、原理与要求

一、成本的概念与作用

（一）成本的概念

成本属于价值的范畴，或是取得资产所付出的必要代价，或是形成负债需要承担的除按时归还本金以外的义务。本章主要涉及资产的成本。

对于资产来说，成本是新增（或已耗）资产价值的组成部分。一般而言，资产的价值由以下三部分组成：（1）已耗生产资料（劳动手段和劳动资料）的转移价值；（2）支付给劳动者的劳动报酬（劳动者为自己创造的价值）；（3）劳动者为社会作出的贡献额。前两者是构成成本价值的基础。

已耗生产资料的转移价值和支付给劳动者的劳动报酬，按受益对象不同，可以分为三个部分：一是用于工程建造，形成长期资产；二是用于存货的建造，形成各种存货；三是用于包括上述两者在内的日常经营活动，形成期间费用。第三种支出与前两种支出的区别是：前两种支出有明确的受益对象，可以直接或间接计入受益对象，第三种支出则没有明确的受益对象，不能或不易计入相关受益对象。第一种支出，形成相关长期资产的成本；第二种支出，形成相关存货的成本；第三种支出，由于没有明确的受益对象，按权责发生制要求，全部计入相应的会计期间，直接作为当期收益的抵减项目。相关存货的成本，在存货消耗或销售后，或作为相关费用，或作为营业成本，抵减当期收益。上述前两种支出按一定的计算对象归集，计入相应资产的价值，就成为新增资产的成本。

制造业企业的经营过程主要包括供应、生产和销售三个阶段。供应过程的经营活动，主要为各种存货的采购。在存货的采购过程中所支付的存货买价和采购费用，按各种存货的种类分别归集、分配，就构成了各种存货的采购成本。在生产过程中发生的生产费用（如已耗存货的成本、支付给生产者的薪酬等），按各种产品进行归集、分配，就构成了各种产品的生产成本（亦称制造成本）。制造业企业的销售过程，主要是销售各种产品，已售产品的生产成本，按各种已售产品进行归集，就构成了各种已售产品的营业成本。营业成本作为当期费用全部计入该会计期间，抵减当期营业收入。

费用和成本是既有联系又有区别的两个概念。资产的成本随着企业经营活动的展开，逐步转化为某一会计期间的费用。费用是与特定的会计期间相联系的，是根据权责发生制、配比原则及划分资本性支出与收益性支出等要求来确定的，从资金循环的意义上讲，

这些费用主要通过经营收入收回的资产来补偿。成本是与特定的计算对象相联系的，是根据受益性原理和重要性要求计算出来的，是计算对象的受益费用。

（二）成本的作用

成本是以价值形式反映企业工作质量，说明企业管理层经营责任完成情况的综合性指标之一。对会计信息的使用者而言，它具有多方面的作用。

1.成本是计量经营耗费和确定补偿尺度的重要工具

企业经营的主要目标就是以自己的收入补偿耗费后获得尽可能多的利润，并尽量不发生亏损。所谓利润，是指企业一定会计期间的经营成果，即所得的收入金额大于与其相配比的耗费金额的差额；所谓亏损，是指所得的收入金额小于与其相配比的耗费金额的差额。企业盈利的大小，是企业经营状况好坏的主要标志，也是企业能否正常持续经营的必要条件。企业的营业收入，只有能够弥补相关耗费，才能保持持续经营。成本是对象化的耗费，是企业全部耗费的主要组成部分。所以，成本是反映企业经营耗费的主要指标之一，是计量经营耗费和确定补偿尺度的重要工具。

2.成本是决定商品价格的基础，是使产品具有竞争力的前提条件

商品价格是影响商品销售和企业盈利的重要因素之一。在商品质量一定的条件下，商品价格的高低，关系到商品是否能顺利销售出去，而商品是否能顺利销售出去，关系到企业是否能收回所垫付的资金以持续经营的问题。一般而言，在商品质量和性能稳定的情况下，商品的价格高于同类商品的社会平均价格，就难以顺利销售出去；商品的价格高低适中，或低于同类商品的社会平均价格，商品就能顺利销售出去。商品定价的高低，涉及企业盈利的大小与经济效益的高低。商品价格的高低取决于商品成本的高低，商品成本高于同类商品的社会平均成本，为了获取适当的利润，制定的商品价格也会相应高于同类商品的社会平均价格，这可能使商品销售失去竞争力；若商品成本低于同类商品的社会平均成本，制定的商品价格就可以低于同类商品的社会平均价格，从而使商品销售具有竞争力，也可以获取适当的利润。因此，商品成本是决定商品价格的基础，是使产品具有竞争力的前提条件。

3.成本是企业进行决策和核算经济效益的重要因素

企业管理者在履行受托责任时，必须对经营活动中涉及的重大问题进行决策。要作出正确的决策，必须从各方面进行考虑、分析相关经营活动涉及的各种因素对经营活动的影响。在对各种方案进行决策时，经济效益是选择某种方案必须予以考虑的主要因素之一。而企业经济效益的核心是产品的成本问题。如上所述，在市场销售有保证的前提下，产品成本的高低决定着企业经济效益的好坏。因此，在对各种备选方案进行选择、决策时，必须把成本作为一个重要的因素进行考虑，从成本的角度对备选方案进行评价选择。只有这样，才能使所选择的方案在经济上可行，才能使经济活动产生资源消耗少、经济效益好的效果。

4.成本是衡量企业管理水平和各方面工作成果的重要指标

成本是反映企业管理水平的综合性指标。企业各方面工作的成果，如产品设计的好坏，生产工艺的合理程度，原材料、燃料、动力等资产的消耗水平，机器设备、厂房建筑物的利用情况，劳动生产率的高低，人、财、物组织得是否合理，供、产、销是否衔接平衡等，最终都会反映到产品成本上。因此，通过对成本形成情况、构成和水平的分析，就

可能发现企业管理上存在的问题和薄弱环节，为提高生产技术水平和管理水平指明方向，也为改进各方面工作找到突破口。同时，为了降低成本，必然会对企业各项工作提出更高的要求，从而推动企业整体管理水平不断提高。

二、成本计算的意义

成本是会计信息的重要组成部分，同其他会计信息一样，它也是通过对相关原始数据的收集、整理和加工形成的。成本计算就是采用一系列专门的方法，把企业供应、生产和销售过程中所发生的各种费用，根据受益关系，在不同的对象之间进行归集和分配，借以确定各成本计算对象的总成本和单位成本的一项会计工作。成本计算对于加强企业经营管理，提高经济效益具有重要意义。

第一，通过成本计算，可以取得企业的实际成本资料，并据以确定实际成本同计划成本的差异，考核成本计划的完成情况，分析成本升降的原因，进一步挖掘降低成本的潜力。

第二，通过成本计算，可以反映和监督企业各项费用的支出，揭露企业经营管理中存在的问题，奖优罚劣，及时采取有效措施，改善经营管理。

第三，通过成本计算，可以为企业进行下一期各项成本指标的预测和规划，提供必要的参考数据。

总之，正确地进行成本计算，对不断地改进成本管理工作，争取以更少的资源耗费取得更大的经济效益，为社会增加更多的财富等方面具有重要的意义。

三、成本计算的原理

在不同的企业，或同一企业的不同经营阶段，会产生不同的经济活动，发生不同的支出，形成不同的成本，这就造成具体成本计算在方法上的差异。如采购成本的计算与生产成本的计算方法是不相同的。不同时期企业由于经营活动的更改，成本计算的内容也不尽相同。不同时期、不同计算对象的成本在内容、构成和计算方法等方面虽说不尽相同，但它们都是经营中产生的资源消耗，都应按权责发生制、配比原则和划分收益性支出与资本性支出等要求归集、分配到受益对象上去，它们的计算原理是相同的。成本计算原理，就是不同时期、不同性质的成本的共同计算原理。

各种经营活动的目的不同，经营过程中发生的各种费用都是为相应的经营目的产生的。在某种经营活动中支付费用，目的是在这种经营活动中获取合理的经营成果。也就是说，某种经营活动的经营成果是该种经营活动中所支付费用的受益对象。如为某种产品生产而耗用的原材料费用的受益对象就是该种产品。当可以直接确定某种费用是为某项经营活动产生时，我们称这种费用为该成本计算对象的直接费用。应将直接费用直接计入受益的计算对象中，作为相应的受益对象的成本，由相应的受益对象承担，这就是所谓的直接受益直接计入受益对象原理，是成本计算的主要原理之一。

在企业的日常经营中，各种经营活动往往是交叉进行的，因此，有的费用是为了若干受益对象而共同发生的，应由相应的若干个受益对象共同承担，会计上把这种由若干受益对象共同承担的费用称为共同性费用。共同性费用与受益对象的受益关系虽不如直接费用那样明显，但也可采用一定的方法来确定共同性费用与受益对象之间的关系，可以采用相关可靠的标准将共同性费用在各受益对象之间合理分配。它首先应确定可供分配的共同性费用总额和分配标准，然后按一定的方法将可供分配的共同性费用在受益对象之间合理分配。这就是所谓的共同受益间接分配原理，是成本计算的主要原理之二。

在企业经营活动中发生的共同性费用中，有时有些共同性费用一方面由于与受益对象的受益关系并不十分明显；另一方面费用的金额也不大，将这种共同性费用按受益原理计入受益对象的成本，一是不易确定相关可靠的分配方法，二是这种费用计入还是不计入受益对象的成本，对受益对象的成本升降水平影响不大。在会计中，只把那些与受益对象的受益关系较为明显并易确定，费用金额较大，计入还是不计入受益对象的成本，对受益对象的成本升降水平影响较大的重要的共同性费用，才按受益关系计入受益对象的成本；把那些与受益对象的受益关系不十分明显，费用金额不大，不易确定相关可靠的分配方法，费用计入还是不计入受益对象的成本，对受益对象的成本升降水平影响不大的共同性费用，不计入相应受益对象的成本。这就是所谓的重要性原理，是成本计算的主要原理之三。

四、成本计算的基本要求

为了正确、及时地计算成本，有关会计人员应遵循如下要求：

（一）要严格执行国家相关法律法规所规定的成本开支范围和费用开支标准

成本开支范围是根据企业经营活动中所发生费用的不同性质，依据成本的内容和加强成本核算的要求，由国家在相关法律法规（如企业所得税法、相应会计准则和企业产品成本核算制度等）中统一制定。所谓成本开支范围，是指哪些费用允许列入成本，哪些费用不允许列入成本的规定。成本开支范围的基本内容是：一切与营业活动有关的支出，都应计入企业的成本、费用。就制造业企业而言，所发生的直接材料、直接人工、制造费用、管理费用、财务费用和销售费用构成企业的成本费用范围。其中，直接材料、直接人工和制造费用构成产品的制造成本（亦称生产成本）；管理费用、财务费用和销售费用则由于和产品的受益关系不太明显，分配的标准不易确定，不计入产品的制造成本，全部作为会计期间的费用，冲减当期收益。费用开支标准是指对某些费用支出的金额和比例作出一些限制性的规定。如允许在税前列支的职工薪酬金额、坏账提取比例和交际应酬费的提取比例等。企业应严格遵守成本开支范围和费用开支标准，在合法、合规的前提下展开经营活动，既能保证成本、费用的真实性，内容的一致性，具有分析对比的可能性；又能正确地计算企业的损益，真实地反映企业的财务成果，提供可靠、相关的会计信息。

延伸阅读7-1

成本核算制度

（二）划清支出、费用和成本的界限

1.分清收益性支出和资本性支出的界限

所谓收益性支出，是指所带来的效用仅与一个会计年度相关的支出，收益性支出都应计入该会计年度的费用；所谓资本性支出，是指能在几个会计年度带来效用的支出，资本性支出应计入相关资产的成本中，并随着相关资产的消耗，合理分摊计入相关的会计年度中。如购建固定资产的支出，应先行计入固定资产的成本，然后在固定资产的使用年限内，以计提折旧的形式分摊到相关会计年度的成本、费用中。

2.分清成本与费用的界限

费用是经营活动中发生的各种各样经济利益流出的总称，而成本则是指归集到受益对象上去的费用。如前所述，企业经营活动中发生的费用，并非全部计入成本，有一部分是作为期间费用列为当期损益。因此，为保证成本资料的真实性，以及相应会计信息的相关性，在成本计算时，要划清成本与费用的界限。

3.分清本期成本费用与下期成本费用的界限

凡应由本期相关资产负担的费用，应计入本期相关资产的成本；不应由本期相关资产负担的费用，则不能计入本期相关资产的成本。

4.分清不同资产的成本界限

凡属于某种资产受益的费用，都应由该种资产负担，计入该种资产的成本，不能将由其他资产受益的费用，计入不相关资产的成本中。

5.分清在产品成本与产成品成本的界限

制造业企业对于应计入本期产品成本的费用，如应由在产品和产成品共同承担，就要采用适当的方法，将生产费用在产成品和在产品之间进行分配，分清哪些是在产品应承担的费用，哪些是产成品应承担的费用。

（三）遵循权责发生制的要求

在成本计算时遵循权责发生制的要求，主要是指在各会计期间合理划分跨期费用的问题。在成本计算时，对于已经发生的支出，如果受益期包括几个会计年度，就应将该费用在各个受益期采用适当的分配方法合理分配，而不能将受益期包括若干个会计期间的长期待摊费用计入一个会计期间。对于虽未支付但应由本会计期间承担的费用，应先行预提计入本会计期间的成本和费用中，等到支付时就不再列为成本费用。不得假借待摊和预提的方法，人为地调节某个会计期间的成本费用，即不得该摊的不摊，该提的不提，或者不该摊的乱摊，不该提的乱提。

（四）做好成本核算的各项基础工作

要正确、及时地计算成本，做好各项基础工作是很重要的，如果基础工作做得不好，就会影响成本计算的可靠性和及时性。成本核算的基础工作主要有：定额管理工作；建立健全财产物资的计量、收发、领退制度；建立健全各种原始记录以及收集整理制度；制定内部结算价格等。

（五）选择适当的成本计算方法

企业应结合自己的具体情况，选择适合本企业经营特点的成本计算方法进行成本计算。方法一经确定，在会计环境没有新的变化之前，一般不应经常变动。计算方法的选择，应同时考虑企业经营类型的特点和管理的要求两个方面。具体成本计算方法的选择，留待成本会计等相关课程中介绍。

第二节　成本计算的一般程序

不同的成本计算对象，需要用不同的计算方法，因此，会计上形成了不同的成本计算方法。但不论哪种成本计算方法，它们在成本计算基本程序方面，一般是相同的。概括说来应包括以下几个方面：

一、收集、整理成本计算资料

成本计算资料的收集、整理是成本计算的前提。完整、系统地提供计算数据，是成本计算的基础。因此，企业对购进、领用的各种原材料，各项费用支出、工时动力等的消耗，产品的质量情况，在产品、半成品的内部转移和产成品的入库、出库等，都要根据各项活动的特点，分别取得或填制不同格式的原始凭证。它提供的是企业经营活动的第一手资料，是成本计算所需的原始记录。这些原始记录是否可靠，提供得是否及时，直接影响到成本计算的可靠性和及时性。所以，成本计算的资料收集、整理工作很重要，必须以完整、系统的原始记录作为成本计算的依据。成本计算资料一般包括资产的形成、耗费或转出价值资料、待摊费用的形成和摊销方面的资料、预提费用的提取方面的资料等。

二、确定成本核算中心和成本计算对象

成本计算对象就是归集和承担费用的对象，即费用的受益对象，它是费用归集和分摊的依据。为了便于成本控制，落实成本责任制，进行成本考核以降低成本费用，应按成本责任环节（或单位）来计算成本，即计算各成本责任环节的成本。因此，在具体的成本计算前，应先根据不同的成本责任环节设立不同的成本核算中心，再按每一个成本核算中心来确定成本计算对象，计算成本。只有在职责能够明确划分和鉴别的部门、车间、班组和个人那里设置成本核算中心，对成本发生情况的控制和管理才能发挥作用。

在确定了成本核算中心后，就应按成本核算中心来确定成本计算对象。各个企业单位的成本计算对象的规模和复杂程度是不相同的。对于制造业企业来讲，一个成本计算对象，可以包括若干种不同产品或不同的经济活动，也可以只包括一种产品或一种经济活动；可以是一个单独的产品或项目，也可以是一批相同的项目或一组相似的产品；可以是最终产品，也可以是加工到一定程度的半成品。确定成本计算对象的基本要求是所计算的成本必须是有用的会计信息。对主要的产品，应从细确定成本计算对象，对一般的产品，可以概略地确定成本计算对象。

总之，企业应根据自身的经营性质和规模的不同，结合自身的具体情况，确定自己的成本核算中心和成本计算对象，以便正确及时地归集和分配费用，计算成本，加强成本管理，落实成本责任制，提高企业的工作效率和经济效益。

三、确定成本计算期

要及时取得成本方面的会计信息，就必须及时进行成本计算，这就要解决在什么时候计算，多长时间计算一次成本的问题。以制造业企业为例，产品生产完工之时，才是产品成本完全形成之日。因此，从理论上来说，在产品生产完工之时计算产品生产成本，以产品生产周期作为成本计算期是较为合理的。但是，由于有的产品生产周期过长，完全按产品生产周期来归集费用，计算产品成本，将影响会计信息的使用者及时地取得相关的会计信息。对于生产周期长的产品，可以按会计分期归集生产费用，按产品生产周期作为成本计算期。另外，有的产品生产周期较短，完全按产品生产周期来计算成本，将使成本计算很频繁，不适当地加大会计核算工作量。所以，在产品生产周期较短的情况下，可以以会

计分期作为成本计算期。如何确定成本计算期，取决于企业生产组织的特点和管理要求。如企业采用单件、小批量的生产组织方式时，可以把产品生产期作为成本计算期；如果企业的生产特点是反复不断地大量生产同一种或几种产品，为了及时取得成本指标，加强成本计划管理，一般以会计分期作为产品成本计算期。

四、确定成本项目

产品成本的计算是生产费用形成和分配的过程。企业发生的各项费用，可以按不同的标志进行分类。按各项费用支出的经济内容来划分，可分为反映活劳动耗费的费用，如人工费用；反映劳动对象耗费的费用，如外购原材料、燃料等；反映劳动资料耗费的费用，如固定资产折旧费用等；反映用货币资金支付的费用，如差旅费、办公费、水电费等。生产费用按支出的经济内容来分类，在会计上称为费用要素，它表明企业为进行生产支付了什么费用，数额是多少，可以用来分析企业各个生产时期生产费用的支出水平。但是这种分类不能与成本计算对象联系起来说明生产费用的用途。为了取得更多的会计信息，还要将生产费用按其用途进行分类。生产费用按其用途分类，在会计上称为成本项目，一般包括直接材料、直接人工和制造费用等。借助于成本项目，可以清楚地了解费用的经济用途和成本的经济构成，提供更多有用的会计信息，通过对一定对象的成本项目的分析，可以初步查明成本升降的原因，挖掘降低成本的潜力。

五、正确地归集和分配各种费用

正确地归集和分配各种费用，是正确地进行成本计算的前提。它一方面要求根据相关、可靠的原始数据来正确地归集和分配各种费用，另一方面要求在费用的归集和分配中遵循权责发生制和配比的要求，并且，在费用的归集和分配中要遵守国家的相关法律法规和制度。

为正确地归集和分配各种费用，就要遵循权责发生制要求，正确地确定费用的受益期限。如对产品生产来说，对应计入产品成本的费用，还应划分为应由本期产品成本负担的费用和应由其他各期产品成本负担的费用。这对于如实反映各期生产费用，正确计算各期产品成本是十分重要的。

在费用的归集、分配和成本计算中，还应严格遵守相关法律法规所规定的成本开支范围和费用开支标准。不能随意扩大成本开支范围，提高费用开支标准。凡超出开支范围和开支标准的费用，经企业管理层认可，可以计入企业相关经营活动的成本或作为某个会计期间的期间费用，但不得从企业的应纳税所得额中扣除，要视同利润进行纳税。

六、设置和登记明细分类账、编制成本计算表

在成本计算过程中，为系统地归集、分配应计入各种成本计算对象的费用，应按成本计算对象和成本核算项目分别设置和登记费用、成本明细分类账户，然后根据这些账户资料，编制各种成本计算表，借以计算确定各种成本计算对象的总成本和单位成本，全面、系统地反映各种成本指标的经济构成和形成情况。

第三节　企业经营过程中的成本计算

制造业企业的经营过程一般要经过供应、生产和销售三个阶段。各个阶段要分别计算存货采购成本、产品生产成本和产品销售成本。在存货采购成本的计算中，以原材料采购成本的计算最具代表性。关于企业经营过程中成本计算的详细方法，读者将在成本会计课程中学习，这里我们简要说明原材料采购成本、产品生产成本和产品销售成本（主营业务成本）的基本计算方法。

一、原材料采购成本的计算

计算原材料采购成本，首先应按材料的品种或类别作为成本计算对象，并在"材料采购"或"在途物资"账户下按材料的品种或类别分别设置明细分类账户，用以归集和分配应计入原材料采购成本的各种费用，然后根据这些账户资料，编制各种原材料采购成本计算表，借以计算确定各种原材料采购的总成本和单位成本。

（一）材料采购成本的构成

原材料的采购成本一般由买价和采购费用两个成本项目构成。

原材料采购成本=买价+采购费用

其中，买价是指供应单位开具的购货发票上标明的货物价格。

采购费用包括：（1）运杂费，包括原材料采购过程中的运输费用、装卸费用、保险费用、包装费用、仓储费用等。（2）运输途中的合理损耗。（3）入库前的挑选整理费用，如在挑选整理中扣除回收下脚残料价值后的各种费用支出和必要的损耗等。（4）购入原材料应负担的税金和其他费用。

（二）材料采购成本的计算

原材料的买价一般属于直接费用，应直接计入相应原材料的采购成本。

对于采购费用，凡是能直接分清受益对象的，应直接计入相应原材料的采购成本；凡是不能直接分清受益对象，且费用金额较大，不计入原材料的采购成本会导致原材料采购成本不实的采购费用，应在原材料的重量、买价、体积等分配标准中选择合适的分配标准，采用一定的方法，间接计入相应原材料的采购成本。但对于企业供应部门或原材料仓库所发生的经常性费用、采购人员的差旅费、采购机构经费以及市内小额的运杂费等，这些费用一般不易分清具体的受益对象，费用金额较小，对原材料采购成本水平的影响不大，按重要性要求，这些费用不计入原材料的采购成本，而是作为期间费用处理，列入管理费用。

各种原材料的采购成本，应当在设置的"材料采购"或"在途物资"明细账中进行分类归集计算。现举例说明原材料采购成本的计算如下。

【例 7-1】 东连公司分两批购进甲、乙两种材料，第一批购进甲材料 2 000 千克，1.90元/千克，乙材料 6 000 千克，1.00元/千克，将甲、乙两种材料运回企业共支付运杂费 480 元（不考虑运费中涉及的增值税问题，下同）。第二批购进乙材料 3 000 千克，1.00元/千克，将乙材料运回企业共支付运杂费 180 元。按审核后的会计凭证，经整理见表 7-1。

表7-1　　　　　　　　　　　　　　　　材料采购成本　　　　　　　　　　　　金额单位：元

材料名称	重量（千克）	单价（元/千克）	买价	运费	
				直接	间接
甲	2 000	1.90	3 800		480
乙	6 000	1.00	6 000		
	3 000	1.00	3 000	180	

根据该公司上述资料，材料的采购成本计算如下：

（1）将采购甲、乙两种材料所发生的直接费用，分别记入甲、乙材料的"在途物资"明细账中，见表7-2、表7-3。

表7-2　　　　　　　　　　　　　　　在途物资明细分类账

材料名称：甲材料

2×24年		凭证号数	摘要	借方			贷方
月	日			买价	采购费用	合计	
略	略	记1	材料买价	3 800		3 800	
			本期发生额	3 800		3 800	

表7-3　　　　　　　　　　　　　　　在途物资明细分类账

材料名称：乙材料

2×24年		凭证号数	摘要	借方			贷方
月	日			买价	采购费用	合计	
略	略	记1	材料买价	6 000		6 000	
		记2	材料买价	3 000		3 000	
		记3	运杂费		180	180	
			本期发生额	9 000	180	9 180	

（2）将甲、乙两种材料共同发生的运杂费480元按适当的方法，分配计入甲、乙两种材料的采购成本（假定按材料的采购重量比率分配）：

分配率=480÷（2 000+6 000）=0.06（元/千克）

甲材料应承担的运费=2 000×0.06=120（元）

乙材料应承担的运费=6 000×0.06=360（元）

根据上述分配结果，将甲、乙材料各自应负担的运杂费，分别记入甲、乙材料的"在途物资"明细账中，见表7-4、表7-5。

表7-4　　　　　　　　　　　　　　　在途物资明细分类账

材料名称：甲材料　　　　　　　　　　　　　　　　　　　　　　　　　　　　单位：元

2×24年		凭证号数	摘要	借方			贷方
月	日			买价	采购费用	合计	
略	略	记1	材料买价	3 800		3 800	
		记4	运杂费		120	120	
		记5	材料验收入库				3 920
			本期发生额	3 800	120	3 920	3 920

表7-5 **在途物资明细分类账**

材料名称：乙材料　　　　　　　　　　　　　　　　　　　　　　　　　单位：元

2×24年		凭证号数	摘　要	借　方			贷　方
月	日			买价	采购费用	合　计	
略	略	记1	材料买价	6 000		6 000	
		记2	材料买价	3 000		3 000	
		记3	运杂费		180	180	
		记4	运杂费		360	360	
		记5	材料验收入库				9 540
			本期发生额	9 000	540	9 540	9 540

（3）根据表7-4、表7-5所归集的费用资料，编制材料采购成本计算表，计算甲、乙材料的采购成本，见表7-6。

表7-6 **材料采购成本计算表** 　　　　　　　　　　　　　金额单位：元

成本项目	甲材料（2 000千克）		乙材料（9 000千克）		成本合计
	总成本	单位成本（元/千克）	总成本	单位成本（元/千克）	
买　价	3 800	1.90	9 000	1.00	12 800
采购费用	120	0.06	540	0.06	660
成本合计	3 920	1.96	9 540	1.06	13 460

二、产品生产成本的计算

计算产品生产成本，首先，应确定成本计算期，产品成本计算通常是定期按月进行的。对于单件小批生产，生产周期较长的产品，也可把产品生产周期作为成本计算期。其次，应按产品品种或批次确定成本计算对象，然后将生产过程中发生的应计入产品生产成本的生产费用分配计入各相应产品，计算其制造总成本和单位成本。

（一）产品成本项目的确定

生产过程中发生的应计入产品生产成本的生产费用，在计入相应产品成本时，是按生产费用的经济用途进行归集，计入相应的成本项目。产品成本计算的成本项目，主要由以下三项组成：（1）直接材料，是指为产品生产而耗费的原材料、辅助材料、备品备件、外购半成品、燃料、动力、包装物、低值易耗品以及其他直接材料等。（2）直接人工，是指直接从事产品生产的工人工资、奖金、津贴和福利费等薪酬。（3）制造费用，是指企业各生产单位为组织和管理生产所发生的各项费用，包括车间管理人员薪酬、固定资产折旧费、机物料耗费、办公费、差旅费、水电费、劳动保护费等。其中，第（1）、（2）项与相应产品生产的关系较为密切，一般可以直接确定应计入产品生产成本的金额有多少，应将其直接计入产品生产成本。第（3）项一般为应由多种产品共同负担的共同性费用，一般不能直接计入产品的生产成本，应确定适当的分配标准和合理的分配方法，分配计入各种产品生产成本。

（二）产品成本计算

企业应设置生产成本明细账，用以归集、分配生产过程中发生的应计入产品生产成本的生产费用。生产成本明细账应按产品品种、批别或类别分别设置，应采用一定的成本计算方法，计算、确定产品生产成本。

计算产品的生产成本，必须根据企业的生产类型（生产组织和工艺技术）和管理要求，采用如品种法、分批法、分步法等不同的成本计算方法。这些具体的成本计算方法，将在成本会计学中讲述，本课程不再涉及。现举例说明产品生产成本的计算如下：

【例7-2】 承例7-1，东连公司期初在产品和本月发生的生产费用资料，见表7-7、表7-8。本月A产品50件，已全部完工；B产品120件，其中，完工产品100件，在产品20件。期末在产品成本按定额成本标准计算。单位B在产品各成本项目的定额成本为：直接材料50元、直接人工8元、制造费用8.5元。

表7-7　　　　　　　　　　　**期初在产品资料**　　　　　　　　　　单位：元

产品名称	直接材料	直接人工	制造费用	合　计
A	320	114	118	552
B	1 600	684	676	2 960
合　计	1 920	798	794	3 512

表7-8　　　　　　　　　　　**各项生产费用资料**　　　　　　　　　　单位：元

产品名称	直接材料	直接人工	制造费用
A	2 000	798	2 550
B	4 400	1 140	
合　计	6 400	1 938	2 550

根据该公司上述资料，计算产品生产成本如下：

（1）根据表7-7所列资料，将期初在产品成本分别登记在A、B产品生产成本明细分类账中的相应成本项目内，见表7-9、表7-10。

（2）根据表7-8所列资料，将本月发生的直接材料、直接人工，分别登记在A、B产品生产成本明细分类账的相应成本项目内，见表7-9、表7-10。

（3）将本月发生的制造费用，采用一定的分配方法，分配计入A、B两种产品成本（假定按生产工人薪酬的比例分配）。

分配率=2 550÷（798+1 140）=1.316（元）

A产品应负担的制造费用=798×1.316=1 050（元）

B产品应负担的制造费用=1 140×1.316=1 500（元）

根据上述计算，将制造费用的分配结果，分别登记在A、B产品生产成本明细分类账中相应项目内，见表7-9、表7-10。

表7-9 　　　　　　　　　　　　　　生产成本明细分类账

产品名称：A产品 　　　　　　　　　　　　　　　　　　　　　　　　　　　　单位：元

| 2×24年 | | 凭证号数 | 摘　要 | 借　方 | | | |
月	日			直接材料	直接人工	制造费用	合　计
略	略	略	期初在产品成本	320	114	118	552
			材料费用	2 000			2 000
			生产工人薪酬		798		798
			分配制造费用			1 050	1 050
			本期发生额	2 000	798	1 050	3 848
			结转完工产品成本（50件）	2 320	912	1 168	4 400

表7-10 　　　　　　　　　　　　　　生产成本明细分类账

产品名称：B产品 　　　　　　　　　　　　　　　　　　　　　　　　　　　　单位：元

| 2×24年 | | 凭证号数 | 摘　要 | 借　方 | | | |
月	日			直接材料	直接人工	制造费用	合　计
略	略	略	期初在产品成本	1 600	684	676	2 960
			材料费用	4 400			4 400
			生产工人薪酬		1 140		1 140
			分配制造费用			1 500	1 500
			本期发生额	4 400	1 140	1 500	7 040
			结转完工产品成本（100件）	5 000	1 664	2 006	8 670
			期末在产品成本	1 000	160	170	1 330

（4）根据表7-9、表7-10所列资料以及A、B产品的在产品数据，即可计算A、B两种产品总成本和单位成本，编制完工产品生产成本计算表，见表7-11。

表7-11 　　　　　　　　　　　　　完工产品生产成本计算表 　　　　　　　　　金额单位：元

| 成本项目 | A产品（50件） | | B产品（100件） | |
	总成本	单位成本（元/件）	总成本	单位成本（元/件）
直接材料	2 320	46.40	5 000	50.00
直接人工	912	18.24	1 664	16.64
制造费用	1 168	23.36	2 006	20.06
合　计	4 400	88.00	8 670	86.70

上述A、B完工产品的生产成本计算根据如下计算公式求得：

完工产品生产成本=月初在产品成本+本月发生的生产费用−月末在产品成本

A、B两种产品生产成本计算如下：

A产品，由于A产品全部完工，没有在产品，于是其总成本就是月初在产品成本与本月发生的生产费用之和，按成本项目计算如下：

A产品成本：

直接材料=320+2 000=2 320（元）

直接人工=114+798=912（元）

制造费用=118+1 050=1 168（元）

合计　　　　　　　　　　4 400元

B产品，由于120件B产品尚有20件未完工，这样应将月初在产品成本与本期发生的生产费用的合计数，按一定的方法在完工产品和在产品之间进行分配。按本例所给的条件，B在产品按定额成本计算，其计算方法和结果如下：

B在产品成本：

直接材料=20×50=1 000（元）

直接人工=20×8=160（元）

制造费用=20×8.5=170（元）

合计　　　　　　　　　1 330元

B产品成本：

直接材料=1 600+4 400−1 000=5 000（元）

直接人工=684+1 140−160=1 664（元）

制造费用=676+1 500−170=2 006（元）

合计　　　　　　　　　　8 670元

三、产品销售成本的计算

产品销售成本即主营业务成本，是指已售产品的生产成本。根据已售产品的数量乘以产成品平均单位成本计算求得。平均单位成本的确定，可采用加权平均法、先进先出法和个别计价法等计价方法（留待本书第十章第二节介绍）。现举例说明产品销售成本的计算如下。

【例7-3】承例7-2，东连公司销售过程业务的相关资料为：本月已售出A产品50件、B产品50件。A、B两种产成品的成本资料见表7-12、表7-13。

表7-12　　　　　　　　　　　　　**库存商品明细分类账**

产品名称：A产品　　　　　　　　　　　　　　　　　　　　　　　　金额单位：元

2×24年		摘　要	收　入			发　出			结　存		
月	日		数量（件）	单价	金额	数量（件）	单价	金额	数量（件）	单价	金额
	1	期初余额							30	120	3 600
		本月完工入库	50	88	4 400						
		本月销售				50	100	5 000			
	30	期末余额							30	100	3 000

表7-13 **库存商品明细分类账**

产品名称：B产品 金额单位：元

2×24年		摘　要	收　入			发　出			结　存		
月	日		数量（件）	单价	金额	数量（件）	单价	金额	数量（件）	单价	金额
	1	期初余额							30	101	3 030
		本月完工入库	100	86.70	8 670						
		本月销售				50	90	4 500			
	30	期末余额							80	90	7 200

根据该公司上述资料，计算产品销售成本如下：

（1）根据表7-12，表7-13所列资料，采用加权平均法计算A、B产品的平均单位成本为：

A产成品平均单位成本=（3 600+4 400）/（30+50）=100（元/件）

B产成品平均单位成本=（3 030+8 670）/（30+100）=90（元/件）

（2）根据上述A、B产成品的平均单位成本和已售A、B两种产成品的数量，即可求得A、B产品的销售成本为：

A产品销售成本=100×50=5 000（元）

B产品销售成本=90×50=4 500（元）

▢ 思政课堂

勤俭是咱们的传家宝

成本有广义与狭义之分，前者是指企业为了获得预期收益而发生的相关支出，包括商品销售成本、税金及附加和期间费用等；后者则是指企业为了商品销售而发生的产品生产或商品购进的相关支出。显然，无论是广义成本还是狭义成本，从本质上来说都是为了获得一定的回报而付出的代价，而成本管理的目标无外乎是以尽可能少的代价，获得尽可能多的回报，从而实现收益的最大化。科学而有效的成本管理，是企业提升经济效益以及经济高质量发展的需要，也是大学生学会自我管理并成为合格的社会主义事业接班人的重要标志。

从会计的视角来看，无论是国家、企业还是个人，其成本管理都应立足于勤俭的精神。勤俭是中华民族的传统美德，自古便有"历览前贤国与家，成由勤俭破由奢""一粥一饭，当思来处不易；半丝半缕，恒念物力维艰"等警示格言。"勤俭是咱们的传家宝，社会主义建设离不了"，这句中华人民共和国成立之初广为传唱的歌词，更是诠释了勤俭的丰富内涵和重大意义。然而，在当今的大学校园里，存在着一些浪费的现象，比如餐桌上丢弃的剩饭剩菜，垃圾桶里还能使用的书本、纸张，不适当地追求高档手机、电脑并频繁更换等。更有甚者"零食不离口，洗衣不动手，校外租房住，豪车代步走"。毫无疑问，某些大学生这种花钱"大手大脚"，以及"崽卖爷田心不痛"的行为，浪费的是社会资源，丢掉的是勤俭精神，对校园生态建设的负面影响不容小觑。因此，对于学生而言，当思来自父母辛劳和心血的生活费用来之不易，秉持"常将有日思无日，莫待无时思有时"的生活观念，适度勤俭生活。

"勤俭"一词包含"勤"和"俭"两重含义。大学生个人生活过程，实际上也是成本管理过程。"勤"是指勤奋、勤学苦练，是成才的必要手段，也是经济条件开源的前提；"俭"是指在生活开支上适当节流的意思。大学生不但要在生活上自觉适当地节约开支，更要在勤学苦练上下功夫。会计类课程，单纯依赖课堂听课是达不到预期效果的，许多难以理解的问题，必须结合课后的模拟实务训练才能迎刃而解，所以多看书、多听课、多思考、多做题是学好会计知识的不二选择。总之，勤俭的精神不仅能使一个人的资源流入增加，而且能使其资源流出减少。基于此，我们认为，成本管理的原则千条万条，勤俭应为第一条！

□ 复习思考题

1. 费用与成本之间的关系如何？

2. 成本有哪些作用？

3. 成本计算的意义如何？

4. 成本计算基本原理的具体内容有哪些？

5. 成本计算的基本要求是什么？

6. 成本计算的一般程序是什么？

7. 材料采购成本由哪些具体项目构成？如何计算？

8. 产品生产成本由哪些具体项目构成？如何计算？

9. 采用加权平均法如何计算产品销售成本？

10. 会计上如何结转产品销售成本？

自测题

第八章　会计凭证

第一节　会计凭证的作用和种类

一、会计凭证的作用

会计凭证，简称凭证，是记录经济业务、明确经济责任和据以登记账簿的书面证明。

会计主体办理任何一项经济业务，都必须办理凭证手续，由执行和完成该项经济业务的有关人员取得或填制会计凭证，记录经济业务的发生日期、具体内容以及数量和金额，并在凭证上签名或盖章，对经济业务的合法性、真实性和正确性负完全责任。所有会计凭证都要由会计部门审核无误后才能作为记账的依据。因此，填制和审核会计凭证，是会计信息处理的重要方法之一，同时也是整个会计核算工作的起点和基础。

会计凭证具有以下几个方面的作用：

（一）会计凭证是提供原始资料、传导经济信息的工具

会计信息是经济信息的重要组成部分。它一般是通过数据，以凭证、账簿、报表等形式反映出来的。随着生产的发展，及时准确的会计信息在企业管理中的作用越来越重要。任何一项经济业务的发生，都要编制或取得会计凭证。会计凭证是记录经济活动的最原始资料，是经济信息的载体。通过会计凭证的加工、整理和传递，可以直接取得和传导经济信息，既协调了会计主体内部各部门、各单位之间的经济活动，保证生产经营各个环节的正常运转，又为会计分析和会计检查提供了基础资料。

（二）会计凭证是登记账簿的依据

任何单位，每发生一项经济业务，如现金的收付、商品的进出以及往来款项的结算等，都必须通过填制会计凭证来如实记录经济业务的内容、数量和金额，然后经过审核无误，才能登记入账。如果没有合法的凭证作依据，任何经济任务都不能登记到账簿中去。因此，做好会计凭证的填制和审核工作，是保证会计账簿资料真实可靠的重要条件。

（三）会计凭证是加强经济责任制的手段

由于会计凭证记录了每项经济业务的内容，并要由有关部门和经办人员签章，这就要求有关部门和有关人员对经济活动的真实性、正确性、合法性负责。这样，无疑会增强有关部门和有关人员的责任感，促使他们严格按照有关政策、法令、制度、计划或预算办事。如发生违法乱纪或经济纠纷事件，也可借助会计凭证确定各经办部门和人员所负的经济责任，并据以进行正确的裁决和处理，从而加强经营管理的岗位责任制。

（四）会计凭证是实行会计监督的条件

通过会计凭证的审核，可以查明各项经济业务是否符合法规、制度的规定，有无贪污盗

窃、铺张浪费和损公肥私行为，从而发挥会计的监督作用，保护各会计主体所拥有资产的安全完整，维护投资者、债权人和有关各方的合法权益。

二、会计凭证的种类

会计凭证按其填制程序和用途的不同，可以分为原始凭证和记账凭证两大类。

（一）原始凭证

原始凭证是在经济业务发生时取得或填制，载明经济业务具体内容和完成情况的书面证明。它是进行会计核算的原始资料和主要依据。原始凭证按其来源不同，可分为自制原始凭证和外来原始凭证两种。

1. 自制原始凭证

它是由本单位经办业务的部门和人员在执行或完成某项经济业务时所填制的凭证。自制原始凭证按其填制程序和内容不同，又可分为一次凭证、累计凭证和汇总原始凭证三种。

（1）一次凭证，亦称一次有效凭证，是指只记载一项经济业务或同时记载若干项同类经济业务，填制手续一次完成的凭证。例如，领料单（见表8-1）、发票（见表8-2）等都是一次凭证。一次凭证只能反映一笔业务的内容，使用方便灵活，但数量较多，核算较麻烦。

延伸阅读8-1

增值税专用发票

表 8-1　　　　　　　　　　　　　　　领料单

领料单位：　　　　　　　　　　　　　　　　　　　　　　　编号：

用　　途：　　　　　　　　　年　月　日　　　　　　　　　仓库：

材料类别	材料编号	材料名称	规　格	计量单位	数　量		单　价	金　额
					请领	实发		

记账：　　　　　　发料：　　　　　领料单位负责人：　　　　　领料：

表 8-2　　　　　　　　　　　　　　**××市增值税专用发票**　　　　　　　　　No

发票联　　　　　　　　　　　　　　　开票日期：

购买方	名　　称： 纳税人识别号： 地址、电话： 开户行及账号：			密码区	（略）				第三联　发票联　购买方记账凭证
货物或应税劳务、服务名称	规格型号	单　位	数　量	单　价	金　额	税率	税　额		
合　计									
价税合计（大写）				（小写）¥					
销售方	名　　称： 纳税人识别号： 地址、电话： 开户行及账号：			备注					

收款人：　　　　　复核：　　　　　开票人：　　　　　销售方：（章）

（2）累计凭证，亦称多次有效凭证，是指连续记载一定时期内不断重复发生的同类经济业务，填制手续是在一张凭证中多次进行才能完成的凭证。例如，限额领料单（见表8-3）就是一种典型的累计凭证。使用累计凭证，由于平时随时登记发生的经济业务，并计算累计数，期末计算总数后作为记账的依据，所以能减少凭证数量，简化凭证填制手续。

表8-3 限额领料单

仓库：2号

领料单位：加工车间　　　　　　　　　　　　　　　　　　计划产量：2 000 台
用途：制造甲产品　　　　　　　　　　　　　　　　　　　单位消耗定额：0.5 千克/台

材料类别	材料编号	材料名称	规格	计量单位	单价	领料限额	全月实领	
							数量	金额
黑色金属	8303	圆钢	Φ3mm	千克	2	1 000	950	1 900

日 期		请　领			实　发		限额结余
2×24年		数量	领料单位主管签章	领料人签章	数量	发料人签章	
月	日						
3	5	500	王克	赵明	500	李中	500
	15	300	王克	赵明	300	李忠	200
	25	150	王克	赵明	150	李忠	50

仓库负责人：林海　　　　　　　　生产部门负责人：张力

（3）汇总原始凭证，亦称原始凭证汇总表，是根据许多同类经济业务的原始凭证定期加以汇总而重新编制的凭证。例如，月末根据月份内所有领料单汇总编制的领料单汇总表，亦称发料汇总表（格式见表8-4），就是典型的汇总原始凭证。汇总原始凭证可以简化编制记账凭证的手续，但它属于经过加工后的原始凭证，故本身不具备法律效力。

表8-4 领料单汇总表

年　月

用途（借方科目）	上　旬	中　旬	下　旬	月　计
生产成本				
甲产品				
乙产品				
制造费用				
管理费用				
在建工程				
本月领料合计				

2.外来原始凭证

它是指在经济业务发生时，从其他单位或个人取得的凭证。例如，供货单位开来的发票，运输部门开来的运费收据，银行开来的收款或支款通知等都属于外来原始凭证。外来原始凭证一般都是一次凭证。

（二）记账凭证

记账凭证是根据原始凭证进行归类、整理编制的会计分录凭证。它是登记账簿的直接依据。由于原始凭证种类繁多、格式不一，不便于在原始凭证上编制会计分录，据以记账，所以有必要将各种原始凭证反映的经济内容加以归类整理，确认为某一会计要素后，编制记账凭证。从原始凭证到记账凭证是经济信息转换成会计信息的过程，是会计的初始确认阶段。

1.记账凭证按用途不同的分类

记账凭证按其用途不同，可以分为专用记账凭证和通用记账凭证两类。

（1）专用记账凭证是指分类反映经济业务的记账凭证。这种记账凭证按其反映经济业务的内容不同，又可分为收款凭证、付款凭证和转账凭证。收款凭证和付款凭证是用来反映货币资金收入、付出业务的凭证。货币资金的收入、付出业务就是直接引起库存现金或银行存款增减变动的业务，如用现金发放职工工资、以银行存款支付费用、收到销货款存入银行等。转账凭证是用来反映非货币资金业务的凭证。非货币资金业务亦称转账业务，是指不涉及货币资金增减变动的业务，如向仓库领料、产成品交库、分配费用等。专用记账凭证的一般格式见表8-5、表8-6、表8-7。

表8-5　　　　　　　　　　　　　　收款凭证

借方科目：　　　　　　　　年　月　日　　　　　　　收字第　号

摘　要	贷方科目		金　额	记　账
	一级科目	二级或明细科目		
合　计				

会计主管：　　记账：　　出纳：　　审核：　　填制：

附件　张

表8-6　　　　　　　　　　　　　　付款凭证

贷方科目：　　　　　　　　年　月　日　　　　　　　付字第　号

摘　要	借方科目		金　额	记　账
	一级科目	二级或明细科目		
合　计				

会计主管：　　记账：　　出纳：　　审核：　　填制：

附件　张

表 8-7 转账凭证

　年　月　日　　　　　　　　　　　　　　　　转字第　　号

摘　　要	一级科目	二级或明细科目	借方金额	贷方金额	记　账	
						附件　　张
合　　计						

会计主管：　　　记账：　　　出纳：　　　审核：　　　填制：

（2）通用记账凭证是指用来反映所有经济业务的记账凭证。也就是说，当企业只使用一种记账凭证时，该记账凭证即为通用记账凭证，其一般格式与转账凭证（见表 8-7）相同。

2.记账凭证按所载会计科目数目不同的分类

记账凭证按其填列的会计科目数目的不同，可以分为单式记账凭证和复式记账凭证两类。

（1）单式记账凭证是在一张记账凭证上只填列每笔会计分录中的一方科目，其对应科目只作参考，不据以记账。填列借方科目的称为借项记账凭证，填列贷方科目的称为贷项记账凭证。这样，每笔会计分录至少要填制两张单式记账凭证，用编号将其联系起来，以便查对。设置单式记账凭证的目的：一是便于汇总，即每张凭证只汇总一次，并且可减少差错；二是为了实行会计部门内部的岗位责任制，即每个岗位人员都应对与其有关的账户负责；三是利于贯彻内部控制制度，防止差错和舞弊。但由于凭证张数多，不易保管，填制凭证的工作量较大，故使用的单位较少。单式记账凭证的一般格式见表 8-8、表 8-9。

表 8-8 借项记账凭证

对应科目：主营业务收入　　　　　2×24 年×月×日　　　　　编号 $1\frac{1}{2}$

摘　　要	一级科目	二级或明细科目	金　额	记　账	
销售收入存入银行	银行存款		39 550	√	附件 1 张

会计主管：　　　记账：　　　复核：　　　出纳：　　　填制：

表 8-9　　　　　　　　　　　　　**贷项记账凭证**

对应科目：银行存款　　　　　　　2×24 年×月×日　　　　　　　编号 $1\frac{2}{2}$

摘　　要	一级科目	二级或明细科目	金　额	记　账	附件
销售收入	主营业务收入		35 000	√	1
存入银行	应交税费	应交增值税	4 550	√	张

会计主管：　　　　记账：　　　　复核：　　　　出纳：　　　　填制：

（2）复式记账凭证是在一张凭证上完整地列出每笔会计分录所涉及的全部科目。上述专用记账凭证和通用记账凭证均为复式记账凭证。复式记账凭证的优点是在一张凭证上就能完整地反映一笔经济业务的全貌，且填写方便，附件集中，便于凭证的分析及审核。相对于单式记账凭证而言，其缺点是不便于分工记账及科目汇总。

3.记账凭证按所包括内容不同的分类

记账凭证按其所包括的内容不同，可以分为单一记账凭证、汇总记账凭证和科目汇总表（亦称记账凭证汇总表、账户汇总表）三类。

（1）单一记账凭证是指只包括一笔会计分录的记账凭证。上述的专用记账凭证和通用记账凭证，均为单一记账凭证。

（2）汇总记账凭证是指根据一定时期内同类单一记账凭证定期加以汇总而重新编制的记账凭证。其目的是简化总分类账的登记手续。汇总记账凭证又可进一步分为汇总收款凭证、汇总付款凭证和汇总转账凭证，其一般格式见表8-10、表8-11、表8-12。

（3）科目汇总表是指根据一定时期内所有的记账凭证定期加以汇总而重新编制的记账凭证。其目的也是简化总分类账的登记手续。科目汇总表的一般格式见表8-13。

综上所述，会计凭证的分类如图8-1所示。

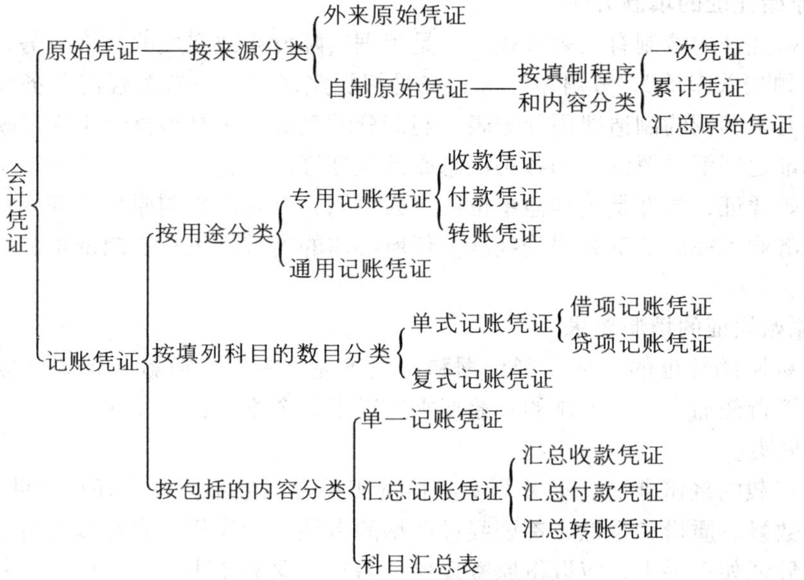

图8-1　会计凭证分类示意图

第二节 原始凭证

一、原始凭证的基本内容

经济业务的内容是多种多样的，记录经济业务的原始凭证所包括的具体内容也各不相同。但每一种原始凭证都必须客观地、真实地记录和反映经济业务的发生、完成情况，都必须明确有关单位、部门及人员的经济责任。这些共同的要求，决定了每种原始凭证都必须具备以下几方面的基本内容：（1）原始凭证的名称；（2）填制凭证的日期及编号；（3）接受凭证的单位名称；（4）经济业务的数量和金额；（5）填制凭证单位的名称和有关人员的签章。

有些原始凭证除了包括上述基本内容以外，为了满足计划、统计等其他业务工作的需要，还要列入一些补充内容。例如，在有些原始凭证上，还要注明与该笔经济业务有关的计划指标、预算项目和经济合同等。

各会计主体根据会计核算和管理的需要，按照原始凭证应具备的基本内容和补充内容，即可设计和印制适合本主体需要的各种原始凭证。但是，为了加强宏观管理，强化监督，堵塞偷税、漏税的漏洞，各有关主管部门应当为同类经济业务设计统一的原始凭证格式。例如，由中国人民银行设计统一的银行汇票、本票、支票；由交通部门设计统一的客运、货运单据；由税务部门设计统一的发票、收款收据等。这样，不但可使反映同类经济业务的原始凭证内容在全国统一，便于加强监督管理，而且也可以节省各会计主体的印刷费用。

二、原始凭证的填制

（一）原始凭证的填制方法

自制原始凭证的填制有三种方式：一是根据实际发生或完成的经济业务，由经办人员直接填制，如"入库单""领料单"等；二是根据账簿记录对有关经济业务加以归类、整理填制，如月末编制的制造费用分配表、利润分配表等；三是根据若干张反映同类经济业务的原始凭证定期汇总填制，如各种汇总原始凭证等。

外来原始凭证，虽然是由其他单位或个人填制，但它同自制原始凭证一样，也必须具备为证明经济业务完成情况和明确经济责任所必需的内容，故其填制依据和方法与自制原始凭证相同。

（二）原始凭证的填制要求

尽管各种原始凭证的具体填制依据和方法不完全一致，但就原始凭证应反映经济业务、明确经济责任而言，其填制的一般要求有以下几个方面：

1.记录真实

凭证上记载的经济业务，必须与实际情况相符合，绝不允许有任何歪曲或弄虚作假。对于实物的数量、质量和金额，都要经过严格的审核，确保凭证内容真实可靠。从外单位取得的原始凭证如有丢失，应取得原签发单位盖有"财务专用章"的证明，并注明原凭证的号码、所载金额等内容，由经办单位负责人批准后，可代作原始凭证；对于确实无法取得证明的，如火车票、轮船票、飞机票等，可由当事人写出详细情况，由经办单位负责人批准后，也可代作原始凭证。

2.手续完备

原始凭证的填制手续，必须符合内部控制的要求。凡是填有大写和小写金额的原始凭证，大写与小写金额必须相符；购买实物的原始凭证，必须有实物的验收证明；支付款项的原始凭证，必须有收款方的收款证明。一式几联的凭证，必须用双面复写纸套写，单页凭证必须用钢笔填写；销货退回时，除填制退货发票外，还必须取得对方的收款收据或开户行的汇款凭证，不得以退货发票代替收据；各种借出款项的收据，必须附在记账凭证上，收回借款时，应另开收据或退回收据副本，不得退回原借款收据；经有关部门批准办理的某些特殊业务，应将批准文件作为原始凭证的附件或在凭证上注明批准机关名称、日期和文件字号。

3.内容齐全

凭证中的基本内容和补充内容都要详尽地填写齐全，不得漏填或省略不填。如果项目填写不全，则不能作为经济业务的合法证明，也不能作为有效的会计凭证。为了明确经济责任，原始凭证必须由经办部门和人员签章。从外单位取得的原始凭证，必须有填制单位的公章或财务专用章；从个人取得的原始凭证，必须有填制人员的签名或盖章。自制原始凭证必须有经办部门负责人或其指定人员的签名或盖章。对外开出的原始凭证，必须加盖本单位的公章或财务专用章。

4.书写规范

原始凭证上的文字，要按规定书写，字迹要工整、清晰，易于辨认，不得使用未经国务院颁布的简化字。合计的小写金额前要冠以人民币符号"¥"（用外币计价、结算的凭证，金额前要加注外币符号，如"HK\$""US\$"等），币值符号与阿拉伯数字之间不得留有空白；所有以元为单位的阿拉伯数字，除表示单价等情况外，一律填写到角分，无角分的要以"0"补位。汉字大写金额数字，一律用正楷字或行书字书写，如壹、贰、叁、肆、伍、陆、柒、捌、玖、拾、佰、仟、万、亿、元（圆）、角、分、零、整（正）。大写金额最后为"元"的应加写"整"（或"正"）字断尾。

阿拉伯金额数字中间有"0"时，汉字大写金额要写"零"字，如¥1 409.50，汉字大写金额应写成"人民币壹仟肆佰零玖元伍角"。阿拉伯金额数字中间连续有几个"0"时，汉字大写金额中可以只写一个"零"字，如¥6 007.14，汉字大写金额应写成"人民币陆仟零柒元壹角肆分"。阿拉伯金额数字万位或元位是"0"，或者数字中间连续有几个"0"，元位也是"0"，但千位、角位不是"0"时，汉字大写金额中可以只写一个"零"字，也可以不写"零"字，如¥1 580.32，应写成"人民币壹仟伍佰捌拾元零叁角贰分"，或者写成"人民币壹仟伍佰捌拾元叁角贰分"；又如¥107 000.53，应写成"人民币壹拾万柒仟元零伍角叁分"，或者写成"人民币壹拾万零柒仟元伍角叁分"。阿拉伯金额数字角位是"0"，而分位不是"0"时，汉字大写金额"元"后面应写"零"字，如¥16 409.02，应写成"人民币壹万陆仟肆佰零玖元零贰分"。

原始凭证记载的各项内容均不得涂改。原始凭证有错误的应当由出具单位重开或者更正，更正处应当加盖出具单位印章。对于支票等重要的原始凭证若填写错误，一律不得在凭证上更正，应按规定的手续注销留存，另行重新填写。

延伸阅读8-2

人民币符号
究竟是"¥"
还是"￥"

5.填制及时

每笔经济业务发生或完成后，经办业务的有关部门和人员必须及时填制原始凭证，做到不拖延、不积压，并要按规定的程序将其送交会计部门。

三、原始凭证的审核

为了保证原始凭证内容的真实性和合法性，防止不符合填制要求的原始凭证影响会计信息的质量，必须由会计部门对一切外来的和自制的原始凭证进行严格的审核。审核内容主要包括以下两个方面：

（一）审核原始凭证所反映的经济业务是否合法、合规、合理

审核时应以国家颁布的现行财经法规、财会制度以及本单位制定的有关规则、预算和计划为依据，审核经济业务是否符合有关规定，有无弄虚作假、违法乱纪、贪污舞弊的行为；审核经济活动的内容是否符合规定的开支标准，是否履行规定的手续，有无背离经济效益原则和内部控制制度的要求。

（二）审核原始凭证的填制是否符合规定的要求

首先应审核原始凭证是否具备作为合法凭证所必需的基本内容，所有项目是否填写齐全，有关单位和人员是否已签字盖章；其次要审核凭证中所列数字的计算是否正确，大、小写金额是否相符，数字和文字是否清晰等。

原始凭证的审核，是一项十分细致而严肃的工作，必须坚持原则，依法办事。对于不真实、不合法的原始凭证，会计人员有权不予受理，并要向单位负责人报告；对于记载不准确、不完整的原始凭证应予以退回，并要求按照国家统一的会计制度规定更正、补充。原始凭证经审核无误后，才能作为编制记账凭证和登记明细分类账的依据。

第三节　记账凭证

一、记账凭证的基本内容

记账凭证虽然种类不一，编制依据各异，但各种记账凭证的主要作用都在于对原始凭证进行归类整理，运用账户和复式记账方法，编制会计分录，为登记账簿提供直接依据。因此，所有记账凭证都应满足记账的要求，都必须具备下列基本内容：（1）记账凭证的名称；（2）填制凭证的日期和凭证的编号；（3）经济业务的内容摘要；（4）记账符号、账户（包括一级、二级或明细账户）名称和金额；（5）所附原始凭证的张数；（6）填制单位的名称及有关人员的签章。

二、记账凭证的填制

（一）记账凭证的填制方法

1.专用记账凭证的填制方法

采用专用记账凭证时，收款凭证和付款凭证是根据有关库存现金、银行存款和其他货币资金收付业务的原始凭证填制。涉及银行存款和其他货币资金的收付业务，一般应以经银行盖章的单据（如送款单、收款通知、支款通知等）作为原始凭证。这样做是为了保证收付业务的可靠性，也便于同银行账核对。对于库存现金、银行存款和其他货币资金之间的收付业务（亦称相互划转业务），如从银行提取现金、把现金送存银行、开设外埠存款账户等，为避免重复记账，一般只编制付款凭证，而不再编制收款凭证。出纳人员对于已经收讫的收款凭证和已经付款的付款凭证及其所附的各种原始凭证，都要加盖"收讫"和"付讫"的戳记，以免重收重付。转账凭证除了可以根据有关转账业务的原始凭证填制外，还可以根据账簿记录填制，如根据有关资产账户提取减值准备，将收入、费用类账户的月末余额转入"本年利润"账户，将"本年利润"账户的年末余额转入"利润分配"账户，以及更正账簿错误等。根据账簿记录编制的记账凭证一般没有原始凭证，所以并非所有的记账凭证都附原始凭证。

2.汇总记账凭证和科目汇总表的填制方法

在本章第一节已经提到，大中型企业经济业务繁杂，记账凭证数量较多，为了简化登记总分类账的手续，可以在月内分数次把记账凭证进行汇总，编制汇总记账凭证或科目汇总表，然后据以登记总分类账。

（1）汇总记账凭证分为汇总收款凭证、汇总付款凭证和汇总转账凭证三种。汇总收款凭证是根据收款凭证分别按"库存现金"和"银行存款"科目的借方设置，并按对应的贷方科目归类汇总。汇总付款凭证是根据付款凭证分别按"库存现金"和"银行存款"科目的贷方设置，并按对应的借方科目归类汇总。汇总转账凭证是根据转账凭证按科目的贷方设置，并按对应的借方科目归类汇总。这三种汇总记账凭证都应定期（如每五天或每旬）汇总一次，每月填制一张。为了便于汇总，对转账凭证的对应关系，要求保持一"借"一"贷"或一"贷"多"借"，而不宜采用一"借"多"贷"。汇总记账凭证可以反映账户的对应关系，便于了解经济业务的来龙去脉，有利于分析和检查。但是，汇总的工作量也较繁重。汇总记账凭证的一般格式见表8-10、表8-11、表8-12。

表8-10　　　　　　　　　　　　　　汇总收款凭证

借方科目：　　　　　　　　　　年　月　　　　　　　　　　　　　　第　号

贷方科目	金　额				记　账	
	（1）	（2）	（3）	合　计	借　方	贷　方
附注：（1）自＿＿日至＿＿日　收款凭证共计＿＿张 （2）自＿＿日至＿＿日　收款凭证共计＿＿张 （3）自＿＿日至＿＿日　收款凭证共计＿＿张						

表 8-11　　　　　　　　　　　　　　汇总付款凭证

贷方科目：　　　　　　　　　　　　　年　月　　　　　　　　　　　第　号

借方科目	金　额				记　账	
	（1）	（2）	（3）	合　计	借　方	贷　方

附注：（1）自＿＿＿日至＿＿＿日　　付款凭证共计＿＿＿张
　　　（2）自＿＿＿日至＿＿＿日　　付款凭证共计＿＿＿张
　　　（3）自＿＿＿日至＿＿＿日　　付款凭证共计＿＿＿张

表 8-12　　　　　　　　　　　　　　汇总转账凭证

贷方科目：　　　　　　　　　　　　　年　月　　　　　　　　　　　第　号

借方科目	金　额				记　账	
	（1）	（2）	（3）	合　计	借　方	贷　方

附注：（1）自＿＿＿日至＿＿＿日　　转账凭证共计＿＿＿张
　　　（2）自＿＿＿日至＿＿＿日　　转账凭证共计＿＿＿张
　　　（3）自＿＿＿日至＿＿＿日　　转账凭证共计＿＿＿张

（2）科目汇总表是根据收款凭证、付款凭证和转账凭证，按照相同的会计科目归类，定期（每五天或每旬）汇总填制。同汇总记账凭证相比较，科目汇总表既可简化总分类账的登记手续，又能起到全部账户发生额的试算平衡作用，汇总的工作还比较简单，但它最大的缺点是无法反映账户的对应关系。科目汇总表的一般格式见表 8-13。

表 8-13　　　　　　　　　　　　　　科目汇总表

年　月　日至　日

会计科目	总账页数	本　期　发　生　额		记账凭证起讫号数
		借　方	贷　方	

（二）记账凭证的填制要求

各种记账凭证的填制，除按原始凭证的填制要求填制外，还应严格遵循以下要求：

1.摘要简明

记账凭证的摘要应用简明扼要的语言，概括出经济业务的主要内容。既要防止简而不明，又要避免过于烦琐。为了满足登记明细分类账的需要，对不同性质的账户，其摘要填写应有所区别。例如，反映原材料等实物资产的账户，摘要中应注明品种、数量、单价；反映库存现金、银行存款或借款的账户，摘要中应注明收付款凭证和结算凭证的号码，以及款项增减原因、收付款单位名称等。

2.科目运用准确

必须按会计制度统一规定的会计科目填写，不得任意简化或改动，不得只写科目编号，不写科目名称；同时，二级和明细科目也要填列齐全。应"借"、应"贷"的记账方向和账户对应关系必须清楚；编制复合会计分录，应是一"借"多"贷"或一"贷"多"借"，尽可能不编多"借"多"贷"的会计分录。

3.连续编号

采用通用记账凭证，可按全部经济业务发生的先后顺序编号，每月从第1号编起；采用专用记账凭证，可按凭证类别分类编号，每月从收字第1号、付字第1号和转字第1号编起。若一笔经济业务需填制多张记账凭证，可采用"分数编号法"，即按该项经济业务的记账凭证数量编列分号。例如，某笔经济业务需编制三张转账凭证，凭证的顺序号为58时，这三张凭证的编号应分别为转字第 $58\frac{1}{3}$ 号、$58\frac{2}{3}$ 号、$58\frac{3}{3}$ 号。每月月末最后一张记账凭证的编号旁边要加注"全"字，以免凭证散失。

4.附件齐全

记账凭证所附的原始凭证必须完整无缺，并在凭证上注明所附原始凭证的张数，以便核对摘要及所编会计分录是否正确无误。若两张或两张以上的记账凭证依据同一原始凭证编制，则应在未附原始凭证的记账凭证上注明"原始凭证×张，附于第×号凭证之后"，以便日后查阅。

三、记账凭证的审核

记账凭证是登记账簿的直接依据，为了保证账簿记录的正确性，以及会计信息的质量，记账前必须由专人对已编制的记账凭证进行认真、严格的审核。审核的内容主要有以下几方面：

第一，审核记账凭证是否附有原始凭证，记账凭证的内容与所附原始凭证的内容是否相符，金额是否一致。

第二，审核凭证中会计科目的使用是否正确，二级或明细科目是否齐全；账户对应关系是否清晰；金额计算是否准确无误。

第三，审核记账凭证中有关项目是否填列齐全，有关人员是否签名盖章。

在审核中若发现记账凭证填制有错误，应查明原因，予以重填或按规定方法及时更正。只有经审核无误的记账凭证，才能据以记账。

第四节 会计凭证的传递与保管

一、会计凭证的传递

（一）会计凭证传递的含义

会计凭证的传递是指凭证从取得或填制时起，经过审核、记账、装订到归档保管时止，在单位内部各有关部门和人员之间按规定的时间、路线办理业务手续和进行处理的过程。

正确、合理地组织会计凭证的传递，对于及时处理和登记经济业务，协调单位内部各部门、各环节的工作，加强经营管理的岗位责任制，实行会计监督，具有重要作用。例如，对材料收入业务的凭证传递，应明确规定：材料运达企业后，需多长时间验收入库，由谁负责填制收料单，又由谁在何时将收料单送交会计及其他有关部门；会计部门由谁负责审核收料单，由谁在何时编制记账凭证和登记账簿，又由谁负责整理或保管凭证等。这样，既可以把材料收入业务从验收入库到登记入账的全部工作在本单位内部进行分工，并通过各部门的协作来共同完成，同时也便于考核经办业务的有关部门和人员是否按照规定的会计手续办事。

（二）会计凭证传递的要求

会计凭证的传递主要包括凭证的传递路线、传递时间和传递手续三个方面的内容。

1.会计凭证传递路线的要求

各单位应根据经济业务的特点、机构设置、人员分工情况，以及经营管理上的需要，明确规定会计凭证的联次及其流程。既要使会计凭证经过必要的环节进行审核和处理，又要避免会计凭证在不必要的环节停留，从而保证会计凭证沿着最简捷、最合理的路线传递。

2.会计凭证传递时间的要求

会计凭证的传递时间是指各种凭证在各经办部门、环节所停留的最长时间。它应考虑各部门和有关人员，在正常情况下办理经济业务所需时间来合理确定。明确会计凭证的传递时间，能防止拖延处理和积压凭证，保证会计工作的正常秩序，提高工作效率。一切会计凭证的传递和处理，都应在报告期内完成。否则，将会影响会计核算的及时性。

3.会计凭证传递手续的要求

会计凭证的传递手续是指在凭证传递过程中的衔接手续。应该做到既完备严密，又简便易行。凭证的收发、交接都应按一定的手续制度办理，以保证会计凭证的安全和完整。

二、会计凭证的保管

会计凭证是各项经济活动的历史记录，是重要的经济档案。为了便于随时查阅利用，各种会计凭证在办理好各项业务手续，并据以记账后，应由会计部门加以整理、归类，并送交档案部门妥善保管。

（一）会计凭证的整理归类

会计部门在记账以后，应定期（一般为每月）将会计凭证加以归类整理，即把记账凭证及其所附原始凭证，按记账凭证的编号顺序进行整理，在确保记账凭证及其所附原始凭证完整无缺后，将其折叠整齐，加上封面、封底，装订成册，并在装订线上加贴封签，以防散失和任意拆装。在封面上要注明单位名称、凭证种类、所属年月和起讫日期、起讫号码、凭证张数等。会计主管或指定装订人员要在装订线封签处签名或盖章，然后入档保管。

对于那些数量过多或各种随时需要查阅的原始凭证，可以单独装订保管，在封面上注明记账凭证的日期、编号、种类，同时在记账凭证上注明"附件另订"。各种经济合同和重要的涉外文件等凭证，应另编目录，单独登记保管，并在有关记账凭证和原始凭证上注明。

（二）会计凭证的造册归档

每年的会计凭证都应由会计部门按照归档的要求，负责整理立卷或装订成册。当年的会计凭证，在会计年度终了后，可暂由会计部门保管1年，期满后，原则上应由会计部门编造清册移交本单位档案部门保管。档案部门接收的会计凭证，原则上要保持原卷册的封装，个别需要拆封重新整理的，应由会计部门和经办人员共同拆封整理，以明确责任。会计凭证必须做到妥善保管，存放有序，查找方便，并要严防毁损、丢失和泄密。

（三）会计凭证的借阅

会计凭证原则上不得借出，如有特殊需要，须报请批准，但不得拆散原卷册，并应限期归还。需要查阅已入档的会计凭证时，必须办理借阅手续。其他单位因特殊原因需要使用原始凭证时，经本单位负责人批准，可以复制。但向外单位提供的原始凭证复印件，应在专设的登记簿上登记，并由提供人员和收取人员共同签名或盖章。

（四）会计凭证的销毁

会计凭证的保管期限，一般为30年。保管期未满，任何人都不得随意销毁会计凭证。按规定销毁会计凭证时，必须开列清单，报经批准后，由档案部门和会计部门共同委派人员监销。在销毁会计凭证前，监督销毁人员应认真清点核对，销毁后，在销毁清册上签名或盖章，并将监销情况报告本单位负责人。

延伸阅读8-3

对隐匿、故意销毁会计资料行为的处罚

□ 思政课堂

新时代会计人亦应发扬"螺丝钉"精神

凭证既扮演着会计信息入口处"守护神"角色，又犹如一颗颗螺丝钉，把会计信息系统中的各环节、各要素紧紧地联结起来，对其正常运转起着基础性保障作用。

谈到"螺丝钉"，我们自然而然会联想到雷锋的"螺丝钉"精神。"做一颗永不生锈的螺丝钉""把有限的生命投入到无限的为人民服务之中去"，这是雷锋的生活目标，也是其一生的真实写照。习近平总书记曾多次强调，学习雷锋精神，就要把崇高的理想信念和道德品质追求融入日常的工作生活，在自己岗位上做一颗永不生锈的螺丝钉。显然，在中国发展的新时代，雷锋精神并没有过时，而是被赋予了更深刻、更丰富的思想内涵。因而，在当前这样一个因追求经济效益而略显浮躁的社会，思考、探索会计人的"螺丝钉"精神，无疑具有重要的现实意义。

我们认为，新时代会计人的"螺丝钉"精神至少应具有以下特征：

（1）爱岗敬业。螺丝钉看似普通，但是它对整台机器的正常运转起到不可或缺的重要作用。如果把企业会计工作系统比作一台机器，那么在企业中无论是出纳员、记账员，还是总账会计；无论是材料、工资、成本会计，还是负责财务报表、资本运营、审计等工作的人员，都像"螺丝钉"一样，紧紧地"拧在"整个会计工作系统这台"机器"上，从而保证企业会计工作系统的高效运转。因此，会计人员发扬"螺丝钉"精神，其首要特征是"干一行，爱一行，钻一行"，要在各自的岗位上"发光""发热"，不能当"撞钟的小和尚"，更不能见异思迁。

（2）坚守底线。在复杂的环境中，螺丝钉要经常保养和清洗才不会生锈。现实中，个别会计人员之所以在金钱、权力和美色面前被腐蚀，往往是因为守不住底线，从思想滑坡开始的。因此，会计人员要"做一颗永不生锈的螺丝钉"，就要学法、懂法、守法，不断加强职业道德修养，正心明道、防微杜渐，在执业中始终坚守法律法规和职业道德底线，自觉抵制各种各样的诱惑，做到遵纪守法，淡泊名利。

（3）顾全大局。一颗螺丝钉的作用是有限的，当螺丝钉与整台机器结合起来形成一个整体，那么它的力量则是无穷的。也就是说，螺丝钉的价值是建立在整台机器的基础上，脱离了机器这个"大局"，再好的螺丝钉也难以实现自身价值。国家好，个人才能好，所以新时代会计人员要增强大局意识，做到个人利益服从组织利益，小团体利益服从国家整体利益。

总之，怀着一颗谦卑而执着的心，在嘈杂的世事中保持专注，在纷繁的诱惑中守住底线，在追求个人美好生活中不忘初心、牢记使命，这正是新时代会计人应具有的"螺丝钉"精神。

□ 复习思考题

1. 什么是会计凭证？它有何重要作用？

2. 原始凭证应具备哪些基本内容？

3. 如何填制和审核原始凭证？

4. 记账凭证应具备哪些基本内容？

5. 如何填制和审核记账凭证？

6. 收款、付款、转账凭证各填制何种经济业务？

7. 如何组织会计凭证的传递？

8. 会计凭证保管的一般要求是怎样的？

9. 什么是新时代会计人的"螺丝钉"精神？

自测题

第九章 会计账簿

第一节 账簿的意义与种类

一、账簿的含义

在会计核算工作中，每项经济业务发生以后，首先要取得或填制会计凭证，并加以审核确认，然后据以在有关账户中进行登记。而账户则是按照规定的会计科目在账簿中分别设立的，根据会计凭证把经济业务记入有关的账户，就是指把经济业务记入设立在会计账簿中的账户。所谓账簿是指以会计凭证为依据，序时、连续、系统、全面地记录和反映企业、机关和事业等单位经济活动全部过程的簿籍。这种簿籍是由若干具有专门格式，又相互联结的账页组成的。账页一旦标明会计科目，这个账页就成为用来记录该科目所核算内容的账户。也就是说，账页是账户的载体，账簿则是若干账页的集合。根据会计凭证在有关账户中进行登记，就是指把会计凭证所反映的经济业务内容记入设立在账簿中的账户，即通常所说的登记账簿，也称记账。

二、账簿的作用

设置账簿是会计工作的一个重要环节，登记账簿则是会计核算的一种专门方法。科学地设置账簿和正确地登记账簿对于全面完成会计核算工作具有重要意义。

（一）会计账簿是对凭证资料的系统总结

在会计核算中，通过会计凭证的填制和审核，可以反映和监督每项经济业务的完成情况。然而一张会计凭证只能反映一项或几项经济业务，所提供的信息是零星的、片断的、不连续的，不能把某一时期的全部经济活动完整地反映出来。账簿既能够提供总括的核算资料，又能够提供详细的资料；既能够提供分类核算资料，又能够提供序时核算资料，进而反映经济活动的轨迹，这对于企业、单位加强经济核算、提高管理水平、探索资金运动的规律具有重要的作用。

（二）会计账簿是考核企业经营情况的重要依据

通过登记账簿，可以发现整个经济活动的运行情况，完整地反映企业的经营成果和财务状况，评价企业的总体经营情况；同时，可以监督和促进各企业、单位遵纪守法、依法经营。

（三）会计账簿是会计报表资料的主要来源

企业定期编制的资产负债表、利润表、现金流量表等会计报表的各项数据均来源于账簿的记录。企业在编制财务报表及其附注时，对于生产经营状况、利润实现和分配情况、税金缴纳情况、各种财产物资变动情况如欲说明的，也主要以账簿记录的数据为依据。从这个意义上说，账簿的设置和登记是否准确、真实、齐全，直接影响到财务报告的质量。

三、账簿的种类

账簿的种类繁多，不同的账簿，其用途、形式、内容和登记方法都各不相同。为了更好地了解和使用各种账簿，有必要对账簿进行分类。在实际工作中，人们使用最多的有以下两种分类方法：

（一）按照账簿的用途分类

账簿按照用途的不同可以分为三大类，即序时账簿、分类账簿和备查账簿。

1.序时账簿

序时账簿，也称日记账，是按照经济业务完成时间的先后顺序进行逐日逐笔登记的账簿。在古代会计中也把它称为"流水账"。日记账又可分为普通日记账和特种日记账。普通日记账是将企业每天发生的所有经济业务，不论其性质如何，按其先后顺序，编成会计分录记入账簿；特种日记账是按经济业务性质单独设置的账簿，它只把特定项目按经济业务顺序记入账簿，反映其详细情况，如库存现金日记账和银行存款日记账。特种日记账的设置，应根据业务特点和管理需要而定，特别是那些发生频繁、需严加控制的项目，应予以设置。

2.分类账簿

分类账簿，是对全部经济业务按总分类账和明细分类账进行分类登记的账簿。总分类账簿，简称总账，是根据总账科目开设账户，用来分类登记全部经济业务，提供总括核算资料的账簿。明细分类账簿，简称明细账，是根据总账科目所属明细科目开设账户，用以分类登记某一类经济业务，提供明细核算资料的账簿。

3.备查账簿

备查账簿，又称辅助账簿，是对某些在日记账和分类账等主要账簿中未能记载的会计事项或记载不全的经济业务进行补充登记的账簿。所以，备查账簿也叫补充登记簿。它可以对某些经济业务的内容提供必要的参考资料。备查账簿的设置应视实际需要而定，并非一定要设置，而且没有固定格式。

（二）按照账簿的形式分类

纸质账簿按照形式的不同可以分为订本式账簿、活页式账簿和卡片式账簿等。

1.订本式账簿

订本式账簿，简称订本账，是把具有一定格式的账页加以编号并订成固定本册的账簿。它可以避免账页的散失或被抽换，但不能根据需要增减账页。一本订本账同一时间只能由一人记账，不便于会计人员分工协作记账，也不便于计算机打印记账，但特种日记账，如库存现金日记账、银行存款日记账以及总分类账必须采用订本账。

2.活页式账簿

活页式账簿，简称活页账，是把零散的账页装在账夹内，可以随时增添账页的账簿。它可以根据需要灵活添页或排列，但账页容易散乱丢失。活页账由于账页并不事先固定装订在一起，同一时间可以由若干会计人员分工记账，也便于计算机打印记账。一般明细账都采用活页账。

3.卡片式账簿

卡片式账簿，简称卡片账，是将硬卡片作为账页，存放在卡片箱内保管的账簿。它实际上是一种活页账。为了防止因经常抽取造成破损而采用硬卡片形式，可以跨年度使用，如固定资产明细账常采用卡片账。

第二节　账簿的设置与登记

一、账簿的设置要求与基本内容

（一）账簿的设置要求

每一个会计主体需要设置哪些账簿，应当根据经济业务的特点和管理上的需要来确定。设置账簿应当符合以下要求：（1）账簿的设置要能保证系统、全面地反映和监督经济活动的情况，满足经济管理的需要，为经济管理提供总括的和明细的核算资料。（2）账簿的设置要能保证组织严密，各账簿之间既要有明确的分工，又要有密切的联系，考虑人力和物力的节约，力求避免重复或遗漏。（3）账簿的格式应简便适用，便于登记、查找、更正错误和保管。

（二）账簿的基本内容

由于管理的要求不同，所设置的账簿也不同，各种账簿所记录的经济业务也不同，其形式也多种多样，但所有账簿一般都应具备以下基本内容：（1）封面，写明账簿名称和记账单位名称。（2）扉页，填明启用的日期和截止的日期、页数、册次、经管账簿人员一览表和签章、会计主管签章、账户目录等。（3）账页，账页的基本内容包括：①账户的名称（一级科目、二级科目或明细科目）；②记账日期；③凭证种类和号数栏；④摘要栏；⑤金额栏；⑥总页次和分户页次等。

二、日记账的格式与登记

（一）普通日记账的格式与登记

普通日记账一般只设置借方和贷方两个金额栏，以便分别记录各项经济业务所确定的账户名称及其借方和贷方的金额，也称为两栏式日记账，或叫分录簿，其格式见表9-1。

表9-1　　　　　　　　　　　　　　普通日记账　　　　　　　　　　　　　　单位：元

2×24年		凭证号数	摘　要	对应账户	金　额		过　账
月	日				借方	贷方	
5	6	略	购入材料，价税款未付	在途物资	10 000		
				应交税费	1 300		
				应付账款		11 300	
	18	略	偿还前欠款	应付账款	11 300		
				银行存款		11 300	
			⋮				

采用这种日记账，每天应按照经济业务完成时间的先后顺序，逐笔进行登记。登记时，首先，记入经济业务发生的具体时间；其次，在摘要栏里写下经济业务的简要说明；再次，在对应账户栏里记入应借或应贷的账户名称即会计科目；最后，将借方金额和贷方金额分别记入两个金额栏内。除了上述登记外，每天还应根据日记账中应借和应贷的账户名称和金额登记总分类账。

（二）特种日记账的格式与登记

特种日记账是专门用来登记某一类经济业务的日记账，它是普通日记账的进一步发展。常用的特种日记账主要有库存现金日记账和银行存款日记账。

1.库存现金日记账

库存现金日记账是顺序登记库存现金收、付业务的日记账。它由出纳人员根据审核无误的有关收款凭证和付款凭证，序时逐日逐笔地登记。其中，根据现金收款凭证（如果是到银行提取现金业务，应是根据银行存款的付款凭证）登记收入金额，根据现金付款凭证登记支出金额。每日业务终了应分别计算库存现金收入和支出合计数并结出账面余额。其计算公式为：

日余额=上日余额+本日收入额−本日支出额

结出日余额后，还应将账面余额数与库存现金实有数相核对，检查每日库存现金收、支、存的情况，做到日结日清。对于从银行提取现金这样的业务，为了避免重复记账，可以规定填制减少方的凭证，即银行存款付款凭证，并根据银行存款付款凭证登记库存现金日记账的收入金额。

库存现金日记账除了三栏式外，也可采用多栏式，即在收入和支出栏内进一步设对方科目，亦即在收入栏内设应贷科目（借方为库存现金），在支出栏内设应借科目（贷方为库存现金）。库存现金日记账的格式见表9-2。

表9-2 **库存现金日记账** 单位：元

2×24年		凭证号数	摘 要	对方账户	收 入	付 出	结 余
月	日						
5	1	略	月初余额				500
	6	略	从银行提取现金	银行存款	16 000		16 500
	10	略	购买办公用品	管理费用		10 000	6 500
			⋮				

2.银行存款日记账

银行存款日记账是用来序时反映企业银行存款的增加、减少和结存情况的账簿。该账簿由出纳人员根据银行存款的收款和付款凭证序时逐日逐笔登记，每日终了结出该账户全日的银行存款收入、支出合计数和余额，并定期与银行对账单对账（核对方法是通过编制银行存款余额调节表来进行的，详见本书第十章）。银行存款日记账的登记方法与库存现金日记账的登记方法基本相同。银行存款日记账的格式一般为三栏式，但也可以采用多栏式。三栏式银行存款日记账的格式见表9-3。

表9-3　　　　　　　　　　　　　　　　银行存款日记账　　　　　　　　　　　　　　　　单位：元

2×24年		凭证号数	摘　要	对方账户	收　入	付　出	结　余
月	日						
5	1	略	月初余额				80 000
	6	略	从银行提取现金	库存现金		16 000	64 000
	7	略	收回货款	应收账款	30 000		94 000
	10	略	归还短期借款	短期借款		40 000	54 000
			⋮				

　　设置特种日记账，既能减少根据日记账过入总分类账的过账工作量，又能减少登记总账的工作量，还可以根据管理的不同要求设置相关的日记账，而且这些日记账同一时间可以由不同的会计人员进行登记，既便于会计人员分工协作，还可以提高记账效率和明确记账责任。

三、分类账簿的格式与登记

　　分类账分为总分类账和明细分类账两种。

　　（一）总分类账

　　总分类账是按一级会计科目设置，提供总括资料的账簿，总分类账簿只能以货币作为计量单位。其最常用的格式为三栏式，即分为借方金额、贷方金额、余额三栏。总分类账可以按记账凭证逐笔登记，也可以将记账凭证汇总进行登记，还可以根据多栏式日记账在月末汇总登记。总之，其登记方法主要取决于所采用的会计核算组织程序（将在本书第十二章中介绍）。三栏式总分类账的格式见表9-4。

表9-4　　　　　　　　　　　　　　　　原材料总分类账　　　　　　　　　　　　　　　　单位：元

2×24年		凭　证		摘　要	借　方	贷　方	借或贷	余　额
月	日	种类	号数					
5	1			月初余额			借	120 000
	6			入库	20 000		借	140 000
	10			领用		5 000	借	135 000
				⋮				
	31			本月合计	40 000	44 000		
	31			月末余额			借	116 000

　　（二）明细分类账

　　明细分类账是登记某类经济业务详细情况的账簿，它既可以反映资产、负债、所有者权益、收入、费用等价值变动情况，又可以反映资产等实物量增减情况。明细分类账的格式主要是根据它所反映的经济业务的特点，以及实物管理的不同要求来设计的，明细分类账应根据原始凭证或原始凭证汇总表登记，也可以根据记账凭证登记。其主要格式有以下三种：

1.三栏式明细账

三栏式明细账主要适用于只反映金额的经济业务，它一般记录只有金额而没有实物量的经济业务，如应收账款、应付账款、其他应收款、长期待摊费用等。三栏式明细账的格式见表9-5。

表9-5　　　　　　　　　　　　　**其他应收款明细账**

二级科目或明细科目：李新　　　　　　　　　　　　　　　　　　　　　　单位：元

2×24年		凭　证		摘　要	借　方	贷　方	借或贷	余　额
月	日	种类	号数					
5	1			月初余额			借	400
	6			报销差旅费		350	借	50
	6			报销差旅费		50	平	0
	31			本月发生额及月末余额		400	平	0

2.数量金额式明细账

数量金额式明细账在收入、发出、结存三栏内，再增设数量、单价等栏目，分别登记实物的数量和金额。所以，它适用于既需要反映金额，又需要反映数量的经济业务，如原材料、库存商品、自制半成品等科目的明细核算。数量金额式明细账实质上是在三栏式明细账基础上发展起来的，是三栏式明细账的扩展，其格式见表9-6。

表9-6　　　　　　　　　　　　　**原材料明细账**

二级科目：原料及主要材料　　　　　　　　　　　　　　　　　　　　金额单位：元

材料名称：G材料　　　　　　　　　　　　　　　　　　　　　　　　最高储备：

材料规格：　　　　　　　　　　　　　　　　　　　　　　　　　　　最低储备：

2×24年		摘　要	收　入			发　出			结　存		
月	日		数量	单价	金额	数量	单价	金额	数量	单价	金额
5	1	月初余额							500	2	1 000
	6	车间领用				100	2	200	400	2	800
	10	入库	1 000	2	2 000				1 400	2	2 800
	12	车间领用				500	2	1 000	900	2	1 800
		⋮									
5	31	本月发生额及月末余额	4 000	2	8 000	3 600	2	7 200	900	2	1 800

3.多栏式明细账

多栏式明细账是根据经济业务的特点和经营管理的要求，在某一总分类账项下，对属于同一一级科目或二级科目的明细科目设置若干栏目，用以在同一张账页上集中反映各有关明细项目的详细资料。它主要适用于费用、成本、收入和利润等科目的明细核算。由于各种多栏式明细账所记录的经济业务内容不同，所需要核算的指标也不同，因此，栏目的设置也不尽相同。多栏式明细账的格式见表9-7。

表9-7　　　　　　　　　　　　　　　　　　**生产成本明细账**

产品名称：甲产品　　　　　　　　　　　　　　　　　　　　　　　　　单位：元

2×24年		凭　证		摘　要	成本项目			
月	日	种类	号数		直接材料	直接人工	制造费用	合　计
6	1			月初余额	6 000	3 400	1 600	11 000
	30			本月领用材料	13 000			13 000
	30			生产工人薪酬		7 400		7 400
	30			本月电费	1 250			1 250
	30			本月制造费用			2 450	2 450
	30			本月发生额	14 250	7 400	2 450	24 100
	30			结转完工产品成本	20 250	10 800	4 050	35 100
	30			月末余额	0	0	0	0

第三节　账簿的启用与错账更正

一、账簿的启用与登记

（一）账簿的启用

新的会计年度开始，每个会计主体都应该启用新的会计账簿。在启用新账簿时，应在账簿的有关位置记录以下相关信息：（1）设置账簿的封面与封底。除订本账不另设封面以外，各种活页账都应设置封面和封底，并登记单位名称、账簿名称和所属会计年度。（2）填写账簿启用及经管人员一览表。在启用新会计账簿时，应首先填写在扉页上印制的"账簿启用及交接表"中的启用说明，其中包括单位名称、账簿名称、账簿编号、起止日期、单位负责人、主管会计、审核人员和记账人员等项目，并加盖单位公章。在会计人员发生变更时，应办理交接手续并填写"账簿启用及交接表"中的交接说明。（3）填写账户目录。总账应按照会计科目的编号顺序填写科目名称及启用页码。在启用活页式明细分类账时，应按照所属会计科目填写科目名称和页码，在年度结账后，撤去空白账页，填写使用页码。（4）粘贴印花税票。印花税票应粘贴在账簿的右上角，并且画线注销。在使用缴款书缴纳印花税时，应在右上角注明"印花税已缴"及缴款金额。

（二）账簿的登记

登记账簿必须按以下要求进行登记：

第一，账簿必须根据审核无误的会计凭证连续、系统地登记，不能错记、漏记和重记，并将会计凭证的序号记入账簿，在记账时必须使用会计科目、子目、细目的全称，不得简化。

第二，登记账簿时必须使用钢笔或签字笔，用蓝黑或黑墨水登记，不能使用圆珠笔和铅笔，红墨水只能在结账划线、改错和冲账时使用，以防篡改。

第三，各种账簿必须按照事先编定的页码连续登记，不能隔页、跳行，如果不慎发生类似的情况，应在空页或空行处用红墨水画对角的叉线，并注明此页或此行空白，而且要加盖印鉴，不得任意撕毁或抽换账页。

第四，登账时或登账后如果发现差错，应根据错误的具体情况，按照更正错账的方法进行更正，不得刮擦、挖补、涂改和用褪色药水更改字迹，应保持账簿和字迹清晰、整洁。

第五，摘要栏的文字应简明扼要，并采用标准的简化汉字，不能使用不规范的汉字；金额栏的数字应该采用阿拉伯数字，并且对齐位数，注意"0"不能省略和连写；数字和文字一般应书写在行距下方的1/2处，为更正错误留有余地。

第六，每登满一页账页，应该在该页的最后一行加计本页的发生额及余额，在摘要栏中注明"过次页"，并在下一页的首行记入上页的发生额和余额，在摘要栏内注明"承前页"，以便对账和结账。

二、错账的更正

（一）错账查找方法

错账查找的方法主要有两种：个别检查法和全面检查法。

1.个别检查法

所谓个别检查法，就是针对错账的数字进行检查的方法。这种方法适用于检查方向记反、数字错位和数字颠倒等造成的记账错误。个别检查法又可以分为差数法、倍数法和除9法三种。

（1）差数法就是记账人员首先确定错账的差数，再根据差数去查找错误的方法。这种方法对于发现漏记账目比较有效，也很简便。

（2）倍数法也叫除2法，首先算出借方和贷方的差额，再根据差额的一半来查找错误的方法，这种方法适用于会计账簿因栏次错写而造成的方向错误。

（3）除9法就是先算出借方与贷方的差额，再除以9来查找错误的方法，适用于数字错位和数字颠倒两种情况。

2.全面检查法

全面检查法就是对一定时期的账目进行全面核对的检查方法，具体又分为顺查法和逆查法两种方法。

（1）顺查法就是按照记账的顺序，从头到尾依次检查原始凭证、记账凭证、总账、明细账以及会计科目余额表等。

（2）逆查法是按照与记账顺序相反的顺序，也就是首先检查科目余额表中数字的计算是否正确，其次检查各账户的计算是否正确，再次核对各账簿与记账凭证是否相符，最后检查记账凭证与原始凭证是否相符。

（二）错账更正方法

在发现错账之后，要根据产生错账的不同原因，使用不同的更正方法。

1. 划线更正法

划线更正法是先将错误数字或文字全部画一条红线予以注销，并使原来的字迹仍然清晰可见，然后在红线上方空白处，作出正确的记录，并由记账人员在更正处盖章。划线更正法适用于结账前或结账时发现账簿记录中文字或金额有错误，而记账凭证没有错误，即纯属文字或数字过账时的笔误及账簿数字计算错误等情况。

2. 红字更正法

红字更正法也叫赤字冲账法、红笔订正法。应用这种方法时应先用红字填制一张内容与错误的记账凭证完全相同的记账凭证，在摘要栏中注明"更正第×张凭证的错误"，并据以用红字登记入账，冲销原有错误记录，然后，再填制一张正确的记账凭证，并据以登记入账。

红字更正法适用于记账凭证填错，并已经登记入账而形成的错账。这种差错，无论在结账前还是在结账后发现，无论是分录所用科目错误还是金额错误，都可以采用此方法更正。

3. 补充登记法

补充登记法是在科目对应关系正确时，将少记的金额填制一张记账凭证，在摘要栏中注明"补记×字第×号凭证少记数"，并据以登记入账，以补充原来少记的金额。这种方法适用于记账后发现记账凭证所填的金额小于正确的金额的情况。对于这种错误可以采用红字更正法，也可以采用补充登记法。

延伸阅读9-1

错账更正的新方法

第四节　结账与对账

一、结账

（一）结账的含义

结账就是把一定时期内所发生的经济业务，在全部登记入账的基础上，结算出每个账户的本期发生额和期末余额，并将期末余额转入下期或下年新账（期末余额结转到下期即为下期期初余额）。根据会计分期的不同，结账工作相应地可以在月末、季末、年末进行，但不能为减少本期的工作量而提前结账，也不能将本期的会计业务推迟到下期或编制报表之后再进行结账。对资产、负债和所有者权益等实账户可以在会计期末直接结账，而对那些收入、费用等虚账户，因为它们在结账前应按权责发生制要求先进行调整，所以，应在调整之后再结账。权责发生制要求以应收和应付为标准确认本期收入和费用，即凡是属于本期应该赚取的收入或发生的费用，不论款项是否收到或付出，均应作为本期的收入和费用入账；反之，凡是不属于本期应该赚取的收入或发生的费用，即使款项在本期收到或支付，也不应作为本期的收入或费用入账。根据权责发生制，只有将企业发生的收入和费用按照会计期间正确划分其归属后，才能真实反映企业本期的财务状况和经营成果。

为了保证结账工作的顺利进行，结账前应该做好一些准备工作，具体包括检查凭证和账簿的正确性、进行相应的账项调整，如收入的确认、成本的结转等。结账工作主要由两部分构成：一是结出总分类账和明细分类账的本期发生额和期末余额（包括本期累计发生额），并将余额在本期和下期之间进行结转；二是损益类账户，即收入、成本费用类账户的结转，并计算本期利润或亏损（利润的确定一般在年结时进行）。

结账有利于企业管理者定期总结生产经营情况，对不同会计期间的数据资料进行比较分析，以便发现问题，采取措施及时解决；结账也有利于编制报表，提供报表所需的数据资料，满足与企业有利益关系的投资者、债权人作出正确的投资决策，满足国家的宏观调控要求。另外，企业因撤销、合并而办理账务交接时，也需要办理结账手续。

（二）结账的步骤

第一，检查结账日止以前所发生的全部经济业务是否都已经登记入账。检查账簿记录的完整性和正确性，不能漏记、重记每一项经济业务，也不能有错误的记账分录。值得注意的是，各种收入和费用应该按照权责发生制的要求进行处理。

第二，编制结账分录。在有关经济业务都已经登记入账的基础上，要将收入、费用等账户的余额进行结转，编制转账分录，结转到利润账户，再编制利润分配的分录。

第三，计算发生额和余额。计算出各账户的发生额和余额，并进行结转，最终计算出资产、负债和所有者权益类账户的本期发生额和余额。

（三）结账的方法

结账分为月结、季结和年结三种。（1）月度结账时，应该结出本月借、贷双方的月内发生额和期末余额，在摘要栏内注明"本期发生额及期末余额"，同时，在"本期发生额及期末余额"行的上、下端各画一条红线，表示账簿记录已经结束。（2）季度结账应在本季度最后一个月的结账数字的红线下边一行，把本季度三个月的借、贷双方月结数汇总，并在摘要栏内注明"本季发生额合计及季末余额"，同样在数字下端画一条红线。（3）年度结账时，应将四个季度的借、贷双方季结加以汇总，在摘要栏内注明"本年发生额及年末余额"，并在数字下端画双红线，表示本年度账簿记录已经结束。年度结账后，各账户的年末余额应转入下年度的新账簿。

二、对账

（一）对账的含义

对账就是核对账目。一般是在会计期间（月份、季度、年度）终了时，检查和核对账证、账账、账实、账表是否相符，以确保账簿记录的正确性。会计人员在填制凭证、登记账簿等一系列工作中出现的差错，因管理工作不善而带来的财产管理中的各种问题以及其他一些因素的影响，都可能给账簿记录的真实性、正确性带来影响。为了保证账簿记录的真实、正确、可靠，必须对账簿和账户所记录的有关数据加以检查和核对。

（二）对账的内容

对账的内容一般包括如下几个方面：

1.账证核对

账证核对是指将各种账簿记录与会计凭证进行核对。这种核对主要是在日常编制凭证和记账过程中进行。必要时，也可以采用抽查核对和目标核对的方法进行。核对的重点是凭证所记载的业务内容、金额和分录是否与账簿中的记录一致。若发现差错，应重新对账簿记录和会计凭证进行复核，直到查出错误的原因为止，以保证账证相符。

2.账账核对

账账核对是对各种账簿之间的有关数字进行核对。账账核对包括：（1）总分类账各账户的借方期末余额合计数与贷方期末余额合计数核对相符；（2）明细分类账各账户的余额合计数与有关的总分类账的余额核对相符；（3）日记账的余额与总分类账各账户的余额核对相符；（4）会计部门各种财产物资明细分类账的期末余额与保管或使用部门的财产物资明细分类账的期末余额核对相符；（5）本单位会计部门有关账簿的发生额和余额应该与外单位相应账簿的发生额和余额核对相符。

3.账实核对

账实核对就是将账面数字和实际的物资、款项进行核对。账实核对包括库存现金日记账账面余额与库存现金实有数相互核对；银行存款日记账账面余额与开户银行出具的银行对账单相互核对；各种材料物资明细账账面余额与材料物资实存数额相互核对；各种应收、应付款项明细账账面余额与有关的债权、债务单位相互核对。

4.账表核对

账表核对是指将账簿记录与各种会计报表相互核对。

通过上述的对账工作，就能做到账证相符、账账相符、账实相符和账表相符，使会计核算资料真实、正确、可靠。

第五节 账簿的更换与保管

一、账簿的更换

账簿的更换是指在会计年度终了时，将上年度的账簿更换为次年度的新账簿。在每个新的会计年度开始时，应按会计制度的规定，更换一次总账、日记账和大部分明细账。

更换账簿时，应将上年度各账户的余额直接记入新年度相应的账簿中，并在旧账簿中各账户年终余额的摘要栏内加盖"结转下年"戳记。同时，在新账簿中相关账户的第一行摘要栏内加盖"上年结转"戳记，并在余额栏内记入上年余额。

二、账簿的保管

会计账簿是重要的经济档案，在经营管理中具有重要作用。因此，每一个企业、单位都应按照国家有关规定，加强对会计账簿的管理工作。

账簿的保管应该明确责任，保证账簿的安全和会计资料的完整，防止交接手续不清和可能发生的舞弊行为。在账簿交接保管时，应将该账簿的页数、记账人员姓名、启用日期、交接日期等列表附在账簿的扉页上，并由有关方面签字盖章。账簿要定期（一般为年终）收集，审查核对，整理立卷，装订成册，专人保管，严防丢失和损坏。

账簿应按照规定期限保管。各账簿的保管期限一般为30年。保管期满后，要按照会计档案管理办法的规定，由档案管理机构会同有关部门共同鉴定，报经批准后进行处理。

合并、撤销单位的会计账簿，要根据不同情况，分别移交给并入单位、上级主管部门或主管部门指定的其他单位接受保管，并由交接双方在移交清册上签名盖章。

账簿日常应由各自分管的记账人员保管，未经有关负责人批准，不许非经管人员翻阅、查看、摘抄和复制。会计账簿除非特殊需要或司法介入要求，一般不允许携带外出。

新会计年度对更换下来的旧账簿应进行整理、分类，对有些缺少手续的账簿，应补办必要的手续，然后装订成册，并编制目录，办理移交手续，按期归档保管。

☐ 思政课堂

查错、改错，避免重复犯错

《会计基础工作规范》规定，账簿记录发生错误，不得涂改、挖补、刮擦或者用药水消除字迹，不准重新抄写，必须按规范的方法更正。错账的更正方法通常有划线更正法、红字更正法和补充登记法等，每一种方法都有不同的适用范围和操作技巧。会计上的错账更正机制对大学生及其管理工作来说至少具有以下启示意义：

（1）"人非圣贤，孰能无过"，会计人如此，管理者如此，大学生更是概莫能外！然而，无论谁犯了错误，最起码的态度都应该是承认错误、接受批评或处罚，并加以改正。也就是说，不怕犯错，就怕不知错，更怕不改错。

（2）毛泽东同志曾经指出："错误和挫折教训了我们，使我们比较地聪明起来。"学过党史都会知道，无论是遵义会议所实现的伟大转折，还是党的十一届三中全会后的拨乱反正，无不彰显了中国共产党人敢于纠正自身错误，并能从中吸取教训的勇气和智慧。坏事也可以变成好事，只要我们能从过去所犯的错误中吸取教训，就可以在今后的学习、工作和生活中避免重蹈覆辙。

（3）改错固然重要，但更为重要的是通过查错来及时发现错误。这是会计上错账更正机制中最为可取之处，也是高校学生管理中亟待完善的工作。学分制并不意味着对学生放松纪律约束。为了随时掌握学生在读期间的勤勉表现，可通过"刷脸"等人工智能技术来记录并传递学生的出勤相关信息，这不仅便于班主任、辅导员和任课教师及时发现个别学生迟到、早退和逃课等违纪行为，进而采取相应的"提醒""批评"等督促措施，防止其因小错不断而酿成大错，同时也是向学生本人亮"黄码"予以警示，提醒学生"悬崖勒马"，消除违纪学生的侥幸心理，增强学生的自律意识。

☐ 复习思考题

1. 为什么要设置账簿？账簿有何作用？
2. 账簿按用途可分为哪几类？按外表形式可分为哪几类？其优缺点各是什么？
3. 如何登记特种日记账？

4. 明细账有哪几种格式？各适用于哪些经济业务？

5. 对账簿的启用和登记有哪些具体要求？

6. 错账的更正方法有哪些？每种方法适用的条件是什么？怎样使用？

7. 什么是对账、结账？各包括哪些内容？

8. 如何进行账簿的更换与保管？

9. 从会计错账更正机制中能获得哪些启示？

自测题

第十章 财产清查

第一节 财产清查概述

一、财产清查的意义

如前所述，企业的各项财产包括货币资金、存货、固定资产和各项债权。各项财产物资的增减变动和结存情况都是通过账簿记录如实地加以反映。为了保证账簿记录的正确性，必须对财产物资进行定期或不定期的清点和审查工作，即财产清查。财产清查是会计核算的专门方法之一，它是根据账簿记录，对企业的财产物资进行盘点或核对，查明各项财产的实存数与账面结存数是否相符，为定期编制会计报表提供准确的、完整的、系统的核算信息的一种方法。

按照《会计法》的规定，每一个单位发生的日常经济业务，都需要通过填制和审核会计凭证、登记账簿、试算平衡和对账等一系列严密的会计处理方法，来保证账证相符和账账相符。因此，从理论上来讲，会计账簿上所记载的财产增减和结存情况，应该与实际的财产收发和结存相符。但在实际工作中，有很多客观原因造成了各项财产的账面数额与实际结存数额有差异，例如，财产物资在运输、保管或收发工作中有时会发生自然损耗或计量、检验不准确；财产物资在保管中有时会发生因水灾、火灾和风灾等自然灾害造成的损失；有关工作人员玩忽职守或不法分子贪污盗窃等原因造成了财产物资的损失等。另外在实际工作中，还存在着隐性账实不符的情况。例如，财产物资由于企业外部环境的变化而产生了贬值，应收账款因长期未经清偿而成为事实上的坏账等，这些现象都会造成账实不符。因此，为了保证会计账簿记录真实和准确，进一步建立健全财产物资的管理制度，确保企业财产完整无损，就必须运用财产清查这一行之有效的会计核算方法，对各项财产进行清查，做到账实相符。财产清查的意义主要表现在以下几个方面：

（一）财产清查为会计信息系统的有效运行提供了一定的保证

如前所述，企业在一定会计期间内所发生的全部经济业务，都要通过收集转换阶段、储存计算阶段和资料报出阶段，即经过确认、计量、记录和汇总，将大量的经济业务数据以会计报表的形式输出，为信息使用者提供真实、客观的会计信息。在会计信息质量的要求中，可靠性最为重要，它是会计报表的"生命源泉"。因此，为了避免会计信息在收集转换和储存计算阶段中受到主客观因素的干扰而失真，提高会计信息的质量，就必须查明各项财产物资的实存数，并与账簿记录相核对，这为会计信息系统正常、有效地运行奠定了坚实的基础。

（二）财产清查为内部控制制度的实施创造了有利的条件

为了防止企业内部控制制度不健全、管理失控等情况的发生，《会计法》对企业建立内部控制制度的问题作了明确规定。建立有效的财产内部控制制度的目的之一就是保证企业经营活动的有效进行，保护财产物资的安全和完整，提高会计信息的质量。内部控制制度执行得好坏，又可通过财产清查的方法加以查验。企业通过财产清查，可以查明各项财产物资是否完整，有无被不法分子挪用、贪污或盗窃等情况；还可以查明各项财产物资的储备是否合理，利用是否充分，有无超储积压或闲置等现象，以便有关部门及时采取措施，使内部控制制度充分发挥作用。

延伸阅读 10-1

对挪用资金、
贪污行为的处罚

二、财产清查的种类

企业财产清查可按清查的范围、清查的时间和清查的执行单位等不同标准进行分类。

（一）财产清查按照清查的范围分类

按照清查的范围不同，财产清查可分为全部清查和局部清查两种。

1.全部清查

全部清查是指对全部财产进行盘点和核对。就制造企业清查对象来说，一般包括：货币资金、存货、固定资产、债权资产及对外投资等的清查。

全部清查的范围广、时间长、工作量大，参加的人员也多，有时还会影响企业生产经营的正常进行，所以一般在以下几种情况下采用全部清查：（1）年终决算之前，为确保年终决算会计信息的真实和准确，需要进行一次全部清查；（2）企业关停并转或改变其隶属关系，需要进行全部清查；（3）中外合资、合营需要进行全部清查；（4）开展清产核资，需要进行全部清查；（5）单位主要负责人变更，需要进行全部清查。

2.局部清查

局部清查是指根据需要对企业的一部分财产进行的清查。如对库存现金应每日盘点一次；对银行存款至少每月同银行核对一次；对各种材料、在产品和产成品除年度清查外，应有计划地每月重点抽查，尤其对贵重的财产物资应至少每月清查一次；对债权资产，应在会计年度内至少核对1~2次。

（二）财产清查按照清查的时间分类

按照清查的时间不同，财产清查可分为定期清查和不定期清查两种。

1.定期清查

定期清查是指根据计划安排的时间对财产进行的清查。这种清查一般在财产管理制度中予以规定，通常在年末、季末或月末结账前进行。

2.不定期清查

不定期清查是指根据需要所进行的临时清查。不定期清查通常在以下几种情况下进行：（1）更换财产物资保管员和现金出纳员时；（2）发生非常损失时；（3）有关单位对本企业进行审计时等。

（三）财产清查按照清查的执行单位分类

按照清查的执行单位不同，财产清查可分为内部清查和外部清查两种。

1. 内部清查

内部清查是指由本企业的有关人员对本企业的财产所进行的清查。这种清查也称为"自查"。

2. 外部清查

外部清查是指由企业外部的有关部门或人员根据国家法律或制度的规定对企业所进行的财产清查。

三、财产清查前的准备工作

（一）组织上的准备

为了使财产清查能够有效地进行，保证财产清查的工作质量，财产清查时必须成立专门领导小组，即在主管经理和总会计师的领导下，成立由财会、设备、技术、生产及行政等有关部门组成的财产清查领导小组。该领导小组的主要任务是：（1）制订清查工作计划，明确清查范围，安排财产清查工作的详细步骤，配备有能力的财产清查人员；（2）检查和督促清查工作，及时解决清查工作中出现的问题；（3）在清查工作结束后，总结清查工作的经验和教训，撰写清查工作总结报告，并提出财产清查结果的处理意见。

（二）业务上的准备

业务上的准备是进行财产清查至关重要的前提条件。所以，各有关部门必须做好如下准备工作：（1）会计部门要在财产清查之前将所有的经济业务登记入账并结出余额，做到账账相符、账证相符，为财产清查提供可靠的依据；（2）财产物资保管部门要在财产清查前将各项财产物资的增减变动办好凭证手续，全部登记入账，结出各账户余额，并与会计部门的有关财产物资核对相符，同时将各种财产物资排列整齐，挂上标签，标明品种、规格及结存数量，以便进行实物盘点；（3）财产清查人员还要准备好有关计量器具，以及各种必要的凭证、表格等。

第二节　存货的盘存制度

财产清查的重要环节是盘点财产物资，尤其是存货的实存数量。为使财产清查工作顺利进行，企业应建立科学而适用的存货盘存制度。在实际工作中，存货的盘存制度，有永续盘存制和实地盘存制两种。现以商品流通企业经济业务为例，说明这两种制度的特点。

一、永续盘存制

（一）永续盘存制的含义

永续盘存制，亦称账面盘存制，是通过设置存货明细账，逐笔或逐日地登记收入数、发出数，并能随时计算出结存数的一种存货盘存制度。采用这种方法，存货明细账按品种规格设置；在明细账中，除登记收、发、结存数量外，通常还要登记金额。

采用永续盘存制时，对存货仍需进行实地盘点，至少每年实地盘点一次，以验证账实是否相符。

（二）永续盘存制下的账簿组织

在永续盘存制下，各企业存货核算的账簿组织不尽相同。就库存商品而言，通常除品种外还要按大类核算。一般的账簿组织如下：

会计部门设置"库存商品"总分类账，其下按商品大类设置二级账户，进行金额核算；在二级账户下，按每种商品设置明细分类账，进行金额、数量双重计量。

仓储部门按每种商品分户设置保管账和保管卡，保管账由记账员根据收、发货单登记收、发数量，进行数量控制。保管卡挂在每种商品的堆垛存放处，由保管员根据收、发货单逐笔登记数量，以控制实存商品。

存货核算的这种总账、二级账、明细账的设置，可以进行逐级控制，相互核对，起到随时反映库存情况和保护存货安全完整的作用。在这种账簿组织下，一旦库存实物发生差错，也很容易及时发现，从而便于加强对存货的日常管理。

（三）期末存货的计价和本期发出存货成本的计算

若企业商品购进价格保持不变，期末存货的计价是十分简单的。然而，在实际工作中，同一商品的购进价格在会计期内往往不同，期末存货势必存在一个按什么价格计算的问题。在永续盘存制下，存货明细分类账能随时反映商品的结存数量和销售数量，至于存货的计价方法，则主要有先进先出法、加权平均法和个别计价法等。

1.先进先出法

先进先出法是假设先入库的存货先发出，即按照存货入库的先后顺序，用先入库存货的单位成本确定发出存货成本的一种方法。采用先进先出法对存货进行计价，可以将发出存货的计价工作分散在平时进行，减轻了月末的计算工作量；期末存货的计价标准为后入库存货的价格，从而使反映在资产负债表上的存货价值比较接近当前市价。但在物价上涨时，本期发出存货成本要比当前市价低，从而使本期利润偏高，需多缴所得税。现举例说明如下：

【例10-1】英连公司W商品的期初结存和本期购销情况如下：

6月1日	期初结存	150件	单价60元	计9 000元
6月8日	销售	70件		
6月15日	购进	100件	单价62元	计6 200元
6月20日	销售	50件		
6月24日	销售	90件		
6月28日	购进	200件	单价68元	计13 600元
6月30日	销售	60件		

根据上述资料，采用先进先出法计算本期发出商品成本和期末结存商品成本如下：

本期发出商品成本=70×60+50×60+30×60+60×62+40×62+20×68=16 560（元）

期末结存商品成本=180×68=12 240（元）

或　　　　　　　　　=9 000+6 200+13 600－16 560=12 240（元）

存货采用先进先出法计价，库存商品明细分类账的登记结果，见表10-1。

表10-1   **库存商品明细分类账**

品名：W商品   金额单位：元

2×24年		摘　要	收　入			发　出			结　存		
月	日		数量（件）	单价	金额	数量（件）	单价	金额	数量（件）	单价	金额
6	1	期初结存							150	60	9 000
	8	销售				70	60	4 200	80	60	4 800
	15	购进	100	62	6 200				80 100	60 62	11 000
	20	销售				50	60	3 000	30 100	60 62	8 000
	24	销售				30 60	60 62	1 800 3 720	40	62	2 480
	28	购进	200	68	13 600				40 200	62 68	16 080
	30	销售				40 20	62 68	2 480 1 360	180	68	12 240
		本期销售成本				270		16 560			

2.加权平均法

加权平均法是把可供发出的存货总成本平均分配给所有可供发出的存货数量。因此，本期发出存货成本和期末存货成本都要按这一平均单价计算。在平均单价的计算过程中，考虑了各批存货的数量因素，即批量越大的成本，对平均单价的影响也越大。由于数量对单价起权衡轻重的作用，故由此计算的平均单价称为加权平均单价。永续盘存制下存货计价的加权平均法，又分为一次加权平均法和移动加权平均法两种。

（1）一次加权平均法。采用一次加权平均法，对于本月发出的存货，平时只登记数量，不登记单价和金额，月末按一次计算的加权平均单价，计算本期发出存货成本和期末存货成本。一次加权平均法计算比较简单，计算出的期末存货成本和本期发出存货成本都比较平稳，但由于计价工作集中在月末进行，所以平时不能从账簿中看到存货发出和结存的金额，从而不便于加强存货资金的日常管理。一次加权平均单价的计算公式如下：

$$一次加权平均单价 = \frac{期初结存存货成本 + 本期入库存货成本}{期初结存存货数量 + 本期入库存货数量}$$

【例10-2】承例10-1，按一次加权平均法计算其本期发出商品成本和期末结存商品成本如下：

$$加权平均单价 = \frac{9\ 000 + 6\ 200 + 13\ 600}{150 + 100 + 200} = 64（元/件）$$

本期发出商品成本＝（70+50+90+60）×64=17 280（元）

期末结存商品成本=180×64=11 520（元）

或　　　　　　　　　=9 000+6 200+13 600-17 280=11 520（元）

存货采用一次加权平均法计价，库存商品明细分类账的登记结果，见表10-2。

表10-2　　　　　　　　　　　　　　　库存商品明细分类账

品名：W商品　　　　　　　　　　　　　　　　　　　　　　　　　金额单位：元

2×24年		摘　要	收　入			发　出			结　存		
月	日		数量（件）	单价	金额	数量（件）	单价	金额	数量（件）	单价	金额
6	1	期初结存							150	60	9 000
	8	销售				70			80		
	15	购进	100	62	6 200				180		
	20	销售				50			130		
	24	销售				90			40		
	28	购进	200	68	13 600				240		
	30	销售				60			180	64	11 520
		本期销售成本				270	64	17 280			

（2）移动加权平均法。采用移动加权平均法，当每次入库存货单价与结存单价不同时，就需要重新计算一次加权平均单价，并据此计算下次入库前的发出存货成本和结存存货成本。采用移动加权平均法，可以随时结转销售成本，随时提供存货明细账上的结存数量和金额，有利于对存货进行数量、金额的日常控制。但这种方法，由于每次进货后都要计算一次加权平均单价，势必会增加会计核算工作量。移动加权平均单价的计算公式为：

$$移动加权平均单价 = \frac{本次入库前结存成本 + 本次入库存货成本}{本次入库前结存数量 + 本次入库存货数量}$$

【例10-3】承例10-1，按移动加权平均法计算本期发出商品成本和期末结存商品成本如下：

第一批商品购入后的平均单价为：

$$移动加权平均单价 = \frac{4\ 800 + 6\ 200}{80 + 100} = 61.11（元/件）$$

第二批商品购入后的平均单价为：

$$移动加权平均单价 = \frac{2\ 444.44 + 13\ 600}{40 + 200} = 66.85（元/件）$$

本期发出商品成本=70×60+50×61.11+90×61.11+60×66.85=16 767（元）

期末结存商品成本=180×66.85=12 033（元）

或　　　　　　　　　=9 000+6 200+13 600-16 767=12 033（元）

存货采用移动加权平均法计价，库存商品明细分类账的登记结果，见表10-3。

表10-3　　　　　　　　　　　　　库存商品明细分类账

品名：W商品　　　　　　　　　　　　　　　　　　　　　　　　　　　　金额单位：元

| 2×24年 | | 摘　要 | 收　入 | | | 发　出 | | | 结　存 | | |
月	日		数量(件)	单价	金额	数量(件)	单价	金额	数量(件)	单价	金额
6	1	期初结存							150	60	9 000
	8	销售				70	60	4 200	80	60	4 800
	15	购进	100	62	6 200				180	61.11	11 000
	20	销售				50	61.11	3 056	130	61.11	7 944
	24	销售				90	61.11	5 500	40	61.11	2 444
	28	购进	200	68	13 600				240	66.85	16 044
	30	销售				60	66.85	4 011	180	66.85	12 033
		本期销售成本				270		16 767			

3.个别计价法

个别计价法又称个别认定法，是指每次发出存货的成本按其购入或生产的实际成本分别计价的方法。采用个别计价法需要逐一辨认各批发出存货和期末存货的购进或生产批别，分别以购入或生产时确定的单位成本来计算确定各批发出和期末存货的成本。这种方法的优点是成本计算准确，符合实际情况。其缺点是发出存货成本分辨的工作量繁重。个别计价法适用于容易辨认、品种数量不多，且单位成本较高的存货计价。

【例10-4】承例10-1，若通过辨认确定各批销售商品的购进批别为：6月8日出售的70件商品系期初结存的存货；6月20日出售的50件商品系6月15日的进货；6月24出售的90件商品中有60件系期初结存的存货，有30件系6月15日的进货；6月30日出售的60件商品中有5件系期初结存的存货，有10件系6月15日的进货，有45件系6月28日的进货。则按个别计价法计算本期发出商品成本和期末结存商品成本如下：

本期发出商品成本=70×60+50×62+60×60+30×62+5×60+10×62+45×68=16 740（元）

期末结存商品成本=15×60+10×62+155×68=12 060（元）

或　　　　　　　　　=9 000+6 200+13 600-16 740=12 060（元）

存货采用个别计价法计价，库存商品明细分类账的登记结果，见表10-4。

延伸阅读10-2

存货计价的
后进先出法

（四）永续盘存制的优缺点

永续盘存制的优点是：在存货明细账中，可以随时反映出每种存货的收入、发出和结存情况，并能进行数量和金额的双重控制；明细账的结存数量，可以与实际盘存数进行核对，如发生库存溢余或短缺，可查明原因，及时纠正；明细账上的结存数，还可以随时与预定的最高和最低库存限额进行比较，取得库存积压或不足的信息，从而便于及时采取相应对策。

表10-4　　　　　　　　　　　　　　　库存商品明细分类账

品名：W商品　　　　　　　　　　　　　　　　　　　　　　　　　　　金额单位：元

2×24年		摘 要	收 入			发 出			结 存		
月	日		数量（件）	单价	金额	数量（件）	单价	金额	数量（件）	单价	金额
6	1	期初结存							150	60	9 000
	8	销售				70	60	4 200	80	60	4 800
	15	购进	100	62	6 200				80 100	60 62	11 000
	20	销售				50	62	3 100	80 50	60 62	7 900
	24	销售				60 30	60 62	3 600 1 860	20 20	60 62	2 440
	28	购进	200	68	13 600				20 20 200	60 62 68	16 040
	30	销售				5 10 45	60 62 68	300 620 3 060	15 10 155	60 62 68	12 060
		本期销售成本				270		16 740			

　　永续盘存制的缺点是：存货的明细分类核算工作量较大，需要较多的人力和费用。但同实地盘存制相比，它在控制和保护财产物资安全完整方面具有明显的优越性，所以在实际工作中被多数企业采用。

二、实地盘存制

（一）实地盘存制及其一般程序

1.实地盘存制的含义

　　实地盘存制是在期末通过盘点实物来确定存货的数量，并据以计算出期末存货成本和本期发出存货成本的一种存货盘存制度。它用于商品流通企业时，又称"以存计销制"或"盘存计销制"；用于制造业企业时，又称"以存计耗制"或"盘存计耗制"。采用这一方法，平时只登记存货的购进或收入，不登记发出，期末通过盘点实物确定实存数，采用倒挤的方法，轧计出存货的发出数。

　　2.实地盘存制的一般程序

　　实地盘存制的程序通常为：

　　（1）确定期末存货数量。每期期末实地盘点存货，确定存货的实际结存数量。

　　（2）计算期末存货成本。某种存货成本等于该项存货的数量乘以适当的单位成本；将各种存货成本相加，即为存货总成本。

（3）计算本期可供发出存货成本。本期可供发出存货成本也称本期可供销售或耗用存货成本，它等于期初存货成本加本期入库存货成本。

（4）计算本期发出存货成本。它等于本期可供发出存货成本减期末存货成本。其计算公式为：

本期发出存货成本=期初结存存货成本+本期入库存货成本−期末结存存货成本

期末结存存货成本=期末存货实地盘存数×单价

（二）期末存货数量的确定

在实地盘存制下，期末存货数量的确定，一般分为以下两个步骤：

1.进行实地盘点，确定盘存数

存货的盘点方法因存货性质而异。盘点时间通常在本期营业或生产活动结束，下期营业或生产活动开始以前进行。盘存结果应填列在存货盘存表中。

2.调整盘存数，确定存货结存数

将临近会计期末的购销单据或收发凭证进行整理，在盘存数量的基础上，考虑有关影响因素，调整求得存货实际结存数量。在商品流通企业中，对于企业已经付款但尚未收到的商品即在途商品、已经出库但尚未记录销售的商品，以及已记录销售但尚未提走的商品，都要进行调整，以计算出实际库存数量。其计算公式如下：

存货结存数量=存货盘点数量+在途商品数量+已提未销数量−已销未提数量

（三）期末存货的计价和本期发出存货成本的计算

实地盘存制下的存货计价方法主要有先进先出法、一次加权平均法和个别计价法。现举例说明各种存货计价方法的具体运用。

【例10-5】美连公司M商品的期末实际盘点数为220件，期初库存和本期购进情况为：

6月1日	期初库存	200件	单价10元	计2 000元
6月5日	购　进	400件	单价12元	计4 800元
6月18日	购　进	200件	单价15元	计3 000元
	合　计			9 800元

现分别采用先进先出法、一次加权平均法和个别计价法计算实地盘存制下期末结存商品成本和本期发出商品成本为：

（1）按先进先出法计算：

期末结存商品成本=200×15+20×12=3 240（元）

本期发出商品成本=2 000+4 800+3 000−3 240=6 560（元）

（2）按一次加权平均法计算：

$$加权平均单价 = \frac{2\ 000 + 4\ 800 + 3\ 000}{200 + 400 + 200} = 12.25（元/件）$$

期末结存商品成本=220×12.25=2 695（元）

本期发出商品成本=2 000+4 800+3 000−2 695=7 105（元）

（3）按个别计价法计算（若期末结存220件商品中有50件系期初结存的存货，有70件系6月5日的进货，有100件系6月18日的进货）：

期末结存商品成本=50×10+70×12+100×15=2 840（元）

本期发出商品成本=2 000+4 800+3 000-2 840=6 960（元）

（四）实地盘存制的优缺点

实地盘存制的最大优点是不需要每天记录存货的发出和结存数量，核算工作简单，工作量小。但这种方法不能随时反映存货的发出和结存成本，倒轧出的各项存货的销售或耗用成本成分复杂，除了正常销售或耗用外，可能隐含存货损耗、短缺等非正常因素，因而不便于对存货进行控制和监督，影响成本计算的准确性。因此，这种方法只适用于经营那些品种多、价值低、交易频繁的商品，以及数量不稳定、损耗大且难以控制的鲜活商品等的商品流通企业。

第三节　财产清查的内容和方法

财产清查是一项涉及面广、业务量大的会计工作，为了保证财产清查的工作质量，提高工作效率，达到财产清查的目的，在财产清查时应针对不同的清查内容而采用不同的方法。

一、货币资金的清查

货币资金的清查包括对库存现金、银行存款和其他货币资金的清查。

（一）库存现金的清查

库存现金清查的基本方法是实地盘点法。它是通过将库存现金的盘点实有数与库存现金日记账的余额进行核对的方法，来查明账实是否相符。

库存现金的清查可分为以下两种情况：

1.出纳员自查

在日常的工作中，现金出纳员每日清点库存现金实有数额，并及时与库存现金日记账的余额相核对。这种清查方法实际上是现金出纳员的工作职责。

2.专门人员清查

在由专门清查人员进行的清查工作中，为了明确经济责任，出纳员必须在场。清查人员要认真审核收付凭证和账簿记录，检查经济业务的合理性和合法性。此外，清查人员还应检查企业是否以"白条"（即不符合有关制度要求的借据）抵充现金。

库存现金盘点结束后，应根据盘点的结果，填制"库存现金盘点报告表"。该表是重要的原始凭证，既有实物财产清查"盘存单"的作用，又有"实存账存对比表"的作用。"库存现金盘点报告表"填制完毕，应由盘点人和出纳员共同签章方能生效。"库存现金盘点报告表"的格式见表10-5。

表10-5　　　　　　　　**库存现金盘点报告表**

单位名称：　　　　　　　　年　月　日

实存金额	账存金额	实存与账存对比		备注
		盘盈	盘亏	

盘点人签章：　　　　　　出纳员签章：

（二）银行存款的清查

银行存款的清查，通常采用银行存款日记账与开户银行提供的"对账单"相核对的方法。核对前，首先把截至清查日的所有银行存款收、付业务登记入账，对发生的错账、漏账应及时查清更正。然后再与银行的"对账单"逐笔核对，若二者余额相符，一般说明无错误；若发现二者不相符，则可能存在未达账项。

所谓未达账项是指在企业和银行之间，由于凭证的传递时间不同，导致双方记账时间不一致，即一方已接到有关结算凭证并已经登记入账，另一方由于尚未接到有关结算凭证而尚未入账的款项。概括说来，未达账项有两大类型：一是企业已经入账而银行尚未入账的款项；二是银行已经入账而企业尚未入账的款项。具体有以下四种情况：（1）企业已收款入账，银行未收款入账的款项；（2）企业已付款入账，银行未付款入账的款项；（3）银行已收款入账，企业未收款入账的款项；（4）银行已付款入账，企业未付款入账的款项。

上述任何一种未达账项存在，都会使企业银行存款日记账余额与银行提供的"对账单"的余额不符。在与银行对账时，应首先查明有无未达账项，如果存在未达账项，可编制"银行存款余额调节表"予以调整。"银行存款余额调节表"的编制应在企业银行存款日记账余额和银行对账单余额的基础上，分别加减未达账项，调整后的双方余额应该相符，并且是企业当时实际可以动用的款项。其计算公式如下：

$$\text{企业银行存款日记账余额} + \text{银行已收企业未收款项} - \text{银行已付企业未付款项} = \text{银行对账单余额} + \text{企业已收银行未收款项} - \text{企业已付银行未付款项}$$

现举例说明"银行存款余额调节表"的具体编制方法。

【例10-6】 伟连公司2×24年8月31日银行存款日记账的余额为112 000元，银行对账单的余额为148 000元，经核对发现以下未达账项：

（1）企业将收到的销货款4 000元存入银行，企业已登记银行存款增加，而银行尚未记增加。

（2）企业开出转账支票36 000元支付购料款，企业已登记银行存款减少，而银行尚未记减少。

（3）收到某单位汇来的购货款20 000元，银行已登记增加，企业尚未记增加。

（4）银行代企业支付水电费16 000元，银行已登记减少，企业尚未记减少。

根据上述资料编制"银行存款余额调节表"，见表10-6。

表10-6　　　　　　　　　　　　　**银行存款余额调节表**

2×24年8月31日　　　　　　　　　　　　　　　　　单位：元

项　目	金　额	项　目	金　额
企业银行存款日记账余额	112 000	银行对账单余额	148 000
加：银行已收企业未收	20 000	加：企业已收银行未收	4 000
减：银行已付企业未付	16 000	减：企业已付银行未付	36 000
调节后的存款余额	116 000	调节后的存款余额	116 000

应该指出，表10-6中的"调节后的存款余额"，只表明企业可以实际动用的银行存款数，并非企业银行存款的实际数；"银行存款余额调节表"只是银行存款清查的一种形

式，它只起到对账的作用，不能作为调节账面余额的原始凭证；银行存款日记账的登记，必须在收到有关原始凭证后再进行。

二、实物财产的清查

实物财产是指具有实物形态的各种财产，包括原材料、半成品、在产品、产成品、低值易耗品、包装物和固定资产等。

（一）实物财产的清查方法

不同品种的实物财产，由于其实物形态、体积、重量、堆放方式等不同，因而它们采用的清查方法也有所不同。常用的实物财产清查方法包括以下几种：

1.实地盘点法

实地盘点法是指通过点数、过磅、量尺等方法来确定财产的实有数额。这种方法一般适用于对机器设备、包装好的原材料、在产品和库存商品等的清查。

2.技术推算法

技术推算法是指利用技术方法对财产的实存数进行推算的一种方法。这种方法又称为"估堆"，一般适用于对散装的、大量成堆且难以逐一清点其实存数的各种资产，如煤、盐、化肥、饲料等的清查。

3.抽样盘存法

抽样盘存法是指采用抽取一定数量样品的方式对实物资产的实有数进行估算确定的一种方法。这种方法一般适用于对数量多、重量和体积比较均衡的实物财产的清查。

4.函证核对法

函证核对法是指通过向对方发函的方式对实物资产的实有数进行确定的一种方法。这种方法一般适用于对委托外单位加工或保管的实物资产的清查。

（二）实物财产清查使用的凭证

为了明确经济责任，进行财产清查时，有关实物财产的保管人员必须在场，并参加盘点工作。对各项财产的盘点结果，应如实准确地登记在"盘存单"上，并由有关参加盘点人员同时签章。"盘存单"是财产盘点结果的书面证明，也是反映实物财产实有数额的原始凭证。"盘存单"的一般格式见表10-7。

表10-7　　　　　　　　　　　　　　　　　盘存单

单位名称：　　　　　　　　　　盘点时间：　　　　　　　　　　编号：

财产类别：　　　　　　　　　　存放地点：

序　号	名　称	规格型号	计量单位	实存数量	单　价	金　额	备　注

盘点人签章：×××　　　　　　　　　保管人签章：×××

盘点完毕，将"盘存单"中所记录的实存数与账面结存数相核对，如发现实物盘点结果与账面结存结果不相符时，应根据"盘存单"和有关账簿记录，填制"实存账存对比表"，以确定实物财产的盘盈数或盘亏数。"实存账存对比表"是记录财产清查结果的原始凭证，也是分析盈亏原因、明确经济责任，以及进行账务处理的重要依据。"实存账存对比表"的格式与"库存现金盘点报告表"基本相似，这里不再赘述。

三、应收款的清查

对各种应收款的清查，应采取"询证核对法"，即同对方核对账目的方法。清查单位应在其各种往来款项记录准确的基础上，编制"往来款项对账单"，寄发或派人送交对方单位进行核对。"往来款项对账单"的格式和内容如下：

往来款项对账单

_____单位：

你单位于 2×24 年 8 月 25 日购入我单位 A 产品 1 000 件，已付货款 16 000 元，尚有 22 000 元货款未付，请核对后将回联单寄回。

清查单位：（盖章）
2×24 年 12 月 18 日

沿此虚线裁开，将以下回联单寄回！

....

往来款项对账单（回联）

_____清查单位：

你单位寄来的"往来款项对账单"已经收到，经核对相符无误。

××单位（盖章）
2×24 年 12 月 22 日

第四节　财产清查结果的处理

一、财产清查结果的处理步骤

企业对财产清查的结果，应当按照国家有关会计准则、制度的规定进行认真处理。财产清查中发现的盘盈和盘亏等问题，首先要核准金额，然后按规定的程序报经主管领导批准后，才能进行会计处理。财产清查结果的处理主要步骤如下：

（一）核准金额，查明原因

在对财产清查结果进行具体的处理之前，应对有关原始凭证中所记录的盈亏数据进行全面的核实，即核准货币资金、财产物资和债权资产的盈亏金额，并对各项差异的性质及其原因进行分析，以便针对不同原因所造成的盈亏确定处理方法，提出处理意见，报送有关领导和部门批准。

（二）调整账簿记录，做到账实相符

在核准金额、查明原因的基础上，为了做到账实相符，保证会计信息真实正确，对财产清查中发现的盘盈或盘亏，应及时进行批准前的会计处理，即根据"实存账存对比表"等原始凭证编制记账凭证，并据以调整账簿记录。

（三）进行批准后的账务处理

在有关领导部门对所呈报的财产清查结果处理意见作出批示后，企业应严格按照批复意见编制有关的记账凭证，登记有关账簿，及时进行批准后的账务处理。

二、财产清查结果的会计处理

为了反映和监督各单位在财产清查过程中查明的各种财产的盈亏或毁损及其报经批准后的转销数额，企业应设置"待处理财产损溢"账户。该账户属于双重性质账户，下设"待处理流动资产损溢"和"待处理固定资产损溢"两个明细分类账户，以进行明细分类核算。该账户借方登记各项财产的盘亏或毁损数额和各项盘盈财产报经批准后的转销数；贷方登记各项财产的盘盈数额和各项盘亏或毁损财产报经批准后的转销数。按规定企业的各项盘盈、盘亏必须于期末结账前处理完毕，所以该账户期末无余额。

（一）库存现金清查结果的会计处理

库存现金清查中发现库存现金短缺或盈余时，除了设法查明原因外，还应及时根据"库存现金盘点报告表"进行会计处理。

【例10-7】某企业在库存现金清查中发现长款150元，其会计处理如下：

（1）批准前：

借：库存现金　　　　　　　　　　　　　　　　　　　　　　150

　　贷：待处理财产损溢——待处理流动资产损溢　　　　　　　　150

（2）经反复核查，未查明原因，报经批准转作营业外收入：

借：待处理财产损溢——待处理流动资产损溢　　　　　　　　150

　　贷：营业外收入　　　　　　　　　　　　　　　　　　　　150

【例10-8】某企业在库存现金清查中发现短款500元，其会计处理如下：

（1）批准前：

借：待处理财产损溢——待处理流动资产损溢　　　　　　　　500

　　贷：库存现金　　　　　　　　　　　　　　　　　　　　　500

（2）经查，该短款属于出纳员李×的责任，应由该出纳员赔偿：

借：其他应收款——李×　　　　　　　　　　　　　500

　　贷：待处理财产损溢——待处理流动资产损溢　　　　500

延伸阅读10-3

实习生的会计
处理

（二）存货清查结果的会计处理

1.存货盘盈的会计处理

当存货盘盈时，应根据"实存账存对比表"，将盘盈存货的价值记入"原材料""生产成本""库存商品"等账户的借方，同时记入"待处理财产损溢——待处理流动资产损溢"账户的贷方；报经批准后，冲减管理费用。

【例10-9】某企业在财产清查中盘盈G材料2 000千克。经查明是由于收发计量上的错误造成的，按每千克4元入账。其会计处理如下：

（1）批准前：

借：原材料——G材料　　　　　　　　　　　　　　　　　8 000

　　贷：待处理财产损溢——待处理流动资产损溢　　　　　　8 000

（2）批准后，冲减管理费用：

借：待处理财产损溢——待处理流动资产损溢　　　　　　　8 000

　　贷：管理费用　　　　　　　　　　　　　　　　　　　　8 000

或借：管理费用　　　　　　　　　　　　　　　　　　　　　　　　　8 000

2.存货盘亏的会计处理

当存货盘亏或毁损时，经批准以前应先记入"待处理财产损溢——待处理流动资产损溢"账户的借方，同时记入有关存货账户的贷方。批准后，再根据造成亏损的原因，分别进行账务处理：

（1）属于自然损耗产生的定额内的合理损耗，经批准后即可计入管理费用。

（2）属于超定额短缺的，能确定过失人的应由过失人负责赔偿；属于保险责任范围的，应向保险公司索赔；扣除过失人或保险公司赔款和残料价值后的余额，应计入管理费用。

（3）属于非常损失所造成的存货毁损，扣除保险公司赔款和残料价值后，应计入营业外支出。

【例10-10】 某企业盘亏A产品100千克，单位成本100元。经查明，属于定额内合理损耗。其会计处理如下：

（1）批准前：

借：待处理财产损溢——待处理流动资产损溢　　　　　　　　　　10 000

　　贷：库存商品——A产品　　　　　　　　　　　　　　　　　　　　10 000

（2）批准后，计入管理费用：

借：管理费用　　　　　　　　　　　　　　　　　　　　　　　　　10 000

　　贷：待处理财产损溢——待处理流动资产损溢　　　　　　　　　　10 000

【例10-11】 某企业盘亏甲材料10件，每件200元。经查明，是由于工作人员失职造成的材料毁损，应由过失人赔偿1 000元，毁损材料残值300元。其会计处理如下：

（1）批准前：

借：待处理财产损溢——待处理流动资产损溢　　　　　　　　　　2 260

　　贷：原材料——甲材料　　　　　　　　　　　　　　　　　　　　2 000

　　　　应交税费——应交增值税（进项税额转出）　　　　　　　　　　260

（2）批准后，分不同情况处理：

①由过失人赔偿：

借：其他应收款——××　　　　　　　　　　　　　　　　　　　　1 000

　　贷：待处理财产损溢——待处理流动资产损溢　　　　　　　　　　1 000

②残料作价入库：

借：原材料——甲材料　　　　　　　　　　　　　　　　　　　　　300

　　贷：待处理财产损溢——待处理流动资产损溢　　　　　　　　　　300

③扣除过失人的赔款和残值后的盘亏数，计入管理费用：

借：管理费用　　　　　　　　　　　　　　　　　　　　　　　　　960

　　贷：待处理财产损溢——待处理流动资产损溢　　　　　　　　　　960

【例10-12】 某企业丙材料盘亏一批，实际成本为5 000元。经查明，属于非常事故造成的损失，保险公司应给予3 000元的赔偿。其会计处理如下：

（1）批准前：

借：待处理财产损溢——待处理流动资产损溢　　　　　　　　　　5 650

贷：原材料——丙材料　　　　　　　　　　　　　　　　　　　　　　5 000
　　应交税费——应交增值税（进项税额转出）　　　　　　　　　　650

（2）批准后，分不同情况处理：

①应由保险公司赔偿部分：

借：其他应收款——保险公司　　　　　　　　　　3 000
　　贷：待处理财产损溢——待处理流动资产损溢　　　　　　　　　3 000

②计入营业外支出部分：

借：营业外支出　　　　　　　　　　　　　　　　2 650
　　贷：待处理财产损溢——待处理流动资产损溢　　　　　　　　　2 650

延伸阅读10-4

不得抵扣的
进项税额

（三）固定资产清查结果的会计处理

在固定资产清查过程中，如果发现有盘亏的固定资产，应查明原因，填制固定资产盘亏报告表并写出书面报告，报经企业主管领导批准后才能记入"营业外支出"账户。在批准之前，只能作为待处理财产损溢处理。①

对于盘亏的固定资产，企业应按盘亏固定资产的净值借记"待处理财产损溢——待处理固定资产损溢"账户，按已提折旧额借记"累计折旧"账户，按原值贷记"固定资产"账户。按规定程序批准后，应按盘亏固定资产的净值借记"营业外支出"账户，贷记"待处理财产损溢——待处理固定资产损溢"账户。

【例10-13】 某企业在财产清查中盘亏设备一台，其原价为200 000元，累计折旧为50 000元。其会计处理如下：

（1）批准前：

借：待处理财产损溢——待处理固定资产损溢　　　　　　　　　　150 000
　　累计折旧　　　　　　　　　　　　　　　　　　　　　　　　50 000
　　贷：固定资产　　　　　　　　　　　　　　　　　　　　　　200 000

（2）批准后予以转销：

借：营业外支出　　　　　　　　　　　　　　　　　　　　　　　150 000
　　贷：待处理财产损溢——待处理固定资产损溢　　　　　　　　　150 000

（四）应收款清查结果的会计处理

在财产清查过程中，如发现长期应收而收不回的款项，即坏账损失，经批准应予以转销。坏账损失不需要通过"待处理财产损溢"账户进行核算，其转销方法通常采用备抵法。备抵法，是指按期估计坏账损失，形成坏账准备，当某一应收款项全部或部分被确认为坏账时，应根据其金额冲减坏账准备，同时转销相应的应收款项金额的一种核算方法。估计坏账损失的方法有应收款项余额百分比法、账龄分析法和销货百分比法等，这里主要介绍常用的应收款项余额百分比法。

采用备抵法核算坏账损失，企业需设置"坏账准备"账户。企业计提坏账准备时，借记"信用减值损失"账户，贷记"坏账准备"账户；实际发生坏账时借记"坏账准备"账户，贷记"应收账款"等账户。如果确认并转销的坏账以后又收回，则应按收回的金额，

---

① 关于固定资产盘盈的会计处理留待后续有关课程介绍。

借记"应收账款"等账户，贷记"坏账准备"账户，以恢复企业债权、冲回已转销的坏账准备金额；同时，借记"银行存款"账户，贷记"应收账款"等账户，以反映款项收回情况。"坏账准备"账户平时（1—11月）期末余额可能在借方，也可能在贷方，但其年末余额则一定在贷方。

【例10-14】某企业自2×22年年末开始计提坏账准备。2×22年年末应收账款余额为4 000 000元，2×23年6月发生坏账22 000元，2×23年年末应收账款余额为4 400 000元，2×24年1月份收回上年已转销的坏账10 000元，2×24年年末应收账款余额为5 000 000元。该企业各年坏账准备提取比例均为5%。其有关会计处理如下：

（1）2×22年年末提取坏账准备200 000元（4 000 000×5%）：

借：信用减值损失   200 000
　　贷：坏账准备   200 000

（2）2×23年6月发生坏账22 000元：

借：坏账准备   22 000
　　贷：应收账款   22 000

（3）2×23年年末补提坏账准备42 000元（4 400 000×5%-200 000+22 000）：

借：信用减值损失   42 000
　　贷：坏账准备   42 000

（4）2×24年1月收回已转销坏账10 000元：

借：银行存款   10 000
　　贷：应收账款   10 000

借：应收账款   10 000
　　贷：坏账准备   10 000

（5）2×24年年末补提坏账准备20 000元（5 000 000×5%-220 000-10 000）：

借：信用减值损失   20 000
　　贷：坏账准备   20 000

□ 思政课堂

谨慎是会计人手中的"安全阀"

会计素以谨慎而著称，虽然这种谨慎时常被人诟病，但实践证明，会计上的谨慎不仅有助于会计信息的可靠，而且对于企业的风险控制来说，往往也会起到"安全阀"的作用。会计上的谨慎主要体现在以下几方面：

（1）谨慎性是会计处理的一项重要原则。按照会计信息的谨慎性质量要求，企业既要对资产进行定期或不定期清查，以确保资产的账面价值与其实际价值相符，同时对于有减值迹象的资产，还要计提坏账准备等有关资产的减值准备，以防止发生夸大资产和虚增利润的问题。显然，会计处理上的谨慎性，对于保证资产和利润信息的真实可靠具有重要作用。

（2）"按制度办事"是会计的优良传统。在法律法规和企业有关制度面前，讲原则的会计人员从来不会打"擦边球"，也不会"变通"处理，更不会向不法行为妥协。会计坚守底线、"按制度办事"的行为风格，虽然使其经常要背负"教条""胆小""死心眼"等污名，但这种行事风格对于维护市场经济秩序，以及保证会计信息的可靠性和企业行为的合法性都是一道不可或缺的"安全阀"。

（3）精益求精是会计一以贯之的工作态度。会计每天都要与数据和资金打交道，最考验一个人做事是否仔细、严谨。从事会计工作最忌讳粗心大意，如果差一分钱，账就平不了；如果因一时的马虎而写错一个小数点，都有可能给企业造成巨大的损失。因此，会计只有秉持精益求精的工作态度，才能清清楚楚记账，兢兢业业理财，仔仔细细做事，老老实实做人。

"会计一生唯谨慎，理财万事不糊涂"。这句话既是人们对会计行为风格的概括，也诠释了谨慎对于会计乃至整个理财活动的重要意义。谨言慎行，会计执业者如此，会计事业接班人也应如此！

复习思考题

1. 什么是财产清查？它有何重要作用？
2. 引起财产物资账实不符的原因有哪些？
3. 永续盘存制与实地盘存制的主要区别是什么？各有何优缺点？
4. 在先进先出法下，发出存货的成本是怎样计算的？
5. 在一次加权平均法下，发出存货的成本是怎样计算的？
6. 何谓未达账项？为什么会产生未达账项？
7. 如何编制银行存款余额调节表？
8. 财产清查结果的核算需设置什么账户？该账户的结构是怎样的？
9. 如何进行库存现金、存货盘盈的账务处理？
10. 如何进行库存现金、存货、固定资产盘亏的账务处理？
11. 采用备抵法核算坏账损失需要设置什么账户？该账户的结构是怎样的？
12. 备抵法下如何进行坏账准备的计提、转销，以及转销后收回的账务处理？
13. 为什么说会计必须秉持谨慎的工作态度？

自测题

第十一章　财务报告

第一节　财务报告概述

一、财务报告的定义与种类

（一）财务报告的定义

财务报告，是指企业对外提供的反映企业某一特定日期财务状况和某一会计期间经营成果、现金流量等会计信息的文件。财务报告的主要作用是向财务报告使用者提供真实、公允的信息，用于落实和考核企业领导人经济责任的履行情况，并有助于包括所有者在内的财务报告使用者的经济决策。我国《企业财务会计报告条例》规定：企业不得编制和对外提供虚假的或隐瞒重要事实的财务会计报告；企业负责人对本企业财务会计报告的真实性、完整性负责。

（二）财务报告的种类

我国《企业财务会计报告条例》中规定：按照财务报表编报期间的不同，企业的财务报告分为年度、半年度、季度和月度财务报告。月度、季度财务报告是指月度和季度终了提供的财务报告；半年度财务报告是指在每个会计年度的前6个月结束后对外提供的财务报告；年度财务报告是指年度终了对外提供的财务报告。其中将半年度、季度和月度财务报告统称为中期财务报告。

通常情况下，企业年度财务报告的会计期间是指公历每年的1月1日至12月31日；半年度财务报告的会计期间是指公历每年的1月1日至6月30日，或7月1日至12月31日；季度财务报告的会计期间是指公历每一季度；月度财务报告的会计期间则是指公历每月1日至最后一日。

二、财务报告的构成

关于财务报告应包括哪些内容，《企业会计准则——基本准则》第四十四条规定："财务会计报告包括会计报表及其附注和其他应当在财务会计报告中披露的相关信息和资料。"企业对外提供的财务报告的内容、会计报表种类和格式、会计报表附注的主要内容等，由会计准则规定；企业内部管理需要的会计报表由企业自行规定。

（一）会计报表

根据《企业会计准则第30号——财务报表列报》的规定，财务报表是对企业财务状况、经营成果和现金流量的结构性表述。企业对外提供的财务报表至少包括：资产负债表、利润表、现金流量表、所有者权益（或股东权益）变动表和附注。

（二）会计报表附注

会计报表附注是对在资产负债表、利润表、现金流量表和所有者权益变动表等报表中列示项目的文字描述或明细资料，以及对未能在这些报表中列示项目的说明等。

（三）其他财务报告

其他财务报告的编制基础与方式可以不受会计准则的约束，提供的信息十分广泛，并且提供相关信息的形式灵活多样，包括定性信息和非会计信息。根据现行国际惯例，其他财务报告的内容主要包括：管理当局的分析与讨论预测报告；物价变动影响报告；社会责任报告等。

三、财务报告的基本要求

（一）财务报告的质量要求

会计核算应当以实际发生的交易或事项为依据，如实反映企业的财务状况、经营成果和现金流量。这是对会计工作的基本要求，如果会计信息不能真实反映企业的实际情况，会计工作就失去了存在的意义，甚至会误导会计信息使用者，导致经济决策的失误。

企业应当按照《企业财务会计报告条例》的规定，编制和对外提供真实、完整的财务报告。

财务报告的真实性，是指企业财务报告要真实地反映经济业务的实际发生情况，不能人为地扭曲，以使企业财务报告使用者通过企业财务报告了解有关单位实际的财务状况、经营成果和现金流量。财务报告的完整性，是指提供的企业财务报告要符合规定的格式和内容，不得漏报或者任意取舍，以使企业财务报告使用者全面地了解有关单位的整体情况。

（二）财务报告的时间要求

会计信息的价值在于帮助所有者或其他方面作出经济决策，如果不能及时提供会计信息，经济环境发生了变化，时过境迁，这些信息也就失去了应有的价值，无助于经济决策。所以，企业的会计核算应当及时进行，不得提前或延后。

延伸阅读 11-1

对信息披露违规行为的处罚

企业应当依照有关法律、行政法规规定的结账日进行结账。年度结账日为公历年度每年的 12 月 31 日；半年度、季度、月度结账日分别为公历年度每半年、每季、每月的最后一天。并且要求月度财务报告应当于月度终了后 6 天内（遇节假日顺延，下同）对外提供；季度财务报告应当于季度终了后 15 天内对外提供；半年度财务报告应当于年度中期结束后 60 天内（相当于两个连续的月份）对外提供；年度财务报告应当于年度终了后 4 个月内对外提供。

（三）财务报告的形式要求

企业对外提供的会计报表应当依次编定页数，加具封面，装订成册，加盖公章。封面上应当注明：企业名称、企业统一代码、组织形式、地址、报表所属年度或者月份、报出日期，并由企业负责人、主管会计工作的负责人和会计机构负责人（会计主管人员）签名并盖章；设置总会计师的企业，还应当由总会计师签名并盖章。

（四）财务报告的编制要求

企业在编制年度财务报告前，应当全面清查资产、核实债务，包括结算款项、存货、投资、固定资产、在建工程等。在年度中间，应根据具体情况，对各项财产物资和结算款项进行重点抽查、轮流清查或者定期清查。企业清查、核实后，应当将清查、核实的结果及其处理办法向企业的董事会或者相应机构报告，并根据国家统一的会计准则的规定进行相应的会计处理。此外，还要做好结账和对账工作，并检查会计核算中可能存在的各种需要调整的情况。

企业在编制财务报告时，应当按照国家统一会计准则规定的会计报表格式和内容，根据登记完整、核对无误的会计账簿记录和其他有关资料编制会计报表，做到内容完整、数字真实、计算准确，不得漏报或者任意取舍。会计报表之间、会计报表各项目之间，凡有对应关系的数字，应当相互一致；会计报表中本期与上期的有关数字应当相互衔接。会计报表附注应当对会计报表中需要说明的事项作出真实、完整、清楚的说明。

第二节　资产负债表

一、资产负债表的内容与格式

资产负债表属于静态报表，是反映企业在某一特定日期财务状况的报表，主要提供有关企业财务状况方面的信息。通过资产负债表，可以提供企业在某一特定日期的资产总额及其结构，表明企业拥有或控制的资源及其分布情况；可以提供企业在某一特定日期的负债总额及其结构，表明企业未来需要用多少资产或劳务清偿债务以及清偿时间；可以反映企业所有者在某一特定日期所拥有的权益，据以判断资本保值、增值的情况以及对负债的保障程度。

资产负债表一般有表首、正表两部分。其中，表首概括地说明报表名称、编制单位、报表日期、报表编号、货币名称、计量单位等。正表则列示了用以说明企业财务状况的各个项目，它一般有两种格式：报告式资产负债表和账户式资产负债表。报告式资产负债表是上下结构，上半部列示资产，下半部列示负债和所有者权益。具体排列形式又有两种：一是按"资产=负债+所有者权益"的原理排列；二是按"资产−负债=所有者权益"的原理排列。账户式资产负债表是左右结构，左边列示资产，右边列示负债和所有者权益。不管采取什么格式，资产各项目的合计等于负债和所有者权益各项目的合计这一等式不变。在我国，资产负债表采用账户式，资产负债表左右双方平衡，即资产总计等于负债和所有者权益总计。

在资产负债表中，资产按照其流动性分类分项列示，包括流动资产和非流动资产；负债按照其流动性分类分项列示，包括流动负债和非流动负债；所有者权益按照实收资本（股本）、资本公积、盈余公积、未分配利润等项目分项列示。

资产负债表的基本格式和内容见表11−1。

表11-1　　　　　　　　　　　　　　　　　　　　资产负债表　　　　　　　　　　　　　会企01表

编制单位：　　　　　　　　　　　　　　　　　　　年　月　日　　　　　　　　　　　　单位：元

资　　产	期末余额	上年年末余额	负债和所有者权益（或股东权益）	期末余额	上年年末余额
流动资产：			流动负债：		
货币资金			短期借款		
交易性金融资产			交易性金融负债		
衍生金融资产			衍生金融负债		
应收票据			应付票据		
应收账款			应付账款		
应收款项融资			预收款项		
预付款项			合同负债		
其他应收款			应付职工薪酬		
存货			应交税费		
合同资产			其他应付款		
持有待售资产			持有待售负债		
一年内到期的非流动资产			一年内到期的非流动负债		
其他流动资产			其他流动负债		
流动资产合计			流动负债合计		
非流动资产：			非流动负债：		
债权投资			长期借款		
其他债权投资			应付债券		
长期应收款			其中：优先股		
长期股权投资			永续债		
其他权益工具投资			租赁负债		
其他非流动金融资产			长期应付款		
投资性房地产			预计负债		
固定资产			递延收益		
在建工程			递延所得税负债		
生产性生物资产			其他非流动负债		

续表

资　产	期末余额	上年年末余额	负债和所有者权益（或股东权益）	期末余额	上年年末余额
油气资产			非流动负债合计		
使用权资产			负债合计		
无形资产			所有者权益（或股东权益）：		
开发支出			实收资本（或股本）		
商誉			其他权益工具		
长期待摊费用			其中：优先股		
递延所得税资产			永续债		
其他非流动资产			资本公积		
非流动资产合计			减：库存股		
			其他综合收益		
			专项储备		
			盈余公积		
			未分配利润		
			所有者权益（或股东权益）合计		
资产总计			负债和所有者权益（或股东权益）总计		

二、资产负债表的编制方法

（一）资产负债表中的"上年年末余额"和"期末余额"

企业会计准则规定：会计报表至少应当反映相关两个期间的比较数据。也就是说，企业需要提供比较资产负债表，所以，资产负债表各项目需要分为"上年年末余额"和"期末余额"两栏分别填列。

1. "上年年末余额"的填列

资产负债表中"上年年末余额"栏内各项目数字，应根据上年年末资产负债表"期末余额"栏内所列数字填列。如果本年度资产负债表规定的各个项目的名称和内容同上年度不相一致，应对上年年末资产负债表各项目的名称和数字按照本年度的规定进行调整，按调整后的数字填入本年度资产负债表"上年年末余额"栏内。

2. "期末余额"的填列

资产负债表中"期末余额"是指某一会计期末的数字，即月末、季末、半年末或年末的数字。资产负债表各项目"期末余额"栏内的数字，一般可通过以下几种方法填列：

（1）根据总账余额直接填列。如"短期借款""实收资本"等项目可以根据相应总账的期末余额直接填列。

（2）根据总账余额计算填列。如"货币资金"项目，需要根据"库存现金""银行存款""其他货币资金"总账的期末余额合计数填列。

（3）根据明细账余额计算填列。如"应付账款"项目，需要根据"应付账款""预付账款"总账所属相关明细账的期末贷方余额计算填列。

（4）根据总账和明细账余额分析计算填列。如"长期借款"项目，需要根据"长期借款"总账期末余额，扣除"长期借款"总账所属明细账中反映的、将于1年内到期且企业不能自主地将清偿义务展期的长期借款部分，分析计算填列。

（5）根据有关账户余额减去其备抵账户余额后的净额填列。如"无形资产"项目是用"无形资产"账户余额减去"累计摊销"和"无形资产减值准备"账户余额后的净额填列。

（6）综合运用上述填列方法分析填列。如"应收账款"项目，应根据"应收账款"和"预收账款"账户所属各明细账户的期末借方余额合计数，减去"坏账准备"账户中有关的坏账准备期末余额后的金额填列。

（二）资产负债表中各主要项目的具体填列方法

（1）"货币资金"项目。该项目反映企业库存现金、银行存款、外埠存款、银行汇票存款、银行本票存款、信用证保证金存款等的合计数，应根据"库存现金""银行存款""其他货币资金"账户的期末余额合计数填列。

（2）"交易性金融资产"项目。该项目反映资产负债表日企业分类为以公允价值计量且其变动计入当期损益的金融资产，以及企业持有的直接指定为以公允价值计量且其变动计入当期损益的金融资产的期末账面价值，应根据"交易性金融资产"账户的相关明细账期末余额分析填列。自资产负债表日起超过一年到期且预期持有超过一年的以公允价值计量且其变动计入当期损益的非流动金融资产的期末账面价值，在"其他非流动金融资产"项目反映。

（3）"应收票据"项目。该项目反映资产负债表日以摊余成本计量的，企业因销售商品、提供服务等收到的商业汇票，包括银行承兑汇票和商业承兑汇票，应根据"应收票据"账户的期末余额，减去"坏账准备"账户中相关坏账准备期末余额后的金额分析填列。已向银行贴现和已背书转让的应收票据不包括在该项目内。

（4）"应收账款"项目。该项目反映资产负债表日以摊余成本计量的，企业因销售商品、提供服务等经营活动应收取的款项，应根据"应收账款"账户和"预收账款"账户所属各明细账的期末借方余额合计数，减去"坏账准备"账户中有关的坏账准备期末余额后的金额填列。如"应收账款"账户所属明细账期末有贷方余额，应在资产负债表"预收款项"项目内填列。

（5）"预付款项"项目。该项目反映企业预付给供应单位的款项，应根据"预付账款"账户和"应付账款"账户所属各明细账的期末借方余额合计数，减去"坏账准备"账户中相关坏账准备期末余额后的金额填列。如"预付账款"账户所属有关明细账期末有贷方余额的，应在资产负债表"应付账款"项目内填列。

（6）"其他应收款"项目。该项目反映企业除应收票据、应收账款、预付账款以外的应收和暂付其他单位和个人的款项，应根据"应收利息""应收股利""其他应收款"账户的期末余额合计数，减去"坏账准备"账户中相关坏账准备期末余额后的金额填列。其中，"应收利息"反映企业因债权投资而应收取的利息，应根据"应收利息"账户的期末余额确定；"应收股利"反映企业因股权投资而应收取的现金股利，以及企业应收其他单位的利润，应根据"应收股利"账户的期末余额确定。

（7）"存货"项目。该项目反映企业期末库存、在途和加工中的各项存货的价值，包括各种材料、商品、在产品、半成品、包装物、低值易耗品等，应根据"在途物资""原材料""库存商品""周转材料""委托加工物资""生产成本"等账户的期末余额合计数，减去"存货跌价准备"账户期末余额后的金额填列。原材料采用计划成本法核算的企业，还应根据"材料采购"和"材料成本差异"账户所属明细账户的期末余额分析填列。

（8）"合同资产"项目。该项目反映企业已向客户转让商品而获得有条件收取对价的权利，应根据"合同资产"账户的相关明细账户期末余额，减去"合同资产减值准备"账户中相关的期末余额后的金额填列。

（9）"持有待售资产"项目。该项目反映资产负债表日划分为持有待售类别的非流动资产及划分为持有待售类别的处置组中流动资产和非流动资产的期末账面价值，应根据"持有待售资产"账户的期末余额，减去"持有待售资产减值准备"账户的期末余额后的金额填列。

（10）"其他流动资产"项目。该项目反映企业除以上流动资产项目外的其他流动资产，应根据有关账户的期末余额填列。如其他流动资产价值较大，应在会计报表附注中披露其内容和金额。

（11）"债权投资"项目。该项目反映资产负债表日企业以摊余成本计量的长期债权投资的期末账面价值，应根据"债权投资"账户的相关明细账户期末余额，减去"债权投资减值准备"账户中相关减值准备的期末余额后的金额分析填列。自资产负债表日起一年内到期的长期债权投资的期末账面价值，在"一年内到期的非流动资产"项目反映。企业购入的以摊余成本计量的一年内到期的债权投资的期末账面价值，在"其他流动资产"项目反映。

（12）"其他债权投资"项目。该项目反映资产负债表日企业分类为以公允价值计量且其变动计入其他综合收益的长期债权投资的期末账面价值，应根据"其他债权投资"账户的相关明细账户期末余额分析填列。自资产负债表日起一年内到期的长期债权投资的期末账面价值，在"一年内到期的非流动资产"项目反映。企业购入的以公允价值计量且其变动计入其他综合收益的一年内到期的债权投资的期末账面价值，在"其他流动资产"项目反映。

（13）"长期应收款"项目。该项目反映企业应收期限在1年以上的款项，应根据"长期应收款"账户的期末余额减去相应的"未实现融资收益"账户期末余额和"坏账准备"账户相关期末余额，再减去所属相关明细账中将于1年内到期的部分后的金额填列。

（14）"长期股权投资"项目。该项目反映企业不准备在1年内（含1年）变现的各种股权性质投资的可收回金额，应根据"长期股权投资"账户的期末余额，减去"长期股权投资减值准备"账户期末余额后的金额填列。

（15）"其他权益工具投资"项目。该项目反映资产负债表日企业指定为以公允价值计量且其变动计入其他综合收益的非交易性权益工具投资的期末账面价值，应根据"其他权益工具投资"账户的期末余额填列。

（16）"投资性房地产"项目。该项目反映企业拥有的用于出租的建筑物和土地使用权的金额，应根据"投资性房地产"账户的期末余额填列。

（17）"固定资产"项目。该项目反映资产负债表日企业固定资产的期末账面价值和企业尚未清理完毕的固定资产清理净损益，应根据"固定资产"账户的期末余额，减去"累计折旧"和"固定资产减值准备"账户的期末余额后的金额，以及"固定资产清理"账户的期末余额填列。其中的"固定资产清理"项目，反映企业因出售、毁损、报废等原因转入清理但尚未清理完毕的固定资产的账面价值，与固定资产清理过程中所发生的清理费用和变价收入等各项金额的差额，应根据"固定资产清理"账户期末余额填列。

（18）"在建工程"项目。该项目反映资产负债表日企业尚未达到预定可使用状态的在建工程的期末账面价值和企业为在建工程准备的各种物资的期末账面价值，应根据"在建工程"账户的期末余额，减去"在建工程减值准备"账户的期末余额后的金额，以及"工程物资"账户的期末余额，减去"工程物资减值准备"账户的期末余额后的金额填列。

（19）"无形资产"项目。该项目反映企业各项无形资产的期末可收回金额，应根据"无形资产"账户的期末余额，减去"累计摊销"和"无形资产减值准备"账户期末余额后的金额填列。

（20）"开发支出"项目。该项目反映企业自行研究开发无形资产在期末尚未完成开发阶段的无形资产的价值，应根据"开发支出"账户的期末余额填列。

（21）"长期待摊费用"项目。该项目反映企业尚未摊销的摊销期限在1年以上（不含1年）的各种费用，如租入固定资产改良支出、摊销期限在1年以上（不含1年）的其他待摊费用，应根据"长期待摊费用"账户的期末余额填列。

（22）"其他非流动资产"项目。该项目反映企业除以上资产以外的其他长期资产，应根据有关账户的期末余额填列。如其他非流动资产价值较大，应在会计报表附注中披露其内容和金额。

（23）"短期借款"项目。该项目反映企业借入尚未归还的1年期以下（含1年）的借款，应根据"短期借款"账户的期末余额填列。

（24）"交易性金融负债"项目。该项目反映资产负债表日企业承担的交易性金融负债，以及企业持有的直接指定为以公允价值计量且其变动计入当期损益的金融负债的期末账面价值，应根据"交易性金融负债"账户的相关明细账户期末余额填列。

（25）"应付票据"项目。该项目反映资产负债表日以摊余成本计量的，企业因购买材料、商品和接受服务等开出、承兑的商业汇票，包括银行承兑汇票和商业承兑汇票，应根据"应付票据"账户的期末余额填列。

（26）"应付账款"项目。该项目反映资产负债表日以摊余成本计量的，企业因购买材料、商品和接受服务等经营活动应支付的款项，应根据"应付账款"账户和"预付账款"

账户所属各有关明细账的期末贷方余额合计数填列。如"应付账款"账户所属各明细账期末有借方余额，应在资产负债表"预付款项"项目内填列。

（27）"预收款项"项目。该项目反映企业预收购买单位的账款，应根据"预收账款"和"应收账款"账户所属各有关明细账户的期末贷方余额合计填列。如"预收账款"账户所属有关明细账户有借方余额的，应在资产负债表"应收账款"项目内填列。

（28）"合同负债"项目。该项目反映企业已收或应收客户对价而应履行向客户转让商品的义务，应根据"合同负债"账户的相关明细账户期末余额分析填列。

（29）"应付职工薪酬"项目。该项目反映企业应付未付的职工薪酬。应付职工薪酬包括应付职工的工资、奖金、津贴和补贴、职工福利费和医疗保险费、养老保险费等各种保险费以及住房公积金等。本项目应根据"应付职工薪酬"账户期末贷方余额填列。如"应付职工薪酬"账户期末有借方余额，以"－"号填列。

（30）"应交税费"项目。该项目反映企业期末未交、多交或未抵扣的各种税金和其他费用，应根据"应交税费"账户的期末贷方余额填列。如"应交税费"账户期末为借方余额，该项目以"－"号填列。

（31）"其他应付款"项目。该项目反映企业除应付票据、应付账款、应付职工薪酬、应交税费等以外的应付和暂收其他单位和个人的款项，应根据"应付利息"、"应付股利"和"其他应付款"账户的期末余额合计数填列。

（32）"持有待售负债"项目。该项目反映资产负债表日处置组中与划分为持有待售类别的资产直接相关的负债的期末账面价值，应根据"持有待售负债"账户的期末余额填列。

（33）"其他流动负债"项目。该项目反映企业除以上流动负债以外的其他流动负债，应根据有关账户的期末余额填列。如其他流动负债价值较大，应在会计报表附注中披露其内容及金额。

（34）"长期借款"项目。该项目反映企业借入尚未归还的1年期以上（不含1年）的借款本息，应根据"长期借款"账户的期末余额填列。

（35）"应付债券"项目。该项目反映企业发行的尚未偿还的各种长期债券的本息，应根据"应付债券"账户的期末余额填列。

（36）"长期应付款"项目。该项目反映资产负债表日企业除长期借款和应付债券以外的其他各种长期应付款项的期末账面价值，应根据"长期应付款"账户的期末余额，减去相关的"未确认融资费用"账户的期末余额，再减去所属相关明细账中将于1年内到期的部分后的金额，以及"专项应付款"账户的期末余额填列。其中的"专项应付款"，是指企业取得的政府作为企业所有者投入的具有专项或特定用途的款项。

（37）"预计负债"项目。该项目反映企业确认的对外提供担保、未决诉讼、产品质量保证等事项的预计负债的期末余额，应根据"预计负债"账户的期末余额填列。

（38）"其他非流动负债"项目。该项目反映企业除以上非流动负债项目以外的其他非流动负债，应根据有关账户的期末余额填列。如其他非流动负债价值较大的，应在会计报表附注中披露其内容和金额。

上述非流动负债各项目中将于1年内（含1年）到期的负债，应在"1年内到期的非流动负债"项目内单独反映。上述非流动负债各项目均应根据有关账户期末余额减去将于

1年内（含1年）到期的非流动负债后的金额填列。

（39）"实收资本（或股本）"项目。该项目反映企业各投资者实际投入的资本（或股本）总额，应根据"实收资本（或股本）"账户的期末余额填列。

（40）"资本公积"项目。该项目反映企业资本公积的期末余额，应根据"资本公积"账户的期末余额填列。

（41）"盈余公积"项目。该项目反映企业盈余公积的期末余额，应根据"盈余公积"账户的期末余额填列。

延伸阅读11-2

（42）"未分配利润"项目。该项目反映企业尚未分配的利润，应根据"本年利润"账户和"利润分配"账户的余额计算填列。未弥补的亏损，在该项目内以"−"号填列。①

校园百货店的
"资产负债表"

三、资产负债表编制举例

【例11-1】星连实业股份有限公司2×24年12月31日全部总账和有关明细账余额见表11-2。现根据表11-2所列资料，编制该公司2×24年12月31日的资产负债表，见表11-3。

表11-2 　　　　　　　　　　　　　　　总账和有关明细账余额表 　　　　　　　　　　　　　　单位：元

总　账	明细账户	借方余额	贷方余额	总　账	明细账户	借方余额	贷方余额
库存现金		20 000		短期借款			1 200 000
银行存款		300 000		应付账款			200 000
交易性金融资产		280 000			F企业		140 000
应收账款		460 000			H企业	100 000	
	A企业	200 000			W企业		160 000
	B企业		40 000	预收账款			20 000
	C企业	300 000			U企业		80 000
预付账款		94 000			V企业	60 000	
	D企业	100 000		其他应付款			180 000
	E企业		6 000	应付职工薪酬			694 000
其他应收款		160 000		应交税费			1 200 000
原材料		540 000		应付股利			460 000
生产成本		160 000		长期借款			1 280 000
库存商品		440 000		股本			5 600 000
长期股权投资		4 540 000		盈余公积			1 480 585
固定资产		14 000 000		利润分配	未分配利润		9 190 145
累计折旧			1 200 000				
无形资产		1 630 730					
长期待摊费用		80 000					

---

① 资产负债表列报的"衍生金融资产"、"油气资产"和"使用权资产"等项目的填列方法，留待后续相关课程介绍。

表11-3 **资产负债表**

编制单位：星连实业股份有限公司　　2×24年12月31日　　　　　　　　　　　　　　单位：元

资　产	期末余额	负债和所有者权益 （或股东权益）	期末余额
流动资产：		流动负债：	
货币资金	320 000	短期借款	1 200 000
交易性金融资产	280 000	应付账款	306 000
应收账款	560 000	预收款项	120 000
预付款项	200 000	其他应付款	640 000
其他应收款	160 000	应付职工薪酬	694 000
存货	1 140 000	应交税费	1 200 000
其他流动资产	0	其他流动负债	0
流动资产合计	2 660 000	流动负债合计	4 160 000
非流动资产：		非流动负债：	
长期股权投资	4 540 000	长期借款	1 280 000
固定资产	12 800 000	应付债券	0
在建工程	0	长期应付款	0
无形资产	1 630 730	非流动负债合计	1 280 000
长期待摊费用	80 000	负债合计	5 440 000
其他非流动资产	0	所有者权益（或股东权益）：	
非流动资产合计	19 050 730	实收资本（或股本）	5 600 000
		资本公积	0
		盈余公积	1 480 585
		未分配利润	9 190 145
		所有者权益（或股东权益）合计	16 270 730
资产总计	21 710 730	负债和所有者权益 （或股东权益）总计	21 710 730

第三节　利润表

一、利润表的内容与格式

利润表属于动态报表，是反映企业在一定会计期间经营成果的报表，主要提供有关企业经营成果方面的信息。通过利润表，可以反映企业一定会计期间的收入实现情况和费用耗费情况；可以反映企业一定会计期间生产经营活动的成果，据以判断资本保值、增值情况。

一般情况下，利润表主要反映以下几方面的内容：（1）构成营业利润的各项要素。从营业收入出发，减去营业成本、税金及附加、销售费用、管理费用、财务费用等项目后得出营业利润。（2）构成利润总额的各项要素。在营业利润的基础上，加上营业外收入、减去营业外支出等项目后得出。（3）构成净利润的各项要素。在利润总额的基础上，减去所得税费用后得出。

利润表一般有表首、正表两部分。其中，表首概括地说明报表名称、编制单位、报表所属期间、报表编号、货币名称、计量单位等；正表反映形成经营成果的各个项目和计算过程。

利润表正表的格式一般有两种：单步式利润表和多步式利润表。单步式利润表是将当期所有的收入列在一起，然后将所有的费用列在一起，两者相减得出当期净利润。多步式利润表是通过对当期的收入、费用、支出项目按性质或功能加以归类，按利润形成的主要环节列示一些中间性利润指标，如营业利润、利润总额、净利润，分步计算当期净利润。在我国，利润表一般采用多步式，具体格式和内容见表11-4。

表11-4　　　　　　　　　　　　　**利润表**　　　　　　　　　　　　　会企02表

编制单位：　　　　　　　　　　___年__月　　　　　　　　　　　　单位：元

项　　目	本期金额	上期金额
一、营业收入		
减：营业成本		
税金及附加		
销售费用		
管理费用		
研发费用		
财务费用		
其中：利息费用		
利息收入		
加：其他收益		
投资收益（损失以"–"号填列）		
其中：对联营企业和合营企业的投资收益		
以摊余成本计量的金融资产终止确认收益（损失以"–"号填列）		
净敞口套期收益（损失以"–"号填列）		
公允价值变动收益（损失以"–"号填列）		
信用减值损失（损失以"–"号填列）		
资产减值损失（损失以"–"号填列）		
资产处置收益（损失以"–"号填列）		
二、营业利润（亏损以"–"号填列）		
加：营业外收入		

续表

项　目	本期金额	上期金额
减：营业外支出		
三、利润总额（亏损总额以"－"号填列）		
减：所得税费用		
四、净利润（净亏损以"－"号填列）		
（一）持续经营净利润（净亏损以"－"号填列）		
（二）终止经营净利润（净亏损以"－"号填列）		
五、其他综合收益的税后净额		
（一）不能重分类进损益的其他综合收益		
1.重新计量设定受益计划变动额		
2.权益法下不能转损益的其他综合收益		
3.其他权益工具投资公允价值变动		
4.企业自身信用风险公允价值变动		
……		
（二）将重分类进损益的其他综合收益		
1.权益法下可转损益的其他综合收益		
2.其他债权投资公允价值变动		
3.金融资产重分类计入其他综合收益的金额		
4.其他债权投资信用减值准备		
5.现金流量套期储备		
6.外币财务报表折算差额		
……		
六、综合收益总额		
七、每股收益：		
（一）基本每股收益		
（二）稀释每股收益		

二、利润表的编制方法

（一）利润表中的"本期金额"与"上期金额"

企业会计准则规定：会计报表至少应当反映相关两个期间的比较数据。也就是说，企业需要提供比较利润表，所以，利润表各项目需要分为"本期金额"和"上期金额"两栏分别填列。

利润表中"本期金额"反映各项目的本期实际发生数。利润表中"上期金额"反映各项目上年同期实际发生数，在编报某月、某季度、某半年利润表时，该栏填列上年同期实际发生数；在编报年度利润表时，该栏填列上年全年实际发生数。如果上年度利润表与本年度利润表的项目名称和内容不相一致，应对上年度利润表项目的名称和数字按本年度的规定进行调整，填入本表"上期金额"栏。

（二）利润表中各主要项目的具体填列方法

利润表中各项目的金额，一般是根据有关账户的本期发生额来填列的。"本期金额"栏内各项数字，根据以下方法填列：

（1）"营业收入"项目。该项目反映企业经营主要业务和其他业务所取得的收入总额，应根据"主营业务收入"账户和"其他业务收入"账户的发生额合计分析填列。

（2）"营业成本"项目。该项目反映企业经营主要业务和其他业务发生的实际成本总额，应根据"主营业务成本"账户和"其他业务成本"账户的发生额合计分析填列。

（3）"税金及附加"项目。该项目反映企业经营业务应负担的消费税、城市维护建设税、资源税、教育费附加、房产税、城镇土地使用税、车船税、印花税等，应根据"税金及附加"账户的发生额分析填列。

（4）"销售费用"项目。该项目反映企业在销售商品过程中发生的包装费、广告费等费用，以及为销售本企业商品而专设的销售机构的职工薪酬、业务费等经营费用，应根据"销售费用"账户的发生额分析填列。

（5）"管理费用"项目。该项目反映企业为组织和管理生产经营发生的管理费用，应根据"管理费用"账户的发生额扣除"研发费用"明细账户的发生额分析填列。

（6）"研发费用"项目。该项目反映企业进行研究与开发过程中发生的费用化支出，以及计入管理费用的自行开发无形资产的摊销，应根据"管理费用"账户下的"研发费用"明细账户的发生额，以及"管理费用"账户下的"无形资产摊销"明细账户的发生额分析填列。

（7）"财务费用"项目。该项目反映企业为筹集生产经营所需资金而发生的利息支出等，应根据"财务费用"账户的发生额分析填列。其中的"利息费用"项目，反映企业为筹集生产经营所需资金等而发生的应予费用化的利息支出，应根据"财务费用"账户的相关明细账户的发生额分析填列；"利息收入"项目，反映企业确认的利息收入，应根据"财务费用"账户的相关明细账户的发生额分析填列。

（8）"其他收益"项目。该项目反映计入其他收益的政府补助，以及其他与日常活动相关且计入其他收益的项目，应根据"其他收益"账户的发生额分析填列。

（9）"投资收益"项目。该项目反映企业以各种方式对外投资所取得的净收益，应根据"投资收益"账户的发生额分析填列。如为投资净损失，该项目以"-"号填列。

（10）"净敞口套期收益"项目。该项目反映净敞口套期下被套期项目累计公允价值变动转入当期损益的金额或现金流量套期储备转入当期损益的金额，应根据"净敞口套期损益"账户的发生额分析填列。如为套期损失，该项目以"-"号填列。

（11）"公允价值变动收益"项目。该项目反映企业资产因公允价值变动而发生的损益，应根据"公允价值变动损益"账户的发生额分析填列。如为净损失，该项目以"-"号填列。

（12）"资产减值损失"项目。该项目反映企业因资产减值而发生的损失，应根据"资产减值损失"账户的发生额分析填列。如在影响利润增加的因素中列示，该项目以"-"号填列。

（13）"信用减值损失"项目。该项目反映企业计提的各项金融工具减值准备所形成的预期信用损失，应根据"信用减值损失"账户的发生额分析填列。如在影响利润增加的因素中列示，该项目以"-"号填列。

（14）"资产处置收益"项目。该项目反映企业出售划分为持有待售的非流动资产（金融工具、长期股权投资和投资性房地产除外）或处置组（子公司和业务除外）时确认的处置利得或损失，以及处置未划分为持有待售的固定资产、在建工程、生产性生物资产及无形资产而产生的处置利得或损失。债务重组中因处置非流动资产（金融工具、长期股权投资和投资性房地产除外）产生的利得或损失和非货币性资产交换中换出非流动资产（金融工具、长期股权投资和投资性房地产除外）产生的利得或损失也包括在本项目内。本项目应根据"资产处置收益"账户的发生额分析填列。如为处置损失，该项目以"-"号填列。

（15）"营业利润"项目。该项目反映企业实现的营业利润，应根据上述项目计算填列。如为亏损，该项目以"-"号填列。

（16）"营业外收入"项目。该项目反映企业发生的营业利润以外的收益，主要包括与企业日常活动无关的政府补助、盘盈利得、捐赠利得（企业接受股东或股东的子公司直接或间接的捐赠，经济实质属于股东对企业的资本性投入的除外）等。本项目应根据"营业外收入"账户的发生额分析填列。

（17）"营业外支出"项目。该项目反映企业发生的营业利润以外的支出，主要包括公益性捐赠支出、非常损失、盘亏损失、非流动资产毁损报废损失等，应根据"营业外支出"账户的发生额分析填列。

（18）"利润总额"项目。该项目反映企业实现的利润总额，应根据"营业利润"、"营业外收入"和"营业外支出"项目计算填列。如为亏损，该项目以"-"号填列。

（19）"所得税费用"项目。该项目反映企业按规定从本期利润总额中减去的所得税，应根据"所得税费用"账户的发生额分析填列。

（20）"净利润"项目。该项目反映企业实现的净利润，应根据"利润总额"和"所得税费用"项目计算填列。如为净亏损，该项目以"-"号填列。①

三、利润表编制举例

【例11-2】星连实业股份有限公司2×24年有关损益类账户的累计发生额资料，以及该公司2×23年利润表中的有关数据分别见表11-5、表11-6。现根据表11-5和表11-6所

---

① 利润表列报的"其他综合收益的税后净额"、"综合收益总额"和"每股收益"等项目的填列方法，留待后续课程介绍。

列数据，编制该公司2×24年度的利润表，见表11-7。

表11-5 　　　　　　　　　　　　　　　**损益类账户累计发生额**

2×24年　　　　　　　　　　　　　　　　　单位：元

账户名称	本期发生额	
	借方	贷方
主营业务收入		2 400 000
主营业务成本	1 360 000	
税金及附加	80 000	
销售费用	120 000	
管理费用	192 000	
财务费用	48 000	
投资收益		160 000
营业外收入		30 000
营业外支出	19 000	
其他业务收入		180 000
其他业务成本	100 000	
所得税费用	212 750	

表11-6 　　　　　　　　　　　　　　　**利 润 表**　　　　　　　　　　　会企02表

编制单位：星连实业股份有限公司　　　　2×23年　　　　　　　　　　　　单位：元

项 目	本期金额	上期金额
一、营业收入	2 150 000	
减：营业成本	940 000	
税金及附加	150 000	
销售费用	130 000	
管理费用	154 000	
研发费用	0	
财务费用	86 000	
加：其他收益	0	
投资收益	120 000	略
公允价值变动收益	0	
资产减值损失	0	
资产处置收益	0	
二、营业利润	810 000	
加：营业外收入	45 000	
减：营业外支出	14 500	
三、利润总额	840 500	
减：所得税费用	210 125	
四、净利润	630 375	

表11-7　　　　　　　　　　　　　　利润表　　　　　　　　　　　会企02表

编制单位：星连实业股份有限公司　　　　2×24 年　　　　　　　　　　单位：元

项　目	本期金额	上期金额
一、营业收入	2 580 000	2 150 000
减：营业成本	1 460 000	940 000
税金及附加	80 000	150 000
销售费用	120 000	130 000
管理费用	192 000	154 000
研发费用	0	0
财务费用	48 000	86 000
加：其他收益	0	0
投资收益	160 000	120 000
公允价值变动收益	0	0
资产减值损失	0	0
资产处置收益	0	0
二、营业利润	840 000	810 000
加：营业外收入	30 000	45 000
减：营业外支出	19 000	14 500
三、利润总额	851 000	840 500
减：所得税费用	212 750	210 125
四、净利润	638 250	630 375

第四节　现金流量表

一、现金流量表的定义及内容

　　现金流量表，是反映企业一定会计期间现金及现金等价物流入和流出情况的报表，属于动态报表。企业编制现金流量表的主要目的，是为会计报表使用者提供企业一定会计期间内现金和现金等价物流入和流出的信息，以便于会计报表使用者了解和评价企业获取现金和现金等价物的能力，并据以预测企业未来现金流量。所以，现金流量表在评价企业经营业绩，衡量企业财务资源和财务风险以及预测企业未来前景方面，有着十分重要的作用。现金流量表有助于评价企业支付能力、偿债能力和周转能力；有助于预测企业未来现金流量；有助于分析企业收益质量及影响现金净流量的因素。

在现金流量表中，企业应当按照经营活动、投资活动和筹资活动的现金流量分类分项列示。经营活动的现金流量应当按照其经营活动的现金流入和流出的性质分项列示；投资活动的现金流量应当按照其投资活动的现金流入和流出的性质分项列示；筹资活动的现金流量应当按照其筹资活动的现金流入和流出的性质分项列示。

（一）经营活动产生的现金流量

经营活动是指企业投资活动和筹资活动以外的所有交易和事项，即除投资活动和筹资活动以外的所有交易和事项，都可归属于经营活动。对于工商企业而言，经营活动主要包括：销售商品、提供劳务、购买商品、接受劳务、支付税费等。

通常情况下，经营活动产生的现金流入项目主要有：销售商品、提供劳务收到的现金；收到的税费返还；收到其他与经营活动有关的现金。经营活动产生的现金流出项目主要有：购买商品、接受劳务支付的现金；支付给职工以及为职工支付的现金；支付的各项税费；支付其他与经营活动有关的现金。

（二）投资活动产生的现金流量

投资活动是指企业长期资产的购建和不包括在现金等价物范围内的投资及其处置活动。

通常情况下，投资活动产生的现金流入项目主要有：收回投资收到的现金；取得投资收益收到的现金；处置固定资产、无形资产和其他长期资产收回的现金净额；处置子公司及其他营业单位收到的现金净额；收到其他与投资活动有关的现金。投资活动产生的现金流出项目主要有：购建固定资产、无形资产和其他长期资产支付的现金；投资支付的现金；取得子公司及其他营业单位支付的现金净额；支付其他与投资活动有关的现金。

（三）筹资活动产生的现金流量

筹资活动是指导致企业资本及债务规模和构成发生变化的活动。

通常情况下，筹资活动产生的现金流入项目主要有：吸收投资收到的现金；取得借款收到的现金；收到其他与筹资活动有关的现金。筹资活动产生的现金流出项目主要有：偿还债务支付的现金；分配股利、利润或偿付利息支付的现金；支付其他与筹资活动有关的现金。

需要注意的是，对于企业日常活动之外特殊的、不经常发生的特殊项目，如自然灾害损失、保险赔款、捐赠等，企业应当将其归并到相关类别中单独反映。

二、现金流量表的编制基础

现金流量表是以现金及现金等价物为基础编制的，这里的现金包括库存现金、可以随时用于支付的存款。具体包括以下内容：

（一）库存现金

库存现金，是指企业持有的、可随时用于支付的现金。

（二）银行存款

银行存款，是指企业存在金融企业、随时可以用于支付的存款，它与银行存款账户核算的银行存款基本一致，主要的区别是编制现金流量表所指的银行存款是可以随时用于支付的银行存款，如结算户存款、通知存款等。

（三）其他货币资金

其他货币资金，是指企业存在金融企业有特定用途的资金，也就是其他货币资金账户核算的银行存款，如外埠存款、银行汇票存款、银行本票存款、信用证保证金存款、在途货币资金等。

（四）现金等价物

现金等价物，是指企业持有的期限短、流动性强、易于转换为已知金额的现金、价值变动风险很小的投资。这一定义本身包含了判断一项投资是否属于现金等价物的四个条件，即期限短、流动性强、易于转换为已知金额的现金、价值变动风险很小。其中，期限短、流动性强，强调了变现能力，而易于转换为已知金额的现金、价值变动风险很小，则强调了支付能力的大小。

三、现金流量表的格式

现金流量表分为两部分，第一部分为表首，第二部分为正表。

表首概括地说明报表名称、编制单位、报表所属年度、报表编号、货币名称、计量单位等。

正表反映现金流量表的各项目内容。正表有五项：一是经营活动产生的现金流量；二是投资活动产生的现金流量；三是筹资活动产生的现金流量；四是汇率变动对现金及现金等价物的影响；五是现金及现金等价物净增加额。其中，经营活动产生的现金流量，是按直接法编制的。

现金流量表的基本格式见表11-8。

表11-8 现金流量表 会企03表

编制单位：××公司　2×24 年度　单位：元

项　目	本期金额	上期金额
一、经营活动产生的现金流量：		
销售商品、提供劳务收到的现金	1 342 500	
收到的税费返还	0	
收到其他与经营活动有关的现金	0	
经营活动现金流入小计	1 342 500	
购买商品、接受劳务支付的现金	392 266	
支付给职工以及为职工支付的现金	300 000	
支付的各项税费	204 399	
支付其他与经营活动有关的现金	70 000	
经营活动现金流出小计	966 665	
经营活动产生的现金流量净额	375 835	

续表

项　目	本期金额	上期金额
二、投资活动产生的现金流量：		
收回投资收到的现金	16 500	
取得投资收益收到的现金	30 000	
处置固定资产、无形资产和其他长期资产收回的现金净额	300 300	
处置子公司及其他营业单位收到的现金净额	0	
收到其他与投资活动有关的现金	0	
投资活动现金流入小计	346 800	
购建固定资产、无形资产和其他长期资产支付的现金	451 000	
投资支付的现金	0	
取得子公司及其他营业单位支付的现金净额	0	
支付其他与投资活动有关的现金	0	
投资活动现金流出小计	451 000	
投资活动产生的现金流量净额	−104 200	
三、筹资活动产生的现金流量：		
吸收投资收到的现金	0	
取得借款收到的现金	400 000	
收到其他与筹资活动有关的现金	0	
筹资活动现金流入小计	400 000	
偿还债务支付的现金	1 250 000	
分配股利、利润或偿付利息支付的现金	12 500	
支付其他与筹资活动有关的现金	0	
筹资活动现金流出小计	1 262 500	
筹资活动产生的现金流量净额	−862 500	
四、汇率变动对现金及现金等价物的影响	0	
五、现金及现金等价物净增加额	−590 865	
加：期初现金及现金等价物余额	0	
六、期末现金及现金等价物余额	−590 865	

第五节 所有者权益（或股东权益）变动表

所有者权益（或股东权益）变动表是反映企业年末所有者权益（或股东权益）增减变动情况的报表。通过该表，可以了解企业某一会计年度所有者权益（或股东权益）的各项目即实收资本（或股本）、资本公积、盈余公积和未分配利润等的增加、减少及其余额的情况，分析其变动原因及预测未来的变动趋势。

按照《企业会计准则第30号——财务报表列报》的规定，所有者权益（或股东权益）变动表至少应当单独列示下列信息项目：（1）综合收益总额；（2）会计政策变更和差错更正的累计影响金额；（3）所有者投入资本和向所有者分配利润等；（4）按照规定提取的盈余公积；（5）所有者权益各组成部分的期初和期末余额及其调节情况。

为了清楚地表明构成所有者权益的各组成部分当期的增减变动情况，所有者权益变动表应当以矩阵的形式列示：一方面，列示导致所有者权益变动的交易或事项，不再仅仅按照所有者权益的各组成部分反映所有者权益变动情况，而是从所有者权益变动的来源对一定时期所有者权益变动情况进行全面反映；另一方面，按照所有者权益各组成部分（包括实收资本、资本溢价、其他综合收益、盈余公积、未分配利润和库存股等）及其总额列示交易或事项对所有者权益的影响。此外，企业还需要提供比较所有者权益变动表，所有者权益变动表还将各项目再分为"本年金额"和"上年金额"两栏分别填列。

第六节 会计报表附注

一、会计报表附注的意义

会计报表附注是对在资产负债表、利润表、所有者权益变动表和现金流量表等报表中列示项目的文字描述或明细资料，以及对未能在这些报表中列示项目的说明等。

附注应当披露财务报表的编制基础，相关信息应当与资产负债表、利润表、所有者权益变动表和现金流量表等报表中列示的项目相互参照。

二、会计报表附注的内容

按照《企业会计准则第30号——财务报表列报》的规定，会计报表附注一般应当按照下列顺序至少披露：（1）企业基本情况，包括：①企业注册地、组织形式和总部地址；②企业的业务性质和主要经营活动；③母公司以及集团最终母公司的名称；④财务报告的批准报出者和财务报告批准报出日，或者以签字人及其签字日期为准；⑤营业期限有限的企业，还应当披露有关其营业期限的信息。（2）财务报表的编制基础。（3）遵循企业会计准则的声明。（4）重要会计政策和会计估计。（5）会计政策和会计估计变更以及差错更正的说明。（6）报表重要项目的说明。企业应当按照资产负债表、利润表、现金流量表、所有者权益变动表及其项目列示的顺序，对报表重要项目的说明采用文字和数字描述相结合的方式进行披露。（7）或有和承诺事项、资产负债表日后非调整事项、关联方关系及其交易等需要说明的事项。(8)有助于财务报表使用者评价企业管理资本的目标、政策及程序的信息。

企业应当在附注中披露在资产负债表日后、财务报告批准报出日前提议或宣布发放的股利总额和每股股利金额(或向投资者分配的利润总额)。

☐ **思政课堂**

履行社会责任应从我做起

近年来,环境污染、食品安全和职工权益等企业社会责任问题受到了社会各界越来越多的重视。习近平总书记指出,"只有富有爱心的财富才是真正有意义的财富,只有积极承担社会责任的企业才是最有竞争力和生命力的企业",因此,新时代的企业家不仅要在提高经营效率和经营业绩上作出贡献,还要积极践行服务社会的使命,在生态保护、食品安全、就业吸纳和公益活动等方面发挥更大作用,真正承担起回馈社会的责任。企业履行社会责任,不仅影响到会计信息内涵和外延的变化,而且涉及会计责任范围的拓展,更关系到会计使命和目标定位。

企业的社会责任,通常是指基于伦理道德关系产生的企业对非股东利益相关者(债权人、消费者、供应商、员工、社会公众等)所承担的责任。社会是企业的依托,企业是社会的细胞,企业应在自身发展过程中更多地关注社会的整体利益,推出有利于社会进步和发展的实际举措。企业的社会责任主要包括对员工权益的责任(如员工的工资保障、工作环境保障等),对环境保护的责任(如企业能源利用率、环保投资、污染治理等),对消费者权益的责任(如产品质量、广告的真实度等),对供应链伙伴的责任(如对供应链上、下游企业提供公平的交易机会及向其提供符合要求的产品和服务等),对债权人的责任(按规定用途用款、按期支付利息和偿还本金等),对社会发展稳定的责任(如创造就业岗位、安置残疾人就业等)和对社会公益的责任(如慈善捐助支持、社会灾害事件捐助等)。

会计既是企业管理工作的重要组成部分,也是企业向利益相关者传递受托责任履行情况信息的主要渠道。当企业履行的责任除了经济责任外还包括社会责任时,传统的"四表一注"记载的会计信息已经不能满足利益相关者的需要,因此,编制真实可靠的企业社会责任报告,用以披露企业履行社会责任的信息,以及推动企业更多地关注和服务于社会,已成为当代会计义不容辞的社会责任。

无论是企业还是个人,履行社会责任就要发生相应的付出,虽然就某一个体而言,这种付出还不足以形成改变社会风气的能量,但聚沙成塔、集腋成裘,它对于构建和谐社会所起的积极作用却是不言而喻的;虽然从短期来看这种付出往往是利他重于利己,但从长远来看,善行和义举为企业或个人所带来的声誉价值却是不可估量的。"勿以善小而不为""金杯银杯不如老百姓的口碑",一个以社会发展大局为重的企业必将得到社会资源的青睐,那些具有高度社会责任感的企业家、会计从业者和会计事业接班人也一定会赢得社会的尊重和认可!

☐ **复习思考题**

1. 什么是财务报告?它由哪些内容构成?
2. 从质量、形式、时间和编制四个方面来看,对财务报告有哪些基本要求?

3. 什么是资产负债表？它有何重要作用？

4. 什么是利润表？它有何重要作用？

5. 我国的资产负债表采用何种格式？根据什么原理排列？

6. 资产负债表中各项目应如何填列？

7. 利润表有哪几种格式？我国的利润表采用哪种格式？

8. 利润表中各项目应如何填列？

9. 什么是现金流量表？其结构是怎样的？

10. 所有者权益变动表包括哪些项目？

11. 会计报表附注有什么作用？哪些内容应在附注中披露？

自测题

第十二章　会计核算组织程序

第一节　会计核算组织程序概述

一、会计核算组织程序及其设计意义

（一）会计核算组织程序的含义

会计核算组织程序，亦称账务处理程序或会计核算形式，是指在会计循环中，会计主体采用的会计凭证、会计账簿、会计报表的种类和格式与记账程序有机结合的方法和步骤。

1.会计循环

会计循环是指一个会计主体在一定的会计期间内，从经济业务（也称交易或事项）发生取得或填制会计凭证起，到登记账簿，编制会计报表为止的一系列处理程序。它是按照划分的会计期间，周而复始进行的会计核算工作的内容。一个完整的会计循环过程中的内容可概括为：（1）根据原始凭证填制记账凭证；（2）根据编制的记账凭证登记有关账户，包括日记账、明细分类账和总分类账；（3）根据分类账户的记录，编制结账（调整）前试算表；（4）按照权责发生制的要求，编制调整分录并予以过账；（5）编制结账分录并登记入账，结清损益类账户（月末或年末）和利润类账户（年末）；（6）根据全部账户数据资料，编制结账后试算表；（7）根据账户的数据资料，编制会计报表，包括资产负债表和利润表等。

以上七个环节全面地反映了一个会计主体在一定会计期间内的会计核算工作的所有内容，构成了一个完整的会计循环。其中前三个环节属于会计主体日常的会计核算工作内容；后四个环节属于会计主体在会计期末的会计核算工作内容。会计循环的过程如图12-1所示。

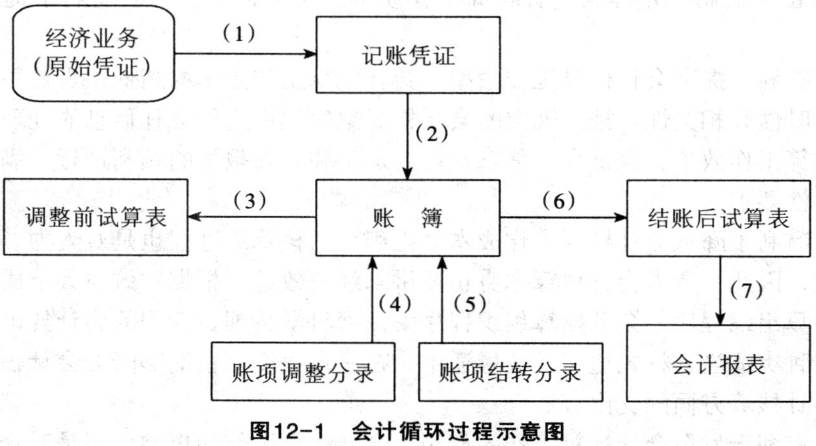

图12-1　会计循环过程示意图

从上述会计循环的过程中可以清楚地看到，任何会计主体要核算和监督所发生的经济业务，都应采用适合的会计核算方法，而会计凭证的取得和填制、会计账簿的登记和会计报表的编制，就是会计主体在会计核算中常用的三种方法。在持续经营企业的每一个会计期间，各种记账凭证的填制、各种账簿的登记和各种会计报表的编制工作，周而复始地不断进行，从而形成了有序的会计循环。

2.记账程序

记账程序是指企业在会计循环中，利用不同种类和格式的会计凭证、会计账簿和会计报表对发生的经济业务进行记录和反映的具体做法。

会计凭证、会计账簿和会计报表是会计用以记录和储存会计信息的重要载体。在实务中所使用的会计凭证（特别是其中的记账凭证）、会计账簿和会计报表种类繁多，格式也各不相同。一个特定的会计主体应当根据选定的业务处理程序和方法，选择一定种类和格式的会计凭证（特别是其中的记账凭证）、会计账簿和会计报表。这就决定了不同的会计主体所采用的会计凭证、会计账簿和会计报表的种类及格式也有所不同。因而，对其所发生的经济业务如何进行具体处理，特别是如何在有关的总分类账户中进行登记，有着不同的做法。换而言之，即使是对同样内容的经济业务进行账务处理，由于所采用的会计凭证、会计账簿和会计报表的种类与格式不同，采用不同记账程序的会计主体也有着截然不同的方法，也就会形成不同的账务处理程序。

（二）设计会计核算组织程序的意义

会计核算组织程序是否科学合理，会影响整个会计核算工作的效率和质量。确定科学合理的会计核算组织程序，对于保证准确、及时地提供系统而完整的会计信息，具有十分重要的意义。

第一，有利于规范会计核算组织工作。会计核算工作是需要会计部门和各类会计人员之间的密切配合的有机系统，建立了科学合理的会计核算组织程序，形成了规范的会计核算工作秩序，会计机构和会计人员在进行会计核算的过程中就能够做到有序可循，按照不同的责任分工，有条不紊地处理好各个环节上的会计核算工作内容。

第二，有利于保证会计核算工作质量。在进行会计核算的过程中，保证会计核算工作的质量是对会计工作的基本要求。建立起科学合理的会计核算组织程序，形成加工和生成会计信息的正常机制，是提高会计核算工作质量的重要保障，同时有利于提高会计信息质量。

第三，有利于提高会计核算工作效率。会计核算工作效率的高低，直接关系到提供会计信息的及时性和相关性。按照既定的会计核算组织程序进行会计信息的处理，将会大大提高会计核算工作效率，保证会计信息整理、加工和对外报告的顺利进行，满足会计信息质量的及时性要求。

第四，有利于降低会计核算工作成本。组织会计核算的过程也是对人力、物力和财力的消耗过程，因此，要求会计核算本身也要讲求经济效益，根据"效益大于成本"的原则设计会计核算组织程序。会计核算组织程序安排得科学合理，选用的会计凭证、会计账簿和会计报表种类适当，格式适用，数量适中，在一定程度上也能够降低会计核算工作的成本，节约会计核算方面的支出。

第五，有利于发挥会计核算工作的作用。会计核算工作的重要作用是对企业发生的交易和事项进行确认、计量、记录和报告，为会计信息使用者进行经济决策提供有用信息。为此，应切实保障会计核算并保证记录的正确性、完整性和合理性，这种作用是通过会计核算和监督职能的发挥而体现出来的。在建立规范会计核算组织程序的基础上，保证了会计核算工作质量，提高了会计核算工作效率，就能够在为会计信息使用者提供相关信息等方面更好地发挥会计核算工作的作用。

二、设计会计核算组织程序的要求

各会计主体在设计会计核算组织程序时应遵循以下要求：

第一，应从本会计主体的实际情况出发。充分考虑本会计主体经济活动的性质、经济管理的特点、规模的大小、经济业务的繁简以及会计机构和会计人员的设置等相关因素，使会计核算组织程序与本单位会计核算工作的需要相适应。一般而言，在经济活动内容比较庞杂、规模比较大、经济业务繁多的企业，其会计核算组织程序相对也比较复杂，反之则比较简单。

第二，应以保证会计核算质量为立足点。确定会计核算组织程序的目的是要保证能够准确、及时和完整地提供系统而完备的会计信息资料，以满足会计信息使用者了解会计信息并据以作出经济决策的需要。因而，会计核算组织程序应以保证会计信息质量为根本立足点。

第三，应力求降低会计核算成本。在满足会计核算工作需要、保证会计核算工作质量、提高会计核算工作效率的前提下，力求简化会计核算手续，节省会计核算时间，降低会计核算成本。

第四，应有利于建立会计工作岗位责任制。设计会计核算组织程序，应有利于会计部门和会计人员的分工与合作，有利于明确各会计人员工作岗位的职责，并应有利于不同步骤之间的相互牵制，使各个环节分工明确、责任清楚。

以上各项是建立会计核算组织程序的基本要求，但在实际工作中，由于各个会计主体的具体情况不同，会计核算的组织程序也不可能完全相同。常用的会计核算组织程序主要有：记账凭证核算组织程序、科目汇总表核算组织程序和汇总记账凭证核算组织程序等。

第二节　记账凭证核算组织程序

一、记账凭证核算组织程序的特点

（一）记账凭证核算组织程序的含义

记账凭证核算组织程序是根据各种记账凭证直接逐笔登记总分类账的一种会计核算形式。它是一种最基本的会计核算组织程序，其他核算组织程序都是在此基础上发展演变而形成的。

（二）记账凭证核算组织程序下的记账凭证、会计账簿的种类与格式

在记账凭证核算组织程序下，记账凭证可以采用收款凭证、付款凭证和转账凭证等专用记账凭证，也可采用通用记账凭证。会计账簿一般应设置借、贷、余（或收、付、余）

三栏式"库存现金"和"银行存款"日记账；各总分类账均采用借、贷、余三栏式；明细分类账可根据核算需要，采用借、贷、余三栏式或数量金额式，抑或多栏式。

由于在国家颁布的会计准则或会计制度中对会计报表的种类和格式已有统一规定，因而，不论在哪种会计核算组织程序下，会计报表的种类与格式都不会有大的区别。因此，在介绍会计核算组织程序的过程中，对会计报表的种类与格式问题不再作更多说明。

（三）记账凭证核算组织程序的账务处理步骤

在记账凭证核算组织程序下，所采用的记账凭证既可以是专用记账凭证，也可以是通用记账凭证，当采用专用记账凭证时，其账务处理一般要经过以下六个步骤：

（1）经济业务发生以后，根据有关的原始凭证或原始凭证汇总表填制各种专用记账凭证（收款凭证、付款凭证和转账凭证）。

（2）根据收款凭证和付款凭证逐笔登记"库存现金""银行存款"日记账。

（3）根据记账凭证并参考原始凭证或原始凭证汇总表，逐笔登记各种明细分类账。

（4）根据各种记账凭证逐笔登记总分类账。

（5）月末，将日记账、明细分类账的余额与总分类账中相应账户的余额进行核对。

（6）月末，根据总分类账和明细分类账的资料编制会计报表。

记账凭证核算组织程序的账务处理步骤如图12-2所示。

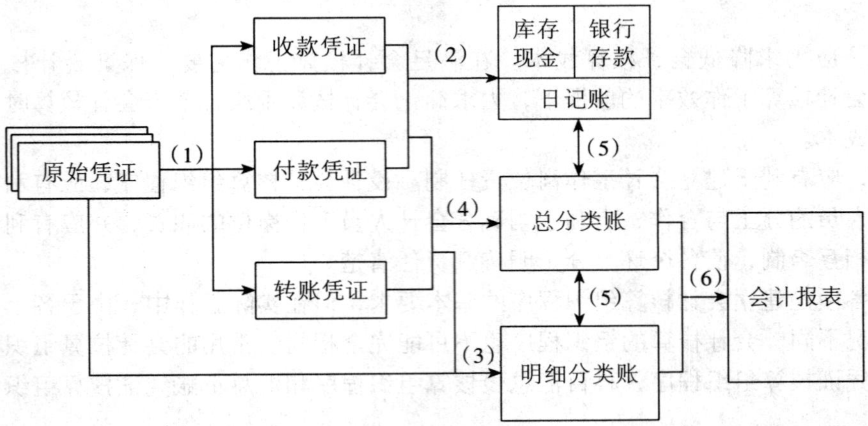

图12-2 记账凭证核算组织程序账务处理步骤示意图

二、记账凭证核算组织程序的优缺点及适用范围

（一）记账凭证核算组织程序的优缺点

1.记账凭证核算组织程序的优点

（1）在记账凭证上能够清晰地反映账户之间的对应关系。在记账凭证核算组织程序下，当一笔简单的经济业务发生以后，无论采用的是专用记账凭证还是通用记账凭证，都可以利用一张记账凭证即可编制出该笔经济业务的完整会计分录；而在比较复杂的经济业务发生以后，也可以利用多张凭证为其编制简单分录，或编制涉及两个以上会计科目的复杂分录。因而，在每一张记账凭证上，账户之间的对应关系都能一目了然。

（2）在总分类账上能够比较详细地反映经济业务的发生情况。在记账凭证核算组织程序下，不仅对各种日记账和明细分类账采取逐笔登记的方法，对于总分类账的登记方法也是如此。因而，在总分类账上能够详细清晰地反映所发生的经济业务的情况。

（3）总分类账登记方法易于掌握。记账凭证核算组织程序的特点是根据记账凭证直接逐笔登记总分类账，使得总分类账的登记方法与明细分类账的登记方法完全相同，因而也是一种最易于掌握的账户登记方法。

2.记账凭证核算组织程序的缺点

（1）总分类账登记工作量过大。对发生的每一笔经济业务都要根据记账凭证逐笔在总分类账中进行登记，实际上与日记账和明细分类账登记的内容一致，是一种简单的重复登记，势必要增大登记总分类账的工作量，特别是在经济业务量比较多的情况下更是如此。

（2）账页耗用多，预留账页的数量难以把握。由于总分类账对发生的所有经济业务要重复登记一遍，势必会耗用更多的账页，造成一定的账页浪费。特别是在一个账簿上设置多个账户时，由于登记业务的多少很难预先确定，对于每一个账户应预留多少账页很难把握，预留过多会造成浪费，预留过少又会影响账户登记的连续性。在预留账页比较多的情况下，由于在新的会计年度一般要更换新账簿，所有旧账簿中预留未用的账页也会被废止不用，在一定程度上形成了账页浪费。

（二）记账凭证核算组织程序的适用范围

记账凭证核算组织程序一般只适用于规模较小、经济业务量比较少、需要编制记账凭证不是很多的会计主体。如果业务量过小，也可使用通用记账凭证，以避免因凭证种类的多样化而造成凭证购买上的过多支出。

第三节 科目汇总表核算组织程序

一、科目汇总表核算组织程序的特点

（一）科目汇总表核算组织程序的含义

科目汇总表核算组织程序，亦称记账凭证汇总表核算组织程序，是根据各种记账凭证定期汇总编制科目汇总表，然后根据科目汇总表登记总分类账的一种会计核算形式。它是在记账凭证核算组织程序的基础上发展和演变而来的，也是会计实务中应用最为广泛的一种会计核算组织程序。

（二）科目汇总表核算组织程序下的记账凭证、会计账簿的种类与格式

在科目汇总表核算组织程序下所采用的记账凭证与记账凭证核算组织程序相比，存在着较大差别。其独特的做法是要设置"科目汇总表"这种具有汇总性质的记账凭证。使用的会计账簿与记账凭证核算组织程序基本相同。

（三）科目汇总表的编制方法

科目汇总表是根据专用记账凭证（或通用记账凭证）汇总编制而成的。基本的编制方法是：根据一定会计期间编制的全部记账凭证，按照相同会计科目进行归类，定期（每10天或15天，或每月一次）分别汇总每一个账户的借、贷双方的发生额，并将其填列在科目汇总表的相应栏内，借以反映全部账户的借、贷方发生额。根据科目汇总表登记总分类账时，只需要将该表中汇总起来的各科目的本期借、贷方发生额的合计数，分次或月末

一次记入相应总分类账的借方或贷方即可。

编制科目汇总表的作用是可以对总分类账进行汇总登记。根据科目汇总表登记总分类账时，只需要将科目汇总表中有关各科目的本期借、贷方发生额合计数，分次或月末一次记入相应总分类账的借方或贷方即可。这样，既可以大大简化登记总分类账的工作量，又能提高账簿登记的准确性。另外，采用科目汇总表时，登记总分类账所依据的凭证编号应以"科汇第×号"字样予以注明。

（四）科目汇总表核算组织程序的账务处理步骤

在科目汇总表核算组织程序下，所采用的记账凭证既可以是专用记账凭证，也可以是通用记账凭证，当采用专用记账凭证时，其账务处理一般要经过以下七个步骤：

（1）经济业务发生以后，根据有关的原始凭证或原始凭证汇总表填制各种专用记账凭证（收款凭证、付款凭证和转账凭证）。

（2）根据收款凭证和付款凭证逐笔登记"库存现金""银行存款"日记账。

（3）根据记账凭证并参考原始凭证或原始凭证汇总表，逐笔登记各种明细分类账。

（4）根据各种记账凭证汇总编制科目汇总表。

（5）根据科目汇总表汇总登记总分类账。

（6）月末，将日记账、明细分类账的余额与总分类账中相应账户的余额进行核对。

（7）月末，根据总分类账和明细分类账的资料编制会计报表。

科目汇总表核算组织程序的账务处理步骤如图12-3所示。

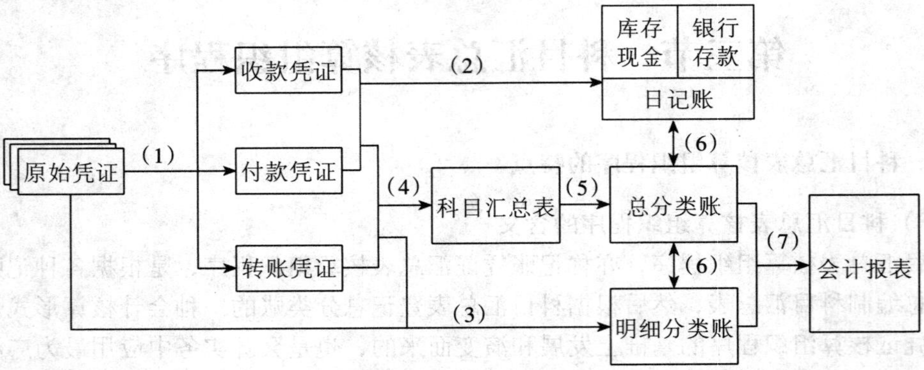

图12-3 科目汇总表核算组织程序账务处理步骤示意图

二、科目汇总表核算组织程序的优缺点及适用范围

（一）科目汇总表核算组织程序的优缺点

1.科目汇总表核算组织程序的优点

（1）可以利用该表的汇总结果进行账户发生额的试算平衡。科目汇总表上的汇总结果反映了一定会计期间内所有账户的借方发生额和贷方发生额之间的相等关系，利用这种发生额的相等关系，可以进行全部账户记录的试算平衡，借以检验账户发生额的准确性。

（2）在试算平衡的基础上记账能够保证总分类账登记的正确性。在科目汇总表核算组织程序下，总分类账是根据科目汇总表上的汇总数字登记的。由于在登记总分类账之前，能够通过科目汇总表的汇总结果检验所填制的记账凭证是否正确，就等于在记账前进行了一次试算平衡，对汇总过程中可能存在的错误也容易发现。在所有账户借、贷方发生额相等的基础上再记账，在一定程度上能够保证总分类账登记的正确性。

（3）可以大大减轻登记总分类账的工作量。在科目汇总表核算组织程序下，可根据科目汇总表上有关账户的汇总发生额，在月中定期或月末一次性登记总分类账，可以使登记总分类账的工作量大为减轻。

（4）适用性比较强。与记账凭证等核算组织程序相比较，科目汇总表核算组织程序的优点较多，任何规模的会计主体都可以采用。

2.科目汇总表核算组织程序的缺点

（1）编制科目汇总表的工作量比较大。在科目汇总表核算组织程序下，对发生的经济业务首先也要填制专用或通用记账凭证，在此基础上，还需要定期对这些记账凭证进行汇总，以编制作为登记总分类账依据的科目汇总表，这无疑会增加一定的工作量。

（2）科目汇总表不能够清晰地反映账户之间的对应关系。科目汇总表是按各个会计科目归类汇总其发生额的，在该表中不能清楚地显示各个账户之间的对应关系，从而导致据以登记的总分类账户中难以清晰地反映经济业务的来龙去脉。

（二）科目汇总表核算组织程序的适用范围

由于科目汇总表核算组织程序的账务处理程序清楚，又具有能够进行账户发生额的试算平衡，并减轻总分类账登记工作量等优点，因而，不论规模大还是小的会计主体都可以采用。

科目汇总表核算组织程序举例详见本章附录12-1（可扫描二维码阅读）。

附录12-1

科目汇总表
核算组织程序
示例

第四节　汇总记账凭证核算组织程序

一、汇总记账凭证核算组织程序的特点

（一）汇总记账凭证核算组织程序的含义

汇总记账凭证核算组织程序是根据记账凭证定期汇总编制汇总记账凭证，然后根据汇总记账凭证登记总分类账的一种会计核算形式。

汇总记账凭证是对日常会计核算过程中所填制的专用记账凭证，按照凭证的种类，采用一定的方法定期进行汇总而重新填制的一种记账凭证。在采用汇总记账凭证核算组织程序的情况下，可以根据各种汇总记账凭证上的汇总数字登记有关的总分类账户，这样可以减少登记总分类账户的工作量。由此可见，汇总记账凭证核算组织程序也是在记账凭证核算组织程序的基础上发展演变而来的一种会计核算组织程序。

（二）汇总记账凭证核算组织程序下的记账凭证、会计账簿的种类与格式

在汇总记账凭证核算组织程序下，采用的记账凭证与会计账簿种类也很多。从记账凭证角度来看，使用汇总记账凭证，包括汇总收款凭证、汇总付款凭证和汇总转账凭证是汇总记账凭证核算组织程序的独特之处。使用的会计账簿与记账凭证或科目汇总表核算组织程序基本相同，不再赘述。

（三）汇总记账凭证的编制方法

汇总记账凭证是在填制的各种专用记账凭证的基础上，按照一定的方法进行汇总编制而成的。记账凭证的种类不同，汇总编制的方法也有所不同。

1.汇总收款凭证的编制方法

汇总收款凭证的编制方法是：按日常核算工作中所填制的专用记账凭证中的收款凭证上会计分录的借方科目设置汇总收款凭证，按分录中相应的贷方科目定期（如每5天或10天等）进行汇总，每月编制一张。汇总时计算出每一个贷方科目发生额合计数，填入汇总收款凭证的相应栏次。

汇总收款凭证是根据专用记账凭证中的收款凭证汇总编制而成的。在编制汇总收款凭证时，首先应确定是以记账凭证上的哪一个会计科目为主进行汇总。由于收款凭证上反映的是收款业务，因而必须围绕反映货币资金收入的会计科目（"库存现金"或"银行存款"等）进行汇总。在借贷记账法下，这些科目的增加又应在借方登记，因而，编制汇总收款凭证时要求按借方科目设置，实际上就是要求按"库存现金"或"银行存款"设置汇总收款凭证上的主体科目，以其为主进行汇总。

汇总收款凭证中的"贷方科目"是指收款凭证上会计分录中"库存现金"或"银行存款"的对应科目。尽管在一定的会计期间内，企业可能会发生若干笔收款业务，但由于有些经济业务是重复发生的，就需要填制若干份在会计科目上完全相同的收款凭证。例如，企业每次销售产品收到货款存入银行，会计分录都是借记"银行存款"，贷记"主营业务收入"和"应交税费"等。这样，就可以根据贷方科目在一定会计期间内的若干次发生额定期进行汇总，编制汇总收款凭证。

经过上述汇总过程得到的各个贷方科目发生额的合计数，就是这些账户在一定会计期间发生额的总和。可以根据各次的汇总数分次登记到有关账户中去，也可以在月末时对各次汇总数字相加，求得该账户的全月发生额合计，一次性登记有关账户。对以上各账户的发生额合计数进行合计，也就是所汇总的主体科目"库存现金"或"银行存款"在该会计期间的借方发生额总额，可据其分次或月末一次登记"库存现金"账户或"银行存款"账户。

为了便于编制汇总收款凭证，在日常编制收款凭证时，会计分录的形式最好是一借一贷、一借多贷，不宜多借一贷或多借多贷。这是由于汇总收款凭证是按借方科目设置的，多借一贷或多借多贷的会计分录都会给编制汇总收款凭证带来一定的不便，或者会造成收款凭证在汇总过程中由于被多次重复使用而产生汇总错误，或者造成会计账户之间的对应关系变得模糊难辨。

2.汇总付款凭证的编制方法

汇总付款凭证的编制方法是：按日常核算工作中所填制的专用记账凭证中的付款凭证上会计分录中的贷方科目（"库存现金"或"银行存款"等）设置汇总付款凭证，按它们相应的借方科目定期（如每5天或10天等）进行汇总，每月编制一张。汇总时计算出每一个借方科目发生额合计数，填入汇总付款凭证的相应栏次。

为了便于编制汇总付款凭证，在日常编制付款凭证时，会计分录的形式最好是一借一贷、多借一贷，不宜一借多贷或多借多贷。这是由于汇总付款凭证是按贷方科目设置的，一借多贷或多借多贷的会计分录都会给编制汇总付款凭证带来一定的不便，或者会造成付款凭证在汇总过程中由于被多次重复使用而产生汇总错误，或者造成会计账户之间的对应关系变得模糊难辨。

3.汇总转账凭证的编制方法

汇总转账凭证的编制方法是：按日常核算工作中所填制的专用记账凭证中的转账凭证上会计分录的贷方科目（如"原材料""固定资产"等）设置汇总转账凭证，按它们相应的借方科目定期（如每5天或10天等）进行汇总，每月编制一张。汇总时计算出每一个借方科目发生额合计数，填入汇总转账凭证的相应栏次。

为便于进行汇总转账凭证的编制，在日常编制转账凭证时，会计分录的形式最好是一借一贷、多借一贷，不宜一借多贷或多借多贷。这是由于汇总转账凭证是按贷方科目设置的，一借多贷或多借多贷的会计分录都会给编制汇总转账凭证带来一定的不便。

（四）汇总记账凭证核算组织程序的账务处理步骤

在汇总记账凭证核算组织程序下，所采用的记账凭证应是专用记账凭证，而不宜是通用记账凭证，其账务处理的程序一般要经过以下七个步骤：

（1）经济业务发生以后，根据有关的原始凭证或原始凭证汇总表填制各种专用记账凭证（收款凭证、付款凭证和转账凭证）。

（2）根据收款凭证和付款凭证逐笔登记"库存现金""银行存款"日记账。

（3）根据记账凭证并参考原始凭证或原始凭证汇总表，逐笔登记各种明细分类账。

（4）根据各种记账凭证分别编制汇总收款凭证、汇总付款凭证和汇总转账凭证。

（5）根据各种汇总记账凭证汇总登记总分类账。

（6）月末，将日记账、明细分类账的余额与总分类账中相应账户的余额进行核对。

（7）月末，根据总分类账和明细分类账的资料编制会计报表。

汇总记账凭证核算组织程序的账务处理步骤如图12-4所示。

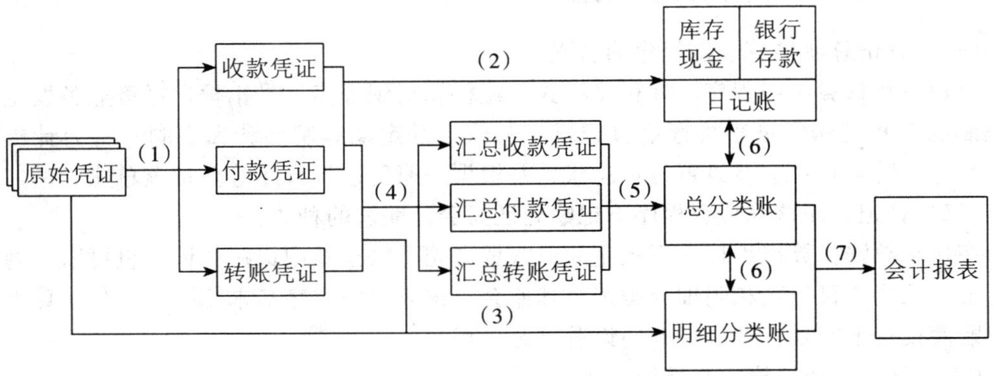

图12-4　汇总记账凭证核算组织程序账务处理步骤示意图

二、汇总记账凭证核算组织程序的优缺点及适用范围

（一）汇总记账凭证核算组织程序的优缺点

1.汇总记账凭证核算组织程序的优点

（1）在汇总记账凭证上能够清晰地反映账户之间的对应关系。在汇总记账凭证核算组织程序下，所采用的是专用记账凭证和汇总记账凭证。汇总记账凭证是采用按会计科目对应关系进行分类汇总的办法，能够清晰地反映出有关会计账户之间的对应关系。

（2）可以大大减少登记总分类账的工作量。在汇总记账凭证核算组织程序下，可以根据汇总记账凭证上有关账户的汇总发生额，在月份当中定期或月末一次性登记总分类账，可以使登记总分类账的工作量大为减少。

2.汇总记账凭证核算组织程序的缺点

（1）定期编制汇总记账凭证的工作量比较大。对发生的经济业务首先要填制专用记账凭证，即收款凭证、付款凭证和转账凭证，在此基础上，还需要定期分类地对这些专用记账凭证进行汇总，编制作为登记总分类账依据的汇总记账凭证，增加了编制汇总记账凭证的工作量。

（2）对汇总过程中可能存在的错误难以发现。编制汇总记账凭证是一项比较复杂的工作，容易产生汇总错误。而且汇总记账凭证本身又不能体现出有关数字之间的平衡关系，即使存在汇总错误也很难发现。

（二）汇总记账凭证核算组织程序的适用范围

由于汇总记账凭证核算组织程序具有能够清晰地反映账户之间的对应关系和能够减轻登记总分类账的工作量等优点，它一般只适用于规模较大、经济业务量比较多，且专用记账凭证虽然多但转账凭证比较少的会计主体。

汇总记账凭证核算组织程序举例详见本章附录12-2（可扫描二维码阅读）。

附录12-2

汇总记账凭证
核算组织程序
示例

第五节　日记总账核算组织程序

一、日记总账核算组织程序的特点

（一）日记总账核算组织程序的含义

日记总账核算组织程序，亦称多栏式总账核算组织程序，是指根据经济业务发生以后所填制的各种记账凭证直接逐笔登记日记总账，并定期编制会计报表的一种会计核算形式。其主要特点是：需要设置日记总账，并根据记账凭证逐日逐笔登记该总账。

（二）日记总账核算组织程序下记账凭证与会计账簿的种类

在日记总账核算组织程序下采用的记账凭证既可以是专用记账凭证，也可以是通用记账凭证。采用的日记账和明细分类账与其他会计核算组织程序基本相同。这种核算组织程序在账簿设置上的独特做法是专门设置日记总账。

（三）日记总账的格式与登记方法

日记总账，亦称多栏式总账，是一种兼具序时账簿和分类账簿两种功能的联合账簿。日记总账的账页一般为多栏式，即将经济业务发生以后可能涉及的所有会计账户，分设专栏集中列示在同一张账页上，每一个账户又具体分设借方和贷方两栏。对所有的经济业务按发生的时间顺序进行序时记录，并根据经济业务的性质和账户的对应关系进行总分类记录。对发生的每一笔经济业务，除了要在同一行的有关账户的借方栏和贷方栏进行登记之外，如果有"发生额"栏，还应将该笔业务的发生额登记在该栏内。日记总账的一般格式，见表12-1。

表12-1

日记总账

2×24年		记账凭证	摘 要	银行存款		实收资本		资本公积		短期借款		（略）
月	日			借方	贷方	借方	贷方	借方	贷方	借方	贷方	
4	1	收1	股权融资	9 800 000			5 000 000		4 800 000			
	2	收2	取得借款	1 000 000							1 000 000	
			（略）									
4	30		本月合计	10 800 000	9 345 440		5 000 000		4 800 000		1 000 000	
	30		月末余额	14 545 600			5 000 000		4 800 000		1 000 000	

（四）日记总账核算组织程序的账务处理步骤

在日记总账核算组织程序下，当采用专用记账凭证时，对经济业务进行账务处理大体要经过以下六个步骤：

（1）经济业务发生以后，根据有关原始凭证或原始凭证汇总表填制各种专用记账凭证。

（2）根据收款凭证和付款凭证逐笔登记"库存现金""银行存款"日记账。

（3）根据记账凭证并参考原始凭证或原始凭证汇总表，逐笔登记各种明细分类账。

（4）根据各种记账凭证逐笔登记日记总账。

（5）月末，将日记账、明细分类账的余额与日记总账中相应账户的余额进行核对。

（6）月末，根据日记总账和明细分类账的记录编制会计报表。

日记总账核算组织程序账务处理步骤如图12-5所示。

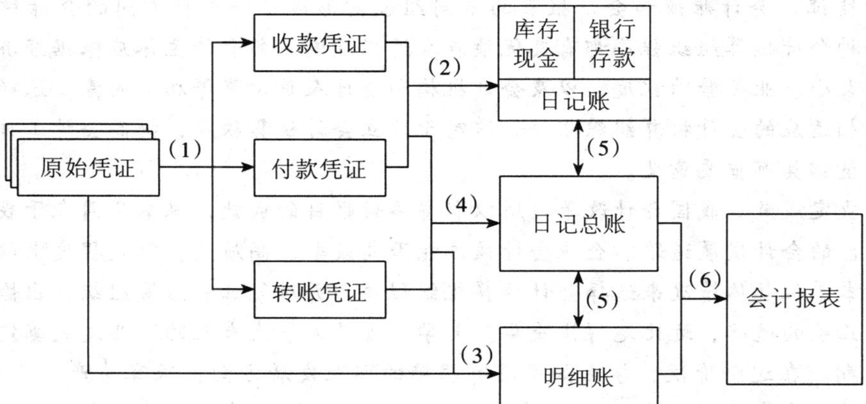

图12-5 日记总账核算组织程序账务处理步骤示意图

二、日记总账核算组织程序的优缺点及适用范围

（一）日记总账核算组织程序的优缺点

1.日记总账核算组织程序的优点

（1）可以简化总分类账的登记手续。在日记总账核算组织程序下，直接根据记账凭证登记日记总账，并且将所有总分类账户都集中在一张账页上，而不是分设在总分类账簿中的不同账页上，因而，总分类账的登记工作简单且易操作。

（2）在日记总账上能够清晰地反映会计账户之间的对应关系。在日记总账核算组织程序下，当经济业务发生以后，要按照预先设置的总分类账户栏，在相应栏次的同一行进行登记，可以集中反映经济业务的全貌，并使会计账户之间的对应关系一目了然，便于进行会计检查和会计分析。

2.日记总账核算组织程序的缺点

（1）增大了登记日记总账的工作量。如同记账凭证核算组织程序一样，在日记总账核算组织程序下，对于发生的每一笔经济业务都要根据记账凭证逐笔在日记总账中登记，实际上与登记日记账和明细分类账是一种重复登记，势必增大登记日记总账的工作量。

（2）不便于记账分工和查阅以及账簿的保管。对于使用总分类科目比较多的会计主体，日记总账的账页势必要设计得很大，既不便于分工记账和查阅，也容易出现登记串行等记账错误，更会给账簿的保管工作带来麻烦。

延伸阅读12-1

普通日记账
核算组织程序

（二）日记总账核算组织程序的适用范围

日记总账核算组织程序一般只适用于规模小、业务量少，且使用总分类科目不多的会计主体。在我国当前的会计实务中，采用该种核算组织程序的企业实不多见。

□ 思政课堂

选择决定成败

会计凭证、会计账簿和会计报表的不同组合，形成了若干种不同的会计核算组织程序。每一种会计核算组织程序都有其优缺点和适用范围。各会计主体应根据经济活动的特点、规模大小、业务繁简程度，以及会计机构和会计人员设置等相关因素，选择与本单位具体条件相适应的会计核算组织程序。这对于建立会计核算秩序，提高会计工作效率和会计信息质量都具有重要意义。

选择决定成败。我国会计改革之所以取得举世瞩目的成就，根本原因在于我们选择了走中国特色的会计发展道路。企业会计核算能否高效率、高质量，很大程度上取决于企业能否基于本单位具体情况来选择会计核算组织程序，并对凭证和账簿组织作出恰当取舍。

选择正确的道路，远比跑得快重要。大学阶段是为学生未来的职业发展奠定专业基础的黄金时期。在这个阶段，学生如果没有明确的职业发展方向，很容易产生"盲目跟风"的问题，进而浪费时间和精力。"凡事预则立，不预则废。"我们认为，会计专业大学生入学后的首要任务应基于自身具体条件，如家庭经济情况、知识储备优势，以及个人兴趣和爱好等，对未来的职业发展目标及其实现路径作出选择。具体而言，每位学生都应对毕业后的去向早做打算：就业还是读研？如果就业，将来是当会计师还是当注册会计师？如果

读研，是在国内读还是到国外读？如果在国内读研，是考学硕还是考专硕？对这些问题越早给出答案，就越有利于学生在精力投放上的"排兵布阵"。有目标才有奋斗的方向和专注力，才能让大学时光更有效率和效果。

"苟利国家生死以，岂因祸福避趋之。"职业发展方向并非一成不变，特别是当祖国需要与个人理想产生冲突时，把祖国需要放在首位，无疑是每一位有担当的青年学子职业规划中义无反顾的抉择！

复习思考题

1. 什么是会计核算组织程序？
2. 设计会计核算组织程序应当遵循哪些要求？
3. 记账凭证核算组织程序有哪些优点？
4. 记账凭证核算组织程序的账务处理步骤是怎样的？
5. 科目汇总表核算组织程序有哪些优点？
6. 科目汇总表核算组织程序的账务处理步骤是怎样的？
7. 怎样编制科目汇总表？科目汇总表的主要作用是什么？
8. 汇总记账凭证核算组织程序的账务处理步骤是怎样的？
9. 怎样编制汇总收款凭证、汇总付款凭证和汇总转账凭证？
10. 各种会计核算组织程序的主要区别是什么？

自测题

第十三章 会计软件应用基础

第一节 会计软件概述

一、会计软件及其产生与发展

（一）会计软件的概念

会计软件是专门用于完成各种会计核算、财务管理的计算机软件、软件系统及其功能模块。会计软件是由软件开发人员根据具体的会计工作，结合计算机的特点，使用一种或多种计算机语言编写而成的，能够在一定的计算机平台上操作，可以完成从输入记账凭证到登记会计账簿，最终到编制会计报表的日常核算工作，并能够进行资产、费用、成本、收入、利润等计算、分析和控制等工作。会计软件是现代会计信息系统的核心组成部分，会计软件的好坏对现代会计核算和企业管理工作的成败起着关键性的作用。

会计软件是以提供会计信息为目标，以会计数据为对象，以会计理论和会计方法为核心，依据有关会计法规，将计算机技术应用于会计工作的软件系统。该系统由模块、数据库和会计软件文档三部分组成。模块是程序的集合体，一个或几个程序组成一个模块，完成一项相对独立的功能，如账务处理模块、凭证输入模块、总账打印模块、报表生成模块等。多个相对独立又相互联系的模块构成一个独立的会计软件。数据库是数据的集合体，用于存储各种数据，如凭证、账簿、报表等。数据库由多个数据文件或表组成，任何一个会计软件都有数据库，用于存储相关数据。会计软件文档是对会计软件模块和数据库的文字说明，包括用户需求说明书、设计说明书、用户手册等文档。

（二）我国会计软件的产生与发展

随着我国经济的发展，会计软件应用范围不断扩大。从发展过程来看，我国会计软件的发展大体经历了以下几个阶段。

1.会计软件发展的起步阶段

这一阶段是在1988年商品化软件出现以前，属于我国会计电算化发展的早期。当时企业主要是根据计划进行生产，会计工作以报账为目的，企业对会计电算化的需求不明确，会计软件没有得到充分应用。各企业为适应自身财务需要，纷纷根据企业的具体情况开发适合自己企业的会计软件。我国第一台计算机出现在1958年，直到20世纪70年代，主要是用于科学技术工作。1979年，财政部拨款500万元，用于长春第一汽车制造厂进行会计电算化试点工作，这是我国会计电算化的起点，我国会计软件从1979年开始研究和开发。1988年以前，会计软件研究开发基本处于自发、分散的状态，会计软件都是由各企业自行开发。自行开发投资大、周期长、见效慢，会计软件低水平、重复开发的现象严重。因此这个阶段的中国会计电算化水平不高、功能单一且不通用，没有形成大规模的商品化会计软件公司与市场。经历了长时间的探索后，人们认识到只有走会计软件通用化和商品化以及服务社会化道路，才能从根本上解决会计软件水平低、重复开发的问题，从而加快会计电算化的普及，保证会计电算化能够持续、健康发展。

2.会计软件发展的广泛普及阶段

这一阶段为 1988 年至 20 世纪 90 年代中后期，是我国会计软件快速发展阶段。1988年，中国会计学会在吉林省召开首届会计电算化学术讨论会。在这次会议上，正式提出了会计电算化系统的开发、设计和应用只有走规范化、通用化、商品化的道路，才能有较大的发展。与会会计专家达成共识：发展通用会计软件和引入市场机制是中国会计电算化发展的出路。同年，财政部在上海召开会计电算化工作会议，对制定各省计算机应用规划、实施会计软件的评审工作进行统一部署。从此，商品化会计软件开始在市场上出现，其中通用会计软件迅速成为我国会计软件发展的主流。1989 年 12 月，财政部发布了《会计核算软件管理的几项规定（试行）》，标志着我国会计软件开始在政府的管理和大力推动下发展。会计软件得到了较快发展，不仅可以全面核算企业的业务活动，而且能为企业管理提供服务。自 1989 年财政部建立商品化会计软件评审制度到 1998 年暂停接受商品化会计软件评审的 10 年间，有 38 个会计软件通过了财政部的评审，100 多个会计软件通过了地方财政部门的评审，商品化会计软件不断增多，日益成熟。先后出现了先锋、用友、金蝶、安易、浪潮等一批商品化会计软件。这些商品化会计软件的出现及推广应用，不仅快速推动了会计电算化的普及和发展，同时也形成并繁荣了我国会计软件产业。

3.会计软件发展的 ERP 阶段

1998 年以后，随着会计电算化的逐渐普及，会计电算化的发展由政府管理转向行业协会自律。会计软件逐步向管理型软件发展，大型会计软件公司开始向企业资源计划（enterprise resource planning，ERP）转型，我国会计软件进入到 ERP 阶段，会计软件不仅为企业财务管理服务，而且开始为企业整体战略提供服务。ERP 涵盖了整个企业管理的信息系统，实现了企业财务管理与业务管理一体化。ERP 是指建立在信息技术基础上，以系统化的管理思想为企业决策层提供决策运行手段的管理平台，它是整合企业管理理念、业务流程、基础数据、人力物力、计算机软硬件于一体的企业管理信息系统。ERP 软件的基础是会计核算，核心是对企业的物流、资金流和信息流进行全面一体化的管理。在企业中，一般的管理主要包括三方面的内容：生产控制（计划、制造）、物流管理（分销、采购、库存管理）和财务管理（会计核算、资金管理）。这三方面本身就是集成体，相互之间有相应的接口，能够很好地整合在一起，从而对企业进行管理。会计软件是 ERP 软件的一部分，但不同企业的具体情况又有很大差别。就小企业而言，会计软件是指账务、报表、工资、固定资产等最基本的功能模块，一般属于会计核算软件。规模比较大的企业，需要用到进销存模块和应收应付账款模块，但其进销存主要立足于会计核算，这种软件统称为会计软件。ERP 软件还要包括生产制造等模块，也被称为企业管理软件。独立的会计软件与 ERP 软件在设计思想、功能、应用等方面存在很多不同。（1）范围不同。从涵盖范围来看，会计软件是 ERP 的一部分。ERP 软件一般按照模块可以分成财务管理、销售管理、后勤管理（进、销、存管理）、生产管理和人力资源管理等。因此，ERP涵盖的范围比会计软件广泛，能够对企业的整个资源进行有效整合，使企业的资源得以最大化利用。财务管理是ERP的一个组成部分，可以单独使用或与其他模块紧密集成使用。（2）工作机理不同。从工作机理来看，会计软件只是对公司业务进行会计核算和管理，前提是由会计人员根据各项业务单据编制记账凭证，将需要处理的数据手工输入系统，系统再进行汇总和分析。会计人员大部分工作是烦琐的记账凭证录入。而在ERP中，企业的业务是以流程为导向，财务模块通过ERP中的自动分录系统将这些流程紧密集成在一起，针对不同的业务类型自动触发会计事件，而这些会计事件对应的凭证已经预先定义会计科目，所以当某类型业务发生时，系统能自动生成记账凭证，并更新到日记账、明细账和总账中。会计人员的工作内容就是对这些凭证进行审核或由系统自动审核。（3）功能不同。从功能来看，目前国内会计软件大部分还是以核算为主要目的，基本满足了企业会计核算的要求。但从深层次和管理角度来看，管理人员或决策高层希望取得的财务报表不是简单数据的累加，而是通过这些报表对各项业务进行分析，如通过会计提供的销售收入和销售毛利分析销售情况，而这时如果单纯从会计数据来看就无法满足要求。同时，对会计人员来说，发现报表数据错误时，很难去跟踪来源，将耗费大量时间。而ERP软件是以业务流程为导向，各种会计数据能够与发生的各项业务行为紧密联系在一起，从会计角度或从业务角度都能够快速进行跟踪。总之，与核算型会计软件不同，ERP以企业作业为起点，对企业经济业务的发生、发展和结果进行全方位的跟踪、记录和控制，从单一的财务部门扩展到企业各项作业涉及的其他部门，做到资金流、物流和信息流的统一，从部门级的离散应用上升到企业组织的全面系统应用，为企业决策提供更加及时、准确的业务信息，使企业消耗最少的资源，实现企业目标，提升了企业的竞争优势。因此说，会计软件不等于ERP，只能说是ERP的一部分。企业进行信息化建设，必须充分了解会计软件和ERP的区别，明确信息化目标，合理选择适合企业状况和需求的ERP软件。

4. 会计软件发展的财务共享阶段

基于信息技术的应用，20世纪末出现了云会计的概念。云会计是建立在云计算基础上的，以互联网为媒介，由专门的服务商提供软件、硬件及其维护等服务，客户利用电脑设备实现会计核算、财务分析等功能的在线会计信息系统。企业只需支付一笔初始使用费和少量的使用费，就能够通过购买端口，不需要购置服务器，实现随时办公。进入21世纪，我国企业集团业务规模不断扩张，加入世界贸易组织后，在国际化进程中企业财务管理出现了效率低、成本上升、管控难度增加等问题。因此在ERP基础上，企业发展出了"财务共享中心"模式。从2005年开始，以中兴通讯为代表的大型企业集团开始建立财务共享中心，财务共享中心将原本分散在各分子公司的会计核算工作集中处理，最突出的特点是集中化核算降低会计职能的运营成本并提高处理效率，但会计核算和管理决策仍依赖于人的操作。

5. 会计软件发展的财务数智化阶段

大数据时代的到来要求企业具有经营管理敏捷性和信息决策实时性，现代企业以数据驱动来带动业务发展，需要从大数据环境下获取决策信息。人工智能的快速发展，触发了新的应用场景。2016年，德勤等公司宣布将人工智能引入会计、税务、审计等工作中，随后以"四大"为代表的会计师事务

延伸阅读13-1

财务机器人

所和以金蝶、用友、元年为代表的软件厂商纷纷推出了自己的财务机器人方案。企业开始借助人工智能技术智能化地处理会计工作，挖掘数据背后隐含的秘密，让数据通过洞察变成信息和知识，辅助管理决策。随着科技的快速发展，数字化转型已成为企业持续发展的必然选择。

党的二十大报告提出"加快发展数字经济，促进数字经济和实体经济深度融合，打造具有国际竞争力的数字产业集群"。财务管理作为企业管理的中心环节，是企业实现基业长青的重要基础和保障。财务数智化不仅仅是对现有财务管理流程的数字化升级，更是对整个企业运营模式的重塑。企业数字化转型离不开财务数智化的驱动。会计软件的发展进入智能化阶段。

延伸阅读13-2

财务数智化：企业数字化转型的核心驱动力

二、会计软件核算与会计手工核算的比较

会计软件核算和手工核算，一个基于计算机技术，一个完全依赖于人手和人脑，两者之间存在很多差别，但也不乏相同之处。

（一）相同点

1.基本原理相同

应用会计软件核算，尽管引起了会计操作技术的变化，但没有改变会计核算的基本原理。应用会计软件核算仍要遵循复式记账的基本原理，对发生的经济业务都要根据复式记账原理编制会计分录（记账凭证），并根据会计分录登记有关账户，在会计期末，根据账簿的资料编制会计报表。

2.会计目标相同

应用会计软件进行核算，提高了会计信息的加工质量，提升了会计信息的传输速度，但会计的目标并没有发生根本性的改变。无论是应用会计软件核算还是会计手工核算，最终的目标都是运用会计的手段和方法加工对会计信息使用者有用的会计信息，为会计信息的使用者利用会计信息进行经济决策服务。在这方面，应用会计软件核算比手工会计核算具有更大的优势。

3.所依据的会计理论和方法相同

会计理论是会计学科建立的基石，会计的方法是完成会计任务的重要手段。无论是应用会计软件核算还是手工会计核算，都应遵循会计信息的质量要求、会计核算的基本前提和会计等式等基本理论，采用填制和审核会计凭证、设置账户、复式记账、登记账簿、成本计算、财产清查和编制会计报表等会计方法，对发生的经济业务进行处理。

4.应遵守的会计法律法规相同

国家制定的会计法律法规，是所有会计工作都应严格遵守的规范。会计软件的实施和应用，同手工会计核算一样，都应严格遵守。

（二）不同点

1.核算工具不同

手工核算使用的核算工具是算盘或电子计算器，计算过程中每运算一次都要重复一次。由于不能存储运算结果，工作起来不得不边运算边记录，工作量大，且速度慢。会计软件核算模式下，系统使用电子计算机进行运算，数据处理均由机器完成，同时能够存储运算结果，节省了大量的人力和时间。

2.信息载体不同

手工核算中所有信息都是以纸张为载体，占用空间大，不易保管，查找不方便。会计软件核算模式下，除了必要的会计凭证外，均可采用磁性材料作为信息载体，占用空间小，查找方便，易保管。

3.簿记规则不同

在手工核算方式下，日记账、总账需采用订本式账簿，明细账使用活页式账簿；账簿记录错误可采用划线更正法、红字更正法和补充登记法进行更正，账页中的空白行、空白页需用红线划销。在会计软件核算方式下，账簿打印输出，不必再区分订本式还是活页式。错账的更改也只能采用输入"更改凭证"的方式加以更改，不能采用划线更正法。

4.账务处理程序不同

在会计软件核算方式下，数据处理的起点、处理、存储、输出、查询等方式都发生了变化。关于这一点，将在下一节中具体介绍。

5.会计档案管理的要求有所不同

会计档案是会计工作的重要历史资料，也是会计主体的重要经济档案，必须按照国家的有关规定妥善进行保管。在手工核算方式下，会计的档案多为纸质档案，看得见，摸得着，相对易于检验与保管。应用会计软件核算，会计档案则以磁介质档案为主，形成了以电子形式保存的电子会计档案，修改、复制和删除都十分容易，因此，更应采取有效措施，防止电子会计档案被篡改。建立电子会计档案备份制度，能有效防范自然灾害、意外事故和人为破坏。

6.会计工作组织体制不同

在手工核算方式下，会计工作组织将会计业务的不同性质作为分工的主要依据。应用会计软件核算，人员分工发生变化，需要设置凭证录入、审核、数据维护等岗位。凭证录入后的工作基本上全部由系统自动完成，无须专人负责，但增加了计算机软硬件维护人员。

三、会计软件核算的意义

应用会计软件进行核算是会计信息处理技术的一个重要变革，对会计工作的各个方面都产生了深远的影响。

（一）减轻会计人员记账工作量，提高会计核算工作效率

应用会计软件进行核算，会计人员只需要将原始会计数据输入计算机，登账、计算、汇总、核对、编制会计报表等工作全部可以由计算机来完成。这样将会计人员从繁杂的手工记账中解脱出来，大大减少了会计人员的记账工作量。计算机处理数据的速度快，可以在极短的时间内就完成登账、计算、汇总、核对、编制会计报表等工作，使大量的会计信息得到及时、迅速的处理，提高了会计核算工作效率。

（二）促进会计核算工作规范化

由于不同会计人员记账习惯不同，手工核算下，会计凭证、账簿、报表格式很难完全统一。应用会计软件核算后，所有的凭证、账簿、报表均是事前设定的统一格式，极大地提高了会计工作的规范化。

（三）提高会计核算工作的质量

手工会计核算模式下，由于会计核算工作量大、业务纷繁复杂，会计人员容易出现错记、漏记和计算上的错误。虽然通过试算平衡可以发现其中的一些错误，但错账查找起来也很不容易。而应用会计软件进行核算，会计软件采用先进的技术对输入数据进行校验，输入时的借贷金额不一致，登账时的漏记、错记以及结账时汇总计算上的错误可以完全被杜绝。

（四）促使会计职能由反映转向控制

会计的基本职能是反映和监督，另外还有预测、决策、计划、分析等延伸的职能。在手工核算的条件下，会计的监督职能即控制职能往往处于从属地位。应用会计软件进行核算，可以使会计人员从繁杂的核算工作中解脱出来，把更多的精力和时间用于经济业务的控制和其他管理工作上。会计电算化可以提供的大量的、多种形式的数据资料，为会计预测、决策、分析等工作提供了便利条件。

（五）有助于提升企业管理水平

会计信息是企业经济活动信息的一个组成部分，在经济管理中发挥着重要的作用。应用会计软件核算后，会计信息得到及时、准确的处理和共享，促进了各部门之间的信息沟通，有助于管理者迅速作出决策，进而提升现代企业的管理水平。

四、会计软件的分类

根据不同的标准，会计软件有不同的分类方式。

（一）按照会计软件所提供信息的服务层次分类

按照提供信息的服务层次不同，会计软件可以分为会计核算软件和会计管理软件。

1.会计核算软件

会计核算软件一般指计算机代替手工记账、登账和报账的过程。主要包括财务处理软件、工资核算软件、固定资产核算软件、会计报表生成软件等。如不特别说明，本章中的会计软件主要指会计核算软件。

2.会计管理软件

会计管理软件是在会计核算的基础上，对会计信息进行进一步加工整理，提供单位管理上所需要的各种信息。会计管理软件以辅助决策为目标，提供管理决策上所需要的各种会计信息，主要有资金管理软件、成本管理软件、收入及利润管理软件、投资决策软件等。

（二）按照会计软件所提供信息的共享程度分类

按照会计信息共享程度不同，会计软件分为单一用户软件和多用户软件。

1单一用户软件

单一用户软件是指将会计软件安装在一台或多台计算机上，每台计算机中的会计软件都单独运行，所生成的会计数据只存储在本台计算机中，各台计算机之间不能直接进行数据的交换和共享。

2.多用户软件

多用户软件是指将会计软件安装在网络主机和各工作站中，不同工作站之间的会计人员既是会计数据的提供者，又是会计数据的使用者，实现了不同工作站之间会计信息的共享。

（三）按照会计软件适用范围和通用性水平分类

按照会计软件适用范围和通用性水平的不同，会计软件可以分为专业会计软件和通用会计软件。

1.专业会计软件

专业会计软件也称定点开发的会计软件，是指企业针对自身会计核算和管理的特点与要求而研制开发的会计软件，仅适用于个别单位会计业务。

定点开发会计软件的特点是把符合使用单位特点的会计核算规则与管理方法编入会计软件，如将报表格式、工资项目、计算方法等在程序中固定。其优点是比较适合使用单位的具体情况，针对性强，使用方便，其缺点是受空间和时间上的限制，灵活性较差，只能在个别单位和一定时期内使用。

2.通用会计软件

所谓通用会计软件，是指在一定范围内都适用的会计软件。通用会计软件又可分为行业通用会计软件（如管家婆软件等）和全通用会计软件（如用友软件等）两种。

通用会计软件的特点是在软件中几乎不含会计核算具体规则，而是在软件中预留出相应的接口，由用户单位在使用前通过软件提供的初始化功能，输入适合本单位管理与核算工作需要的会计核算规则。因此，购入的通用会计软件不能直接使用，需要进行软件的初始化设置。

通用会计软件在理论上可以解决软件的适用性问题，具有一定的优越性和科学性，但在实际工作中，通用会计软件在以下几方面存在明显的不足：（1）软件越通用，计算机资源浪费越严重；（2）软件越通用，系统初始化的工作量越大；（3）软件越通用，一些用户的会计核算工作的细节就越容易被忽视，其结果未必能完全满足用户的需要。

在这种情况下，为合理确定会计软件的通用化程度，软件开发者开发了一些适用于本行业和本地区特点的通用会计软件，即通过财政部门的专业评审，在市场上公开销售的通用商品化会计软件。这些软件在特定范围内具有非常强的通用性。我国的商品化会计软件市场经过多年的运作已经比较规范和健全，商品化会计软件的评审规制也比较完善。商品化会计软件具有成本低、见效快、安全可靠、软件公司提供全面的售后维护服务等优点，目前大多数企业，特别是中小型企业在实现企业电算化核算时，都将购买商品化会计软件作为主要的途径。

第二节　会计软件的功能结构与数据处理流程

不同企业使用的会计软件定位不同、开发研究平台不同，使用功能也是纷繁复杂，但从其基本功能结构和数据处理流程来看，大致是相同的。

一、会计软件的功能结构

会计软件的基本结构是从系统的功能层次结构来反映的，功能结构是指系统按其功能分层分块的结构形式，即模块化的结构。一个系统可以划分为若干个子系统，每个子系统可划分为几个功能模块，每个功能模块都有相对独立的功能。会计软件通常由多个模块组成，每个模块具有不同的功能，各模块之间相互联系、数据共享。

（一）会计软件的基本构成

不同企业的会计软件构成不尽相同，但大部分会计软件是按会计核算功能划分为若干个相对独立的模块，由于系统的每一部分的功能简单明了且相对独立，各模块的会计信息相互传递和交流，从而形成完整的会计信息系统。会计软件中具备相对独立地完成会计数据输入、处理和输出功能的各部分，成为会计软件的模块。会计软件一般包括账务处理、工资核算、固定资产核算、存货核算、成本核算、销售核算、应收应付账款核算、会计报表、财务分析等模块。

1.账务处理模块

账务处理模块是会计软件的核心部分。以记账凭证作为处理对象，完成全部记账、算账、对账、转账和结账工作，并生成日记账、总账和除了各模块生成的明细账之外的全部明细账。大部分账务处理模块还具备银行对账、出纳管理和往来账管理的功能，可以完成数量核算和多币种核算。账务处理模块的基本功能如下：（1）初始建账，包括凭证类型及格式设置、会计科目编码设置、期初科目余额录入等。（2）凭证输入、修改、审核、查询、打印及汇总功能。（3）生成日记账、总账、明细账。（4）期末转账及结账等。（5）出纳管理，包括收入管理、支出管理、出纳账处理等。（6）银行对账功能，包括对账单的输入、修改，与银行对账等。

2.工资核算模块

工资核算模块是单位会计软件核算系统的重要组成内容之一，是以单位职工个人的工资原始数据为核算管理对象，用来计算职工工资、分配工资费用、发放工资、统计分析，同时可以实现工资数据信息查询与打印等的一个模块。工资核算模块的基本功能如下：（1）初始设置。初始设置主要包括部门设置、人员类别设置、工资类别设置、工资项目设置、定义工资项目计算式、人员档案设置、工资原始数据输入和工资转账关系定义等。（2）日常业务处理。日常业务处理主要包括工资变动数据输入、工资计算、工资汇总、工资分配及转账等。（3）工资报表输出。工资报表输出主要包括工资表和各种工资分析表等的屏幕输出和打印输出。（4）凭证处理。凭证处理是将工资费用数据以转账凭证的形式存储，并传递到账务处理模块，据以登记有关总账、明细账、日记账。

3.固定资产核算模块

固定资产核算模块主要是进行企业固定资产日常业务核算和管理，生成固定资产卡片，按月反映固定资产的增、减变化及其他变动，输出固定资产明细账；能够按月自动计提折旧，生成折旧费用分配记账凭证，并转入账务处理模块进行账务处理。另外，还可输出一些与固定资产管理相关的报表和账簿，用于企业固定资产分析。固定资产核算模块的基本功能如下：（1）初始设置。初始设置包括部门设置、类别设置、使用状况定义、增减方式定义、折旧方法定义、卡片项目定义、卡片样式定义等。（2）卡片管理。卡片管理包括录入原始卡片、卡片修改、卡片删除、资产增加及资产减少等功能。（3）折旧管理。该模块可自动计提折旧，生成折旧清单和折旧费用分配表，根据分配表自动生成折旧费用分配记账凭证，并传送到账务处理模块。（4）凭证处理。将固定资产模块处理的结果以转账凭证形式存储并传递到账务处理模块，据以登记有关总账和明细账。（5）账表查询输出。

通过账表查询，固定资产管理部门可随时查询分析表、统计表、折旧费用表，以提高固定资产管理效率。

4. 存货核算模块

存货核算模块的基本功能如下：（1）反映采购业务的发生、货款支付及存货入库情况。在按计划成本核算方式下，自动计算和分配存货成本差异，生成采购明细账、成本差异明细账、在途材料明细账和暂估材料明细账。（2）提供存货的收、发、存数量，提供各种存货的库存动态情况，及时反馈各种存货积压和短缺信息，生成存货明细账、存货库存信息表。（3）根据各部门各种材料领用情况，自动进行材料费用的分配，生成材料费用分配表。（4）自动编制转账凭证，并传递给账务处理模块和成本核算模块。

5. 成本核算模块

成本核算模块是专门针对企业成本核算而开发的一个模块，处理的数据量大、流程比较复杂，必须与企业的生产工艺特点相结合。生产规模较大的企业，可以按照车间进行核算，生产规模小的企业，可按班组进行核算。通过成本核算模块可以实现对各种生产费用的归集与分配，及时、准确地计算出产品的总成本和单位成本，并自动编制转账凭证。

成本核算模块的基本设计思想是将成本核算工作看作一系列成本报表的处理过程。根据成本核算的业务流程可以将成本核算工作划分为一系列的核算步骤，每个步骤的核算由一张或多张成本报表的处理来完成。该模块将成本报表处理功能同成本核算功能紧密结合在一起，通过成本核算方法定义及成本报表处理等功能完成成本核算工作；通过成本数据上报、接收及成本数据汇总功能实现上下级单位之间的成本数据传递，能够满足各级单位成本核算工作的需要。

成本核算功能主要完成成本核算的日常工作，主要包括成本核算处理、成本核算查询、成本核算打印、成本月末结账等功能。在完成成本核算定义后，每月的日常工作就是在成本核算功能中按照工作步骤处理定义好的成本核算报表，并进行有关的成本查询。

6. 销售核算模块

销售核算模块的流程也比较复杂，但处理的数据量较小。核算功能主要由两部分构成：一部分是产成品的核算，需建立按具体品种记录的产成品文件，根据成品入库单、出库单输入原始凭证，更新记录，月末汇总转入账务处理及会计报表模块。另一部分是产品销售的核算，建立按照销售产品品种、批次记录的产品销售文件，根据发货、结算等原始凭证输入，反映产品发出、货款收回等情况，结算销售成本、销售税金、销售费用和销售利润，相应数据转入账务处理模块。

7. 应收应付账款核算模块

应收账款核算模块是指专门处理企业因赊销商品或劳务而发生的与其他企业之间的往来业务核算的功能模块。应收账款核算模块的功能包括对企业经营过程中的各项应收账款进行日常核算；及时准确地反映应收账款增减变动情况，以便企业能及时掌握资金流动状况和货款收回情况；进行账龄分析；及时提供催款信息、坏账信息等。

与应收账款核算模块相对应，应付账款核算模块是指专门处理企业因赊购商品或劳务而与其他企业之间发生的往来款业务的核算模块。应付账款核算模块的功能包括应付账款业务的日常核算；及时反映企业的流动负债数额及偿还流动负债所需要的资金；跟踪应付账款到期日，以便企业及时、完整地偿还各项应付款项，从而保证良好的供货关系，并尽可能地享受各种优惠折扣。

应收应付账款核算模块的基本功能如下：（1）初始设置。初始设置包括往来单位编码和名称定义、收款及付款条件定义、期初数据录入。（2）日常数据录入。日常数据录入包括输入赊销、赊购业务的有关单据，记录发生的往来款项。（3）核销往来款项。（4）进行账龄分析。（5）生成与往来账款核算和管理有关的账表，并进行查询、打印。

8.会计报表模块

会计报表模块主要实现各种会计报表的格式定义、取数公式定义，完成报表的自动编制，并可进行报表查询、打印、分析和汇总。报表模块生成的会计报表包括对外报送的资产负债表、利润表、现金流量表和对内管理所需的各种内部报表。

9.财务分析模块

财务分析模块是建立在会计核算的基础上，对财务数据进行综合分析的。一般包括财务结构分析、比较分析、趋势分析和财务预算完成情况分析等。

（二）会计软件各功能模块之间的关系

一个完整的会计软件是由若干个模块构成的，这些模块主要包括账务处理、应收应付账款核算、工资核算、固定资产核算、存货核算、销售核算、成本核算、会计报表、财务分析等模块。各模块之间的关系如图13-1所示。

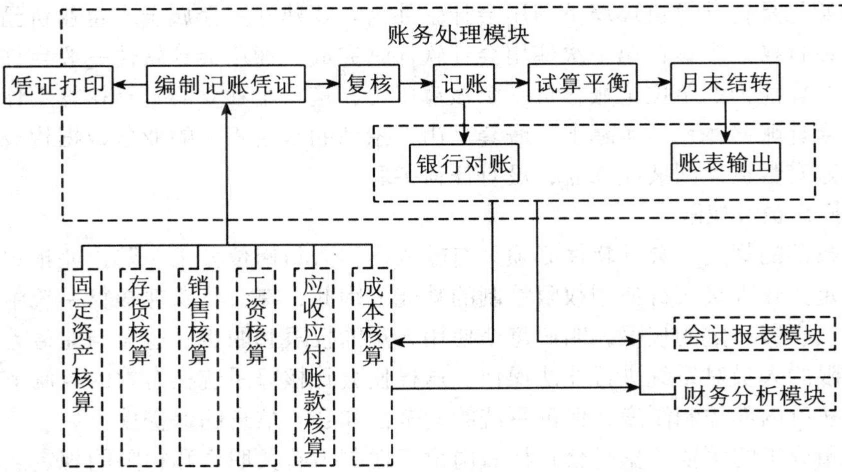

图13-1 会计软件各模块关系示意图

从图13-1中可以看出，账务处理模块是整个会计软件系统的核心模块，与其他各核算模块之间存在着密切的数据联系，主要是接收固定资产、存货、销售、工资、应收应付账款、成本核算等模块生成的凭证，向会计报表、财务分析模块提供财务数据，以生成会计报表、财务分析报表等。在会计软件核算系统中，一般的明细核算都是在各相关核算模块中进行的，然后将核算结果汇总传递至账务处理模块进行总分类核算。账务处理模块主要以会计凭证为数据处理对象，账务处理模块与其他核算模块之间的数据联系主要表现为记账凭证的传递关系。

二、会计软件的操作流程

会计软件是由许多模块组成的，虽然不同单位的会计软件模块划分不尽相同，各模块的具体功能也各异，但其基本操作流程和方法是类似的。为满足不同单位的需求，通用化的商品会计软件一般都有系统初始化、日常账务处理、期末处理、会计报表生成、报表分析、系统维护等功能。

（一）系统初始化

系统初始化主要是指会计软件系统在初次使用时，根据单位的实际情况进行参数设置的过程。账务处理模块的系统初始化设置就是将通用会计软件转化成为适合本企业会计核算特点和要求的专用会计软件。账务处理模块的系统初始化是整个账务处理的基础，也是会计软件后续使用的基础，设置是否成功，直接影响到以后会计核算的效果和结果。一般由系统管理员或会计核算主管负责。

系统初始化主要完成账套、会计科目代码、期初余额、凭证类别等必要的系统初始数据和运行参数的定义和输入，为使用账务处理模块作准备。

1.软件安装与系统环境设置

在运用会计软件之前，需在计算机中安装会计软件以及会计软件运行所需的操作系统软件和数据库。在会计软件的安装过程中或安装结束后要进行系统环境设置，主要包括会计数据备份方式、网络用户及数据库用户设置等。

2.账套初始化

账套初始化是在计算机环境下利用会计软件为企业建立一套属于本企业自己的账簿文件。这一步设置操作应该在第一次使用会计软件时完成。通用会计软件一般允许同时为多个具有独立核算能力的单位记账，每一个核算单位就是一个独立的会计核算主体，具有独立、完整的会计账簿体系。实际上，账套是由一系列的紧密相关的业务数据构成的数据库文件。不同账套数据之间彼此独立，没有任何关联。

3.设置操作员及权限

按照财政部的规定，会计软件必须具有输入操作人员岗位分工、防止非指定人员擅自使用和对指定操作人员实行使用权限控制的功能。因此，在会计软件核算系统中，需要给每个使用人员设置一定的权限，明确每个使用人员的权限和职责，避免与业务无关的人员或防止无权限的人员对系统进行非法操作。这样使会计核算系统在有效的控制下能够正常运行，严格执行内部控制制度，保证系统的安全性和会计信息的保密性。

操作人员分工的主要依据是会计核算岗位责任制中有关职责和权限的规定。权限是指操作员所具有的操作权限，主要包括建账、录入凭证、审核、记账、输出等。一般系统默认会计主管拥有全部权限。

4.设置会计科目

会计是通过账户对经济业务进行分门别类的记录和反映的，各单位由于经济业务的不同，所设置的会计科目也有所不同。会计软件能记什么账，一个账户与另一个账户之间的对应关系等都取决于设置的会计科目。系统初始化中的会计科目设置是否合理，决定了系统能否正常运行。因此，在通用会计软件中，一般不固定会计科目，而是按行业的不同预置一级会计科目，由用户根据本单位自身的需要灵活选择设置。

（1）会计科目设置原则。目前，通用会计软件一般都提供了符合国家规定的一级会计科目，而明细科目则由用户根据企业情况自行决定，确定原则包括：一是要考虑到与会计软件其他功能模块之间的衔接，因为在账务处理模块中，只有末级会计科目才允许有发生额，才能接受其他模块转入的数据。二是必须满足会计报表的编制要求，凡是报表中所用数据，需要从账务处理模块中取数的，必须设定相应的科目。三是设置会计科目要注意保持科目间的协调与完整，不能只有下级科目，没有上级科目，既要设置一级科目，又要考虑明细科目，以提供总括和详细的会计资料。四是设置会计科目要注意保持相对的稳定。五是会计科目名称应符合标准、通俗易懂。一级会计科目名称必须要符合国家会计制度的规定，明细科目名称要通俗易懂、易记、好用、易推广。

（2）会计科目设置内容。设置内容包括会计科目编码、会计科目名称、会计科目类型、会计科目属性。在手工核算方式下，会计科目通常采用汉字名称的形式来表示。但由于汉字名称常有重名现象，且无法反映科目间的逻辑关系，所以在电算化方式下，必须对会计科目进行统一编码。

5.编码设置

单位的会计工作实行电算化后，通过代码来管理可以大大提高电算化工作效率。编码设置主要用于初始设置和修改会计软件中所需要的所有编码，如往来单位编码、部门编码、人员编码、商品编码、材料编码、固定资产编码、库房库位编码、工资类型编码等。在编码设置中，除了要设置编码的内容外，还要设置编码的层次、结构和编码的属性等。

6.录入科目期初余额

为了保证会计电算化中的数据能与手工核算方式下的数据衔接，保持账簿数据的连续性和完整性，在应用会计软件核算系统之前，需要将经过整理的手工账目的期初余额录入到计算机系统中。比如，企业第一次进入会计软件系统，需将上期期末手工处理的会计科目余额、材料的结存额、固定资产的已提折旧额、各项债权债务的余额等录入到新的会计软件核算系统中，在此基础上开始本期和以后各期的会计电算化工作。

7.其他初始化工作

如果软件使用单位有外币核算，则应设置外币币种及记账汇率。如果同时使用账务处理模块中的银行对账功能，则应输入有关未达业务。

（二）日常账务处理

会计电算化的日常账务处理包括原始单据的处理，记账凭证的加工，账簿的登记、查询和打印，报表的编制等。

1.凭证处理

账务处理模块的初始化设置完成之后，就可以进行日常账务处理。日常账务处理主要是围绕凭证展开的，即根据相关的会计业务资料，利用会计软件完成凭证的录入、审核、修改、查询、记账和结账等工作。

（1）录入记账凭证。在会计软件核算方式下，记账凭证一旦输入，此后的各种处理全部由计算机进行。为方便凭证录入，提高录入速度，所有凭证类别均采用统一的凭证格式，即通用记账凭证格式。需录入的内容有凭证类别（可选）、凭证日期、附单据张数、业务摘要、会计科目、金额等。

（2）修改凭证。凭证的修改有三种情况：①录入前的修改。凭证填写错误，数据还未录入账务处理模块，录入人员发现错误，此时操作人员不得直接修改，应退回凭证填制者纠正后再录入。②记账前的修改。凭证录入账务处理模块后发现错误，但此时还没有登入有关账簿，分两种情况进行纠正：一是在凭证录入过程中发现错误，可由操作人员直接修改；二是凭证已录入完毕，审核员在审核时发现错误，此时审核员不得更改，应由凭证录入者将错误凭证调出后进行纠正。③已记账凭证的修改。如果错误凭证已经登记账簿，为保证凭证与账簿的一致性，不能直接修改凭证，更不能修改账簿数据，可采用红字冲销法或补充登记法进行更正。

（3）审核凭证。为保证登记到账簿中的每一笔经济业务的准确可靠，记账凭证必须由具有审核权限的人员进行审核。根据要求，审核凭证与录入凭证不允许是同一人。审核人员发现错误或有异议的凭证，不得直接进行修改，必须由凭证录入人员修改后再交由审核人员重新审核。

（4）记账凭证查询、打印。输入一定的条件，查询相关记账凭证并将其打印输出。

（5）凭证汇总。凭证汇总是按一定的范围、条件对记账凭证进行汇总，并生成凭证汇总表。

2.账簿处理

（1）记账。账簿处理主要包括各类账簿信息的查询与输出。会计软件核算方式下，记账由计算机自动完成，不需人工进行。

（2）账簿查询与打印。企业发生的经济业务在经过录入凭证、审核、出纳签字、记账等程序后，就形成了正式的会计账簿。账簿查询是指按照一定的条件查找满足条件的账簿，并在屏幕上显示出来。账簿打印用于打印正式的会计账簿，包括总账、明细账、日记账等。打印输出的会计账簿的格式和内容应当符合国家有关会计制度的规定。在保证账簿清晰的条件下，计算机打印输出的账簿中表格线可适当减少。在会计软件核算方式下，企业会计账簿可以计算机打印的书面形式保存，在满足规定条件的情况下，企业内部生成的会计凭证、账簿等会计资料，也可以不输出纸面资料。

（三）期末处理

期末处理包括期末成本费用的计算、分配、结转、期末结账等，其中最重要的是期末结账。通过结账，将本期有关会计账户的发生额和余额计算出来，从而根据结账后的金额了解企业的财务及经营状况。期末账务处理包括银行对账、期末自动转账和结账等。

1.银行对账

银行对账是企业出纳人员最基本的工作之一。由于企业发生的经济业务大都要通过银行结算，银行为每个单位记载这些经济业务，这样就会形成银行与企业间由于记账时间上的延误和记录上有意或无意的错误而造成的未达账项。银行对账的任务就是将银行存款收付记录和企业方由账务处理模块生成的银行存款日记账相互核对，找出这些未达账项，编制银行存款余额调节表。有些系统单独设计一个出纳管理模块，把银行对账放在其中。

采用会计软件核算方式时，银行对账的基本步骤如下：

（1）录入银行对账单。要实现计算机自动对账，在每个月的月末对账之前，需要将银行方开出的银行对账单输入到单位的会计核算系统中，形成银行对账单文件中的本期数据。

（2）进行银行对账。银行对账采用自动对账与手工对账相结合的方式。自动对账是由账务处理模块根据对账依据自动在单位银行存款日记账和银行对账单中寻找完全相同的经济业务，予以核销。手工对账是对自动对账的补充，是对一些通过计算机程序很难完成的特殊的已达账项的核对。

（3）输出银行存款余额调节表。在对银行账进行核对后，计算机将自动整理、汇总未达账项和已达账项，生成"银行存款余额调节表"，以检查对账是否正确。

2.期末自动转账

期末自动转账包括设置自动转账分类和转账生成两部分。对于每月有规律重复出现的业务，如费用分配、计提折旧、结算税金等，可以把这类凭证的摘要、借贷方科目、金额来源或计算方法预先定义存入计算机。每月月末，由计算机根据预先定义的金额来源或计算方法自动生成记账凭证，并登记相应账簿。

3.结账

结账是指期末对账簿记录进行的小结，是每个月末、年末都必须进行的工作。结账包括月末结账以及年底时的年末结账。结账是计算和结转各账簿的本期发生额和期末余额，并结束本期的账务处理工作。在会计软件核算方式下，结账由计算机自动完成。

（四）会计报表生成

会计报表是会计核算的最终产品，是以账簿资料为主要依据，以货币为计量单位，总括反映会计主体在一定时期的财务状况、经营成果和现金流入流出的报告文件。会计报表模块的主要任务是设计报表的格式和编制公式，从账务处理模块或其他会计核算模块中取得有关的数据资料，自动生成并可按预定格式输出各种会计报表。

会计报表模块的工作流程大致可以分为以下四个步骤：

1.报表名称登记

由于计算机中的所有程序和数据都是以文件形式存放的，要调用这些文件必须通过文件名称才能确定和找到文件，所以应用会计软件核算，编制会计报表必须首先进行报表名称登记，以便后期可以方便地调用这些文件。

2.报表格式及取数公式定义

进行报表格式设置的作用类似于在手工条件下设计并绘制一张待填的空白表格，只不过这项工作是在计算机上实现的，并且也不只是准备一张空表。报表取数公式定义实质上就是将报表编制的规律找到，并将规律固定化，形成模板。尽管报表中的数据经常变化，但其计算方法以及取数的来源是相对不变的。会计核算软件中将这种计算方法固定下来形成数据计算公式，在后期可以无限次通过调用这个模板生成会计报表。从该角度看，报表格式及取数公式定义虽然操作较为复杂，但由于是一种一次定义长期使用的操作，因此，比手工核算方式省力得多。

3.报表生成

会计报表生成功能是根据用户定义的报表格式和报表取数公式自动产生所需要的报表，并根据表间数据的勾稽关系检查会计报表中数据的正确性。对于设置好的报表在需要时只要运行报表生成功能即可产生需要的报表，无须每次重新定义该报表。

4.报表输出

报表输出是指在屏幕上显示编制好的报表或是通过打印机打印输出报表。

（五）报表分析

报表分析是在核算的基础上对财务数据进行综合分析，不同的会计软件的分析功能各不相同，一般功能有预算分析、前后期比较分析、图形分析等。

（六）系统维护

系统维护是系统数据出现问题后，由会计软件提供的自动解决功能，包括数据备份、数据恢复、数据自动修复和计算、重建索引文件等功能。有关系统维护的具体内容将在第三节中详细介绍。

三、账务处理模块的基本功能

（一）账务处理模块的作用

账务处理模块是会计软件的一个主要的核心功能模块，它以货币为主要计量单位，综合、全面、系统地反映企业的经济活动，由该模块提供的会计信息及财务报表能反映企业的财务状况、经营成果和现金流量。从功能上看，账务处理模块的主要任务就是"制单和记账"。账务处理模块的整个处理过程就是从凭证到记账、从记账到报表输出的过程。从历史来看，会计工作的具体内容因为时期、行业不同而有繁有简，但账务处理一直是必不可少的核心。会计的整个体系就是在账务处理的基础上逐渐充实和发展起来的，没有账务处理也就没有会计。不同类型、不同规模的企业对会计软件核算系统的需求各不相同，导致了账务处理模块的系统分析结果的不同。因此，账务处理模块的功能结构也有所不同。但总的来说，其主要作用和核心内容基本一致。账务处理模块的作用包括：

（1）及时、准确地采集和输入各种会计凭证，保证进入计算机的会计数据及时、正确和全面。

（2）高效、正确地完成记账过程。

（3）随时输出任何时期任何会计科目发生的所有业务，随时输出各会计期间的各种账表，为企业管理提供信息。

（4）建立账务处理模块与其他核算模块的数据接口，实现会计数据的及时传递和数据共享。

（二）账务处理模块的基本功能

一个典型的账务处理模块包括建账及系统初始化、凭证处理、账簿处理、期末结账、数量核算、出纳管理、外币核算、部门核算、项目管理、预算管理等基本功能。

1.建账及系统初始化

建账及系统初始化是指提供由用户根据自己的需要建立账务应用环境，即根据会计核算软件要求和内部管理需要自定义会计科目体系、记账凭证格式和账簿体系的功能。

2.凭证处理

凭证处理是指提供填制各种凭证，凭证审核、汇总、记账、查询及打印的功能，同时可以提供业务摘要、红字冲销等功能。

3.账簿处理

账簿处理是指提供库存现金日记账、银行存款日记账、总账、余额表、明细账、日报表等账簿的登记、查询及打印等功能。

4.期末结账

期末结账是指提供自动完成月末摊销、计提、转账、销售成本结转等业务，并进行试算平衡、结账等功能。结账功能由软件自动完成，会计核算软件按照会计制度的规定，要按会计科目进行分级计算、汇总，结出借贷发生额和余额。

5.数量核算

数量核算功能是指适用于有实物数量的财产物资科目的业务处理，能够提供数量金额式明细账的查询及打印功能。

6.出纳管理

出纳管理是指为出纳人员提供一个完整的工作环境，可完成库存现金、银行存款日记账的输出，支票登记表管理，银行对账等功能。

7.外币核算

外币核算是指提供外币比价管理，登记外币日记账、外币总账、外币明细账及外币汇兑损益计算等功能。

8.部门核算

部门核算是指提供部门名称对照表的定义，对部门收支进行分析，生成部门收入、费用明细账的功能。

9.项目管理

项目管理是指以项目为中心，提供各项目的成本、费用、收入、往来等汇总与明细情况以及项目计划执行报告等功能。可进行项目档案管理，自动产生项目总账、明细账，项目统计表等账表。

10.预算管理

预算管理是指提供预算编制，预算与实际比较分析，以及科目、部门、项目的预算执行分析的功能。

四、会计软件的数据处理流程与手工核算流程的区别

不同会计软件对会计数据的处理方式可能有所不同，但会计数据的基本加工流程通常是一样的。下面简单介绍会计软件的数据处理基本流程及其与手工核算流程的区别。

（一）会计软件的数据处理流程

在实际工作中，应用会计软件进行核算的流程因单位规模、类型和使用软件的不同而在具体细节上有所不同，但其基本流程如图13-2所示。

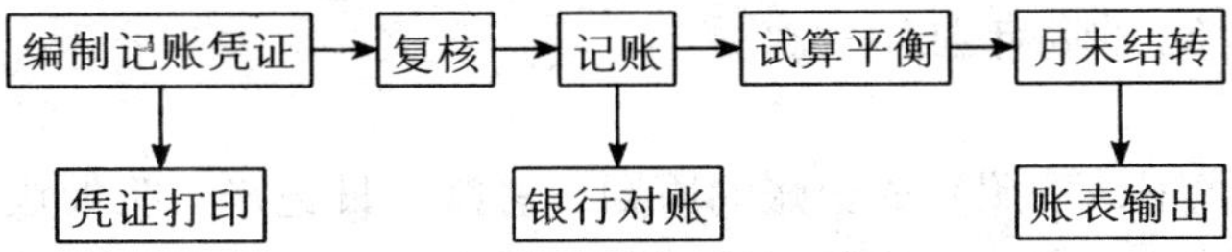

编制记账凭证 → 复核 → 记账 → 试算平衡 → 月末结转

凭证打印　　　　　　　　银行对账　　　　　　　账表输出

图13-2　会计软件核算基本流程

会计软件数据处理流程一般包括以下步骤：

1.编制记账凭证

编制记账凭证可以采用以下几种方式：（1）手工编制完成记账凭证后录入计算机。（2）根据原始凭证直接在计算机上编制记账凭证。采用这种方式应当在记账前打印出记账凭证并由经办人签章。（3）由账务处理模块以外的其他业务系统生成会计凭证数据。采用这种方式应当在记账前打印出会计凭证并由经办人签章。

2.凭证审核

数据输入后，需要由有审核权限的会计人员审核已输入计算机的记账凭证。审核内容与手工核算方式下审核内容基本相同。

3.记账

会计软件核算流程中记账的特点是：（1）记账是一个功能按键，由系统自动完成相关账簿登记。（2）同时登记总账、明细账和日记账。（3）各种会计账簿的数据都来源于记账凭证数据，记账只是"数据搬家"，不产生新的会计核算数据。

4.结账和编制会计报表

在手工会计核算流程中，结账和编制会计报表是两个工作环节，工作量大而且复杂。在会计软件核算流程中，通过一次性预先定义账户结转关系和账户报表数据对应关系，结账和编制会计报表是作为一个步骤由系统自动同时完成。

（二）会计软件数据处理流程与手工核算流程的区别

会计软件数据处理流程并没有根本改变手工会计核算的账务处理流程，而是将许多原来由手工操作的业务，通过系统初始设定，由计算机自动处理完成，提高了核算的及时性和准确性。会计软件数据处理流程与手工核算流程的区别主要体现在以下几个方面：

1.数据处理的起点不同

在手工核算方式下，会计业务的处理起点为原始凭证，而账务处理模块的原始数据来源于记账凭证。

2.数据处理方式不同

在手工核算方式下，会计数据是通过将记账凭证由不同会计人员分别登记到不同的账簿中来完成数据处理；采用会计软件进行数据处理时，记账只是一个数据处理的过程，不需要人工登记，数据的运算与归集由计算机自动完成。这样，不会发生计算、汇总和抄写等过程中产生的人工错误，结果必然是账证相符、账账相符，没有必要再进行相关的核对，大大减轻了会计人员的记账工作量。

3.数据存储方式不同

在手工核算方式下，会计数据存储在凭证、日记账、明细账、总账等纸张中；在会计软件核算系统中，数据存储在数据库文件中，需要时通过打印机输出。但根据财政部门的要求，会计电算化方式下，企业仍需要定期把有关账表打印出来，日记账原则上要求天天打印，明细账、总账至少每年打印一次。

4.对账方式不同

在手工核算方式下，按照复式记账的原则，总账、日记账、明细账必须采用平行登记的方法，根据记账凭证、原始凭证登记明细账、日记账，同时用记账凭证或汇总记账凭证登记总账，会计人员定期将明细账、日记账与总账中的数据进行核对，以免发生记账上的错误。而在计算机环境下，使用会计软件记账，所有账簿由系统根据记账凭证自动登记和计算，不会发生抄写、计算等过程中产生的人工错误，必然是账证相符、账账相符、账表相符。没有必要再进行总账、日记账、明细账、报表之间的核对。

5.资料查询方式不同

由于各种需要，企业管理人员或会计人员经常需要查询一些数据。手工记账环境下，需要一本本翻阅账簿，不仅工作量大，而且准确性难以保证。在计算机环境下，会计数据保存在计算机中，根据会计软件的查询功能，只要设置了相应的查询条件，就可以很快查到所需要的数据。

第三节　会计软件应用管理

一、会计软件的取得

会计软件的取得一般有三种途径：购买商品化会计软件，定点开发软件（包括本单位自行开发、委托其他单位开发、联合开发），购买商品化软件与定点开发会计软件相结合。

（一）商品化会计软件

商品化会计软件是指专门在市场上对外销售的会计软件，一般是由专业会计软件公司制作的。从通用性的角度分类，商品化会计软件一般都是通用会计软件，如用友、金蝶、小蜜蜂、金算盘、浪潮等会计软件。

1.商品化会计软件的特点

（1）通用性。通用性有两方面含义：一是纵向的通用，即软件能适应一个单位不同时期的会计工作变化的需要；二是横向的通用，即软件能满足不同单位会计业务的不同需要。

（2）保密性。保密性是指销售厂家的商品化会计软件对用户的保密性。商品化软件不给用户提供源程序代码，提供给用户的是已经编译过的而且已加密的会计软件。

（3）软件由厂家统一维护与更新。对于商品化的会计软件，由于厂家对其加密，这就使得用户几乎不可能对会计软件进行维护，会计软件的维护与版本更新一般由会计软件的生产厂家或其指定的维护单位负责。目前，我国的商品化会计软件生产厂家一般都实行终身维护。

（4）与专用软件相比，易学性较弱。主要是因为商品化会计软件是针对不同单位会计人员的共同需求设计的，这就需要会计人员改变自己的习惯，适应商品化软件的要求。另外，商品化会计软件为了实现通用性，软件中一般都设有初始化设置和自定义功能，与专用会计软件相比，初始化工作量大，用户学会使用这些自定义功能并不容易。

2.商品化会计软件的基本要求

（1）具有合法性。软件开发单位的资质必须符合有关规定，专业技术人员的水平、数量应满足软件规模的要求；软件必须达到财政部制定的《企业会计信息化工作规范》的要求；软件提供的数据输入项目，应能满足会计制度的规定；科目编码应满足会计制度的编码规定；软件的计算和结账功能应符合有关会计制度的规定。

（2）功能齐全。软件必须包括账务处理功能模块和会计报表功能模块。软件还需具有以下功能：账表数据的规范打印和查询功能；必要的防范会计差错的功能，即会计软件的容错功能；对所有会计数据的修改，软件应提供留有痕迹的更正功能；防止非注册人员擅自使用，同时防止操作人员越权操作的功能；具备会计数据因意外丢失时的数据恢复功能；操作的提示功能；软件对自身存储介质上的数据文件应有必要的保护措施；具有与其他系统的数据接口功能。

（3）软件必须经过三个月以上的试运行，并且运行结果正确。

3.购买商品化会计软件的优缺点

使用商品化会计软件是会计电算化的发展趋势之一。在国外，不仅会计业务比较简单的企事业单位广泛使用商品化会计软件，许多大中型企业也不自行开发所有会计软件，对于本单位比较通用的会计业务一般都使用商品化会计软件，对于本单位的特殊需要，在商品化会计软件不能满足需要的情况下，再自行开发，然后利用商品化会计软件提供的接口将它们连接起来。所以，使用商品化会计软件加上自行开发会计软件，既省时间又省费用，是会计电算化的有效途径。

商品化会计软件一般是通用会计软件，其特点是不含或含有较少的会计核算规则。商品化会计软件实质上是一个工具，操作者在首次使用时，通过软件的初始化，输入本企业的会计核算规则，把一个通用的会计软件转化成一个适合本单位的专用会计软件。商品化会计软件具有投资少、见效快的优点。

商品化会计软件的不足之处是：首先，软件越通用，计算机资源浪费越严重。通用会计软件考虑的问题较多，选择范围较大，必然会占用较大的计算机系统资源，如内存、运行时间等。其次，软件越通用，初始化工作量越大，为了把通用会计软件专用化，操作者需要输入大量的会计核算规则。最后，软件越通用，个别用户的会计核算工作的细节越难被兼顾。

（二）定点开发的专用会计软件

鉴于商品化会计软件的不足，企业也可考虑采用定点开发方式取得专用会计软件，以满足本单位的需求。定点开发会计软件的方式主要有自行开发、委托开发、联合开发三种。

定点开发的会计软件具有专用性、易用性强的特点，同时也存在一定的局限，如对本单位的技术要求高、软件开发周期长且费用高、软件的应变能力弱、质量难以保证、软件的维护有一定的难度等。一般定点开发软件适用于经济、技术力量雄厚的大中型企事业单位。

（三）商品化会计软件的选择

一般来说，单位在购买行业通用商品化会计软件时，首先，应看其是否通过了省级及以上财政部门的评审，考察商品化会计软件是否符合国家统一要求。其次，应评价软件的实用性、先进性以及软件适用的行业、客户群体、开发平台。再次，要考察软件厂家的售后服务情况。最后，应进行成本与效益分析。

在选择商品化会计软件时还需注意以下问题：第一，尽可能购买原版会计软件。第二，注意软件是否提供对外接口，包括与自行开发软件的接口，与上级主管部门、银行、财税部门等信息系统的接口，与单位内部各部门或下属单位信息系统的接口等。同时，要查看接口是否符合要求。第三，注意厂家提供的文档资料的优劣。

二、会计软件的实施

（一）会计软件实施的条件

会计软件实施应具备以下条件：

1.企业对会计电算化的客观需要

企业对会计电算化的需求程度将决定会计电算化的目标、任务，是开展会计电算化工作、实施会计软件的前提条件。

2.企业内部协作

会计软件的实施牵涉企业中的各部门和有关人员，需要企业全面组织和协调，需要部门间的合作和相应的人员配备。

3.良好的会计基础工作

实施会计软件，需要按照规范化、标准化的方法对企业经济业务进行处理，提供规范的基础数据。良好的会计基础工作，是会计软件顺利实施的重要保证。

4.资金保证

会计软件的实施，需要购置计算机硬件和相应的会计软件，还需要对相关人员进行业务培训。在实施过程中，为保证会计软件的良好实施和会计信息系统的安全运行，还要有后续的维护投资。

5.专业人员的配备

应用会计软件核算，需要配备既懂会计专业知识，又懂计算机知识的复合型人才。

（二）会计软件实施前的准备

在满足上述条件的情况下，会计软件在正式实施前需做好以下准备工作：

1.配有专用的或主要用于会计核算工作的软硬件系统

必要的硬件设施是实现会计电算化的物质前提。要想安装会计软件，首先要做的事情是准备至少一台专用的或主要用于会计核算的电脑，电脑上至少需要安装操作系统，一般是使用微软的Windows系统。软硬件系统的配置需要按照准备购买的会计软件的类型和版本进行匹配，通常会计软件的版本越高，对软硬件环境的要求也越高。

2.会计业务处理规范化和会计基础数据的准备

会计业务处理的规范化包括确定会计核算输入数据来源及会计档案形式，记账方法与核算组织程序的确定，科目编码方案的确定，凭证及账簿格式的规范化，固定资产、存货、成本计算、费用分配等会计政策选择的规范化。

会计基础数据的整理包括确定会计岗位及岗位具体操作任务、整理账户期初余额及累计发生额以及其他辅助资料。

3.配有与会计软件实施相适应的专职人员

会计软件的实施需配备以下人员：

（1）电脑维护人员。电脑维护人员主要负责电脑及会计软件系统的运行工作，保证软硬件的正常运行，维护电脑生成的会计数据的安全。这个人员一般没有必要单独设置，可由公司的网络管理人员或计算机管理员兼任。

（2）凭证填制人员。凭证填制人员也称为制单人，主要负责原始凭证整理，通过会计软件录入、打印记账凭证。

（3）记账人员。记账人员主要负责生成、打印会计账簿、财务报表，进行部分财务数据处理工作。

（4）审核人员。审核人员负责对录入电脑的记账凭证、生成的账簿及报表进行审核。

（5）会计档案保管员。会计档案保管员负责保存电子会计资料，打印输出的纸质账表、各类凭证等会计档案，保证这些数据及资料的安全。

4.建立健全的内部管理制度

内部管理制度包括会计岗位分工制度、电脑操作管理制度、机房管理制度、电子会计档案管理制度、财务数据与软件管理制度等。会计电算化中人员分工管理是十分重要的，每个人对财务软件的操作权限都要严格规定，以免财务数据被篡改、盗取或丢失。

（三）会计软件实施的流程

1.明确目标，制订实施计划

在会计软件实施前，应该让与该项目有关的所有人员了解软件实施的意义，明确会计软件实施的目标，制订实施计划。实施计划大致包括如何避免软件实施过程中存在的各种潜在风险，或在风险发生时如何将影响降至最小。

2.人员培训

对会计软件应用的有关人员进行培训，使其了解并掌握会计软件的功能和应用方法。

3.实地调研，优化业务流程

具体考察企业的全部业务流程，分析当前业务流程存在的问题，结合会计软件的特点，进行调整和改进。

4.软件测试与调整

对会计软件进行测试，分析存在的问题，调整和修改会计软件。

5.实际运行

发现运行中存在的问题，及时反馈，对会计软件进行维护。

三、会计软件的系统管理与维护

（一）会计软件的系统管理

一个完整的会计软件由多个模块组成，各模块之间相互联系、数据共享，这就需要在会计软件中设计一个系统管理模块，可以对会计软件的其他模块进行统一管理和数据维护。系统管理模块是会计软件运行的基础，对整个系统的所有任务进行统一管理，为会计软件各模块提供一个公共平台，所有模块的独立运行都必须以此为基础。系统管理的主要使用对象是单位的系统管理员，系统管理提供的主要功能包括账套管理、年度账簿管理、用户管理及用户权限设置、系统安全管理等。系统管理主要功能如下：

1.账套管理

账套是一组相互关联的数据。每一个独立核算的企业都有一套完整的账簿体系，将这套完整的账簿体系建立在计算机系统中就成为一个账套。每一个企业都可以为每一个独立核算的下级单位建立一个核算账套，且各账套数据之间相互独立，互不影响。账套管理主要完成建立账套的维护，账套中的系统维护，账套空间的管理，以及临时数据库空间的管理。账套管理能够实现的功能有：创建账套、修改账套、输出账套、删除账套、重建账套、扩充账套空间、引入账套、扩充临时数据库空间等。进入账套管理系统的用户只能是数据库系统的管理员。

2.年度账簿管理

账套中包含了一个企业从设置开始所有的数据，可能包含许多年的账。而年度账，是指单独某一年度的账。年度账管理能够实现的功能有：建立年度账、输出年度账、引入年度账、结转年度账、清空年度账。

3.用户管理及用户权限设置

用户是指操作会计软件的人员。设置用户权限的目的是保证会计数据的安全。用户权限设置是对某个用户所能进行的操作进行分工授权，分配用户可以对哪些会计实体进行业务处理，可以进行哪些业务处理，可以查询哪些数据等一系列权限。用户设置能够实现的功能包括：增减用户、修改用户、删除或注销用户。用户权限设置能够实现的功能有设置/取消账套主管、设置/更改用户明细权限。

4.系统安全管理

系统运行安全、数据存储安全对每一个企业来讲都是非常重要的。除了用户权限设置外，系统管理还应设置其他有效的安全保障机制，如用户使用日志查询可以查询每个用户使用系统的情况，详细了解每个用户什么时间进入系统、执行了哪些功能、查询了哪些数据等。数据备份、数据恢复功能完成对数据的备份、恢复，是保证数据安全的一种措施。

（二）会计软件的维护

会计信息系统在设计中必然存在考虑不周的情况，系统在运行过程中也必然会出现各种问题，为保障会计系统的正常、稳定、高效运行，需要对会计系统进行维护。

1.软件维护的分类

系统维护包括硬件维护和软件维护。软件维护主要包括正确性维护、适应性维护和完善性维护。正确性维护是指诊断和改正错误；适应性维护是指当企业的会计工作发生变化时，为了适应新的变化而进行的软件修改；完善性维护是指为了满足用户增加功能或改进已有功能的需求而进行的软件修改活动。

另外，软件维护还可以分为操作性维护和程序性维护。操作性维护主要是利用软件的各种自定义功能来修改软件的一些参数，以适应会计工作的变化，操作性维护主要是一些日常维护工作，实质上属于适应性维护；程序性维护主要是指需要修改程序的各项维护工作，包括正确性维护、完善性维护和适应性维护。

2.软件的日常维护

在会计软件中一般有许多这样的功能，如设置用户密码、数据备份、数据恢复、查看日志、检查软件所需的文件是否完整、删除硬盘上往年的历史数据等。

（1）记账、结账前的数据备份。在凭证记账、结账中，要产生大量的运算，如果由于系统、硬件等原因导致中途停止，就有可能造成既无法继续按照顺序完成，也无法返回到以前的状态重新开始。因此，一般在进行处理前先进行数据备份，然后进行操作。

（2）数据备份。会计电算化后的电子会计档案的各种相关数据可以打印出来，也可以存储在计算机硬盘、U盘、光盘等介质上。数据备份就是将硬盘上的会计数据及相关文件复制到U盘或其他介质进行保存，当正在使用的数据文件被破坏时，可以使用最近备份的数据来进行恢复，使损失减少到最小。或者需要查询已被删除的历史数据时，可以使用相应的备份数据来进行恢复，然后查询。

目前的会计软件一般都提供了专门的数据备份功能，而且一般是按会计账套或数据库整体进行备份。如果有会计软件的电子报表是以独立文件的形式存放，并不包含在会计账套数据库中，还需对这些文件另外进行复制备份。

（3）数据恢复。数据恢复是指将备份在软盘或其他介质上的财务数据恢复到当前处理的软件中。数据恢复后，就完全与备份时的数据一致了。

（4）数据检测。数据检测用于检查运行会计软件所需的各种文件是否均存在。当发现软件不能正常运行时，就需要用数据检测功能检查各种文件是否存在。

（5）删除往年数据。有些用户的会计业务数据量大，如果机器硬盘上保留多年的数据，则占用硬盘空间太大，影响系统的运行效率，可使用数据删除功能清除以前年份的数据，以提高系统的运行效率。

（6）修改口令。使用修改口令功能可以修改自己的口令，防止泄密，该功能应强制定期使用。

（7）日志管理。为保证系统的安全运行，会计软件随时对每个操作人员的上下机时间、操作的具体功能等情况进行登记，以便使所有的操作都有记录，会计主管可随时查询、打印系统所记载的上机记录。

□ **思政课堂**

数字经济时代会计人面临的挑战

习近平总书记指出，数字经济正在成为重组全球要素资源、重塑全球经济结构、改变全球竞争格局的关键力量。《中华人民共和国国民经济和社会发展第十四个五年规划和2035年远景目标纲要》提出加快发展数字经济、数字社会、数字政府，营造良好数字生态，建设数字中国。国务院印发的《"十四五"数字经济发展规划》提出了做强做优做大我国数字经济的具体举措。

数字经济是以数据资源为关键要素，以现代信息网络为主要载体，以信息通信技术融合应用、全要素数字化转型为重要推动力的新经济形态。会计数字化转型是数字经济发展的必然要求，这给会计人员的综合素质和技能也势必带来诸多挑战。

（1）会计职能转型，需要管理型人才。企业数字化转型通过整合企业内部信息系统，强化全流程数据贯通，加快全价值链业务协同，形成企业数据驱动的职能决策能力，提升企业整体运行效率。会计是企业信息系统的中枢，部分企业通过建立财务共享中心，集中处理会计核算，实现了信息资源共享机制，也促使财务会计与管理会计分离，推动会计工作重心从核算转向管理。会计人员更多地作为企业的"经营顾问"和"业务分析师"，从事预算管理、运营监控、风险控制、绩效评价等管理会计工作，形成会计数据资源，服务并输送给各业务部门和管理层，支持企业经营决策。

（2）业财深度融合，需要提升综合素质。业财融合是实现会计数字化转型的重要环节。我国会计信息化经历了传统财务软件、ERP、以数据为核心的数据管理系统等阶段，部分大型企业从会计信息系统与采购、销售、库存等业务系统的有机融合（ERP），发展到与业务系统全面融合（对财务数据和业务数据进行标准化处理），实现资源共享，提升了经营管理水平。业务创新发展和新技术创新迭代不断提出新的更高的业财融合需求，而多数企业的业财融合仍然处在起步或局部应用阶段，阻碍了会计数字化转型，亟须拥有财务和相关业务专业知识，能够在各自岗位上依靠信息技术和管理能力，促进业财深度融合，推动组织战略目标实现的复合型人才。

（3）会计数据要素日益重要，需要提升数字素养和技能。财务机器人的应用，推动了智能财务的发展，提升了会计数据获取和处理能力。会计数据要素是企业经营管理的重要资源，不仅能帮助企业更好地规划经营活动，更能有效地处理会计核算和参与各项管理工作。通过将零散的、非结构化的会计数据转变为聚合的、结构化的会计数据要素，发挥其服务企业价值创造功能，是会计工作实现数字化转型的重要途径。掌握数字技术，提升会计数据要素服务企业价值创造的能力，从价值记录者转向价值创造者，是数字时代会计人面临的主要挑战。

复习思考题

1.什么是会计软件？会计软件一般分为哪几种类型？

2.ERP软件与会计软件有何区别与联系？

3.会计软件核算与会计手工核算的区别有哪些？

4.会计软件的功能结构有哪些？

5.账务处理模块的基本功能有哪些？

6.商品化会计软件有何特点？

7.会计软件的系统管理功能有哪些？

8.如何进行会计软件的日常维护？

自测题

第十四章　会计工作组织

第一节　会计工作组织的基本内容

一、会计工作组织的含义

会计工作是指运用一系列会计专门方法，对会计事项进行处理的活动。会计是通过会计工作对各单位日常活动实施管理的，所以我们说，会计是经济管理的一个重要组成部分，会计具有管理的职能。会计管理是指会计机构和会计人员按照一定的目标，为满足国家宏观调控、企业所有权人以及企业管理当局的需要，对企事业单位的资金运动过程及结果进行控制、决策、计划、考核和分析等的总称。在不同的社会历史时期，由于所处的社会经济环境不同，导致了作为核算和管理社会经济运行过程的会计的内容也有所不同，而且是随着社会经济的发展而发展，经历了从简单到复杂、从低级到高级的演变过程。

全面地考察会计工作，我们应该看到，会计工作是一项综合性的管理工作，各单位所发生的各项经济业务，都要通过会计加以反映和监督管理，因而，会计工作就与其他经营管理工作有着密切的联系；会计工作也是一项政策性很强的工作，必须按照有关的财经政策、法规、制度的要求办理业务；会计工作还是一项严密细致的工作，会计所产生的数据信息要经过一连串的记录、计算、分类、汇总和分析等处理程序。因此，要做好会计工作，就必须建立专门的会计机构，要有专职的办事人员，并按照规定的会计制度开展日常的会计工作。

会计管理职能作用的发挥离不开会计工作组织的存在及其正常运行。所谓会计工作组织是指为了适应会计工作的综合性、政策性、相关性和严密细致性的特点，对会计机构的设置、会计人员的配备、会计制度的制定与执行等项工作所作的统筹安排。

会计工作既然是一项复杂而细致的管理工作，而且又与其他管理工作诸如统计、审计等密切相关，为了做好会计工作，协调好会计工作与其他经济管理工作之间的关系，就要科学、合理地组织会计工作，以便具体实施对会计工作的有效管理。

二、组织会计工作的意义

会计是一项复杂、细致的综合性经济管理活动，会计工作又是一项系统的工作，有系统就必然存在着系统的组织和管理。只有对系统的各组成部分进行科学、有效的组织和管理，使系统中的各部分互相协调、合理有序，才能保证系统的正常运行。科学地组织好会计工作，对顺利完成会计的各项任务，保证实现会计目标，充分发挥会计的职能作用，促进国民经济健康、有序发展等方面都具有十分重要的意义。具体可概括如下：

（一）科学地组织会计工作，有利于保证会计工作的质量和提高会计工作的效率

会计通过对社会再生产过程中的经济活动和财务收支情况进行反映和监督，为管理者以及社会各界提供准确、可靠的会计信息。具体来说，对于各项经济活动及财务收支，会计是通过从凭证到账簿，从账簿到报表，进行连续的记录、计算、分类、汇总并进一步分析检查的。全部过程包括一系列的程序，需要履行各种手续，各程序及手续之间环环相扣、紧密相连。在任何一个环节上出现差错，都必然造成整个核算结果不正确或不能及时完成，进而影响整个会计核算工作的质量和效率。所以，必须要结合会计工作的特点，科学地设置会计机构并配备高素质的会计人员，认真制定并严格执行会计法规和会计制度，只有这样，才能保证会计工作正常、高效地运行，圆满完成会计的各项任务。

（二）科学地组织会计工作，有利于加强同其他经济管理工作的协调一致，提高企业整体管理水平

会计工作是企业单位整个经济管理工作的重要组成部分，它既有独立性，又同其他管理工作存在着相互制约、相互促进的关系，可以说，科学而完善的会计工作组织，需要其他经济管理工作的配合与协调，同时也能促进其他经济管理工作的顺利进行。因此，只有科学地组织好会计工作，才能处理好会计同其他经济管理工作之间的关系，做到相互促进、密切配合、口径一致，从而全面完成会计任务。

（三）科学地组织会计工作，有利于完善企业单位的内部经济责任制

前已述及，会计是经济管理的重要组成部分，而经济管理的一个重要手段就是实行各单位的内部经济责任制，所以实行内部经济责任制当然离不开会计。总而言之，科学地组织好会计工作，可以促使企业单位内部各有关部门管好、用好资金，增收节支，通过提高经营管理水平，达到提高经济效益、取得最佳经济效果的目的。

（四）科学地组织会计工作，有利于维护财经法纪，贯彻经济工作的方针政策

会计工作是一项错综复杂的系统工作，政策性又很强，必须通过核算如实地反映各单位的经济活动和财务收支，通过监督来贯彻执行国家的有关政策、方针、法令和制度。因此，科学地组织好会计工作，可以促使各单位更好地贯彻实施各项方针政策，维护好财经纪律，为建立良好的社会经济秩序打下基础。

总而言之，会计工作是一项要求极高的综合性经济管理活动，科学、有效地组织和管理会计工作，对贯彻执行国家的法律、法规，维护财经纪律，建立良好的社会经济秩序都具有十分重要的意义。

三、组织会计工作应符合的要求

对会计工作进行组织和管理要遵循一定的要求，或者说要遵循一定的原则。组织会计工作应符合的要求，是指组织好会计工作、提高会计工作质量和效率所应遵循的一些基本规律。它是组织好会计工作的基本保证。

要保证科学、有效地组织和管理会计工作，必须遵循以下几项要求：

（一）统一性要求

统一性要求，是指组织会计工作必须按照《会计法》和企业会计准则以及其他相关会计法规制度对会计工作的统一要求，贯彻执行国家规定的法令制度，进行会计核算，实行会计监督，以便更好地发挥会计工作在维护社会主义市场经济秩序，加强经济管理，提高经济效益中的应有作用。

（二）适应性要求

适应性要求，是指组织会计工作必须适应本单位经营管理的特点。各单位应在遵守国家法规和准则的前提下，根据自身管理特点及规模大小等情况，制定出相应的具体办法，采用不同的账簿组织、记账方法和程序处理相应的经济业务，以适应企业自身发展的需要。

（三）效益性要求

效益性要求，是指在组织会计工作时，在保证会计工作质量的前提下，应讲求效益，节约人力和物力。会计工作十分繁杂，如果组织不好，就会导致重复劳动、浪费人力和物力。所以，对会计管理程序的规定，会计凭证、账簿、报表的设计，会计机构的设置以及会计人员的配备等，都应避免烦琐，力求精简，实施会计电算化，从工艺上改进会计操作技术，提高工作效率。应防止机构过于庞大、重叠，人浮于事和形式主义，避免影响会计工作的效率和质量。

（四）内部控制及责任制要求

内部控制及责任制要求，是指组织会计工作时，要遵循内部控制的原则，在保证贯彻整个单位责任制的同时，建立和完善会计工作自身的责任制，从现金出纳、财产物资进出以及各项费用的开支等方面形成彼此相互牵制的机制，防止工作中的失误和弊端。对会计工作进行合理分工，不同岗位上的会计人员各司其职，使得会计处理手续和会计工作程序规范化、条理化。

综上所述，组织会计工作，应在保证会计工作质量的前提下，尽量节约耗用在会计工作上的时间和费用。会计账、证、表的设计，各种核算程序的选择，有关措施的确定，会计机构的设置和会计人员的配备等，应做到讲成本与讲效果相结合，符合精简节约的原则，既要组织好会计工作，又要减少人、财、物的消耗。

第二节　会计机构与会计人员

建立健全各单位的会计机构，配备与工作要求相适应的、具有一定素质和数量的会计人员，是在空间上保证会计工作正常进行，充分发挥会计管理职能的重要条件。《会计法》《会计基础工作规范》等会计规范对会计机构设置和会计人员配备的相关要求作了具体的规定。

一、会计机构的设置

所谓会计机构，是指各企事业单位内部直接从事和组织领导会计工作的职能部门。

企业、行政事业单位会计机构的设置，必须符合社会经济对会计工作所提出的各项要求，并与国家的会计管理体制相适应。同时，根据设置的会计机构，制定符合国家管理规定，适合本单位具体情况的内部会计管理制度，以最大限度地发挥会计机构以及每个会计人员在经济管理过程中的应有作用。

《会计法》第七条规定，国务院财政部门主管全国的会计工作。县级以上地方各级人民政府财政部门管理本行政区域内的会计工作。为此，财政部设立会计司，主管全国的会计工作。其主要职责是在财政部领导下，拟定全国性的会计法令，研究、制定改进会计工作的措施和总体规划，颁布会计工作的各项规章制度，管理报批外国会计公司在我国设立的常驻代表机构，会同有关部门制定并实施全国会计人员专业技术职称考评制度等。

地方财政部门、企业主管部门一般设会计局、处等，主管本地区或本系统所属企业的会计工作。其主要职责是：根据财政部的统一规定，制定适合本地区、本系统的会计规章制度；负责组织、领导和监督所属企业的会计工作；审核、分析、批复所属企业的财务报告，并编制本地区、本系统的汇总会计报表；了解和检查所属企业的会计工作情况；负责本地区、本系统会计人员的业务培训，以及会同有关部门评聘会计人员技术职称等。同时，基层企事业单位的主管部门在会计业务上受同级财政部门的指导和监督。

由上可见，我国基层企事业单位的会计工作，受财政部门和单位主管部门的双重领导。在每个基层单位内部，一般都需要设置从事会计工作的职能部门，以完成本单位的会计工作。《会计法》第三十六条规定，各单位应当根据会计业务的需要，设置会计机构，或者在有关机构中设置会计人员并指定会计主管人员；不具备设置条件的，应当委托经批准设立从事会计代理记账业务的中介机构代理记账。《会计法》的这一规定是对会计机构设置所作出的具体要求，这里包含两层含义：

第一，基层企事业单位一般应设置会计处、科、股等会计机构，在厂长、经理或单位行政领导人的直接领导下，负责组织、领导和从事会计工作。规模太小或业务量过少的单位可以不单独设置会计机构，但要配备专职会计工作人员或指定专人负责会计工作。大中型企业要设置总会计师主管本单位的经济核算和经营管理工作，直接领导本单位的财务会计工作，并且直接对厂长、经理负责。此外，单位的仓库等部门，也要根据工作的需要，设置专职的核算人员或指定专人负责业务核算工作。各部门的会计核算人员，在业务上都要接受总会计师或会计部门负责人的指导和监督。一个单位是否单独设置会计机构，往往取决于以下几个因素：一是单位规模的大小；二是经济业务和财务收支的繁简；三是经营管理的要求。

第二，没有设置会计机构或者配备会计人员的单位，应当根据《代理记账管理办法》的规定，委托会计师事务所或者持有代理记账许可证书的代理记账机构进行代理记账。根据《代理记账管理办法》的规定，在我国从事代理记账业务的机构应具备以下条件：（1）为依法设立的企业；（2）专职从业人员不少于3名；（3）主管代理记账业务的负责人具有会计师以上专业技术职务资格或者从事会计工作不少于3年，且为专职从业人员；（4）有健全的代理记账业务内部规范。申请代理记账资格的机构，应当向所在地的审批机关提交申请及下列材料：统一社会信用代码；主管代理记账业务的负责人具备会计师以上专有技术职务资格或者从事会计工作不少于3年的书面承诺；专职从业人员在本机构专职从业的书面承诺；代理记账业务内部规范。除会计师事务所以外的机构从事代理记账业务，应当经县级以上地方人民政府财政部门批准，领取由财政部统一规定样式的代理记账许可证书，才能从事代理记账业务。

由于会计工作与财务工作都是综合性的经济管理工作，二者的关系十分密切。因而，在我国的实际工作中，通常将处理财务与会计工作的职能机构合并为一个部门。

这个机构的主要任务就是组织和处理本单位的财务与会计工作，如实地反映本单位的经济活动情况，以便及时地向各有关利益关系体提供他们所需要的财务会计资料，参与企业单位经济管理的预测和决策，严格执行会计法规制度，最终达到提高经济效益的目的。

二、会计人员

设置了会计机构，还必须配备相应的会计人员。会计人员通常是指在国家机关、社会团体、公司、企业、事业单位和其他组织中从事财务会计工作的人员，包括会计机构负责人（会计主管人员）以及具体从事会计工作的会计师、会计员和出纳员等。合理地配备会计人员，提高会计人员的综合素质是每个单位做好会计工作的决定性因素，对会计核算管理系统的运行起着关键的作用。可以说提高会计人员的素质是发展知识经济的需要，更是企业单位自身发展的需要。

《会计法》第三十八条规定，会计人员应当具备从事会计工作所需要的专业能力。担任单位会计机构负责人的，应当具备会计师以上专业技术职务资格或者从事会计工作三年以上经历。《会计基础工作规范》第十四条规定，会计人员应当具备必要的专业知识和专业技能，熟悉国家有关法律、法规、规章和国家统一会计制度，遵守职业道德。这些都是对会计人员任职资格的具体规定。

为了充分发挥会计人员积极性，使会计人员在工作时有明确的方向和办事准则，以便更好地完成会计的各项工作任务，就应当明确会计人员的职责、权限和任免的各项规定。

（一）会计人员的主要职责

会计人员的职责也是会计机构的职责，具体包括以下几项内容：

第一，进行会计核算。会计人员应按照会计制度的规定，切实做好记账、算账、报账工作。各单位必须根据实际发生的经济业务事项进行会计核算，要认真填制和审核原始凭证，编制记账凭证，登记会计账簿，正确计算各项收入、支出、成本、费用、财务成果。按期结算、核对账目，进行财产清查，在保证账证相符、账账相符、账实相符的基础上，按照手续完备、数字真实、内容完整的要求编制和报出财务报告。

《会计法》第十条规定，下列经济业务事项，应当办理会计手续，进行会计核算：（1）款项和有价证券的收付；（2）财物的收发、增减和使用；（3）债权债务的发生和结算；（4）资本、基金的增减；（5）收入、支出、费用、成本的计算；（6）财务成果的计算和处理；（7）需要办理会计手续、进行会计核算的其他事项。

第二，实行会计监督。实行会计监督，即通过会计工作，对本单位的各项经济业务和会计手续的合法性、合理性进行监督。对不真实、不合法的原始凭证不予受理，对账簿记录与实物、款项不符的问题，应按有关规定进行处理或及时向本单位领导人报告；对违反国家统一的财政制度、财务规定的收支不予受理。此外，各单位必须依照法律和国家有关规定，接受财政、审计、税务机关的监督，如实提供会计凭证、会计账簿、会计报表和其他会计资料以及有关情况。

建立健全本单位内部会计监督制度。《会计法》第二十七条规定，单位内部会计监督制度应当符合下列要求：（1）记账人员与经济业务事项和会计事项的审批人员、经办人员、财物保管人员的职责权限应当明确，并相互分离、相互制约；（2）重大对外投资、资产处置、资金调度和其他重要经济业务事项的决策和执行的相互监督、相互制约程序应当明确；（3）财产清查的范围、期限和组织程序应当明确；（4）对会计资料定期进行内部审计的办法和程序应当明确。

第三，编制业务计划及财务预算，并考核、分析其执行情况。会计人员应根据会计资料并结合其他资料，按照国家各项政策和制度规定，认真编制并严格执行财务计划、预算，遵照经济核算原则，定期检查和分析财务计划、预算的执行情况。遵守各项收支制度、费用开支范围和开支标准，合理使用资金，考核资金使用效果等。

第四，制定本单位办理会计事项的具体办法。会计主管人员应根据国家的有关会计法规、准则及其他相关规定，结合本单位具体情况，制定本单位办理会计事项的具体办法，包括会计人员岗位责任制度、钱账分管制度、内部稽核制度、财产清查制度、成本计算办法、会计政策的选择以及会计档案的保管制度等。

（二）会计人员的主要权限

为了保障会计人员更好地履行其职责，《会计法》及其他相关法规在明确了会计人员职责的同时，也赋予了会计人员相应的权限，具体有以下三个方面的权限：

第一，会计人员有权要求本单位各有关部门及相关人员认真执行国家、上级主管部门等批准的计划和预算。严格遵守国家财经纪律、会计准则和相应会计制度。如果发现有违反上述规定的，会计人员有权拒绝付款、拒绝报销或拒绝执行，对属于会计人员职权范围内的违规行为，在自己的职权范围内予以纠正，超出其职权范围的应及时向有关部门及领导汇报，请求依法处理。

第二，会计人员有权履行其管理职能，也就是有权参与本单位编制计划、制定定额、签订合同、参加有关的生产经营管理会议和业务会议，并以会计人员特有的专业地位就有关事项提出自己的建议和意见。

第三，会计人员有权监督、检查本单位内部各部门的财务收支，资金使用和财产保管、收发、计量、检验等情况，各部门应该大力支持和协助会计人员工作。

会计人员在正常工作过程中的权限是受法律保护的，《会计法》第四十六条规定，单位负责人对依法履行职责、抵制违反本法规定行为的会计人员以降级、撤职、调离工作岗位、解聘或者开除等方式实行打击报复，构成犯罪的，依法追究刑事责任；尚不构成犯罪的，由其所在单位或者有关单位依法给予行政处分。对受打击报复的会计人员，应当恢复其名誉和原有职务、级别。由此可见，任何人干扰、阻碍会计人员依法行使其正当权利，都会受到法律的追究乃至制裁。

（三）总会计师制度

我国在20世纪60年代初期开始在规模较大的企业试行总会计师制度，而真正确立这项制度是在20世纪70年代末期即1978年，国务院颁发施行了《会计人员职权条例》，其中就规定了企业应建立总会计师经济责任制。1984年10月中国共产党第十二届中央委员会第三次全体会议通过的《中共中央关于经济体制改革的决定》中再一次强调了企业应设置总工程师、总经济师和总会计师，并对其职责也作了相应的规定。1990年国务院发布的《总会计师条例》进一步明确了总会计师制度的相关内容：全民所有制大中型企业设置总会计师；事业单位和业务主管部门根据需要，经批准可以设置总会计师。《会计法》第三十六条第二款规定，国有的和国有资产占控股地位或者主导地位的大中型企业必须设置总会计师。总会计师的任职资格、任免程序、职责权限由国务院规定。为了更好地领导和组织企业的各项会计工作，大中型企业应设置总会计师职务，小型企业应指定一名副厂长（或相应级别）行使总会计师的职权。总会计师是企业厂级行政领导人员。《总会计师条例》规定总会计师的主要职责是：

第一，编制和执行预算、财务收支计划、信贷计划，拟订资金筹措和使用方案，开辟财源，有效地使用资金；进行成本费用预测、计划、控制、核算、分析和考核，督促本单位有关部门降低消耗、节约费用、提高经济效益；建立、健全经济核算制度，利用财务会计资料进行经济活动分析；承办单位主要行政领导人交办的其他工作。

第二，负责对本单位财会机构的设置和会计人员的配备、会计专业职务的设置和聘任提出方案；组织会计人员的业务培训和考核；支持会计人员依法行使职权。

第三，协助单位主要行政领导人对企业的生产经营、行政事业单位的业务发展以及基本建设投资等问题作出决策。

第四，参与新产品开发、技术改造、科技研究、商品（劳务）价格和工资奖金等方案的制订；参与重大经济合同和经济协议的研究、审查。

一般来说，总会计师应由具有会计师、高级会计师技术职称的人员担任。

（四）会计委派制

改革开放给我国的社会政治、经济生活的各个方面都带来了巨大的变化。但是，新的体制尚未完全建立，相关的法律体系和社会监督体系还不够健全，社会经济生活中出现了一些亟待解决的问题。对于国有企业，若所有者主体缺位，国有投资代表人的不具体，对经营者缺乏必要的监督和约束，可能导致国有资产流失严重。在一些行政事业单位，若内部控制制度和监督机制不健全，导致预算外资金管理混乱，"乱罚款、乱收费、乱摊派"以及私设"小金库"的问题十分突出，不但可能造成国家财政收入的流失，而且为各种贪污腐败等经济犯罪行为提供了便利。这些问题反映在会计工作上，突出地表现为"信息失真，秩序混乱，造假严重"。从一定程度上讲，我国会计人员现行的管理体制仍然具有很大的局限性，法律赋予会计人员的监督职能实际上难以履行，形同虚设。因此，一方面，为了解决经济生活中存在的某些问题需要强化会计监督机制；另一方面，现行的会计管理体制又使会计人员行使会计监督职能存在诸多困难，于是人们提出要进行会计人员管理体制的改革，会计委派制也正是在这样的背景下应运而生的。

会计委派制是指由政府部门直接向独立核算的单位委派会计机构负责人或财务总监，为被委派单位会计业务服务并代表所有者对经营者进行监督的制度。其实质是对会计人员管理体制的一种改革，即把会计"单位所有制"改为"国家委派制"。政府部门或产权管理部门以所有者的身份凭借其管理职能，委派会计人员代表政府或产权管理部门监督国有企业、集体企业和行政事业单位的资产经营或财务收支状况，也包括企业集团对下属企业实行派驻会计人员的体制。

实行会计委派制，有利于保证会计信息的质量，巩固会计秩序整顿工作效果；有利于会计人员依法行使会计工作职能特别是会计的监督职能；有利于建立竞争机制、培训机制，从而提高会计人员业务素质和其他综合素质；有利于提高各单位的会计监督水平，建立相互制约机制；有利于提高财政支出的有效性，促进财政收入的增长；有利于与国际经济接轨。

委派会计可以有四种选拔方式：（1）向社会公开招考，在职会计优先录取，直接管理的委派会计采用这种选拔方式；（2）单位推荐，会计主管部门审核，人事部门任免，或者主管部门考核，财政部门审定同意后，按干部管理任免权限任免，双重管理的委派会计一般都采取这种选拔方式；（3）会计管理部门向企事业单位推荐会计人员；（4）系统内部选拔。

（五）会计人员的任免

会计工作者既要为本单位经营管理服务，维护本单位的合法经济利益，又要执行国家的财政、财务制度和财经纪律，维护国家的整体利益，同各种本位主义行为、违法乱纪行为作斗争。针对会计的这一工作特点，国家对会计人员，特别是对会计机构负责人和会计主管人员的任免，在《会计法》和其他相关法规中作了若干特殊的规定，其主要内容包括：

第一，在我国，国有经济占主导地位，为了保证国有经济健康有序发展，在国有企事业单位中任用会计人员应实行回避制度，就是说，"单位领导人的直系亲属不得担任本单位的会计机构负责人、会计主管人员。会计机构负责人、会计主管人员的直系亲属不得在本单位会计机构中担任出纳工作。"[①]

第二，企业单位的会计机构负责人、会计主管人员的任免，应当经过上级主管单位同意，不得任意调动或撤换。也就是说，各单位应该按照干部管理权限任命会计机构负责人和会计主管人员，在任命这些人员时应先由本单位行政领导人提名报主管单位，上级主管单位的人事和会计部门对提名进行协商、考核，并经行政领导人同意后，即可通知上报单位按规定程序任免。

第三，会计人员在工作过程中忠于职守、坚持原则，如果受到错误处理的，上级主管单位应当责成所在单位予以纠正。会计人员在工作过程中玩忽职守、丧失原则，不宜担任会计工作的，上级主管单位应责成所在单位予以撤换。对于认真执行《会计法》以及其他相关会计法规，忠于职守，作出显著成绩的会计人员，应给予精神或物质奖励。

第三节　会计规范体系

一、会计规范的含义

会计是信息的生产者，信息是一种产品和资源，任何信息使用者都期望自己所得到的是对自己决策有效的信息，而信息的使用者很多，包括投资者、债权人、企业经营管理者、政府管理部门等，不同的信息使用者对信息的数量、质量、形式等的需求是不同的，而且外界的信息使用者与企业存在信息不对称，这将危害在信息占有上处于劣势的一方以至违反公平原则。不论在何种经济条件下，会计主要是为信息使用者提供信息的，而提供会计信息就必须要规范信息提供者的行为。为了保证各公司财务

---

① 《会计基础工作规范》第十六条。

会计信息之间的可比性，就必须有统一的、被普遍接受的会计规范来约束其信息的生产过程。

所谓会计规范，是指协调、统一会计处理过程中对不同处理方法作出合理选择的假设、原则、制度等的总和，它是会计行为的标准。

二、会计规范体系的总体构成及其特征

会计规范的内容繁杂多样，如果将所有属于会计规范的内容综合在一起表示，就构成一个体系。会计规范体系并不是简单地罗列这些规范的内容，而是将它们按照一定逻辑顺序、层次分明地、有机地联系起来所组成的一个框架结构图。

（一）会计规范体系的总体构成

从我国目前的实际情况来看，我国会计规范体系主要由以下几个方面构成：

1.会计法律规范

会计法律规范包括与会计有关的法律和行政法规，是会计规范体系中最具有约束力的组成部分，它是调整经济活动中会计关系的法律规范的总称，是社会法律制度在会计方面的具体体现，是调节和控制会计行为的外在制约因素。我国目前与会计有关的法律主要是《会计法》《中华人民共和国注册会计师法》及其他有关法律；与会计有关的行政法规主要是国务院颁布的各种条例，如《企业财务会计报告条例》《总会计师条例》等。

2.会计准则与制度规范

法律和制度都是一种社会制度，一种合理安排。会计准则与制度规范是从技术角度对会计实务处理提出的要求、准则、方法和程序的总称。从广义来看，会计制度是指国家制定的会计方面所有规范的总称，包括会计核算制度、会计人员管理制度和会计工作管理制度等。但狭义的会计制度仅指会计核算制度。会计准则与制度规范主要是由财政部根据会计法律和行政规范制定并发布的各种会计准则、会计制度。

3.会计职业道德规范

会计职业道德规范是从事会计工作的人员所应该遵守的具有本职业特征的道德准则和行为规范的总称，是对会计人员的一种主观心理素质的要求，控制和掌握着会计管理行为的方向和合理化程度。会计职业道德规范是一类比较特殊的会计规范，采用道德的形式对会计人员进行理性规范，促使会计人员确立正确的人生观、会计观，使其行为符合社会习俗和惯例。

4.会计理论规范

理论是实践的总结，它来源于实践，反过来又指导实践，促进实践的发展，会计理论现已形成比较完备的概念框架和结构。从一般意义上看，整个成熟的会计理论都是会计规范体系的组成部分，包括会计目标、会计假设、会计要素、会计原则、会计处理程序和方法。它所要揭示和规定的，是会计系统内在的特性问题，确定会计管理行为所要遵循的内在要求，是引导会计管理行为科学化、有效化的重要标准。尽管会计理论规范是会计规范体系中重要的内容，但作为指导实践的规范，没有必要也不可能单独制定会计理论方面的规范，只能是将其融入其他实务处理的规范中。如我国的《企业财务会计报告条例》和《企业会计制度》等都有各种会计理论的规范内容。

（二）会计规范体系的特征

1.权威性

会计规范作为评价会计行为合理、合法的有效标准，必然具有充分的影响力和威望，能够让会计人员信服，而不管这种承认是自发的还是强制的，也不管这种规范是成文的还是惯例性的，通过这种标准，让人明白哪些行为是符合规范的，哪些行为是不符合规范的。权威性可以来自会计规范的制定机关，如国家立法机关和行政机关，也可以来自社会的广泛支持。

2.统一性

会计规范体系在一定范围之内是统一的，适用的对象不是针对具体和特定的某一单位、某一企业，而是广泛适用于全国范围内的；不是针对某一具体和特定的业务，而是适用于任何会计行为。当然，会计规范的适用也有一定的范围限制，如地方性会计法规只能适用于本地区；企业内部的会计管理制度只在本企业具有较强的约束力。

3.科学性

会计是一门科学，会计规范体系更是需要有科学合理的特征。科学性是指会计规范体系能够体现会计工作的内在规律和内在要求。毋庸置疑，会计规律与会计所处的客观环境、条件要实现有机结合，体现高度科学性。

4.相对稳定性

会计规范体系在一定时期、一定客观环境下是相对稳定的，但并不是一成不变的，随着社会政治经济条件的发展变化，一些会计规范可能不再适宜，或变得过时而需要进行修正甚至放弃，而一些新的会计规范逐渐被建立、被接受。因此，会计规范体系的建立和发展是一个动态的演进过程。

三、我国会计规范体系的具体内容

按照我国的国情（主要是经济环境），考虑大多数人的传统观念与认识，我国会计规范体系应该选择广义的会计规范体系概念，即凡是对会计进行制约、限制和引导的规范都应作为会计规范体系的组成部分，鉴于此，我国会计规范体系的构成如图14-1所示。

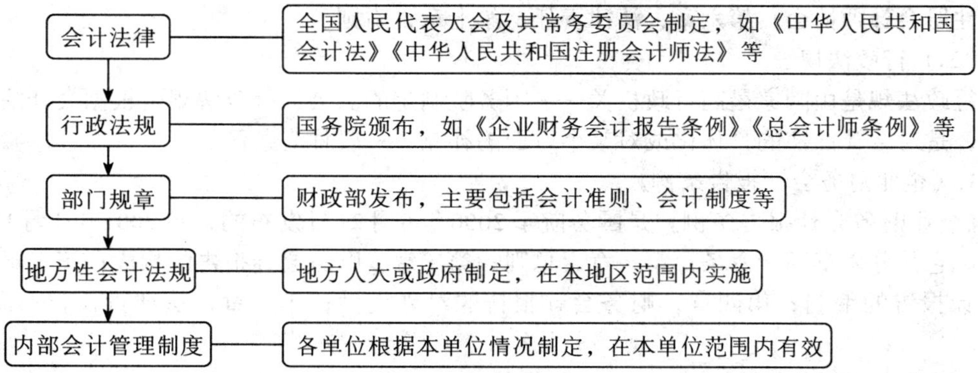

图14-1 我国会计规范体系示意图

从图14-1中可以看出，我国会计规范体系由五个层次构成，按照规范的强制力排列。

其中，会计法律是由全国人民代表大会及其常务委员会制定的；行政法规是由我国最高行政机关——国务院颁布的；部门规章主要是指国务院财政部门根据法律、法规的规定发布的指导会计工作的具体规定；地方性会计法规是由省市人大或政府制定的在本地区范围内实施的各种与会计有关的规范；内部会计管理制度是由各单位根据国家统一的会计制度，结合本单位实际情况制定的适合本单位使用的规范。

（一）会计法律

法律是由国家最高权力机关——全国人民代表大会及其常务委员会制定的。在会计领域中，属于法律层次的规范主要是指《会计法》《注册会计师法》。它是会计规范体系中权威性最高、最具法律效力的规范，是制定其他各层次会计规范的依据，是会计工作的基本法。

1.《会计法》

我国的《会计法》经历了多次修订。最早的《会计法》是1985年1月21日经第六届全国人民代表大会常务委员会第九次会议通过的，并于1985年5月1日实施。此后，在1993年12月29日第八届全国人民代表大会常务委员会第五次会议上，对其进行了第一次修正。随着社会的发展和经济环境的变化，1999年10月31日召开的第九届全国人民代表大会常务委员会第十二次会议对《会计法》进行了修订，从2000年7月1日起施行。根据2017年11月4日第十二届全国人民代表大会常务委员会第三十次会议通过的《全国人民代表大会常务委员会关于修改〈中华人民共和国会计法〉等十一部法律的决定》对其进行第二次修正，也就是现行的《会计法》。该法共七章五十二条：第一章，总则；第二章，会计核算；第三章，公司、企业会计核算的特别规定；第四章，会计监督；第五章，会计机构和会计人员；第六章，法律责任；第七章，附则。

2.《注册会计师法》

《注册会计师法》于1993年10月31日经第八届全国人民代表大会常务委员会第四次会议通过，并于1994年1月1日施行。2014年8月31日，第十二届全国人民代表大会常务委员会第十次会议通过《全国人民代表大会常务委员会关于修改<中华人民共和国保险法>等五部法律的决定》，对《注册会计师法》进行了修正。该法共七章四十六条：第一章，总则；第二章，考试和注册；第三章，业务范围和规则；第四章，会计师事务所；第五章，注册会计师协会；第六章，法律责任；第七章，附则。

（二）行政法规

行政法规是由国家最高行政机关——国务院制定的。会计行政法规是根据会计法律制定的，是对会计法律的具体化或对某个方面的补充，一般称为条例。

1.《企业财务会计报告条例》

《企业财务会计报告条例》是国务院于2000年6月21日发布的，自2001年1月1日起实施。它共分六章四十六条：第一章，总则；第二章，财务会计报告的构成；第三章，财务会计报告的编制；第四章，财务会计报告的对外提供；第五章，法律责任；第六章，附则。

2.《总会计师条例》

《总会计师条例》是国务院于1990年12月31日发布的，并自发布之日起施行。2011年1月8日，根据《国务院关于废止和修改部分行政法规的决定》对《总会计师条例》进行修订，《总会计师条例》共分五章二十三条：第一章，总则；第二章，总会计师的职责；第三章，总会计师的权限；第四章，任免与奖惩；第五章，附则。

（三）**部门规章**

部门规章是指国家主管会计工作的行政部门——财政部以及其他部委制定的会计方面的规范。制定会计部门规章必须依据会计法律和会计行政法规的规定。

1.国家统一的会计核算制度

国家统一的会计核算制度指的是狭义的会计制度，它包括会计准则和会计制度两个层次。会计准则一般按会计对象要素、经济业务的特点或会计报表的种类分别制定，主要规范会计要素的确认、计量与报告，会计准则中一般不涉及会计科目和会计分录列示。会计制度和会计准则作为会计规范形式，关键在于确认、计量、报告的标准、方式和内容是否适应本国的社会和经济环境，是否趋同国际惯例和便于国际交流。

国家统一的会计核算制度的具体内容如图14-2所示。

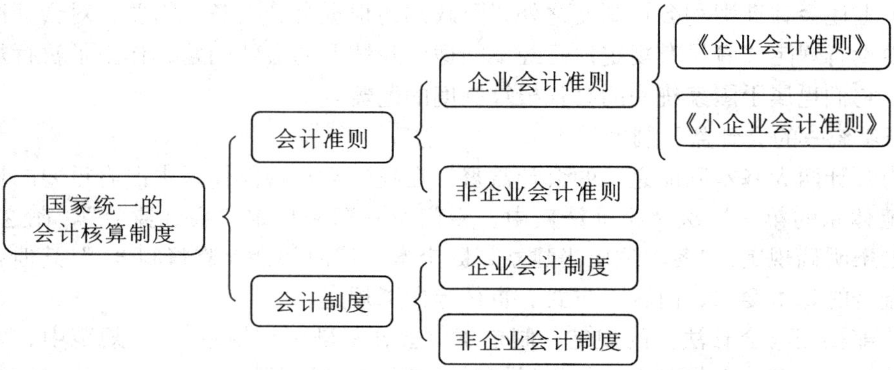

图14-2　国家统一的会计核算制度的构成示意图

（1）会计准则

会计准则是对会计实践活动的规律性总结，是进行会计工作的标准和指导思想，是一个包括普遍性指导意义和具体指导会计业务处理规范在内的具有一定层次结构的会计规范。会计准则包括企业会计准则和非企业会计准则两个方面。

①企业会计准则。企业会计准则是规范企业会计确认、计量、报告的会计准则。现行的企业会计准则包括适用于小企业的《小企业会计准则》和适用于小企业以外其他企业的企业会计准则。企业会计准则包括基本准则、具体准则和应用指南三个层次。

②非企业会计准则。非企业会计准则是政府财政、行政事业单位适用的会计准则，主要包括基本准则、具体准则和应用指南三个层次。其中，《政府会计准则——基本准则》（财政部令第78号），于2015年10月发布，自2017年1月1日起施行；具体准则迄今已发布《政府会计准则第1号——存货》等11项；应用指南已发布《政府会计准则第3号——固定资产》应用指南、《政府会计准则第10号——政府和社会资本合作项目合同》应用指南和《政府会计准则第11号——文物资源》应用指南。

（2）会计制度

①企业会计制度

企业会计制度是关于企业会计核算的制度规范。关于企业会计制度的演变，我国经历了一个较长的历史时期。我国历来重视会计制度建设，近年来，企业会计制度的改革与发展也折射出我国会计经济环境的变化对会计改革的影响。

②非企业会计制度

非企业会计制度是指除企业以外的其他单位适用的会计制度，主要包括政府会计制度、民间非营利组织会计制度和其他社会组织会计制度等。其中政府会计制度包括《财政总会计制度》（财库〔2022〕41号），于2022年11月发布，自2023年1月1日起施行；《政府会计制度——行政事业单位会计科目和报表》（财会〔2017〕25号），于2017年10月发布，自2019年1月1日起施行。民间非营利组织的会计制度有《民间非营利组织会计制度》（财会〔2004〕7号），于2004年8月发布，自2005年1月1日起施行；《〈民间非营利组织会计制度〉若干问题的解释》（财会〔2020〕9号），于2020年6月发布。其他组织的会计制度有《工会会计制度》（财会〔2021〕7号），于2021年4月发布，自2022年1月1日起施行。

除了上述会计准则和会计制度之外，财政部还根据会计实务的需要，对会计准则和会计制度中没有规定或者虽有规定但已经不能适应新情况的会计问题，作出了暂行规定或补充规定。它们也属于国家统一的会计核算制度的范畴。

2.国家统一的会计监督制度

作为会计两大基本职能之一的会计监督，在我国会计规范体系中占有重要的地位。在会计规范体系的第一层次《会计法》中，专门有一章来规定"会计监督"。在这一章中，第二十七条明确规定："各单位应当建立、健全本单位内部会计监督制度。"其他各条分别就会计监督的基本要求、内容、方式、责任等做了规定。

财政部根据《会计法》的规定，制定了《会计基础工作规范》。在规范中，要求各单位的会计机构、会计人员对本单位的经济活动进行会计监督。

3.国家统一的会计机构和会计人员制度

现行的国家统一的会计机构和会计人员管理制度主要是指：《会计专业技术人员继续教育规定》。

为了规范会计专业技术人员继续教育，保障会计专业技术人员合法权益，不断提高会计专业技术人员素质，2018年5月19日财政部、人力资源社会保障部以财会〔2018〕10号印发《会计专业技术人员继续教育规定》，自2018年7月1日起施行。财政部2013年8月27日印发的《会计人员继续教育规定》（财会〔2013〕18号）同时废止。

4.国家统一的会计工作管理制度

现行的国家统一的会计管理制度主要包括：

（1）《会计档案管理办法》

为了加强会计档案管理，有效保护和利用会计档案，根据《会计法》《中华人民共和国档案法》等有关法律和行政法规，中华人民共和国财政部、国家档案局于2015年12月11日修订通过了《会计档案管理办法》，自2016年1月1日起施行。《会计档案管理办法》共三十一条，主要就会计档案的概念、内容与种类，会计档案管理的基本要求，会计档案的归档、保管、销毁、移交，会计档案的保管期限等作了明确规定。

（2）《企业会计信息化工作规范》

为推动企业会计信息化，节约社会资源，提高会计软件和相关服务质量，规范信息化环境下的会计工作，根据《会计法》《财政部关于全面推进我国会计信息化工作的指导意见》的要求，财政部于2013年12月6日以财会〔2013〕20号发布了《企业会计信息化工作规范》，自2014年1月6日起施行，共五章四十九条，同时废止1994年6月30日发布的《会计电算化管理办法》和1996年6月10日发布的《会计电算化工作规范》。

第四节　会计职业道德

会计行业作为市场经济活动的一个重要领域，主要为社会提供会计信息或鉴证服务，其服务质量直接影响着经营者、投资者和社会公众的利益，进而影响着整个社会的经济秩序。会计工作者在提供信息或鉴证服务的过程中，除了必须将本职工作置于法律、法规的约束和规范之下，还必须具备与其职能相适应的职业道德水准，市场经济越发展，对会计工作的职业道德水准要求越高。正确认识和分析我国会计职业道德现状，建立健全会计职业道德规范体系，广泛开展会计职业道德宣传教育，全面提高会计职业素养和执业质量，是新时期以德治国、建立和谐社会和会计工作发展的需要。

一、会计职业道德的含义

道德是一定社会调节人际关系的行为规范的总和。会计职业道德是指会计人员在会计工作中应当遵循的、体现会计职业特征的、调整会计职业关系的职业行为准则和规范。会计职业道德由特定的社会生产关系和经济社会发展水平所决定，属于社会意识形态范畴。

社会的经济发展水平，决定着人们的行为方式、生产方式和消费方式，也影响着人们的职业道德观念。社会生产力的不断发展，丰富了会计职业活动的内容，使会计职业关系日趋复杂，人们对会计职业行为的要求也不断更新，从而推动会计职业道德的不断发展和完善。国外一些经济发达国家和国际组织先后对会计职业道德提出了明确的要求，如1980年7月，国际会计师联合会职业道德委员会拟定并经国际会计师联合会理事会批准，公布了《国际会计师职业道德准则》，规定了正直、客观、独立、保密、技术标准、业务能力、道德自律七个方面的职业道德内容。会计职业道德规范来源不同，其约束机制也必然有所差别。职业主义特色较浓的国家，职业道德准则的制定和颁布机构就是会计职业团体，其制约能力很大程度上也来源于职业团体，属于行业自律型。这样的制约机制在问题的处理过程中灵活、独立性强，很少受其他组织的影响，便于适应不同的情况，但是，在约束力、惩治力方面略显不足。而法律控制特色较浓的国家，职业道德起源于法律规定，其制约力也会在很大程度上依靠法律，属于政府管理型。这样的制约机构惩罚力度大，约束力比较强，只是不利于职业团体发挥其职能和作用。我国的《会计法》《会计基础工作规范》，中国注册会计师协会颁布的《中国注册会计师职业道德基本守则》《中国注册会计师职业道德规范指导意见》等都对会计职业道德提出了若干明确要求。

会计职业作为社会经济活动中的一种特殊职业，其职业道德与其他职业道德相比具有自身的特征：一是具有一定的强制性。如为了强化会计职业道德的调整职能，我国会计职业道德中的许多内容都直接纳入了会计法律制度之中。二是较多关注公众利益。会计职业的社会公众利益性，要求会计人员客观公正，在会计职业活动中，发生道德冲突时要坚持准则，把社会公众利益放在第一位。

二、会计职业道德与经济发展

会计是一个反映经济活动的信息系统，这个系统的正常运行对社会经济的发展特别是市场经济发展的促进作用是人所共知的，应该说这一点从复式记账理论产生之后就已经表现出来了。而实际上，会计这个信息系统对经济环境的作用存在着两种可能性：科学、良好、能适应经济环境发展要求的会计系统，会促进经济健康、稳定、有序发展；而混乱的会计系统在一定程度上必定妨碍经济的发展，助长经济发展的无序化状态。会计人员职业道德的建设无疑是会计系统正常建立的一个关键因素。

"经济越发展，会计越重要。"这样一句简单的话表达了会计与经济发展之间的密切关系。我国从 20 世纪 80 年代开始，打破传统的计划经济体制，着手建立市场经济体制，在新旧体制转换时期，传统的会计理论和方法已不能适应新经济体制的要求，亟须建立全新的会计理论和会计方法，以适应经济发展的需要。在新的会计理论和方法尚未构建完成之前，我们遇到了一个非常大的问题就是会计信息失真。由于会计人员是会计信息加工、生成和传递的直接承担者，因此，他们对会计信息失真应当负直接责任。当然，我们不否认不健康的外部经济环境也应对会计信息失真承担责任。正因为会计信息失真是由多方面的原因造成的，所以我们说治理会计信息失真，是一个庞大的系统工程，需要各方面的有效配合，如重塑良好的外部经济环境，建立约束企业家行为的有效机制，建立国有资产管理体制等。但会计人员毕竟是这个失真现象的主体，应该从其自身寻找原因，特别是从会计职业道德出发，对自身提出更严格的要求。会计人员应从做人的品格出发，尽最大可能保证会计信息客观、可靠。会计职业道德中极为重要的内容就是实事求是，不弄虚作假，把全面维护国家利益、企业利益和社会公众利益作为工作的最高要求。

我们知道，毁德容易立德难。在社会主义市场经济体制下，客观上要求必须建立与之相适应的会计人员职业道德规范，使其成为广大会计人员自觉遵守的行为准则和自律标准，这既是贯彻执行《会计法》、整顿经济秩序的客观要求，也是发展我国社会主义市场经济、从源头上治理腐败的必然要求和有效措施。

三、会计职业道德与法律的关系

我国实行改革开放以来，确立了社会主义市场经济体制，市场经济的发展迫切需要建立健全社会主义法律制度。在市场经济中，生产、流通、分配与消费是靠市场主体间的契约联结在一起的。为了保证这些契约的公正并得到遵守，就需要有完备的法律制度。另外，市场经济的负面效应使社会转型时期的道德失范现象也比较严重，导致目前人们对道德的认识相当混乱。因此，有必要对会计职业道德与会计法律之间的关系加以充分的认识。

（一）会计职业道德与会计法律制度的联系

会计职业道德与会计法律制度有着共同的目标、相同的调整对象，承担着共同的职责，在作用上相互补充；在内容上相互渗透、相互重叠；在地位上相互转化、相互吸收；在实施上相互作用、相互促进。两者之间的联系主要表现在以下几个方面：

1.根本目标一致

会计职业道德是通过调整会计工作中的人际关系，激发会计人员的工作热忱，把提高会计职业水平作为自身的道德责任，达到为单位、为国家更好地聚财、理财、用财、生财的目的。同样，会计法律制度旨在通过稳定会计工作秩序和保证社会再生产过程顺利进行，提高会计工作效率，从而也达到为单位和国家更好地聚财、理财、用财、生财的目的。

2.作用上相互补充

在规范会计行为的过程中，我们不可能完全依赖会计法律制度的强制功能而排斥会计职业道德的教化功能，因为会计行为不可能都由会计法律制度进行规范，不需要或不宜由会计法律制度进行规范的行为，可以通过会计职业道德进行规范。会计法律只能对会计人员不得违法的行为作出规定，不宜对他们如何勤勉敬业、提高技能、强化服务等提出具体要求，但如果会计人员缺乏工作的热情和态度，没有必要的职业技能和服务意识，则很难保证会计信息达到真实、完整的法定要求。显然，会计职业道德起着重要的辅助和补充作用。

3.内容上相互渗透、相互重叠

会计法律制度中含有会计职业道德规范的内容，同时，会计职业道德规范中也包含会计法律制度的某些条款。可以说，会计法律制度是会计职业道德的最低要求。在一般情况下，凡是会计法律制度不允许的行为，都是会计职业道德要谴责的行为；而会计法律制度所规定的行为，又都是会计职业道德所倡导的行为。

4.地位上相互转化、相互吸收

会计职业道德规范就是对会计职业行为约定俗成的基本要求，后来制定的会计法律制度吸收了这些基本要求，可以说，会计法律制度是会计职业道德的最低要求。

5.实施过程中相互作用、相互促进

会计职业道德是会计法律制度正常运行的社会和思想基础，而会计法律制度则是促进会计职业道德规范形成和被遵守的重要保证。

（二）会计职业道德与会计法律制度的区别

1.性质不同

会计法律制度从工作业务角度对会计人员的会计行为作出规范，它是在总结会计工作实践经验的基础上，由国家立法部门或行政管理部门颁布的对会计人员的工作行为的具体规定，而会计职业道德作为行为规范主要是从品行角度对会计人员的会计行为作出规范。会计职业道德对会计人员的规范基本上是非强制执行的，对他们的行为只产生约束作用，主要依靠社会舆论和会计从业人员的自觉性，具有很强的自律性。

2.作用范围不同

会计法律制度侧重于调整会计人员的外在行为和结果，具有较强的客观性。会计职业道德不仅要求调整会计人员的外在行为，还要求调整会计人员内在的精神世界，要求会计人员的动机高尚和纯洁，具有较强的主观性。一般来说，会计法律制度的各种规定是会计职业关系得以维系的最基本条件，是对会计从业人员行为的最低限度的要求，用以维持现有的会计职业关系和正常的会计工作秩序。会计职业道德处在会计行为规范的较高层次上，在会计职业活动的实践中，虽然有很多不良的会计行为在违反了会计法律制度的同时也违反了会计职业道德，但也有些不良会计行为只是违反了会计职业道德而没有违反会计法律制度。

3. 实现形式不同

会计法律制度是通过一定的程序由国家立法部门或行政管理部门制定的，其实现形式是具体的、明确的、正式形成文字的成文规定。而会计职业道德出自会计人员的职业生活和职业实践，日积月累，约定俗成。会计职业道德要求的是"应该"，对违背会计职业道德规范的行为应予以舆论谴责，并引起违背良心的内疚感和对行为的反思。

4. 实施保障机制不同

会计法律制度不仅仅是一种权利和义务的规定，而且为了达到有法必依、执法必严、违法必究的目的，还需要一套实施保障机制。会计法律制度的这套保障机制不仅体现在其法律规范的内容中具有明确的制裁和处罚条款，而且体现在设有与之相配合的权威的制裁和审判机关，由国家强制力保障实施，而会计职业道德既有国家法律的相应要求，又需要会计人员的自觉遵守。当人们对会计职业道德上的权利与义务发生争议时，并没有权威机构对其中的是非曲直明确作出裁定，或者即使有裁定也是舆论性质的，通常缺乏权威机构对裁定执行的保障。

四、会计职业道德的基本内容

会计职业道德规范是指在一定的社会经济条件下，对会计职业行为及职业活动的系统要求或明文规定，它是社会道德体系的一个重要组成部分，是职业道德在会计职业行为和会计职业活动中的具体体现。尽管不同的国家因经济发展程度不同，社会制度和经济体制各异，其会计职业道德有一定的差异，但也有许多共同点，只是实施和管理方式不同而已。根据我国会计工作和会计人员的实际情况，结合国际上对会计职业道德的一般要求，我国会计人员职业道德的内容可以概括为爱岗敬业、诚实守信、廉洁自律、客观公正、坚持准则、提高技能、参与管理和强化服务。

（一）爱岗敬业

爱岗敬业包含"爱岗"和"敬业"两方面的要求。爱岗就是热爱自己的工作岗位，热爱本职工作。爱岗是对人们工作态度的一种普遍要求。热爱本职工作，就是职业工作者以正确的态度对待各种职业劳动，努力培养热爱自己所从事的工作的幸福感、荣誉感。一个人，一旦爱上了自己的职业，他（她）的身心就会融合在职业工作中，就能在平凡的岗位上，作出不平凡的事业。所谓敬业就是用一种严肃的态度对待自己的工作，勤勤恳恳、兢兢业业、忠于职守、尽职尽责。如果一个从业人员不能尽职尽责，忠于职守，就会影响整个企业或单位的工作进程，严重的还会给企业和国家带来损失，甚至还会在国际上造成不良影响。会计职业道德中的敬业，要求从事会计职业的人员充分认识到会计工作在国民经济中的地位和作用，以从事会计工作为荣，尊重会计工作，具有献身于会计工作的决心。

众所周知，会计工作是一项重要的经济管理工作，不管是最初的"生产职能的附带部分"，还是后来的"从生产职能中分离出来，成为特殊的、委托当事人的独立职能"，会计对经济社会发展和人类社会的进步所起的作用不言而喻，正所谓"经济越发展，会计越重要"。管理无处不在，青岛"海尔"的管理理念、潍坊亚星的"购销比价"都显示出了管理的重要性。会计除了本身是一项管理活动外，还可以为管理的科学性、规范性、合理性提供信息支持，有资料显示，现代管理所需信息的75%以上来自会计系统。

爱岗与敬业总的精神是相通的，是相互联系在一起的。爱岗是敬业的基础，敬业是爱岗的具体表现，不爱岗就很难做到敬业，不敬业也很难说是真正的爱岗。爱岗敬业是会计人员干好本职工作的基础和条件，是其应具备的基本道德素质。爱岗敬业需要有具体的行动来体现，即要有安心于会计工作、献身于会计事业的工作热情，严肃认真的工作态度、勤学苦练的钻研精神，忠于职守的工作作风。爱岗敬业要求会计人员热爱会计工作，安心于本职岗位，忠于职守，尽心尽力，尽职尽责。

延伸阅读14-1

大锤砸出了名企

（二）诚实守信

诚实守信就是忠诚老实，信守诺言，是为人处世的一种美德。所谓诚实，就是忠诚老实，不讲假话。诚实的人能忠实于事物的本来面目，不歪曲、不篡改事实，同时也不隐瞒自己的真实思想，光明磊落，言语真切，处事实在。诚实的人反对投机取巧，趋炎附势，吹拍奉迎，见风使舵，争功诿过，弄虚作假，口是心非。所谓守信，就是信守诺言，说话算数，讲信誉，重信用，履行自己应承担的义务。诚实和守信两者意思是相通的，是互相联系在一起的。诚实是守信的基础，守信是诚实的具体表现，不诚实很难做到守信，不守信也很难说是真正的诚实。诚实侧重于对客观事实的反映是真实的，对自己内心的思想、情感的表达是真实的。守信侧重于对自己应承担、履行的责任和义务的忠实，毫无保留地实践自己的诺言。

市场经济越发达，职业越社会化，道德信誉就越重要。市场经济是"信用经济""契约经济"，注重的就是"诚实守信"。可以说，信用是维护市场经济步入良性发展轨道的前提和基础，是市场经济社会赖以生存的基石。

诚实守信的基本要求是：首先，做老实人，说老实话，办老实事，不弄虚作假。做老实人，要求会计人员言行一致，表里如一，光明正大。说老实话，要求会计人员说话诚实，如实反映和披露单位经济业务事项。办老实事，要求会计人员工作踏踏实实，不弄虚作假，不欺上瞒下。其次，执业谨慎，信誉至上。诚实守信，要求会计人员在执业过程中始终保持应有的谨慎态度，维护职业信誉及客户和社会公众的合法权益。最后，保密守信，不为利益所诱惑。在市场经济中，秘密可以带来经济利益，而会计人员因职业特点经常接触到单位和客户的一些秘密。因而，会计人员应依法保守单位秘密，这也是诚实守信的具体体现。

（三）廉洁自律

廉洁自律是中华民族的一种传统美德，也是会计职业道德规范的重要内容之一。在会计职业中，廉洁要求会计从业人员公私分明、不贪不占、遵纪守法，经得起金钱、权力、美色的考验，不贪污挪用、不监守自盗。保持廉洁主要靠会计人员的觉悟、良知和道德水准，而不是受制于外在的力量。所谓自律是指会计人员按照一定的具体标准作为具体行为或言行的参照物，进行自我约束、自我控制，使具体的行为或言论达到至善至美的过程。自律包括两层意思：一是会计行业自律，是会计职业组织对整个会计职业的会计行为进行自我约束、自我控制的过程；二是会计从业人员的自我约束，会计从业人员的自我约束是靠其科学的价值观和正确的人生观来实现的，每个会计从业人员的自律性强，则整个会计行业的自律性也强。

廉洁自律的基本要求可以概述如下：第一，公私分明，不贪不占；第二，遵纪守法，抵制行业不正之风；第三，重视会计职业声望。

延伸阅读14-2

贪婪如同洪水猛兽

（四）客观公正

客观是指按事物的本来面目去反映，不掺杂个人的主观意愿，也不为他人意见所左右，既不夸大，也不缩小。公正就是公平正直，没有偏失，但不是中庸。在会计职业中，客观公正是会计人员必须具备的行为品德，是会计职业道德规范的灵魂。客观要求会计人员在处理经济业务时必须以实际发生的交易或事项为依据，如实反映企业的财务状况、经营成果和现金流量情况。公正要求会计准则不偏不倚、一视同仁，会计人员在履行会计职能时，摒弃单位、个人私利，不偏不倚地对待有关利益各方。客观公正，不只是一种工作态度，更是会计人员追求的一种境界。

客观公正的基本要求是：首先，端正态度。做好会计工作，不仅要有过硬的技术和本领，也同样需要有实事求是的精神和客观公正的态度。其次，依法办事。当会计人员有了端正的态度和知识技能基础之后，他们在工作过程中必须遵守各种法律、法规、准则和制度，依照法律规定进行核算，并作出客观的会计职业判断。最后，实事求是，不偏不倚，保持独立。客观公正还要求保持会计人员从业的独立性，独立性有实质上的独立性和形式上的独立性；要求会计人员保持客观公正的从业心态。

（五）坚持准则

坚持准则，要求会计人员在处理业务过程中，严格按照会计法律制度办事，不为主观或他人意志所左右。这里所指的"准则"不仅指会计准则，而且包括会计法律、会计行政法规、国家统一的会计制度以及与会计工作相关的法律制度。会计人员应当熟悉和掌握准则的具体内容，并在会计核算中认真执行，对经济业务事项进行确认、计量、记录和报告的全过程应符合会计准则的要求，为政府、企业、单位和其他相关当事人提供真实、完整的会计信息。

坚持准则的基本要求是：首先，熟悉准则。会计工作不单纯是进行记账、算账和报账，在记账、算账和报账过程中会时时、事事、处处涉及政策界限、利益关系的处理，需要遵守准则、执行准则、坚持准则。只有熟悉准则，才能按准则办事，才能保证会计信息的真实性和完整性。其次，坚持准则。在企业的经营活动中，国家利益、集体利益与单位、部门以及个人利益有时会发生冲突，《会计法》规定，单位负责人对本单位会计信息的真实性和完整性负责。也就是说，单位的会计责任主体是单位负责人。会计人员坚持准则，不仅是对法律负责，对国家、社会公众负责，也是对单位负责人负责。

（六）提高技能

会计是一门不断发展变化、专业性很强的学科，它与经济发展有密切的联系。近年来，随着市场经济体制的日益完善和经济全球化进程的加快，需要会计人员提供会计服务的领域越来越广泛，专业化、国际化服务的要求越来越高，会计专业性和技术性日趋复杂，对会计人员所应具备的职业技能要求也越来越高。会计职业技能的内容主要包括：一是会计专业基础知识；二是会计理论、专业操作的创新能力；三是组织协调能力；四是主动更新知识的能力；五是提供会计信息的能力等。提高技能，就是指会计人员通过学习、培训等手段提高职业技能，以达到足够的专业胜任能力的活动。

提高技能的基本要求是：首先，增强提高专业技能的自觉性和紧迫感。会计人员要适应时代发展的步伐，就要有危机感、紧迫感，要有不断提高专业技能的自觉性。只有具备专业胜任能力，才能适应会计工作以及会计职业道德的要求。其次，勤学苦练、刻苦钻研。现代会计是集高科技、高知识于一体的事业，会计理论不断创新，新的会计学科分支不断出现，如跨国公司会计、国际税收会计、金融工具及衍生工具会计、知识产权会计以及会计电算化和网络化的发展，都要求会计人员去不断地学习与探索。

（七）参与管理

参与管理，就是为管理者当参谋，为管理活动服务。会计工作或会计人员与管理决策者在管理活动中分别扮演着参谋人员和决策者的角色，承担着不同的职责和义务。会计人员只参与管理过程，并不直接从事管理活动，只是尽职尽责地履行会计职责，间接地从事管理活动或者说参与管理活动。

会计人员要树立参与管理的意识，积极主动地做好参谋。具体地说，应积极主动做好以下几方面的工作：

第一，在做好本职工作的同时，努力钻研相关业务。做好本职工作，要求会计人员要有扎实的基本功，使自己的知识和技能适应所从事工作的要求，从而做好会计核算的各项基础工作，确保会计信息真实、完整。

第二，全面熟悉本单位经营活动和业务流程，主动提出合理化建议，协助领导进行决策，积极参与管理。会计人员要充分利用掌握的大量会计信息去分析单位的管理，从财务会计的角度渗透到单位的各项管理中，找出经营管理中的问题和薄弱环节，把管理活动与日常工作相结合，从而使会计的事后反映变为事前的预测分析，真正起到当家理财的作用，成为决策层的参谋助手，为改善单位内部管理、提高经济效益服务。

（八）强化服务

强化服务是现代经济社会对劳动者所从事职业的更高层次的要求，它表现为人们在参与对外工作交往和组织内部协调运作过程中，人际关系的融洽程度和与之相对应的工作态度。强化服务要求会计人员树立服务意识、提高服务质量、努力维护和提升会计职业的良好社会形象。

强化服务的基本要求是：首先，树立服务意识。会计人员要树立服务意识，不论是为经济主体服务，还是为社会公众服务，都要摆正自己的工作位置。其次，提高服务质量。提高服务质量，并非无原则地满足服务主体的需要，而是在坚持原则、坚持会计准则的基础上尽量满足用户或服务主体的需要。最后，努力维护和提升会计职业的良好社会形象。会计人员服务的态度直接关系到会计行业的声誉和全行业运作的效率，会计人员服务态度好、质量高，做到讲文明、讲礼貌、讲诚信、讲质量，坚持准则，严格执法，服务周到，就能提高会计职业的信誉，维护和提升会计职业的良好社会形象，增强会计职业的生命力；反之，就会影响会计职业的声誉，甚至直接影响到全行业的生存和发展。

以上八项，是每一个会计从业者在会计工作中应具备的基础职业道德，会计从业者应在实践中自觉遵循、不断充实和发扬光大。

第五节　会计岗位责任制

一、会计岗位责任制的含义

会计工作的岗位责任制，就是在财务会计机构内部按照会计工作的内容和会计人员的配备情况，进行合理的分工，使每项会计工作都有专人负责，每位会计人员都能明确自己的职责的一种管理制度。

《会计基础工作规范》第八十六条规定："各单位应当建立会计人员岗位责任制度。主要内容包括：会计人员的工作岗位设置；各会计工作岗位的职责和标准；各会计工作岗位的人员和具体分工；会计工作岗位轮换办法；对各会计工作岗位的考核办法。"为了科学地组织会计工作，应建立健全会计部门内部的岗位责任制，将会计部门的工作划分为若干个工作岗位，并根据分工情况为每个岗位规定其各自的职责和要求。分工可以一岗多人、一岗一人，也可以一人多岗。各个岗位的会计人员，既要认真履行本岗位职责，又要从企业全局出发，相互协作，共同做好会计工作。

二、会计岗位责任制的具体内容

不同的企业单位，可以根据自身管理的需要、业务的内容以及会计人员配备情况，确定各自的岗位分布。《会计基础工作规范》第十一条规定："会计工作岗位一般可分为：会计机构负责人或者会计主管人员，出纳，财产物资核算，工资核算，成本费用核算，财务成果核算，资金核算，往来结算，总账报表，稽核，档案管理等。"

（一）会计机构负责人工作岗位

负责组织领导本单位的财务会计工作，完成各项工作任务，对本单位的财务会计工作负全面责任；组织学习和贯彻党的经济工作的方针、政策、法令和制度，并根据本单位的具体情况，制定本单位的各项财务会计制度、办法，组织实施；组织编制本单位的财务成本计划、单位预算，并检查其执行情况；组织编制财务会计报表和有关报告；负责财会人员的政治思想工作；组织财会人员学习政治理论和业务知识；负责对财会人员的工作考核等。

（二）出纳工作岗位

出纳工作岗位的具体职责是负责办理现金收付和银行结算业务；登记库存现金、银行存款日记账；保管库存现金和各种有价证券；保管有关印章、空白收据和空白支票。

（三）财产物资核算工作岗位

按财务会计的有关法规的要求，会同有关部门制定本企业材料物资核算与管理办法；负责审查材料物资供应计划和供货合同，并监督其执行情况。会同有关部门制订和落实储备资金定额，办理材料物资的请款和报销业务，计算确定材料物资采购成本。严格审查核对材料物资入库、出库凭证，进行材料物资明细核算，参与库存材料、物资的清查盘点工作。对于固定资产的核算，负责审核、办理有关固定资产的购建、调拨、内部转移、盘盈、盘亏、报废等会计手续，配合固定资产的管理部门和使用部门建立固定资产管理制度。进行固定资产的明细核算，参与固定资产清查，按规定正确计算提取固定资产折旧，以真实地体现固定资产价值。制订固定资产重置、修理计划，指导和监督有关部门管好、用好固定资产。

（四）工资核算工作岗位

负责计算职工的各种工资和奖金，办理职工的工资结算，并进行有关的明细核算，分析工资总额计划的执行情况，控制工资总额支出；参与制订工资总额计划。在由各车间、部门的工资员分散计算和发放工资的组织方式下，还应协助企业劳动工资部门负责指导和监督各车间、部门的工资计算和发放工作。

（五）成本费用核算工作岗位

负责编制成本、费用计划，并将其指标分解落实到有关责任单位和个人。会同有关部门拟定成本费用管理与核算办法，建立健全各项原始记录和定额资料，遵守国家的成本开支范围和开支标准，正确地归集和分配费用，计算产品成本，登记费用成本明细账，并编制有关的会计报表，分析成本计划的执行情况。

（六）财务成果核算工作岗位

负责编制收入、利润计划并组织实施。随时掌握销售状况，预测销售前景，及时督促销售部门完成销售计划，组织好销售货款的回收工作，正确地计算并及时地解缴有关税利。负责收入、应收款和利润的明细核算，编制有关收入、利润方面的会计报表，并对其进行分析和利用。

（七）资金核算工作岗位

负责资金的筹集、使用和调度。资金核算岗位的人员应随时了解、掌握资金市场的动态，为企业筹集生产经营所需资金并满足需要，同时应合理安排调度使用资金，本着节约的原则运用好资金，以尽可能低的资金耗费取得尽可能好的效果。

（八）往来结算工作岗位

负责办理应收、应付款项的往来结算业务，对于各种应收、应付、暂收、暂付等往来款项，要随时清理结算，应收的抓紧催收，应付的及时偿付，暂收暂付款项要督促清算；负责备用金的管理和核算，负责其他应收款、其他应付款和备用金的明细核算；管理其他应收款和其他应付款项的凭证、账册和资料等。

（九）总账报表工作岗位

负责总账的登记与核对，并与有关的日记账和明细账相核对，依据账簿记录编制有关会计报表和报表附注等相关内容，负责财务状况和经营成果的综合分析，收集、整理各方面经济信息以便进行财务预测，制订或参与制订财务计划，参与企业的生产经营决策等。

（十）档案管理工作岗位

负责制定会计档案的立卷、归档、保管、查阅和销毁等管理制度，保证会计档案的妥善保管、有序存放、方便查阅，严防毁损、散失和泄密。

（十一）稽核工作岗位

负责确立稽核工作的组织形式和具体分工，明确稽核工作的职责、权限，审核会计凭证，复核会计账簿、报表。

上述会计工作岗位的设置并非固定模式，企业单位可以根据自身的需要合并或重新分设。总而言之，应做到各项会计工作有岗有责，各司其职，必要时可以将各岗位人员进行适当的轮换，以便提高会计人员的综合能力，也有利于各岗位之间的相互协调与配合。开展会计电算化和管理会计的单位，可以根据需要设置相应的工作岗位，也可以与其他工作岗位相结合。

第六节　会计档案管理与会计交接制度

一、会计档案管理

（一）会计档案的含义

会计档案是指"单位在进行会计核算等过程中接收或形成的，记录和反映单位经济业务事项的，具有保存价值的文字、图表等各种形式的会计资料，包括通过计算机等电子设备形成、传输和存储的电子会计档案。"[①]由此可见，会计档案是机关团体和企事业单位在其日常经营活动的会计处理过程中形成的，并按照规定保存备查的会计信息载体，以及其他有关财务会计工作应予集中保管的财务成本计划、重要的经济合同等文件资料。

会计档案是国家经济档案的重要组成部分，是企业单位日常发生的各项经济活动的历史记录，是总结经营管理经验、进行决策所需的主要资料，也是检查各种责任事故的重要依据。各单位应当加强会计档案管理工作，建立和完善会计档案的收集、整理、保管、利用和鉴定等管理制度，采取可靠的安全防护技术和措施，保证会计档案的真实、完整、可用、安全。

（二）会计档案包括的具体内容

按照《会计档案管理办法》的规定，企业单位的会计档案包括以下具体内容：

1.一般会计档案

（1）会计凭证类：包括原始凭证、记账凭证。

（2）会计账簿类：包括总账、明细账、日记账、固定资产卡片及其他辅助性账簿。

（3）财务会计报告类：包括月度、季度、半年度、年度财务会计报告。

（4）其他会计资料类：包括银行存款余额调节表、银行对账单、纳税申报表、会计档案移交清册、会计档案保管清册、会计档案销毁清册、会计档案鉴定意见书及其他具有保存价值的会计资料。

2.电子会计档案

对于单位内部形成的属于归档范围的电子会计资料，同时满足以下几个条件的，可仅以电子形式保存，形成电子会计档案：

（1）形成的电子会计资料来源有效，由计算机等电子设备形成和传输。

（2）使用的会计核算系统能够准确、完整、有效地接收和读取电子会计资料，能够输出符合国家标准归档格式的会计凭证、会计账簿、财务会计报表等会计资料，设定了经

---

① 《会计档案管理办法》第三条。

办、审核、审批等必要的审签程序。

（3）使用的电子档案管理系统能够有效接收、管理、利用电子会计档案，符合电子档案的长期保管要求，并建立了电子会计档案与相关联的其他纸质会计档案的检索关系。

（4）采取有效措施，防止电子会计档案被篡改。

（5）建立电子会计档案备份制度，能够有效防范自然灾害、意外事故和人为破坏的影响。

（6）形成的电子会计资料不属于具有永久保存价值或者其他重要保存价值的会计档案。对于单位从外部接收的电子会计资料，附有符合《中华人民共和国电子签名法》规定的电子签名的，可仅以电子形式归档保存，形成电子会计档案。

（三）会计档案管理的基本内容

为了加强会计档案的科学管理，统一全国会计档案管理制度，有效保护和利用会计档案，财政部、国家档案局于2015年修订并发布了《会计档案管理办法》，自2016年1月1日起执行。该办法共31条，统一规定了会计档案管理的基本内容和要求。

1.总体要求

《会计档案管理办法》第四条规定，财政部和国家档案局主管全国会计档案工作，共同制定全国统一的会计档案工作制度，对全国会计档案工作实行监督和指导。县级以上地方人民政府财政部门和档案行政管理部门管理本行政区域内的会计档案工作，并对本行政区域内会计档案工作实行监督和指导。

2.具体要求

（1）立卷

各单位的会计机构或会计人员所属机构按照归档范围和归档要求，负责定期将应当归档的会计资料整理立卷，编制会计档案保管清册。

（2）保管

各单位当年形成的会计档案，在会计年度终了后，可由单位会计管理机构临时保管一年，再移交单位档案管理机构保管。因工作需要确需推迟移交的，应当经单位档案管理机构同意。

单位会计管理机构临时保管会计档案最长不超过3年。临时保管期间，会计档案的保管应当符合国家档案管理的有关规定，且出纳人员不得兼管会计档案。

会计档案的保管期限分为永久、定期两类。定期保管期限一般分为10年和30年。会计档案的保管期限，从会计年度终了后的第一天算起。

企业和其他组织会计档案的具体保管期限见表14-1。

表14-1　　　　　　**企业和其他组织会计档案保管期限表**

序号	档案名称	保管期限	备注
一	会计凭证		
1	原始凭证	30年	
2	记账凭证	30年	
二	会计账簿		
3	总账	30年	

续表

序号	档案名称	保管期限	备注
4	明细账	30年	
5	日记账	30年	
6	固定资产卡片		固定资产报废清理后保管5年
7	其他辅助性账簿	30年	
三	财务会计报告		
8	月度、季度、半年度财务会计报告	10年	
9	年度财务会计报告	永久	
四	其他会计资料		
10	银行存款余额调节表	10年	
11	银行对账单	10年	
12	纳税申报表	10年	
13	会计档案移交清册	30年	
14	会计档案保管清册	永久	
15	会计档案销毁清册	永久	
16	会计档案鉴定意见书	永久	

（3）移交

各单位会计管理机构在办理会计档案移交时，应当编制会计档案移交清册，并按照国家档案管理的有关规定办理移交手续。

纸质会计档案移交时应当保持原卷的封装。电子会计档案移交时应当将电子会计档案及其元数据一并移交，且文件格式应当符合国家档案管理的有关规定。特殊格式的电子会计档案应当与其读取平台一并移交。

单位之间移交会计档案时，移交双方应当办理会计档案移交手续。移交会计档案的单位，应当编制会计档案移交清册。

（4）查阅

各单位应当严格按照相关制度规定利用会计档案，在进行会计档案查阅、复制、借出时履行登记手续，严禁篡改和损坏。

单位保存的会计档案一般不得对外借出。确因工作需要且根据国家有关规定必须借出的，应当严格按照规定办理相关手续。会计档案借用单位应当妥善保管和利用借入的会计档案，确保借入会计档案的安全、完整，并在规定时间内归还。

（5）鉴定

各单位应当定期对已到保管期限的会计档案进行鉴定，并形成会计档案鉴定意见书。经鉴定，仍需继续保存的会计档案，应当重新划定保管期限；对保管期满，确无保存价值的会计档案，可以销毁。

会计档案鉴定工作应当由单位档案管理机构负责牵头，组织本单位会计、审计、纪检监察等机构或相关人员共同完成鉴定工作。

（6）销毁

会计档案保管期满，经鉴定可以销毁。销毁会计档案应当按照以下程序办理：①本单位档案管理机构需要编制会计档案销毁清册，列明拟销毁会计档案的名称、卷号、册数、起止年度、档案编号、应保管期限、已保管期限和销毁时间等内容。②单位负责人、档案管理机构负责人、会计管理机构负责人、档案管理机构经办人、会计管理机构经办人在会计档案销毁清册上签署意见。③单位档案管理机构负责组织会计档案销毁工作，并与会计管理机构共同派员监销。监销人在会计档案销毁前，应当按照会计档案销毁清册所列内容进行清点核对；在会计档案销毁后，应当在会计档案销毁清册上签名或盖章。

电子会计档案的销毁还应当符合国家有关电子档案的规定，并由单位档案管理机构、会计管理机构和信息系统管理机构共同派员监销。

保管期满但未结清的债权债务会计凭证和涉及其他未了事项的会计凭证不得销毁，纸质会计档案应当单独抽出立卷，电子会计档案单独转存，保管到未了事项完结为止。

会计档案保管人员调动工作，应按照规定办理正式的交接手续。

二、会计工作交接

会计工作交接，是会计工作中的一项重要内容，办好会计工作交接，有利于保持会计工作的连续性，有利于明确各自的责任。

会计人员调动工作或者离职时，与接替人员办清交接手续，可以使会计工作前后紧密衔接，保证会计工作连续进行，防止因会计人员的更换而出现会计核算混乱的现象，同时可以分清移交人员和接替人员的责任。关于会计工作交接问题，有关的会计法规都作了明确的规定。《会计法》第四十一条规定，会计人员调动工作或者离职，必须与接替人员办清交接手续。《会计基础工作规范》也有相关的规定。

（一）会计工作交接的要求

《会计工作基础规范》对会计工作交接作了比较具体的规定，其内容包括：

第一，会计人员工作调动或因故离职，必须与接替人员办理交接手续，并将本人所经管的会计工作，在规定期限内移交清楚。会计人员临时离职或因事、因病不能到职工作的，会计机构负责人、会计主管人员或单位领导必须指定人员接替或代理。没有办清交接手续的，不得调动或者离职。

第二，接替人员应认真接管移交的工作，并继续办理移交的未了事项。移交后，如果发现原经管的会计业务有违反财会制度和财经纪律等问题，仍由原移交人负责。接替的会计人员应继续使用移交的账簿，不得自行另立新账，以保持会计记录的连续性。

第三，交接完毕后，交接双方和监交人要在移交清册上签名或者盖章，并应在移交清册上注明单位名称、交接日期、交接双方以及监交人的职务和姓名，移交清册页数，以及需要说明的问题和意见等。移交清册一般应填制一式三份，交接双方各执一份，存档一份。

第四，单位撤销时，必须留有必要的会计人员，会同有关人员办理清理工作，编制决算，未移交前，不得离职。接收单位和移交日期由主管部门确定。

（二）会计工作交接的程序

1.移交前的准备工作

会计人员办理移交手续前，必须做好以下各项准备工作：

（1）对已经受理的经济业务，应全部填制会计凭证。

（2）尚未登记的账目，应登记完毕，并在最后一笔余额后加盖经办人员印章。

（3）整理应移交的各项资料，对未了事项写出书面材料。

（4）编制移交清册，列明应当移交的会计凭证、会计账簿、会计报表、印章、现金、有价证券、支票簿、发票、文件、其他会计资料和物品等内容。

2.移交

移交人员应按移交清册逐项移交，接替人员逐项核对点收，具体内容包括：

（1）现金、有价证券等要根据账簿余额进行点交。现金、有价证券必须与账簿余额一致，不一致时，移交人应在规定期限内负责查清处理。

（2）会计凭证、账簿、报表和其他会计资料必须完整无缺，不得遗漏；如果有短缺，要查明原因，并在移交清册中注明，由移交人负责。

（3）银行存款账户余额要与银行对账单核对相符；各种财产和债权、债务的明细账余额，要与总账有关账户的余额核对相符；必要时，可抽查个别账户余额，与实物核对相符或与往来单位、个人核对清楚。

（4）移交人经管的票据、印章和其他实物等，也必须交接清楚。

（5）会计机构负责人、会计主管人员移交时，除按移交清册逐项移交外，还应将全部财务会计工作、重大的财务收支和会计人员的情况等向接替人员详细介绍，并对需要移交的遗留问题写出书面材料。

3.监交

会计人员办理交接手续，必须有监交人负责监交。其中，一般会计人员办理交接手续，由会计机构负责人（会计主管人员）监交；会计机构负责人（会计主管人员）办理交接手续，由单位负责人监交，必要时主管单位可以派人会同监交。监交保证双方都按照国家有关规定认真办理交接手续，防止流于形式，保证会计工作不因人员变动而受影响，保证交接双方处在平等的法律地位上享有权利和承担义务，不允许任何一方以大压小、以强凌弱，或采取不正当乃至非法手段进行威胁。移交清册应当经过监交人员审查、签名和盖章，作为交接双方明确责任的证据。

交接工作完成后，移交人员应当对所移交的会计资料的真实性、完整性负责。

□ 思政课堂

会计更要廉洁自律

廉洁自律是财务人员应当遵守的一条重要道德行为准则，也是财务人员必须具备的品德。财务人员直接掌握着财权，整天跟"钱"打交道，受到利益诱惑的机会要比其他职业多得多，因此更要时刻把握好自己，在职业活动中必须清正廉洁、奉公守法、公私分明，始终保持清醒的头脑，经受住各种考验，不为金钱所动，不做金钱的奴隶。

廉洁自律是会计职业道德的基本要求之一，更是党和人民对党员干部的最基本要求。今天，坐在教室里接受着高等教育的你们，将来都有可能加入中国共产党，成为其中光荣的一员，部分学生也可能会走上从政的道路，成为党员干部中的一员。习近平总书记强调：清正廉洁作表率，重点是教育引导广大党员干部保持为民务实清廉的政治本色，自觉同特权思想和特权现象作斗争，坚决预防和反对腐败，清清白白为官、干干净净做事，老老实实做人。若将来你们成为党员干部，必须强化自我修炼、谨言慎行、慎独慎微、慎始慎终，在廉洁自律上作表率。

不管你们将来从事什么职业，都希望你们能立足本职岗位，树立高尚道德情操，自觉地以国家的法律法规、党纪党规来严格要求自己。

工匠精神成就会计强国

做好会计工作的出发点是什么？就是爱岗敬业，热爱本职工作，这也是会计人员职业道德的首要前提。

会计作为一种职业，其爱岗就体现在热爱财务工作，在任何时候和任何场合要做到忠于职守、尽职尽责。敬业即是自爱自强，会计人员如果没有敬业精神，就做不到刻苦耐劳、就就业业。会计是一份专业性很强的工作，要求会计从业者努力钻研业务知识，不断提升自我，不刻苦钻研业务，其知识和技能就难以适应具体会计工作的要求，就无法具备与其职务相对称的业务素质和能力，更谈不上维护企业利益，为企业承担责任。

谈到爱岗敬业，就不得不说一说工匠精神，工匠精神的基本内涵除了包括敬业以外，还包括精益、专注和创新，它是一种职业精神，是职业道德、职业能力、职业品质的体现。工匠精神落在个人层面，就是一种认真精神、敬业精神。一个人只有对自己的职业精益求精，才能体现出人生价值。

工匠精神一词，最早出自于著名企业家、教育家聂圣哲，他曾呼吁："中国制造"是世界给予中国的最好礼物，要珍惜这个练兵的机会，决不能轻易丢失。"中国制造"熟能生巧了，就可以过渡到"中国精造"。"中国精造"稳定了，不怕没有"中国创造"。

习近平总书记指出：大国工匠是我们中华民族大厦的基石、栋梁。在中国发展的新时代，人们的求学观念、就业观念以及单位的用人观念都会随之转变，工匠精神将成为普遍追求，除了"大工匠"，还会有更多的"小工匠""准工匠"脱颖而出，这当中必然包括会计界的各类"工匠"。相信有着工匠精神的会计人将照亮中国由会计大国向会计强国迈进的时代征程。

📖 复习思考题

1. 会计工作组织的意义是什么？会计工作组织有哪些基本要求？
2. 企业单位设置会计机构应符合哪些要求？
3. 企业会计工作的组织方式有哪些？各自的内容有哪些？
4. 我国会计规范体系由哪几个层次构成？
5. 企业会计工作岗位有哪些？各自应承担什么职责？
6. 什么是会计职业道德？其具体内容有哪些？
7. 会计职业道德与法律的关系如何？
8. 什么是会计档案？它包括哪些内容？
9. 按照《会计工作基础规范》的要求，会计工作交接有哪些具体规定？

自测题

主要参考书目

[1] 中华人民共和国财政部. 企业会计准则：2024年版［M］. 上海：立信会计出版社，2024.

[2] 中华人民共和国财政部. 企业会计准则应用指南：2024年版［M］. 上海：立信会计出版社，2024.

[3] 企业会计准则编审委员会. 企业会计准则案例讲解：2024年版［M］. 上海：立信会计出版社，2024.

[4] 中华人民共和国财政部. 企业财务会计报告条例［M］. 北京：中国财政经济出版社，2000.

[5] 国家税务总局. 中华人民共和国税收基本法规（2018年版）［M］. 北京：中国税务出版社，2018.

[6]《会计档案管理办法讲解》编写组. 会计档案管理办法讲解［M］. 北京：中国财政经济出版社，2016.

[7] 唐国平. 会计学原理［M］. 4版. 北京：中国财政经济出版社，2020.

[8] 张蕊. 会计学原理［M］. 6版. 北京：中国财政经济出版社，2019.

[9] 朱小平，秦玉熙，袁蓉丽. 基础会计（原初级会计学）［M］. 11版.北京：中国人民大学出版社，2021.

[10] 崔智敏，陈爱玲. 会计学基础［M］. 7版. 北京：中国人民大学出版社，2020.

[11] 吴国萍. 基础会计学［M］. 5版. 上海：上海财经大学出版社，2019.

[12] 刘永泽，陈文铭. 会计学［M］. 8版. 大连：东北财经大学出版社，2024.

[13] 杨明，李庆云，陈志宏. 会计职业道德［M］. 北京：中国财政经济出版社，2013.

[14] 王振武，刘媛媛. 会计信息系统［M］. 3版. 大连：东北财经大学出版社，2014.

[15] 文兴斌，张育强. 财务软件的比较与维护［M］. 成都：西南财经大学出版社，2010.

[16] 中国会计学会编写组. 初级会计电算化（用友版）［M］. 北京：经济科学出版社，2011.

[17] 叶陈刚，吴卫星，张建军. 商业伦理与会计职业道德［M］. 4版. 大连：东北财经大学出版社，2019.